PRINCIPLES AND PRACTICE GUIDE OF
RULES OF ORIGIN

原产地规则的
原理与实践指南

厉力 刘平 郑冬阳◎编著

中国海关出版社有限公司

·北京·

图书在版编目（CIP）数据

原产地规则的原理与实践指南/厉力，刘平，郑冬阳编著．—北京：中国海关出版社有限公司，2020.12

ISBN 978－7－5175－0481－8

Ⅰ.①原… Ⅱ.①厉… ②刘… ③郑… Ⅲ.①自由贸易区—原产地规则—世界—指南 Ⅳ.①D996-62

中国版本图书馆 CIP 数据核字（2020）第 245850 号

原产地规则的原理与实践指南

YUANCHANDI GUIZE DE YUANLI YU SHIJIAN ZHINAN

作　　者：厉　力　刘　平　郑冬阳

策　　划：普　娜　左桂月

责任编辑：左桂月

出版发行：中国海关出版社有限公司

社　　址：北京市朝阳区东四环南路甲 1 号　　　　邮政编码：100023

网　　址：www.hgcbs.com.cn

编 辑 部：01065194242-7527（电话）　　　　01065194231（传真）

发 行 部：01065194221/4238/4246（电话）　　01065194233（传真）

社办书店：01065195616（电话）　　　　　　　01065195127（传真）

　　　　　https://weidian.com/? userid=319526934（网址）

印　　刷：北京新华印刷有限公司　　　　　经　　销：新华书店

开　　本：710mm×1000mm　1/16

印　　张：31.75　　　　　　　　　　　　字　　数：620 千字

版　　次：2020 年 12 月第 1 版

印　　次：2020 年 12 月第 1 次印刷

书　　号：ISBN 978－7－5175－0481－8

定　　价：60.00 元

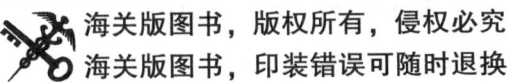

实施自由贸易区战略，加强双边多边经贸合作。

——摘自中国共产党十八大工作报告

中国支持多边贸易体制，促进自由贸易区建设，推动建设开放型世界经济。

——摘自中国共产党十八大工作报告

坚定维护以世界贸易组织为核心的多边贸易体制，坚决反对单边主义和保护主义，支持世界贸易组织必要改革，积极参与国际贸易规则制定……积极商签更多高标准自由贸易协定和区域贸易协定。

——摘自《国务院办公厅关于推进对外贸易创新发展的实施意见》

厉力，华东政法大学国际法博士，复旦大学理论经济学博士后。曾任上海海关学院教授、硕士生导师，世界海关组织（WCO）认证专家，全国海关原产地管理技术委员会委员。现为上海科橘信息科技有限公司董事长，国际技术转移协作网络数字贸易首席专家、数字（网上）丝绸之路国际产业联盟特聘专家、中泰数字经济服务中心首席专家，上海市曙光学者。

厉力曾作为我国主要代表，参与中国—东盟、中国—哥斯达黎加、中日韩、中国—瑞士等自由贸易协定（FTA）国际谈判与亚太经合组织（APEC）高官会议。同时，作为世界海关组织认证原产地专家和商务部特聘培训专家，为非洲、亚太、中亚、拉美等区域30多个国家和地区的海关高级关员与企业管理人员进行国际贸易与海关业务培训。作为关税专家参与科技部第六次国家技术预测工作。

她曾主持和参与多省市在"单一窗口"创新方面的信息化系统开发与区块链应用项目。

曾主持国家级哲学社会科学科研项目，主持教育部、海关总署、上海市、福建省、广东省的多项有关贸易便利化与区域化的省部级科研课题，出版《自由贸易区的原产地规则问题研究》《中国自由贸易区货物贸易的实施效果评估》等四部专业著作，主编《海关监管概论》等两部专业教材，公开在国内外发表专业论文30余篇。2015年主持开发的"MyFTA优惠关税与原产地规则查询系统"获得国家著作权（原始取得）。

刘平，现任世界海关组织（WCO）秘书处关税与贸易事务司司长（WCO 5 个选举高官职位之一），全面负责全球海关税收三大技术（协调制度、海关估价和原产地规则）的标准制定和维护工作。

曾任中国常驻世界贸易组织（WTO）代表团高级海关代表，负责 WTO《贸易便利化协定》的谈判和实施，担任 WTO 海关估价委员会主席；任中国海关总署关税司原产地办公室负责人，牵头中国与其贸易伙伴自由贸易协定的谈判及组织实施；连续 7 年担任 WCO 原产地规则技术委员会主席；任 WCO 关税与贸易事务司高级技术官兼代理副司长，负责海关估价和协调制度方面的工作；任中国驻欧盟使团海关代表，负责与 WCO 和欧盟海关关系事务；任中国海关总署关税司关务监督，负责关税政策及征管技术的制定和监督实施。

刘平获中国对外经济贸易大学经济学学士，获澳大利亚阿德莱德大学世界经济硕士学位。从事国际和国内海关工作 30 余年，主要服务于"贸易与关税事务"和"贸易便利化"领域。

　　郑冬阳，现任深圳海关关税处处长、全国原产地技术委员会副主任委员，原海关总署深圳原产地管理办公室主任。大学毕业后先后从事海关审单、征税、加工贸易监管等多项海关业务。2003 年开始从事原产地管理工作，负责组织实施多项自由贸易协定及区域优惠贸易安排的原产地核查监控、培训宣传及产业调研，曾多次参与《内地与香港关于建立更紧密经贸关系的安排》（内地与香港 CEPA）、《内地与澳门关于建立更紧密经贸关系的安排》（内地与澳门 CEPA）、《中国—新西兰自由贸易协定》、世界贸易组织（WTO）、亚太经合组织（APEC）等双边和多边协定的原产地规则谈判。曾牵头参与开发港澳 CEPA 原产地证书联网核查系统、《中华人民共和国海关进出口货物优惠原产地管理规定》的起草工作，并参与编著了《CEPA 原产地规则与标准解读》。

序一 FOREWORD

原产地成为时下政、商、学界的热门议题。对这一问题的广泛关注主要缘于四个特定事件：

第一，2015 年 12 月 20 日，中国和澳大利亚及韩国分别签署的自由贸易协定在同一天生效实施。澳大利亚和韩国都是中国的前十大贸易伙伴。根据这两个双边协定，符合中澳和中韩自由贸易协定优惠性原产地规则的绝大多数商品将通过逐步降税最终享受零关税待遇，这其中包括老百姓关心的奶制品、美妆和母婴用品、红酒等。这一事件让中国企业开始注意到对自由贸易协定（FTA）优惠关税的政策利用问题，以及决定着一项产品是否可以享受到优惠关税的原产地认定问题。

第二，自 2018 年 7 月 6 日起，美国单方宣布对中国 340 亿美元的商品加征 25% 的关税。也就是说，中国原产的商品在出口美国时会在原税率基础上加征 25% 的关税。作为反制，中国同样对美国原产的商品加征 25% 的关税。由此，很多企业开始关注自己的商品是否是中国或美国原产的，也有些企业开始想办法通过第三国加工来改变自己商品的原产地，从而规避加征风险。当然也有一些通过越南、泰国等东南亚国家简单转口的企业，由于没有进行原产地规则的合规管理而被美国海关进行了原产地稽查并付出了代价。

第三，2020 年年初，全球新冠疫情的暴发，让各国和地区加大了在口岸的进出口管制，尤其对于重要疫区原产的商品加大了检验检疫力度。对于疫区原产的商品，已经不仅仅是关税税率的问题，而是是否能获得市场准入许可的问题。目前，中国海关对于境外高风险国家和地区的原产商品一直实施严格的卫生管理，不仅仅限于食品类，还包括其他可能成为病毒传播载体的产品。

第四，2020 年 11 月 15 日，《区域全面经济伙伴关系协定》（RCEP）在历经 8 年苦等后最终签署。RCEP 作为世界上参与人口最多、成员结构最多元、发展潜力最大的自由贸易区，承载着 15 个签约国在遭受疫情重创后对重振经济的希望。

原产地规则是当今国际贸易的一项基本技术，因为它直接决定着一项商品的经济国籍，从而对这项商品在国际流通领域的待遇产生决定性影响。一方面，原产地会影响一项商品的贸易管制严格度，比如对特定国家的产品，会实施禁止进口或出口管制；另一方面，原产地会影响一项商品的关税成本，比如同样是红酒，美国原产的红酒要加征关税，法国的红酒可以按照世界贸易组织（WTO）成员的最惠国税率缴纳，而智利的红酒基于《中国—智利自由贸易协定》就可以享受零关税。

在全球范围内，自由贸易协定早于关税与贸易总协定（GATT）存在，各国（地区）政府对于区域一体化和自由贸易谈判乐此不疲。WTO 的所有成员目前都签署和实施了至少一个及以上的自由贸易协定，有的成员实施了几十个自由贸易协定。但很多国家（地区）企业和公众对其益处知之甚少。随着区域一体化合作的深入，自由贸易协定的谈判范围也在扩展，不仅涵盖货物、服务、投资、知识产权、政府采购等，而且涵盖电子商务、劳工及可持续性发展等贸易领域之外的内容。在我国，加快实施自由贸易区战略，是新一轮对外开放的重要内容。党的十七大把自由贸易区建设上升为国家战略，十八大提出要加快实施自由贸易区战略。在我国已经签署的 19 个自由贸易协定中，已经实施 16 个，而原产地规则是所有自由贸易协定的重要组成部分。

对于原产地技术的应用及合规管理，是我国企业应重视的专业问题。利用好原产地这项技术，至少可以产生两方面收益：

第一，合规降风险。全球产业链的多年发展已经使国际分工非常细化，绝大多数产品的生产要经历两个及以上的国家或地区来完成，因此，也伴随着大量多国（地区）参与的制成品的原产地认定问题。不同国家（地区）原产的产品在其他国家（地区）得到的市场准入和关税待遇是不同的，有些国家（地区）的原产品还涉及反倾销反补贴的惩罚措施。全球贸易保护主义趋势在抬头。民粹、去全球化等思潮对 WTO 多边机制发出挑战，有些国家（地区）的贸易政策开始出现单边化和不确定性。如何通过规则的合理运用，让产品可以合法地获得特定国家（地区）的原产地身份，是中国企业一定要提前解决的合规管理问题。有些企业在东南亚和欧盟投资设厂，但其产品并未按照特定的原产地标准进行生产和准备证明文件，所以在海关进行事后稽核查时产生走私嫌疑。因此，事前做好功课，提前完成原产地筹划工作，是企业及企业高管最好的风险防控手段。

第二，免税降成本。新冠疫情的发生使全球的工业制造业供应商受到严重冲击，原材料短缺、物流中断、复工受限、订单取消，绝大多数企业的市场收入下降。因此，降本增效成为 2020 年各家企业的核心任务。通过原产地和自由贸易协定的筹划，可以大幅降低关税和通关成本。目前，我国的对外平均关税税率为 7.5%，如果最大化应用自由贸易协定，很多商品可以享受到零关税。对于一个跨国公司，其生产过程一般会涉及 3~4 个国家或地区的进出口业务，每一次进出口都可以运用原产地技术来享受最低关税政策，那么累加在一起，这个降幅是非常可观的。全球化生产和资源配置越广泛的企业，越应该加强这方面的知识学习和人才培养。

厉博士曾在上海海关学院任教近 10 年，在通关监管、关税制度和原产地规则方面进行长期的跟踪研究，并代表中国海关参加了中国—东盟、中国—韩国、中国—瑞士、中国—哥斯达黎加等多个自由贸易协定的谈判。在担任全国海关原产地管理技术委员会委员期间，参与了协定关税和原产地管理的实施等重要实务工作。作为世界海关组织认证的原产地专家，她曾为来自 30 多个国家和地区的海关关员进行培训。

新书将要面世，受厉博士邀请为此书写序。首先对她及她的研究团队表示祝贺。本书难能可贵之处在于采用官产学全面视角，集中反映了几位作者在国际学术、政府管理和企业实务三个领域的丰富工作成果，实现了新的突破。

刘平是我国杰出的国际海关专家代表之一，现任世界海关组织（WCO）秘书处关税与贸易事务司司长，全面负责全球海关税收三大技术（协调制度、海关估价和原产地规则）的立法和实施工作。在此之前，他曾任中国常驻世界贸易组织（WTO）代表团高级海关代表，负责WTO《贸易便利化协定》的谈判和实施；连续7年担任WCO原产地规则技术委员会主席。

郑冬阳现任深圳海关关税处处长，原是海关总署的外脑机构——深圳原产地管理办公室主任。他从内地与港澳更紧密经贸关系的安排（CEPA）开始参与原产地工作，负责多项原产地的国际国内稽核查案件，对原产地的实施和管理等具有多年实务经验。

这三位组成的研究团队，可以说既代表了前沿的国际视野，也体现了国内实际的管理理念，将理论与实务做到真正的结合，指导我国企业以合规的方式尽享自由贸易协定的关税政策红利。

此外，厉博士也积极地通过信息技术开发贸易合规与关税智能管理系统。相信由她作为带头人研发的系统将便于广大企业，尤其是中小企业享受自由贸易协定带来的政策红利；也相信本书将有助于政府部门、咨询机构、企业从业人员和公众更好地了解和认识原产地规则及自由贸易协定优惠关税的利用方法。

国家开发银行行长　　　　　　　　　　　　①

2020 年 8 月

---

① 欧阳卫民。

序二 FOREWORD

货物原产地俗称货物的"国籍"。原产地规则是确定国际贸易货物"国籍"的判别标准。原产地规则作为一项专业性很强的工作，被公认为国际海关的三大技术之一。近年来，原产地规则越来越受到世界贸易组织（WTO）、各国（地区）政府和企业的高度重视。党的十七大以来，我国政府把自由贸易区建设作为我国在全球化背景下推进区域化、赢得新优势的重大战略来抓，自由贸易区建设方兴未艾。在国际经贸的多边、双边领域通过原产地规则更好地维护和保障本国经济产业利益，已经成为学界和政府部门共同关心的课题。

作为本书作者之一，厉力博士曾先后就读于吉林大学、英国华威大学、华东政法大学，获得国际法学博士学位。作为一位青年学者，厉博士有着良好的学养和孜孜以求的钻研精神。为完成本书，厉博士进行了长时间的文献积累、专业积累和实践积累。在硕士、博士阶段就一直在进行原产地研究，她的博士论文和主持的国家社科基金项目也都专注这一领域。为使本书达到较高的理论造诣和专业深度，同时又能切合实际，对实践有较强的指导性，厉博士曾到海关总署专门负责原产地职能管理的部门学习研究。在此期间，厉博士还参与了原产地规则的国际谈判和原产地管理法规的起草，与有关人员一起研究我国原产地管理中存在的问题及解决的对策，通过政府实际部门的工作实践累积原产地知识和经验。正是这种专业的积累和实践的历练，使本书具备了一般著作所没有的鲜活色彩。厉博士在海关总署学习研究期间，曾参与了我主持的一些原产地工作项目，其勤奋、进取的精神和专业的素养给我留下深刻印象。

  这本书分上下两篇。上篇对国际原产地规则基本理论的形成、演变和发展做了十分完整的梳理和介绍，对我国原产地规则立法体系与应用管理实践等各个方面进行了全面阐述和深入分析。下篇则介绍了我国非优惠性原产地规则、16个已实施的区域贸易协定，以及最新签订的《区域全面经济伙伴关系协定》（RCEP）。作者通过对各项优惠性原产地规则的法律条文进行梳理和归纳，为读者提供一份学习、了解和应用我国非优惠性及优惠性原产地规则的指南。通读全书，可以感受到作者为坚持全球视野又不失本土情怀所做出的努力，在比较研究中，结合国情所提出的改进和完善原产地立法与管理的意见不乏创见，表现出作者强烈的使命感和责任感。书中穿插典型案例，以案释法，以法析案，读来简明易懂，也是本书的一大亮点。这是一本原产地研究领域难得一见的好书，一定会给理论研究者和实际工作者以有益的启示和指导。

  "新作句成相借问，闲求义尽共寻思。"任何一部新作，都需要不断琢磨和完善。是砖是玉，还是抛诸世面求教方家，并接受时间和读者的检验吧。

  是为序。

上海海关关长、党委书记

2020 年 10 月

前言 PREFACE

自 2007 年党的十七大把自由贸易区（FTA）建设上升为国家战略以来，我国的自由贸易区谈判步伐加快，在亚洲地区谈判的基础上，开始启动与秘鲁、哥斯达黎加等美洲国家及冰岛、瑞士等欧洲国家的谈判。在这快速推进的过程中，FTA 不仅对于企业等进出口贸易的主要参与者，而且对于商务部和海关总署这样的管理部门，成为一个新事物新课题。如何更合理地与 FTA 缔约方进行关税减让与原产地规则谈判，如何让企业更便捷地了解这些国际规则并享受零关税、降低贸易成本，成为一个重要的研究项目。

鉴于此，2010 年，我与时任海关总署关税司原产地管理办公室的刘平主任、深圳海关原产地管理办公室的郑冬阳主任一起编写了《原产地规则研究：原理与实践》一书，并于 2011 年 4 月出版。这本书的撰写初衷主要是为海关系统的业务骨干和执法关员提供一份普及读物，便于大家理解原产地技术及原产地管理的立法体系与实施细则。由于当时这方面的专业图书比较少，后来这本书被选为上海海关学院本科生和研究生的教材，潜移默化地也影响到很多海关新关员的执法理念。同时，一些较早关注 FTA 优惠政策的跨国企业也成为本书的第一批读者，并开始建立公司内部的 FTA 工作流程，初步享受到优惠关税带来的政策红利。

2012 年，党的十八大提出要加快实施自由贸易区战略，我国的 FTA 谈判的步伐也更快了，尤其是 2015 年与我国第六大贸易伙伴韩国及第八大贸易伙伴澳大利亚完成了 FTA 谈判。这对企业来讲，是一项重大的贸易福利，是实实在在可以为众多企业降低关税和贸易成本的成果。相应地，更多的企业和各地政府部门开始关注原产地规则这一关键技术问题。当然，也对我们的《原产地规则研究：原理与实践》一书提出了更新出版的要求。

新书编写出版的工作自 2013 年起就开始考虑和筹备了。由于十八大之后 FTA 的新谈判一直紧锣密鼓地推动，与瑞士和冰岛两个欧洲国家的自由贸易协定在 2013 年相继签署，接着备受关注的《跨太平洋伙伴关系协定》（Trans-Pacific Partnership Agreement，TPP）于 2015 年完成谈判并在 2016 年年初由 12 国完成签署，让我们暂缓了截稿时间。原本计划待《区域全面经济伙伴关系协定》（RCEP）这一巨型 FTA 完成谈判后再统稿组织出版。但 RCEP 由于涉及日本、韩国、澳大利亚、新西兰、印度及东盟十国，谈判比预期复杂艰难很多，迟迟未果。

2017 年，美国宣布退出 TPP，随后开始重启北美自由贸易区谈判（即后来达成的美加墨自由贸易协定），并在 2018 年直接违反 WTO 规则单边引发中美贸易摩擦。中美贸易摩擦始于关税加征措施，而关税加征的关键技术就是原产地：双方是针对对方的原产产品实施加征的。随着中美贸易摩擦的升级，企业尤其中小微企业对贸易合规及原产地规划问题越来越关注，因为原产地直接决定着这些产品在境外通关的待遇：如果是美国原产的产品进口到中国，可能就要被加征 25% 甚至 50% 的关税；如果同样的产品从韩国或越南进口，则不仅不需要缴纳加征关税，还可以享受到 FTA 的零关税待遇。同样，标有"中国制造"的出口产品也会在不同进口国有不同待遇。原产地作为产品的"国际护照"，直接影响着产品的进口关税和贸易成本。自 2018 年起，我们配合各地政府部门，组织和参与了几十场 FTA 及原产地的宣讲会。目的主要有两方面：一是通过专业化解决方案来提升营商环境，二是帮助企业应对突变的国际贸易环境并更有效地拓展多元化市场。也是在此背景下，我们决定尽快提供一本相对系统和完整的著作，帮助企业更全面且细致地了解原产地规则，更有效地制定本企业的 FTA 与跨境贸易应对策略。

在宣讲和培训之外，我们也在提供解决方案时应用了信息化和智能化技术。自2013年，我启动了"FTA优惠关税与原产地管理系统"的研发工作，并在2015年完成系统的第一阶段开发，获得"MyFTA优惠关税与原产地规则查询系统"知识产权。自2016年起，我参与了亚太经合组织（APEC）的亚太示范电子口岸网络试点项目，作为该网络运营中心的首席专家负责试点项目的技术研发与运营管理工作。我们团队于2018年8月9日及9月8日先后在上海"单一窗口"、厦门"单一窗口"上线了"FTA优惠关税应用系统"，并于11月"进博会"期间在马来西亚国家国际贸易"单一窗口"上线了"中国—东盟自贸协定优惠关税应用系统（英文版）"。这些系统帮助很多中小微企业解决了查找FTA与原产地专业信息的难题。

为了让更多的企业可以快速了解和享受到这些政策红利，我们也在不断学习和采纳最新的信息科技与智能技术，根据之前积累的关税筹划与合规咨询方案，推出了一套进出口贸易管理工具。通过信息科技方法，结合智能机器人（RPA）、图像智能识别（OCR）、区块链、云计算、大数据等技术，我们的咨询服务可以更及时地让企业在日常操作中解决关税与贸易难题。该系统按照企业内部管理的颗粒度需求，可根据订单达到SKU料号级管理，便于企业与物流、仓储等其他贸易环节进行协同与数据传递，实现全程信息的"可记录、可查询、可分析、可预警、可追溯"。其中，FTA模块可以帮助企业对优惠关税与原产地业务进行事前规划、事中管理、事后分析三个阶段的全链条整体管理。

通过和大量企业的交流、咨询与调研活动，我们总结了一套相对简单易行的方法，帮助很多新接触FTA政策与原产地技术的企业快速地建立应用意识与管理能力。一般来说，通过七个步骤即可实现合理化应用（如下页图）。第一，企业先要了解我国已经和哪些国家（地区）签署和实施了FTA，并核查本企业的出口目的地或进口来源地是否在这个清单中。第二，若企业正在和这些与我国有FTA协定的国家（地区）进行贸易往来，可以进一步查询所进出口的商品是否在 FTA 的降税清单中，查明降税的幅度。若该贸易往来国（地区）同时涉及两个及以上的 FTA 协定（如韩国既与中国签署了《中国—韩国自由贸易协定》，又是《亚太贸易协定》的成员国），则需要比较哪一个 FTA 的降税幅度更大。第三，确认该商品所适用的原产地规则。第四，判断本企业的商品是否符合该原产地规则的要求。第五，根据各 FTA 的要求，企业可以选择自主声明或到签证机构申请签发证书。目前，《中国—瑞士自由贸易协定》和《中国—冰岛自由贸易协定》允许经核准的出口商自行出具原产地自主声明，其效力等同于签证机构出具的原产地证书。对于其他 FTA 下的贸易，符合原产地规则的出口商品要在出口前申请特定的原产地证书。进口商品则要提前向出口方要求提供原产地证书。第六，根据海关的要求，进行进出口申报，按照原产地证书如实申报原产地。第七，对申报的材料要进行电子化归档管理，以便于应对海关的后续原产地核查。建议企业在内部的关务管理系统中，对原产地证明文件及对应的报关单、发票、箱单、合同等贸易单证按照海关要求进行完整的存储管理。

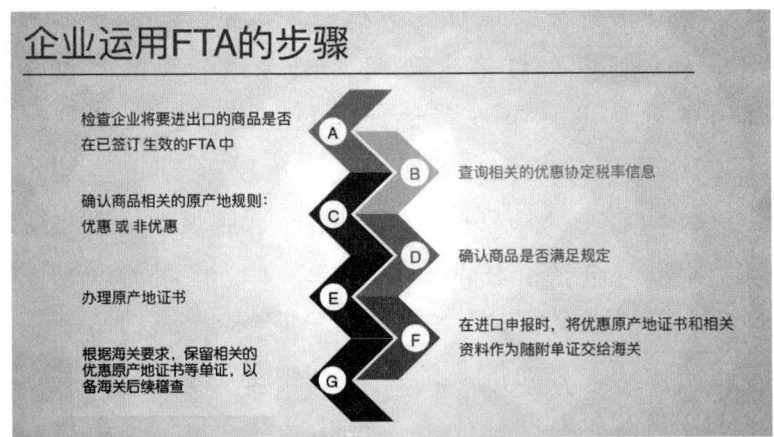

在每个步骤的具体实施过程中，需要按照特定的 FTA 及原产地规则的具体规定来实施。因此，对于企业来说，合规管理是一项必要前提。近年来，部分企业通过越南等第三国进行转口并通过中介代理办理了当地的原产地证书，但是由于缺少合规管理，导致事后海关核查时出现了危机。不仅美国海关对从东盟、北美等地区进口的新增商品会进行原产地重点核查，而且东盟和北美的国家本身也加强了原产地核查管理，以严控非法洗单中转和原产地伪瞒报等走私行为。

2020年新冠疫情的暴发，让跨境供应链受到一次重大打击。针对特定国家或地区原产品的关税壁垒与检验检疫等非关税壁垒显著增强。我国越来越多的企业开始重视原产地规划及FTA优惠关税的应用。

为克服新冠疫情负面影响，推动经济尽快复苏，RCEP在经历了8年的艰巨谈判后于今年11月15日正式签署。虽然印度中途退出，但RCEP仍成为全球最大的自由贸易区：覆盖22亿人口，约占世界总人口的30%；成员国2019年GDP规模达25.6万亿美元，占全球经济总量的29.3%；区域内贸易额达10.4万亿美元，占全球贸易总额的27.4%。RCEP的货物贸易自由化成果丰硕，各成员之间关税减让以立即降至零关税、10年内降至零关税的承诺为主，自由贸易区有望在较短时间内取得重大阶段性建设成果。同时，中国和日本首次达成了双边关税减让安排，实现了历史性突破，有利于进出口企业进一步降低贸易成本。

作为原产地方面的通识性读本，本书分为上下两篇。其中：

上篇介绍了原产地规则的产生、基本概念，以及中国的立法体系和应用管理实践。2018年关检融合后，原产地管理也实现了职能归并。新海关全面负责原产地的谈判、立法和组织实施工作，同时兼顾原产地证明的出口签发和进口审核。原产地的签证规则，包括签证主体和工作程序等都做了调整。在机构设置上，新海关撤销了原来在深圳海关、拱北海关和福州海关设立的外脑机构——原产地管理办公室，将原产地管理职能并入海关总署在上海、京津、广州新设立的税收征管局，从而实现综合性治税管理。此外，为了进一步提高企业通关的确定性，海关总署颁布第236号令《中华人民共和国海关预裁定管理暂行办法》，企业可据此向海关提出预裁定申请，进一步提高贸易活动的可预期性。

下篇则介绍了我国非优惠原产地规则、16 个已实施的 FTA 的优惠原产地规则，以及最新签订的 RCEP 优惠原产地规则，作为工具性文件供读者查看阅读。与 2011 年出版的《原产地规则研究：原理与实践》相比，本书下篇增加了《中国—澳大利亚自由贸易协定》、《中国—瑞士自由贸易协定》、《中国—韩国自由贸易协定》、《中国—冰岛自由贸易协定》、RCEP 等 2011 年之后签订的 FTA 及原产地规则的内容，同时对中国—东盟、中国—新加坡、中国—智利等早期签署的 FTA 的升级谈判，以及中国—巴基斯坦第二阶段的谈判内容，也根据最新协定文本做了梳理与解读。

本书试图通过对各项原产地规则的法律条文进行梳理和归纳，为读者提供一份学习、了解和应用我国非优惠性及优惠性原产地规则的指南。FTA 等区域性贸易协定将成为近几年国际贸易的新趋势，在这个领域我们也期待与更多来自主管部门、企业、研究机构的专家共同探讨，以形成新的研究成果。

厉 力

2020 年 11 月

目录 CONTENS

下篇 原产地规则的实践

附　录

上篇

原产地规则的原理

第一章　原产地规则的基本理论

【本章导读】货物的原产地作为产品的"法定国籍"，标志着在国际贸易流通中的产品来源地，是连接产品与特定国家（地区）的法律纽带。随着原产地规则被各国（地区）加以重视和应用，原产地已经不仅仅是一种简单的地理标签，更融入了很多经济和文化上的内涵。

对于一种完全在一国（地区）生产、生长或获得的产品，其原产地是非常容易判定的。不过随着国际分工的发展，国际化产品的生产已经成为一种趋势。如何确定这种含有不同国家（地区）生产因素的产品的原产地，便成为一个不容回避的问题。为了区分不同来源地的进口产品，各国（地区）都纷纷制定适应新形势和本国（地区）贸易政策的原产地规则。其中，原产地标准、累计规则、微小加工条款、微量条款、中性成分、直接运输规则、原产地证明等条款都是各国（地区）制定原产地规则时必须慎重考虑的因素。

原产地规则最初主要是为了海关征税和进行贸易统计。随着自由贸易区与关税同盟等区域性贸易组织的大量涌现，原产地规则已由一种非歧视性的海关技术转化为一种新的贸易保护工具。歧视性关税政策在削弱区外产品竞争力的同时也影响了区内成员企业的经济决策。例如，部分企业为使产品符合原产地标准，从过去采购非成员方生产的低成本原材料转向采购成员方生产的高成本原材料。这种"贸易转移"现象造成世界整体福利的降低，使大量价值浪费在生产成本上升和原产地证明文件的管理上。这种贸易扭曲行为开始受到学术界及各国（地区）生产商和出口商的关注和指责。各国（地区）政府和经济组织已开始探索一种既能促进国际自由贸易，又不导致社会福利损失的原产地规则。

第一节　原产地规则的概念

一、　原产地

货物的原产地，其最基本的含义是指货物的最初来源地，即货物的开采地、提取地、收获地、出产地、生产地、制造地或加工地。随着国际贸易的发展和国际生产分工的深入整合，货物原产地的含义更加丰富。WTO《原产地规则协定》第 1 条第 1 款（b）项将货物原产地正式界定为完整生产该项货物的国家（地区）；或者当该货物的生产过程涉及一个以上国家（地区）时，对货物最后实现实质性改变的国家（地区）。作为产品的"法定国籍"[1]，原产地是联结产品与特定产地国家（地区）的法律纽带。在国际贸易中，就进口国（地区）而言，货物原产地通常具有唯一性，即无论产品在国际贸易流通中经历了几个国家或地区的生产、制造或加工，其原产地通常只能确定为一个国家或地区，而不能有两个或多个。

在国际条约和有关协定中，原产地的英文表述为"Country of Origin"，但之所以将其翻译为"原产地"而非"原产国"，主要是基于以下两个因素：

第一，单独关税区也是国际贸易的重要参与者，WTO 承认其特殊地位并允许单独关税区为其成员。但由于单独关税区不是主权国家，仅在对外贸易关系等非主权性外交活动中享有独立自主权，不宜称为"原产国"。

第二，区域经济一体化的快速发展，使得一些区域性产品打上"区域"标签而非具体的国别标签。如欧盟原产的产品会标示"Made in EU（欧盟制造）"，这种情况也会让"原产国"这个称谓捉襟见肘。

因此，用"原产地"这个称谓能全面地涵盖国家、单独关税区及区域性经济组织等不同的地域单位。

我们在国际市场上经常会看到标有"瑞士制造"的手表、"法国制造"的葡萄酒、"日本制造"的照相机、"意大利制造"的皮鞋，这些原产地标记除了标示产品的产地信息外，还有对产品内在品质和外在声誉的暗示[2]。近年来，中国被誉为世界工厂，"Made in China"的商品遍布世界各地，但它在一些消费者眼中也成了"价低质劣"的代名词，一些商店甚至以"Not Made in

---

　① 赵维田著：《世贸组织的法律制度》，吉林人民出版社 2000 年 1 月第 1 版，第 120 页。

　② 但原产地标记与地理标志是完全不同的两个概念。两者虽然同属于巴黎公约（1983）对工业产权的保护范围，但两者的保护意图和侧重点不同。原产地标记侧重于表示产品的来源地，而地理标志侧重于表明产品所具有的特殊质量和声誉等品质。

China（非中国制造）"作为一种广告宣传和招揽顾客的噱头①。可见，原产地概念已经不再限于一个简单的地理标签，还附载了许多经济和文化因素，是一个国家或地区非常重要的无形资产和财富。

二、 原产地规则

简单地说，原产地规则即判定产品究竟是由哪个国家或地区制造的规则②。随着国际分工与合作的发展，一个产品往往使用多个国家或地区的原材料，在多个国家或地区内经过数道生产工序才得以完成。例如汽车生产，无论组装厂坐落在哪个国家，其所用的很多零部件是由其他国家或地区供应的。即使是美国和日本这样的汽车生产大国，来自外国的零部件也占有很大的比重。上述情况同样适用于笔记本电脑。我们经常发现一个从中国整装出口的笔记本电脑，是由美国生产的处理器、日本生产的主板和韩国生产的显示屏在中国境内组装完成的。鉴于跨国企业的经营使产品的国际化因素更为复杂，因此，有必要确定一个国际化产品的真实"国籍"。WTO《原产地规则协定》第 1 条第 1 款便开宗明义地将原产地规则定义为"原产地规则是指任何成员为确定货物的原产国而实行的普遍适用的法律、法规和行政决定"③。也就是说，原产地规则的范畴不仅仅限于法律、法规，还包括各种在某一国家或地区内普遍适用的具有约束力的行政决定。

货物原产地规则存在的基础之一是各国（地区）在关税及其他贸易措施方面存在差别待遇④。一方面，原产地规则可以区分一种货物是国产货还是进口货，从而决定是否需要征收进口关税；另一方面，如果判定货物非为本国生产，则需要通过原产地规则确定进口货物来自哪个国家或地区，从而对不同原产地的进口货物给予不同的关税待遇，并依据产品原产地进行国别统计。如果能够实现彻底的国际自由贸易，对待一切国家（地区）生产的货物都实行没有歧视的同等待遇，那么原产地的问题也许就无须讨论了。但是，鉴于

---

① 曹克宇："NOT MADE IN CHINA"伤害中国人感情，载《中华商标》2006 年第 4 期，第 1 页。

② W. Charles Sawyer, Richard L. Sprinkle: International Economics，刘春生等译，中国人民大学出版社 2009 年 1 月版，第 144 页。

③ 关税与贸易总协定（GATT）对原产地规则定义的原文为"those laws, regulations, and administrative determinations of general application applied by any Member to determine the country of origin of goods, provided such ROO are not related to contractual or autonomous trade regime leading to the granting of tariff preferences going beyond the application of paragraph 1 of Article 1 of GATT 1994"。

④ 赵维田著：《世贸组织的法律制度》，吉林人民出版社 2000 年 1 月第 1 版，第 120 页。

实现彻底的国际贸易自由化遥遥无期，原产地规则在现阶段仍是各国（地区）关注的焦点问题之一。特别是优惠性区域贸易安排的不断涌现，使相似产品仅因原产地不同而适用不同的关税①，导致各国（地区）对原产地规则的重要性予以再认识。区域贸易安排将原产地规则作为一种贸易保护性措施并采取法律的形式严格规范，使得原本属于自然地理意义上的原产地概念掺入了更多的政策因素。随着原产地规则逐渐被各国（地区）政府视为一种隐蔽的非关税壁垒措施，原产地规则的应用也由关税征收、最惠国待遇、贸易统计、国别配额扩展到政府采购、反倾销反补贴措施、保障措施、动植物检验检疫等诸多领域。原产地规则不再是单纯的技术性问题，已然成为各国实施贸易政策的又一种政策工具。

第二节　原产地规则的分类

根据不同的标准，原产地规则可以分为以下几类：

一、完全获得原产地规则和部分获得原产地规则

这是根据货物的组成成分来进行划分的。产品如果是在一国（地区）生长、开采、收获或者利用该国（地区）自然出产的原料在该国（地区）加工制造的（如农产品、矿产品及上述产品的制成品等），则该产品为完全获得产品。用于判定产品是否为完全获得产品的规则为完全获得原产地规则。各国（地区）在这方面的规定差异不大，通常会逐项列出属于完全获得的详细条件。由于完全获得原产产品包括农产品、动植物产品、渔产品、矿产品等初级产品及涉及环保的废旧物品，各国（地区）对完全获得原产产品的规定都是十分严格的。

部分获得原产地规则是用来判断含有进口成分的产品的原产地的。目前大多数国家（地区）采用实质性改变标准，即把对产品实施最后一道实质性制造或加工工序的国家（地区）视为原产地（这种制造或加工必须足以赋予

---

①　Dorothea C. Lazaro and Erlinda M. Medalla, Evolving Best Practice for RTAs/FTAs：Rules of Origin , prepared for the International Conference on Building an Asia-Pacific Economic Community, 2005 APEC Study Center Consortium Conference on May 22-25, Kerea, Session XI , 2005, p. 1.

该货以本质的特性①）。但实质性改变标准过于抽象，不易操作。各国（地区）在实践中又将其细化为税则归类改变标准、从价百分比标准、加工工序标准或同时采用上述标准的混合标准。在部分获得原产地规则方面，各国（地区）存在很大的差异，至今尚未形成国际层面上的统一。WTO《原产地规则协定》仅作出宏观性指引，即以税则归类改变标准为主、以从价百分比和加工工序标准为辅，但针对具体产品的协调工作仍未完成。

二、 进口原产地规则和出口原产地规则

这是以货物的贸易流向作为划分依据。进口原产地规则是一国（地区）针对进口产品制定和实施的原产地规则，目的在于确定进口产品的原产地身份，从而实施相应的税收和统计等贸易措施。出口原产地规则是一国（地区）针对出口产品制定和实施的原产地规则，主要目的在于确定产品是否可以获得本国（地区）的原产地资格并申领本国（地区）原产地证明。

一般而言，大多数国家（地区）只制定一套统一的原产地规则，同时适用于进口货物和出口货物。但也有一些国家（地区）针对进口和出口分别制定原产地规则，或者仅制定适用于出口的货物原产地规则（如我国香港地区）。我国在 2004 年之前即分别制定了进口货物原产地规则和出口货物原产地规则。其中，进口货物适用海关总署于 1986 年 12 月颁布的《中华人民共和国海关关于进口货物原产地的暂行规定》，出口货物适用原外经贸部于 1992 年 5 月开始施行的《出口货物原产地规则》。这种把进、出口货物原产地标准区别对待的体制与 WTO《原产地规则协定》所确立的统一性原则是相背离的。2004 年 9 月 3 日，国务院发布《中华人民共和国进出口货物原产地条例》②（以下简称《原产地条例》），同时适用于进出口产品，结束了我国对进口货物和出口货物分别适用原产地规则的状况。

三、 国家原产地规则和区域性原产地规则

这是根据原产地规则的实施主体及其所适用客体来划分的。目前大部分国家自主制定和实施的原产地规则属于前者。我国的《原产地条例》便属于国家原产地规则。这种原产地规则由一国独立制定并实施，适用于同该国进行贸易的所有国家和地区的进出口货物。区域性原产地规则则是由区域集团

---

① WCO《经修正的京都公约》专项附约 K 第一章第 3 个定义："The criteria according to which origin is determined by regarding as the country of origin in which the last substantial manufacturing or processing, deemed sufficient to give the commodity its essential character, has been carried out. "

② 根据 2019 年 3 月 2 日《国务院关于修改部分行政法规的决定》修订。

的成员通过友好协商最终以缔结国际协定的方式制定，并在集团所有成员内普遍适用。区域性原产地规则在本质上属于国际法范畴，如东盟、欧盟、北美自由贸易区等区域贸易安排所制定的原产地规则，并非由任一国家单方面制定，而是由各成员通过谈判达成一致。

四、 优惠性原产地规则与非优惠性原产地规则

按照适用范围不同，原产地规则分为优惠性原产地规则和非优惠性原产地规则。WTO《原产地规则协定》所规定的是非优惠性原产地规则。根据WTO《原产地规则协定》，非优惠性原产地规则是指"任何成员为确定货物原产地（国）而实施的法律、法规和应予普遍适用的行政决定，只要此类原产地规则与导致给予超出 1994 年关税与贸易总协定第 1 条第 1 款适用范围的关税优惠的契约式或自主贸易制度无关"。其目的是区分国产货与进口货，从而适用海关征税、贸易统计、反倾销税和反补贴税、保障措施、原产地标记、数额限制、关税配额、卫生防疫及政府采购等。非优惠原产地规则适用于所有贸易对象国（地区）[①]。

优惠性原产地规则是在最惠国原则以外由一国（地区）单方面实施（如普惠制、《洛美协定》），或者由两个以上国家或地区通过谈判达成协议后（如北美自由贸易区、南方共同市场）相互适用的原产地规则，只适用于签订协议或协议规定的贸易对象国（地区）[②]。WTO 将优惠性原产地规则定义为"任何成员为确定货物是否有资格根据导致给予超出适用 1994 年关税与贸易总协定第 1 条第 1 款的关税优惠的契约式或自主贸易制度而实施的法律、法规和应予普遍适用的法律法规和行政决定"。也就是说，优惠性原产地规则主要应用于普惠制、区域贸易安排中特别优惠措施的实施。例如，美国的优惠性原产地规则在普惠制之外还适用于《安第斯贸易优惠法》、《汽车产品贸易法》、《加勒比盆地优惠方案》、北美自由贸易协议（NAFTA）、《自由联合法协议》、美国—以色列自由贸易协议等多种区域贸易安排。同时，优惠性原产地规则只能适用于优惠贸易项下达成降税安排的产品，未涵盖在降税范围内的产品是不适用优惠性原产地规则的。

---

① Dorothea C. Lazaro and Erlinda M. Medalla, Evolving Best Practice for RTAs/FTAs: Rules of Origin, prepared for the International Conference on Building an Asia-Pacific Economic Community. 2005 APEC Study Center Consortium Conference on May 22-25, Kerea, Session XI, 2005, p. 6.

② 同上。

表 1-1 优惠性原产地规则与非优惠性原产地规则的比较

	优惠性原产地规则	非优惠性原产地规则
制定方式	协商制定或自主制定	自主制定
适用范围	优惠贸易安排中所涵盖的产品	所有产品
适用领域	互惠性贸易安排、自主制定的单边协定（如普惠制、特惠制）	最惠国待遇、反倾销反补贴税、保障措施、贸易统计、海关征税、贸易救济措施、配额限制、卫生防疫、原产地标记等（各国在这方面的规定会略有不同）
主要作用	判断进口产品是否原产于受惠国，从而给予相应的优惠待遇	判断不具有优惠待遇的产品的真正来源地，并实施相应的贸易措施
制定数量	依据优惠贸易安排的数量而定，可能一套以上	一般为一套（也可能分别制定进、出口货物的原产地规则）
签证机构	一般由海关和商会签证	商会或海关签证，有些国家赋予企业自主签证的权利
原产地证明	要求必须提供有效的优惠原产地证书或其他证明文件	通常情况下不要求提供非优惠原产地证
原产地标准 — 完全获得	更严格详细	一般性规定
原产地标准 — 增值标准	计算整个区域发生的增值价值	计算在一个国家（地区）的增值成分
原产地标准 — 累计规则	通常会制定	无
原产地标准 — 直接运输	通常会制定	无
原产地标准 — 不退税规则	部分优惠贸易安排有这方面的规定（如欧盟）	无

第三节　原产地规则的构成要素

原产地规则由两方面的要素构成：其一是实体性的，即为确定某一产品原产于某一特定国家（地区）所必须满足的要求，如原产地标准；其二是程序性的，即为了满足实体性规则所需要的操作手续[①]，如关于进口申报、直接

[①] John H. Jackson, World Trade and the Law of the GATT, Bobbs-Merrill Co., 1969, pp. 464-465.

运输和原产地证明文件签发的操作规程①。

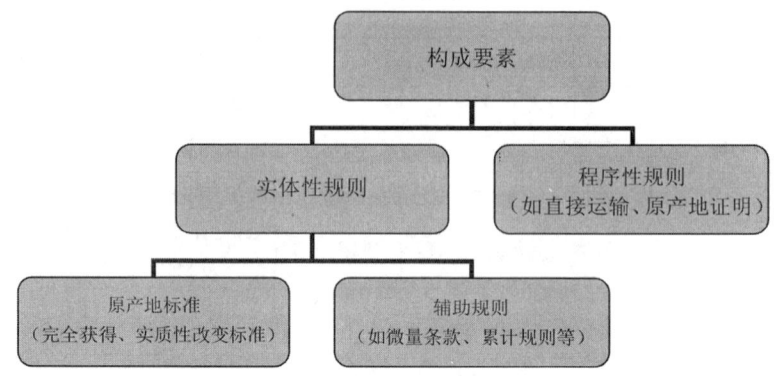

图1-1 原产地规则构成要素示意图

一、 原产地标准

原产地标准是原产地规则的核心内容，它是判定产品原产资格的标准或尺度。

（一）完全获得

各国（地区）原产地标准通常分为两大类，其中一类即完全获得，即完全使用本国（地区）原料、零部件或者完全在本国（地区）领土内生产、制造的产品。例如，从该国（地区）土壤或海床开采的石油等矿产品，在该国（地区）收获的蔬菜、水果等植物产品，在该国（地区）出生并饲养的活动物及从上述活动物获得的蛋、蜜、肉、奶等产品，在该国（地区）猎取或捕捞的产品，以及在该国（地区）回收的废碎料及旧货等。在规则的具体制定上，各国或地区采用的方式并不相同。有些国家或地区以抽象的方式简单概括完全获得产品的概念，有的国家或地区则采用列举方式将属于完全获得的产品列举出来②。完全获得产品的特点是不含有任何国外的原材料、部件或劳务，生产制造过程自始至终都是在这个国家境内完成，即"土生土长"的。由于完全获得的产品不涉及其他国家或地区的成分，技术上容易判断和界定，

---

① 郑志海、薛荣久主编：《世界贸易组织知识读本》（修订本），中国对外经济贸易出版社2001年6月版，第64页。

② Evdokia Moise, The relationship between regional trade agreements and Multilateral trading system: rules of origin , TD/TC/WP（2002）33/FINAL, 2002, paragraph 20。前者如 ANZCERTA（澳新紧密经贸关系协议，Australia New Zealand Closer Economic Relations Trade Agreement），后者如AFTA（东盟自由贸易区）、MERCOSUR（南方共同市场）、EFTA（欧洲自由贸易联盟）、CEFTA（中欧自由贸易协议）、ECC（欧洲经济共同体）等。

引起的争议相对较少。从完全获得标准的制定实践中看，容易引起争议的主要涉及海产品、动物产品和废旧物品条款：

1. 关于活动物产品的完全获得标准争议

有人对从活动物获得产品的原产地判定标准提出质疑。例如，母鸡在某特定国家产的蛋是否就可认定为原产于该国，无论这只母鸡是否原产于该国；或者是要求这只母鸡必须在该国出生，或这只母鸡在该国饲养并符合一定的饲养条件（如饲养期限等），其产下的蛋方可视为原产于该国。[①]

2. 关于海产品完全获得标准的争议

关于海洋产品，由"某一特定国家的渔船"捕捞的产品通常认定为原产自该国。但是，对"某一特定国家的渔船"这一表述做出准确的定义并非易事。即使在经济发展水平相对平衡的欧洲国家之间，也没有就该问题形成共识：根据英国的规则，船只须在出口国注册；而根据芬兰、瑞典和瑞士的规则，船只必须在出口国注册且悬挂该国国旗航行。不过，有国家认为"悬挂其国旗"这一表述为发展中国家制造了麻烦，因为在某些情况下为利用海洋资源，发展中国家之间建立了一些合资企业，对于合资企业使用的船只，不再适宜对悬挂国旗提出要求，仅采用注册地标准即可。

另外，鉴于各国（地区）对船只注册或悬挂本国国旗的规定存在显著区别，很多发达国家（地区）认为悬挂国旗并不能构成判定这些产品原产地的充分依据，因此，在注册或悬挂国旗要求的基础上，这些国家（地区）对船员国籍和船只所有权作出补充规定。例如，欧盟在其普惠制原产地规则中对来自非洲国家[②]的海产品规定，该国国民或总部设在该国的公司至少拥有捕捞船只一半的所有权。除此之外，还应由该国国民担任经营主管及董事会主席，而且董事会中的多数成员也应该是该国国民；如果该公司是合伙或有限责任公司，则至少一半的资本应当属于该国的公司或国民，而且该船的所有船员或至少75%的船员必须是该国国民。但是，许多发展中国家并不具备造船技术，也没有自己的捕捞船队，实施"注册+所有权+船员国籍"这一严格的要求将剥夺这些发展中国家开发海洋财富并在优惠条件下销售其水产品的可能性。

3. 关于废旧物品完全获得标准的争议

对旧物和废碎料的原产地标准判定也是一个敏感问题。当然，大部分规则承认，生产过程中产生的废碎料和废弃物品是可以被认定为完全获得产品的，只要它们是在相关国家收集，并且只能用于原材料回收目的。[③]例如，从

---

① 文件 TD/B/AC.5/3/Add.4，1970 年 3 月 19 日，第 74 段。

② 见文件 TD/B/AC.5/3，第 18~23 段。本部分的 EEC 指欧洲共同体。

③ 同上，第 76 段。

瑞士使用者手中收集并被运回芬兰的废旧电池，无论是否原产于欧盟，只要这些旧电池只适用于铅和其他残余材料的回收，都将获得欧盟的关税优惠待遇。但是，如果被送回芬兰的电池可以重新充电并加以再利用，则这项规定将不适用。[①] 不过有些国家提出，为防止来自发达国家的产品通过受益国（发展中国家）进入给惠国，有必要对某些旧机器的用途和性质进行界定，如有必要，还应当对其用途必须被利用的最短期限做出规定（如要求汽车必须驾驶 10 年以上）。制定这样一项特殊条款时，其较强的限制性有利于出口型发展中国家的工业发展[②]，也可防止第三国利用原产地规则的疏漏搭便车。

（二）实质性改变标准

原产地标准涉及的另一类是含有进口成分的产品，即全部或部分使用了进口原材料制成的产品。在经济全球化的今天，这种带有"多国成分"特征的货物的原产地是较难判定的。美国法院最早采用了实质性改变标准来判定产品的原产地。1886 年美国"贝壳制品"案争论的焦点是"进口的经清洗和磨光后的贝壳是否仍为'贝壳制品'（Manufactured Shells）"。如果是"贝壳制品"，按美国当时的法律应征收 35% 的从价税；如不是，则免征进口税。最高法院最后认定"经清洗及磨光后的贝壳仍为贝壳。与贝壳相比，清洗及磨光的贝壳并未加工成具有完全不同的名称、特征或用途的一项新产品"。1908 年，美国最高法院在安何塞—布斯酿造协会诉美国（Anhewser-Bush Brewing Association V. The Unite States）一案中，对"实质性改变标准"做了解释：第三国生产的初始产品出口到某国并在该进口国加工制得最终制成品，在初始产品转变为最终制成品的生产过程中，如果最终制成品和初始产品相比属于一个新的和完全不同的产品，并具有完全不同的名字、特征或用途，则最终产品才可获得该进口国的原产资格。根据该解释，一项产品如果是在两个或两个以上的国家进行生产，那个使其改变为完全不同的新产品并具有新的名字、特征和用途的国家才是该产品的原产地。[③] 该判例在原产地标准的发展史上具有重要影响。

在长期的国际贸易实践中，以发生最后"实质性改变"的国家（地区）作为多国（地区）产品"国籍"的原则是逐渐演化形成的。[④] 为减少"实质性改变"这种笼统的原则带来的歧义，在实践中，各国（地区）通常应用三

---

① 参见 EFTA 原产地规则，第四版修订版，1971 年 1 月，第 28 页。

② 同上，第 77~79 段。

③ 刘丽娟、徐进亮主编：《原产地规则——产生、运用与改革》，中国经济出版社 2001 年版，第 1~2 页。

④ Evdokia Moise, The relationship between regional trade agreements and Multilateral trading system：rules of origin, TD/TC/WP（2002）33/FINAL, 2002, paragraph 21.

种不同的标准：税则归类改变标准、增值百分比标准和加工工序标准。① 这三种标准可以分别使用，也可以相互搭配使用②，见图1-2。

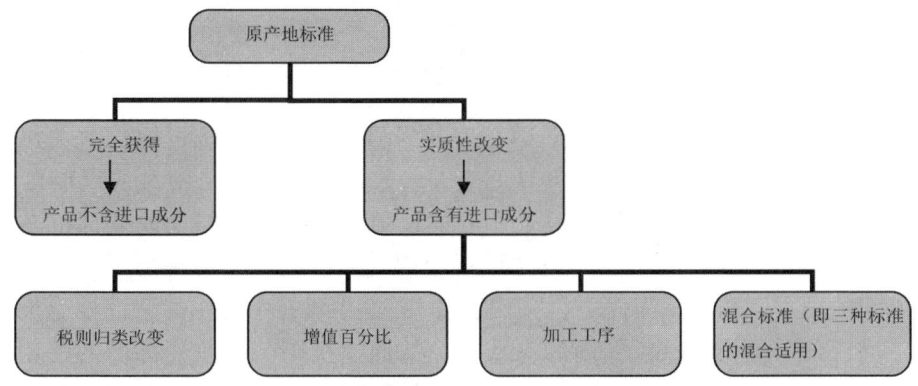

图1-2 原产地标准的分类示意图

1. 标准之一：税则归类改变标准

（1）概念

税则归类改变是指最终产品的税则归类编码与其所使用的原材料的税则归类编码相比发生了改变［Classification of inputs（materials）different than classification of output（product）］。例如，某种进口原材料在进口国（地区）进行了进一步加工，如果加工后的最终产品的税则归类与原材料相比发生了改变，则视该商品发生了"实质性改变"成为另一种商品③，并以发生"实质性改变"的国家（地区）作为产品的原产地。在实践中，各国（地区）往往依据1988年实施的海关合作理事会（CCC）《商品名称与编码协调制度》（以下简称《协调制度》）来判断货物的税则归类编码。根据《协调制度》，商品编码细分到六位数：前两位数是商品所在的章；前四位数合起来叫税目，提供了较具体的商品描述；六位子目则提供了更精确、更具体的商品描述。

举例来说，北美自由贸易协议的原产地规则规定，第7章的税目07.10～07.14下的最终制成品若要取得NAFTA的原产地资格，则其使用的原材料必须是第7章以外的产品。也就是说，归入第7章以外的非原产材料加工制得

---

① Mitsuo Matsushita, Thomas J. Schoenbaum and Petros C. Mavroidis, The World Trade Organization Law, Practice, and Policy, 1st ed, Oxford University Press, 2004, p. 121.

② Rod Falvey and Geoff Reed, Rules of Origin as Commercial Policy Instruments, University of Nottingham, acknowledges financial support from the Leverhulme Trust under Progrmme Grant F114/BF, 2000, p. 1.

③ 叶全良、王世春主编：《国际商务与原产地规则》，人民出版社2005年版，第10页。

的最终制成品归入第 7 章，该最终制成品才能取得原产资格。换句话说，在第 7 章内各税目之间发生的改变不能获得原产资格，只有从第 7 章以外的税目转变到 07.10~07.14，才是符合规定的税目转变。

（2）税则归类改变标准的应用优势

①具有透明性和统一性

目前，超过 98% 的国际贸易及 190 多个国家、区域经济组织的海关机构使用《协调制度》编码。由于世界上绝大多数国家和地区采用《协调制度》，对每件产品及其原材料的归类也是相同的，那么使用税则归类改变标准在每个采用《协调制度》的国家（地区）就会得到同样的结果，保证了货物原产地确定的稳定性和可预测性。《协调制度》在世界贸易中应用的广泛性也保证了产品税则归类在世界范围内的一致性，从而使税则归类改变标准的适用及结果具有统一性和客观性。贸易商和海关只要掌握了相关原材料和最终制成品的税则归类，就可以依据相应的税则归类改变标准对原产地决定做出判定，限制了原产地签发机构在操作中的主观随意性。同时，生产商也易于提供相关的证明文件，证明货物的确符合原产地标准。①

②《协调制度》的分类排序结构使之成为确定原产地的合适工具

作为一般规则，《协调制度》按商品加工程度排列章的顺序：原材料——粗加工品——半成品——成品。例如，活动物归入第 1 章，动物皮毛归入第 41 章，而皮鞋归入第 64 章。这种排列同样也体现在其他各章中。

同理，《协调制度》也按照加工程度排列品目在章内的次序。以包装木箱为例，整个木箱的生产过程一般只涉及三个税目并按加工程度排序：原木（税目 44.03）——从纵长方向锯的厚度超过 6 毫米的木板（税目 44.07）——包装木箱（税目 44.15）。再以第 72 章的钢铁类产品为例，生铁（税目 72.01）——供再熔的碎料钢铁（税目 72.04）——半成品（税目 72.06）——铁平板轧材（税目 72.08 至 72.12）——铁条、杆（税目 72.13 至 72.15）——铁角材、型材和异型材（税目 72.16）——铁丝（税目 72.17）等。

如果两个或两个以上国家参与货物的生产，各国必然处在生产过程的不同阶段，各生产阶段的产品也相应归入不同的税目。通过比较产品在各个生产阶段中税则归类的变化，即可判定产品在哪个阶段和哪个国家发生实质性改变。

---

① 范剑虹、刘林：《内地与港澳 CEPA 项下的〈关于货物贸易的原产地规则〉的政策分析》，北大法律信息网，http://vip. chinalawinfo. com/newlaw2002/SLC/SLC. asp？Db=art&Gid=335579045，访问日期：2007 年 10 月 27 日。

总而言之，《协调制度》按照加工程度来排列章和章内税目顺序的结构，为税则归类改变标准提供了一个理想的平台，使税则归类改变标准可合理地反映出实质性改变的发生。

（3）税则归类改变标准的应用缺陷

首先，《协调制度》的设计目标主要是为了满足海关统计和商品分类的需要，目前其税目包含世界贸易商品的 90% 左右，因而不能完全涵盖发生实质性改变的所有情况。其次，用于税则归类改变标准的税目目录需要经常修订更新，影响适用的透明性和稳定性。而且，用税目分类来判定货物原产地并非总是合理恰当的。例如，植物产品（《协调制度》第 6 章）经过冷藏，经制成水状、果酱或烧烤等加工工序而成为蔬菜、水果、坚果或其他可食制品（《协调制度》第 20 章），依税则归类改变标准已发生实质性改变，但实际上，这种加工的目的是使加工制品与原植物产品处于更加相似的新鲜状态，因而不应视为实质性改变。再比如，《协调制度》第六类化学工业及其相关工业产品中的第 28~38 章中的细目包括制成品和其他组成成分，这些制成品的绝大多数与其组成成分有明显不同的物理和化学性质，虽然事实上已发生实质性改变，但税目却没有变化。

另外，税则归类改变标准中经常存在"例外条款"，让规则的适用更加复杂化。例如，在北美自由贸易协议中规定，从《协调制度》税目表中任何一章下的产品经区域加工后成为第 21 章的番茄调味酱都可以取得原产资格，但是第 20 章的番茄泥经过加工发生税则归类改变而归入第 21 章的情形除外。墨西哥在种植番茄和制造番茄泥方面有着天然优势，而番茄调味酱在美国具有巨大市场，美国希望利用这样的规定将番茄调味酱的生产保护在美国本土范围内。[①] 同样，在欧盟也有类似的例外条款，如规定任何进口产品经过税则归类改变后制成饼干都可以取得原产资格，但是使用面粉加工制成的除外。[②]

针对上述例外情况，一些国家（地区）把例外商品列入"例外清单"，在一定程度上控制了上述矛盾，但却削弱了这一标准的透明性与客观性。从各国（地区）的立法例来看，这种"例外清单"主要有两类：一种是进口成分在受惠国加工后改变了税目，却不能被认为是已经过实质性改变的产品清单（否定清单）；另一种是进口成分在受惠国加工后，税目没有改变却被认为发生了实质性改变的产品清单（肯定清单）。关于清单包含哪些产品及这些产品的加工工序如何，各国（地区）都有一定的自由裁量权，如美国、日本、

---

① Kala Krishna, Understand Rules of Origin, Pennsylvania State University and NBER, 2004, p. 9.

② Paul Brenton, Rules of Origin in Free Trade Agreements, the World Bank Group, Trade Note 4, 2003, footnote 1.

欧盟都在不同程度上利用这些裁量权来保护本国（地区）特定产业部门，如纺织、电子等行业。

尽管税则归类改变标准存在上述不足，但同其他两种标准相比，税则归类改变标准最为客观、公正。而且它以国际上普遍运用的《协调制度》为依据，易于协调。但是，若要准确界定货物的原产地，单靠这一种标准是不够的，必须辅以其他标准来确定。如我国《原产地条例》第六条规定："本条例第三条规定的实质性改变的确定标准，以税则归类改变为基本标准；税则归类改变不能反映实质性改变的，以从价百分比、制造或者加工工序等为补充标准。具体标准由海关总署会同商务部制定。"

2. 标准之二：增值百分比标准（Value Added Test）

（1）增值百分比标准的概念

增值百分比标准，也称为从价百分比标准，是按照最终货物的进口材料价值与该最终货物价格之间的比例关系来确定货物的原产地。也就是说，如果货物在某一国家或地区制造或加工后的增值额占该最终货物价格的比重超过一定的百分比，则视该国或该地区为产品的原产地。当产品进行加工或组装后形成的最终产品并未发生税则归类改变时，此方法具有现实的意义。通常规定，进口原材料的价格按到岸价格(CIF)确定，最终产品的价格按出厂价格或离岸价格(FOB)确定。这种方法可以规定出口货物中进口材料价值的最高百分比，也可以规定出口货物中本国或地区增值部分的最低百分比。通常这一标准主要考虑产品的生产成本，具体会通过以下三种方式实施：

①最高进口成分标准，即进口原材料的百分比不能超过规定的限度；

②最低当地含量标准，即加工或制造产品的国家或地区所使用的本地材料的价值不能低于规定的百分比（如在澳大利亚的烟草行业，以烟草中所使用的本国烟叶的重量来计算当地含量[1]）；

③最低价值增值标准，即在加工产品的国家或地区发生的价值增值不能低于规定的百分比。[2]

（2）增值百分比标准的应用优势

该标准在理论上具有直观、准确的特点，可以涵盖所有产品，更易于达到保护国内产业的目的。增值百分比标准可以使有着一定的经济贡献的产品取得原产地资格，同时可以防止生产者借助在第三国（地区）的简单组装工

---

① Kala Krishna, Understand Rules of Origin, Pennsylvania State University and NBER, 2004, footnote 11, p. 8.

② Rod Falvey and Geoff Reed, " Rules of Origin as Commercial Policy Instruments", University of Nottingham, acknowledges financial support from the Leverhulme Trust under Progrmme Grant F114/BF, 2000/18, footnote 2, p. 1.

序取得第三国（地区）原产资格，从而骗取优惠关税或规避反倾销税。因此，增值百分比标准可作为唯一的原产地标准单独适用，也可作为税则归类改变标准的有力补充。

（3）增值百分比标准的应用缺陷

①存在不确定性。在现实应用中，当增值率略高于或略低于规定的百分比时，很难做出产品是否符合原产地标准的决定。同时，增值百分比标准存在很多不确定性。例如，各国（地区）间汇率的频繁变动、原材料价格的波动及销售价格的变化都会影响增值百分比。这些不确定因素会造成同一生产厂商的相同产品在同一国家（地区）的市场上因销售时间不同而导致原产地不同的情况。此外，各国（地区）的表述方法并不一致。例如，在 NAFTA 中，增值标准是该区域内成分不低于制成品价值的 50%，而欧盟普惠制（GSP）下的增值标准是非受惠国成分不得超过受惠国制成品出厂价格的 40%。再如，对税目 38.15 配制橡胶加强剂的规定，挪威、芬兰、瑞典采用的表述为"使用材料的价值不超过最终产品价值的 50% 的制造工序"，日本的表述为"使用非原产产品（包括来源不明产品），且其价值不超过最终产品价值 50% 的制造工序"，英国采用"进口材料的价值不超过最终产品价值 50% 的规则"。

另外，各国（地区）的原产地标准计算方式往往差异很大。一项产品的成本包含原材料成本、资金成本、专利使用费、固定资产折旧、劳务费用和管理费用等，哪些因素需要纳入计算中，核算时是按照出厂价格、成本价格还是离岸价格计算，这些都会影响最后的结果。一般来说，出厂价格包含生产成本和生产者利润；离岸价格在出厂价格的基础上还包括生产国的所有其他成本，特别是从工厂到关境或港口的运输成本，以及任何该国贸易中间商的成本和利润。当最终货物出厂后产生额外的成本时（例如运输成本和/或交易成本），如果使用离岸价确定最终货物的价值，这些成本将增加到本地成分中，从而使最终货物更容易获取享受优惠关税待遇的资格。但是，如果用出厂价格确定最终货物的价值，这些成本便不会被计算到本地成分中，加工过程中使用的非原产材料的价值所占的比重可能超过规定的最高百分比，导致最终产品无法享受优惠关税待遇。

综上，离岸价格的使用可能使增值百分比标准变得更为宽松，同时也可能造成对沿海企业和内陆企业的差别待遇，因为同样的产品，内陆企业的本地成本计算中包括运输到港口的费用，而沿海企业则不包括这部分费用。运输费用的增加将导致能否适用优惠关税的不同结果。因此，有人倡导采用出厂价格作为增值百分比标准的计算依据，因为出厂价格不包括运输费用和交易成本等，更接近真实的产品增值，是对加工工序的真实量度。但在实际操作中，离岸价格是在出口贸易中最普遍使用的①，因为离岸价格通常都是较为容易获得的，不需要进行特别计算就可以作为增值百分比的计算基础。

②高额管理成本。采用增值百分比标准，企业需要对制造过程中各种零部件成本进行实时跟踪，并需要向签证机构提供充分的证据来证明其产品中的国内增值比例或进口成分比例，这要求生产者保存各种相关资料和会计账本。对于生产工序复杂、进口零件和原材料繁多的产品生产者来说，满足上述要求非常耗时费力。据统计，在欧洲自由贸易联盟（EFTA）和欧盟之间的贸易中，有25%的贸易是在非优惠的基础上进行的。这就是因为满足优惠性原产地规则规定的增值标准的成本高于可能享有的关税优惠，因此，生产商宁愿放弃优惠关税待遇而支付最惠国关税。② 有研究估算，一个发达国家的出口企业准备所有的原产证明资料，需要付出相当于出口货物价值3%的成本；如果是在海关制度不完善的国家，所付出的成本和难度往往更大。③

对于海关和签证机构而言，需要根据国内法或国际条约的要求进行增值百分比计算，必要时还需要核实进出口商提供的相关信息资料和财务报表的真伪，对于可能出现争议的会计方法则需要额外的审计工作，有的审计工作甚至花费几年的时间，才能最终确定货物的原产地。这些工作无疑增加了海关和签证机构的行政成本。

③对于发展中国家不利。生产同样的产品，在一个高工资、高生产成本的国家要比在一个低工资、低生产成本的国家更容易满足增值百分比的要求，因而更易被赋予原产地资格。这无疑不利于低成本、效率高的国家的生产商获利。比如，一个在美国生产彩电的生产商比在印度生产同样彩电的生产商更容易达到45%的增值标准。对于发展中国家来说，其所拥有的比较优势主要是廉价的劳动力和丰富的资源，而增值标准恰恰是对这一比较优势的歧视。与在拥有较低工资水平的国家进行的加工相比，在拥有较高工资水平的国家进行的加工更容易赋予货物原产资格，这显然是对低劳动力成本国家的歧视。对于主要依靠低廉劳动力成本获取竞争优势的发展中国家而言，尽管可能耗费的劳务较多，但低廉的劳动力成本在产品中所占的比重相对来说并不高，对其产品取得本国原产地资格是较为不利的。

由于上述种种缺陷，在北美自由贸易协议的原产地规则拟定过程中，谈判方一致认为，增值标准是最不可取的原产地确定标准，因而应当尽可能缩

---

① 参见联合国贸易和发展会议文件 TD/B/AC.t/3/Add.4，第11段。

② Kala Krishna, Understand Rules of Origin, Pennsylvania State University and NBER, 2004, p.6. 转引自 Herin Jan, Rules of Origin and Differences between Tariff Levels in EFTA and in the EC, EFTA Occasional Paper, No.13, 1986。

③ 同上。

小其使用范围，并强烈建议关税与贸易总协定在协调原产地规则方面不能以增值标准作为主要方法。尽管如此，增值标准在其他标准无法真实地反映货物的"实质性改变"时，仍然是不得不采用的方法。实际上，在当今各国（地区）制定的货物原产地规则及 WTO 进行的协调非优惠制原产地规则中，都有相当数量的产品采用增值标准。

3. 标准之三：加工工序标准（Technical Test）

（1）加工工序标准的概念

加工工序标准即根据加工工序清单，以对产品进行了符合要求的加工工序的生产地作为产品原产地。加工工序清单是对产品生产过程的具体描述。它规定，只要在产品的生产过程中有几个生产阶段或生产工序是在给惠国或受惠国内完成的，那么这种产品就被赋予给惠国或受惠国原产地地位。[1]

例如，我国《原产地条例》第六条第四款规定："本条第一款所称制造或者加工工序，是指在某一国家（地区）进行的赋予制造、加工后所得货物基本特征的主要工序。"

为达到实质性改变的要求，部分加工工序标准要求对生产过程中使用的非原产材料必须进行某些特定的加工，或从某个特定的阶段开始加工。如税目 17.01 的"砂糖和绵白糖"，应"由原糖制成[2]"。

部分加工工序要求加工的非原产材料必须从某一阶段开始。如税目 51.07 的"精梳羊毛纱线（非供零售用）"，应"由毛纤维或毛条经纺制"。

部分加工工序对非原产材料必须进行的生产加工工序要求是较多的。如税目 62.09 的"婴儿服装及衣着附件"，应经过"裁剪，缝纫至成衣"。

加工工序规定的生产加工阶段是获得原产地的最低加工要求，满足实质性改变标准的实际加工工序只可多于但不能少于规定的加工工序。

（2）加工工序的应用优势

加工工序的优点是描述精确、指向明确、操作性强，从而成为产业保护的有力工具之一。例如，北美自由贸易协议在其原产地规则中规定，"协调商品名称和编码制度"第 84 章机械工具主要由四种主要的组件构成：主机、液压装置（泵）、数字控制器、主要的焊接件或铸造件（机器的主结构组件）。如果这四种组件中有三种是在北美自由贸易区内生产的，且最后的组装工序

---

[1] 栾信杰：《对三种原产地标准的比较分析》，载《外国经济与管理》1996 年第 10 期，第 45 页。

[2] 《中华人民共和国适用制造或者加工工序及从价百分比标准的货物清单》，其中"51.07、62.09"是《中华人民共和国进出口税则》（以下简称《税则》）"税则号列"中的四位数级税目号，对包含《税则》某章全部四位数级税目号的货物，只列出该章的标题；对特指四位数级税目号中的某一货物，在该税目号前加注"＊"标记，如"＊17.01"。

是在北美自由贸易区完成的，那么这种机械工具的原产地就是北美自由贸易区。换言之，若两个或两个以上的组件是在北美自由贸易区之外生产的，即使最后的组装工序是在北美自由贸易区内完成的，也不能赋予这种机械工具以北美自由贸易区的原产地资格。① 可见，北美自由贸易区利用加工工序标准有效地保护了本区域的纸屑工具制造业。同样，欧盟等其他区域贸易安排也规定了复杂的且带有排斥区域外经营者特征的加工工序标准。

（3）加工工序标准的应用缺陷

实际应用中，没有一个国家将加工工序标准作为主要的原产地标准，因为科技进步会更新产品生产工序，已有的工序会被淘汰。该标准的适用在很大程度上依赖于众多生产商提供的信息，这些生产商往往会从自身利益出发而将真正反映货物实质性变化的工序抛诸脑后。同时，生产工序的国际性差别决定了以本国为基础认定的工序标准有失公平和客观，仅依据本国相关行业的建议制定的工序标准容易带有倾向性。② 如对于棉纺织品和服装行业，各国和区域贸易安排都制定了非常严格而且复杂的原产地规定。如美国制定的原产地规则，要求纺织品从棉线的生产、纺纱、编织到剪裁制成棉纺织品的全部工序都必须在受惠国进行。而且，这些严格的原产地规则经常存在"例外条款"，让规则更加复杂。例如，根据北美自由贸易协议的一般规则，棉纺织品如果使用子目 5111.11 或 5111.19 项下的进口织物将无法获得原产地资格，但是如果进口织物是"手工编织，使用的织布机宽度小于 76 厘米，在英国进行编制，符合《哈里斯手织毛呢商标法》③ 的规定且取得认证"，则该进口织品可以使用并能取得原产地资格。④ 另外，各国对于加工工序标准的使用在表现形式上也存在很多差异，有的国家会以肯定方式制定可以获得原产资格的产品清单，而有的国家则会以否定方式制定不能获得原产资格的产品清单。例如，对于税目 19.01 的麦精产品，日本以肯定方式列出，即"由谷物提取麦精"可获得原产产品资格，英国则采用否定方式列出，即"由麦芽提取麦精"不赋予原产产品资格。

综上所述，这三种标准都各有不足，而目前的经济理论尚无法提供一种

① 叶全良、王世春主编：《国际商务与原产地规则》，人民出版社 2005 年版，第13~14 页。

② 马玉霞：《原产地规则的"灰色"区域与潜在壁垒》，载《决策参考》2004 年第 6 期，第46 页。

③ 哈里斯手织毛呢是西苏格兰的哈里斯岛用手织的呢绒。认证规则由哈里斯手织毛呢协会（Harris Tweed Association, Ltd）制定并负责执行认证。

④ Paul Brenton, Rules of Origin in Free Trade Agreements, Trade Note 4 of The World Bank Group, 2003, p. 4.

判定货物原产地的完美标准。不论各国（地区）政府怎样选择原产地判定标准，其选择都倾向于弊端相对较少的那种标准。目前，各国（地区）的规则大都是把上述三种结合起来判定货物的原产地，这种混合标准更易实现可预见性、灵活性与成本最小化的平衡。

表 1-2 三种实质性改变标准的优缺点比较表

原产地标准	优点	缺点
税则归类改变标准	简单易懂，操作性强，有可预见性	不能适用于所有产品
增值百分比标准	简单易懂，易于制定	易受汇率、材料价格等多种因素影响，结果是可预见性和稳定性较差
加工工序标准	客观、针对性强，但十分复杂	技术更新会要求规则不断更新，同时规则的表述相对复杂

二、累计规则（Cumulation Rule）

（一）累计规则的概念

累计（Cumulation）是指在确定产品的原产地资格时，把该产品生产过程中涉及的若干个国家（地区）视为一个统一的经济区域，在该经济区域内对货物进行生产加工时产生的价值可视为原产成分进行累计。原产地累计规则是优惠性原产地规则中的辅助规则。根据该规则，一个成员国（产品加工国）的产品中如果包含有其他成员国的价值（如原料或零部件），则这些价值可以视为该产品加工国的原产成分而非进口成分，从而被累加到产品加工国的产品价值当中。原产地累计规则往往能使受惠国家的产品较容易地出口到给惠国并享受到优惠待遇，可视为原产地规则的软化剂。

（二）累计规则的分类

累计规则可分为完全累计和部分累计两大类。

1. 完全累计

完全累计是指在确定成品的原产地时，所有受惠国（地区）可视为一个统一的经济区域，各受惠国（地区）提供的原料和零部件的价值成分可以相互累计。对于受惠区外的材料，若在区内某成员国加工，即使该加工本身并不能使材料获得该成员国的原产资格，但在这一区外材料的加工过程中实现的本地区价值增值仍可以累计到最终制成品中。例如，区外进口材料 A 出口到区内第一进口国，第一进口国境内的厂商使用进口材料 A（价值 PA）和本地原产材料 B（价值 PB）及劳动力若干等加工成产品 C（价值 PC）。产品 C 包含的本地成分为（PC-PA）。产品 C 出口到区内第二进口国，并作为下一步生产工序的投入品。区内第二进口国的工厂用 C 加工成最终产品 D。根据完全累计规则，无论产品 C 是否在第一进口国取得原产资格，产品 C 中的第一进口国本地成分（PC-PA）都应参与累积。

2. 部分累计

在部分累计制度下，如果区外进口材料 A 在区内第一进口国经过加工，且制得的最终产品 B 获得了原产地资格，则产品 B 能被纳入最终产品原产地的累计中。在产品 B 作为中间产品再次投入生产时，产品 B 可以整个作为原产产品看待，而不再将其中包含的进口材料 A 视为非原产成分。例如，欧盟—墨西哥自由贸易区协议中规定："如果一个产品因满足条件而取得原产资格，该产品在使用到其他产品的加工中时，无须考虑该产品使用的非原产材料。"否则即使进口的中间产品中含有部分原产成分，也不能累计到最终产品中。

部分累计又可细分为单边累计、双边累计、斜边累计。

（1）单边累计

单边累计也称为区域累计，一般只存在于普惠制中，只有发展中国家或不发达国家可以作为受惠国进行单边累计，并享受发达国家提供的普惠制优惠待遇。根据单边累计规则，所有来自受惠国的材料均可以累计计算①，而给惠国的原产材料是不能进行累计的。如欧盟对亚洲、非洲等的不发达国家实行区域累计，并将这些国家分为几个地区集团，规定原产于某一地区集团内一个成员国的货物，在同一地区集团内另一个成员国进行加工后，所有的加工工序产生的增值都可以累计，并以该地区集团中进行最后一道加工工序的国家为货物的原产国。但是，欧盟的区域累计规则具有严格的前提条件：一是最终产品的增加值必须高于所使用任何材料的完税价格；二是所使用的材料必须是同一地区集团的成员国生产的；三是对于某些特定产品，必须符合特定的加工工序要求；四是对于特定行业（如纺织品行业），还必须提供所使用材料的最初原产国出具的原产地证明。

（2）双边累计

双边累计发生在由两方缔结的区域贸易安排下，它是大部分区域贸易安排所采用的累计规则。根据双边累计规则，当在 A 国（缔约一方）生产的原材料或零部件，在 B 国（另一方）加工成产品后再出口到 A 国时，该产品在 A 国和 B 国生产过程中所产生的价值成分可以一同累计计算。双边累计更加

---

① 有些普惠制原产地规则中也允许给惠国成分与受惠国成分一起累计。

容易使产品取得原产地资格并享受税收优惠，同时有助于缔约双方的上下游产业协调和资源配置。

（3）斜边累计

斜边累计也称为对角累计，涉及两个或两个以上优惠贸易安排之间的累计。[①] 它是指在相互缔结类似优惠贸易安排的多个国家（地区）之间，只要这些国家（地区）采用的原产地规则相同，那么在上述任一国家（地区）生产的最终产品中所使用的上述所有国家（地区）的原产成分均可累计相加。例如，加拿大—以色列自由贸易协议规定：如果加、以两国均已与同一第三国分别订立了自由贸易协议，且制定了相同的原产地规则，则在任一协议下可享受优惠待遇的货物在进口至一成员方境内，并用作生产另一货物的原材料时，应视作加拿大—以色列自由贸易协议原产货物。如图1-3所示，在加拿大生产的产品采用了 X 国的原产材料，只要加拿大和以色列都与 X 国签署区域贸易安排并制定了相同的原产地规则，X 国的材料便可以视为加拿大—以色列自由贸易协议的原产货物，与成品中的其他原产成分共同进行累计。

现在，斜边累计已经被广泛应用于欧共体与阿尔及利亚、埃及、以色列、约旦、黎巴嫩、摩洛哥、叙利亚、突尼斯、约旦河西岸和加沙地带、欧洲经济区/欧洲自由贸易区国家［冰岛、挪威和瑞士（包括列支敦士登）］、法罗群岛及土耳其之间。斜边累计规则的运用将区域贸易集团的影响力扩大到区外的任一国家，这引起一些 WTO 成员的质疑与担忧。他们认为，一个区域贸易安排可以为特定的非成员提供优惠，可能会严重损害最惠国待遇的实施。[②]

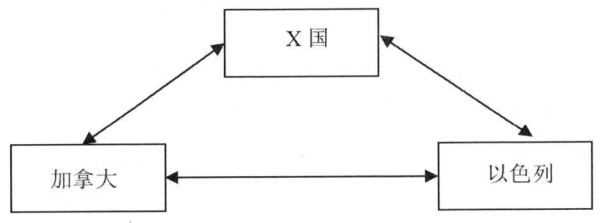

图1-3 斜边累计示意图

三、 微量条款（De Minimis Rule）

微量条款又称为容忍规则。大多数区域贸易安排的原产地规则中都有微

① Norio Komuro，"AFTA Rules of Origin"，International Trade Law &. Regulation，2005，p. 7.

② Evdokia Moise，The Relationship between Regional Trade Agreements and Multilateral Trading System：Rules of Origin，TD/TC/WP（2002）33/FINAL，2002，paragraph 34.

量条款，允许最终产品中含有一小部分非原产材料而不致影响产品的原产资格。也就是说，如果区域内生产的最终产品使用了部分进口原料，而该产品所用进口原料的价值或数量占最终产品的价值或数量的比重低于某一百分比，则该产品仍可被视为区内原产产品。在适用税则归类改变标准和加工工序标准的条件下，如果最终产品采用了很少的非原产材料，但由于不符合加工工序标准，或者非原产材料未满足特定的税则归类改变标准，将导致最终产品无法获得原产资格。鉴于非原产材料十分微量，这是明显不合理的。因而微量条款可以看作是税则归类改变标准和加工工序标准的软化剂，让含有非原产材料的产品在特定条件下也可获得原产资格。同时，微量条款的容忍幅度也体现了原产地规则的严格程度。例如，欧盟容许的微量为 5%，NAFTA 的容许量为 7%，我国的大多数 FTA 中的容许量为 10%。不过，在某些特殊行业是存在例外的，如有些区域贸易安排规定能源和机械制造行业不能适用微量条款。[①]

四、 微小加工条款（Minimal Operations or Processes）

微小加工，是指对货物的基本特征影响轻微的加工或处理。微小加工无论是单独进行的还是相互结合的，均不得赋予货物原产地资格。部分原产地规则会制定单独的清单列举所有属于微小加工的情形。这种清单有的比较简明，仅围绕保存、包装、简单装配等国际物流环节提出相关要求（如美国—约旦自由贸易区协议中规定捆绑、打包或单纯以水稀释的产品不能取得原产资格）；也有十分详尽的清单，如欧盟在其微小加工条款中，罗列了 11 项加工种类[②]，主要包括：

第一，为确保货物在运输或贮存期间保藏良好状态而进行的处理，如干燥、冷冻、通风、冷却及类似处理；

第二，包括过滤、挑选、分级、筛选、分类、洗涤、切割、纵切、弯曲、卷绕或展开在内的简单处理；

第三，托运货物的拆解和组装；

第四，包装、拆包或重新打包的处理；

第五，装瓶、装罐、入瓶、入袋、进箱、装盒及固定于硬纸板或木板上等简单的包装处理；

第六，在产品或其包装上粘贴或印刷标志、标签、标识及其他类似的区

---

① Evdokia Moise, The Relationship between Regional Trade Agreements and Multilateral Trading System：Rules of Origin, TD/TC/WP（2002）33/FINAL, 2002, paragraph 24.

② Evdokia Moise, The Relationship between Regional Trade Agreements and Multilateral Trading System：Rules of Origin, TD/TC/WP（2002）33/FINAL, 2002, paragraph 25.

别标记；

第七，仅用水或其他物质稀释，未实质改变货物的性质；

第八，除大米外的谷物去壳、部分或全部漂白、磨光及上光；

第九，食糖上色或形成糖块的处理；

第十，上述各项中的两项或多项处理的组合；

第十一，动物屠宰。

五、 包装、容器及包装材料（Packings，Containers and Packing Materials）

一般的原产地规则中都会有对包装的规定：与所装货物同时进口报验的包装、容器及包装材料，凡是与该货品一并归类的，应视为与其所装货物属于同一原产地。对于进口国国内法规定货物与货物包装应当分开申报的，两者的原产地应当分别确定。对于必须满足增值百分比要求的货物，在确定该货物原产地时，零售包装的价值可视情作为原产材料或者非原产材料予以考虑。

例如，北美自由贸易协议原产地规则第 409 条就包装问题做了如下规定：如果用作货物运输的包装物和容器与被包装物一起被分类，当判断该货物在生产过程中所使用的非原产材料是否经过了附件 401 所规定的适当税则归类改变时，这些包装物和容器将不予考虑；而如果对该货物有地区价值含量要求，则在计算该货物的地区价值含量时，将根据具体情况把该包装物和容器的价值纳入原产或非原产材料的价值中。同时，北美自由贸易协议第 410 条规定，用作货物运输的包装物和容器的价值在以下情况中不予考虑：

其一，判断货物生产过程中所使用的非原产材料是否经过了附件 401 所规定的适当税则归类改变；

其二，判断该货物是否满足了地区价值含量要求①。

又如，东盟自由贸易区原产地规则第六条作了下列类似规定：

其一，如一成员国为确定关税而将产品与其包装分别对待，就自另一成员国发运的进口货物而言，该国可单独确定此类包装的原产地；

其二，当上述规定不适用时，包装应视作构成产品整体的一部分，在确定产品整体的原产地时，不将运输或储存所需的包装的任一部分视作自东盟外进口。

---

① Rules of Origin of NAFTA，加拿大外事和国际贸易网站 http：//www. international. gc. ca/trade－agreements－accords－commerciaux/agr－acc/nafta－alena/tech－rect. aspx? lang＝en&menu＿ id＝35&menu。

六、 中性成分（Neutral Elements）

中性成分是指在货物的生产、测试或检验过程中使用，但在物理上不构成该货物组成成分的货品，在确定货品的原产地时不予考虑。例如：厂房、燃料、能源；工具、模具及型模；润滑剂、催化剂及溶剂；用于检测、维护货物的设备、装置及用品，如手套、眼镜、鞋靴、衣服、安全设备及用品等；在货物生产过程中使用，未构成该货物组成成分，但有理由表明为该货物生产过程一部分的任何其他货物。

七、 附件、 备件及工具（Accessories，Spare Parts and Tools）

附件、备件及工具，是指与机器、器具、设备及车辆同时进口报验，并且通常与货物一同销售的附件、备件及工具，凡是在种类和数量上与所属设备正常匹配的，应视为与其所属设备属于同一原产地。有些原产地规则中还规定，这些附件、备件及工具与其所属设备应当一并归类；有些原产地规则还将其范围也扩大到设备随附的说明书及其他相关材料。

八、 成套货品（Sets）

成套货品，指按《协调制度》归类总规则三的规定可作为成套货品归类的货物，只要其全部货品为原产，该成套货品就应当视为原产货物。当该成套货品由原产及非原产物品组成时，只要其中非原产物品的价值不超过该成套货品价值的一定比重，该成套货品仍应视为原产货物。通常，所允许的价格比重从15%到50%不等。

九、 可互换材料（Fungible Materials）

可互换材料，指为商业目的可互换的货物或材料，其性质基本相同，仅靠视觉观察无法加以区分。在确定货物是否为原产货物时，可互换材料可以通过两种方式进行区分：

一是通过货物的物理分离加以区分；

二是通过出口方公认会计原则所承认的库存管理方法加以区分。

十、 地域规则（Principles of Territoriality）

地域规则是指货物的制造和加工必须在缔约方境内进行。经过境外加工的货物，其在复进口时不能获得原产货物资格。地域规则属于一种限制性原产地规则，它不鼓励生产商在缔约方境外对货物进行加工，而是鼓励生产商在缔约方境内完成产品的整个制造和加工过程。

但随着国际分工的细化，许多产品的生产会涉及第三方加工，无法满足地域规则的要求，因而有些优惠贸易安排的原产地规则中规定了地域规则的适用例外，但必须满足一定的条件：

一是委托第三方加工的产品必须原产于缔约方境内；

二是在境外加工的产品是用出口的原产材料加工制成的并附有证明材料；

三是在境外加工产品的增值百分比不能高于其复进口后制成的最终产品出厂价的 10%。

上述规定不适用于《协调制度》第 50 章至第 63 章的各种纺织品，也不适用于根据微量条款已取得原产地资格的最终产品。

第四节　原产地证明

原产地证明即证明产品原产于某国（地区）的书面文件，是指出口国（地区）根据原产地规则和有关要求签发的，明确指出该证明中所列货物原产于某一特定国家（地区）的书面文件，包括由出口国（地区）签证机构签发的原产地证书和企业自主签发的原产地声明。

多数国家（地区）并不要求所有的进口产品都必须提供原产地证明。尤其对于非优惠性原产地证书，很多国家（地区）都不作原产地证明的提交要求。例如，泰国的原产地规则规定：除了东盟优惠政策或有关国际商品所涉及的货物以外，其他进口货物一般不需要原产地证书。根据欧共体的非优惠原产地规则，除某些纺织品和农产品进口时必须交验原产地证书外，对从外国进口的其他产品并无要求。[①]

非优惠性原产地证书可以由原产地的政府或政府授权的公证机构出具，也可以由出口商自行出具。有些出口商为了简便行事，通过在商业发票或其他单证上声明产品产地的方式进行原产地证明。这样虽然可以降低产品签证费用，但易于修改和伪造。因此，绝大多数国家（地区）对优惠原产地证书要求必须由原产地政府指定的公证机构出具，如海关、商会或主管机构等，并由给惠国认证。例如，日本的优惠原产地规则规定，除每票价值不超过 20 万日元的货物外，适用优惠税率的进口货物须向海关当局交验下列文件：如果货物直接由受惠国进口，适用优惠税率的货物申报时须随附"综合申报及原产地证书"（表格 A）；如果货物运输途中经过非出口受惠国，则须提供全程提单、过境海关或其他政府机构签发的证明或其他可接受的必

---

① 谷成、田颖：《原产地规则的国际比较》，载《锦州师范学院学报》2002 年 11 月第 24 卷第 6 期，第 77 页。

要文件。

也有部分优惠性原产地规则允许由出口商自行签证。如北美自由贸易区原产地规则规定，当海关要求原产地证书时，一般由出口商提供成员国通用的原产地证书，并由有权代替出口商签字的人员签发；在货物进口时，进口商应持有出口商出具的有效的北美地区产地证书，并在海关要求时将证书提交给海关。此外，进口商不可出具产地证；出口商不是出口产品的制造商时，可在下列条件下出具北美地区原产证：该出口商凭自身知识认定该产品原产地为北美地区，或者持有该项产品的制造商出具的表明产品原产地为北美地区的书面声明，或者该项产品的制造商出具的北美地区产地证书作为依据。每张北美地区原产地证书可只包括一批出口货物，也可包括 12 个月内装运出口的多批货物。进口商可在货物结关后一年内，为原产地是北美地区的货物申请北美自由贸易区优惠税率待遇。进口商必须及时主动更正原产地声明中的任何错误，并对错误申报为原产于北美自由贸易区的进口货物补缴所有进口关税。

各国对伪造或虚报原产地证书及相关文件的情况规定了相应的处罚办法。如新加坡规定，凡任何原产地证明书或其他证件，若有虚报或不确实申报，违法者如被定罪，将遭到以下惩罚：初次违法者将被处以 10 万新加坡元或货品价值 3 倍的罚款，以较高者为准，或者被监禁 2 年，或者二者兼施；第二次或以上违法者，将被处以 20 万新加坡元或货品价值 4 倍的罚款，以较高者为准，或者被监禁 3 年，或者二者兼施。

第五节　原产地标记

一、　原产地标记的概述

对产品的来源地做出明确标示的标记，即原产地标记。它是表明产品的产生地、出生地、出土地或生产、加工、制造地的重要标志。我国《原产地条例》将原产地标记定义为"在货物或包装上用来表明该货物原产地的文字和图形"。原产地标记可分为原产国标记和地理标志两类。

原产国标记与地理标志有如下区别：

第一，原产国标记主要指原产于某一国家或单独关税区的标记，地理标志可以具体到某一省市的产品（如绍兴黄酒、龙井茶）。

第二，通常情况下，原产国标记一般与产品的质量没有内在相关性。如标有"印度生产"的玩具仅表示产品的来源地，不反映玩具的质量。但是，地理标志却暗示了产品的内在品质和外在声誉。《与贸易有关的知识产权协定》第 22 条将"地理标志"定义为"表明一货物来源于一成员国的领土内的一个地区或地方的标志，且该货物所具有的质量、声誉或其他特性实质上归因于其地理来源"。

第三，从受保护的数量上看，地理标志要少于原产国标记。所有《协调制度》下的商品都可在国际贸易中标示原产国标记，但标记地理标志则需要注册并获得管理部门的审批。

第四，管辖两者的国际条约不同。对地理标志实施保护的国际条约主要包括 1883 年的《保护工业产权的巴黎公约》（该公约第一次把地理标志纳入知识产权的保护范围，提出对使用假冒地理标志应予制裁）、1958 年的《保护产地名称及其国际注册的里斯本协定》（首次提出了将地理标志和产品的质量联系起来，提出了特定的地理环境、人文因素决定其质量和风味的科学概念）、《与贸易有关的知识产权协定》。对原产国标记实施保护的国际条约主要包括 1891 年的《制止商品产地虚假或欺骗性标记的马德里协定》（以下简称《马德里协定》）、1994 年关税与贸易总协定、《发展中国家商标、商号和不正当竞争行为示范》和 WTO《原产地规则协定》。

二、 原产地标记的作用

（一）指导消费者的选购决定

调查资料显示，消费者对不同原产地产品的印象和选购欲望是具有明显差异的，这极大地影响了营销者的利益。在中国的消费群体中，日本家电、法国香水、瑞士手表、美国汽车等代表了高贵的品质，是炫耀的资本。同样，中国制造的陶瓷、丝绸及茶叶，在国外的消费者中早已形成良好的产品声誉。因此，从这个意义上来说，代表产品来源地的原产地标记不仅仅是一个简单的地理标签，已演化成为一项产品的"无形价值"。

（二）保护本国的贸易利益

原产地标记是原产地规则的重要组成部分，是产品来源地的重要依据之一，是原产地管理的重要内容。在国际贸易中，原产地与产品的配额限定、产品的市场准入、市场占有率，以及贸易商可以享受的关税税率等经济利益息息相关，因此，原产地问题受到世界各国和地区的高度关注。

在当今国际贸易规则中，原产地规则是少数没有国际统一规则的政策工具之一。因此，各国（地区）都力求从各自的经济利益和政治背景出发，着手研究和开展包括原产地标记在内的原产地规则工作。

（三）利于对进出口货物进行监管

原产地标记一方面可防止以次充好的假冒产品进口，防止反倾销产品以欺瞒方式逃避反倾销惩罚税率；另一方面，可防止不符合我国原产资格的产品以"中国制造"的名义随意出口，既避免其滥竽充数败坏我国产品声誉，又防止其挤占我国宝贵的出口配额（如纺织品等）。

三、 美国对原产地标记的管理规定

美国《1930 年关税法》第 304 条款（section 304，Tariff Act of 1930）及其修正案（19 U. S. C. 1304），首次提出了原产地标记，这是世界上第一个以法典的形式确立原产地标记的法律地位。其中规定，"除例外情形外，对每一件进口到美国的原产于国外的商品，都要求必须在商品或其外包装的显著部位打上清晰、不易擦掉的，至少与商品（或其外包装）本身的寿命一样长久的永久性标志，使美国的最终购买者能从产品本身或其外包装上认出该产品用英文写的原产地名称"。对该条款可具体从以下方面进行解读：

第一，对大部分进口商品，美国都有标注原产地标记的要求。对于可以免于标注原产地标记的例外情形，相关法律中有详细规定。

第二，标记应该具有显著性。消费者在购买前，可容易地从商品本身或包装上找到原产地标记。

第三，标记应该是清晰、不易擦掉、永久性的。即标记的字号不能太小，颜色不能太淡或与周围颜色过于接近，以至于无法认清，且标记至少要与商品或包装的寿命一样长久。

第四，标记必须使用英文，如"Made in …"（……制造）或"Product of …"（……产品）来表示。

第五，外包装的标记要求。当商品是以完整包装的形式经交易至最终购买者时，外包装上一般也需要标注所装物品的原产地，如"Contents made in…"（所包装产品由……制造）或"Contents product of …"（所包装物是……产品）；当商品是通过集装箱运输时，集装箱上也需要标注原产地名称。在几种特殊情形下，外包装可免于标注原产地标记：

一是为进口商个人使用而非再出售的；

二是在进口商的加工中不可避免会将标记擦掉或掩盖的；

三是最终购买者确定已知无标记商品的原产地的。

这些规则所体现的基本原则包括：对原产地标记的要求对所有输往美国的商品都有约束力，否则便不能在美国海关顺利通过；原产地标记是强制性的，每一原产于外国（地区）的货物或其包装上必须附有原产地标记。这种强制性同时体现在美国海关对进口货物原产地标记的严格监管和处罚措施上，具体措施如下：

第一，在原产地标记不正确的进口货物通关时，海关应在应征关税外，

额外征收 10% 的税款。

第二，对于原产地标记不正确的进口货物，海关应扣留货物及其容器，直到进口人在海关的监管下，将货物出口、销毁或贴上正确的原产地标记为止。

第三，如果进口人要刷新商品的原产地标记，需要在 30 天内按规定程序完成，并向海关重新报关。

第四，进口人对标记不正确的货物进行刷新、销毁、出口等行为时，必须对海关随时实施监管的费用开支给予补偿。

第五，进口人可放弃原产地标记不正确的货物，货物的所有权归政府。

第六节　直接运输

直接运输规则规定，产品须从出口国直接运至进口国。直接运输规则与产品原产地并无直接关系，主要在于防止受惠国出口的产品在途经第三国时发生再加工或者调包。但由于地理原因或运输需要，在满足适当条件的情况下，直接运输规则允许货物经过出口国之外的其他国家或地区。其条件是：货物一直置于该过境国家或地区的海关的监管之下，未在当地市场销售或使用，以及除装卸、保管和使货物保持良好状态等必要的处理外，未进行其他加工。直接运输规则是保证原产地真实性的有效技术手段。

例如，加拿大有关最惠国待遇中的原产地规则规定，货物必须由最惠国待遇享受国直接发运至加拿大。但在符合下列条件下，允许货物经由任何中间国转运：

其一，在中间国置于海关转运控制之下；

其二，在中间国不经历任何操作，但卸装、重新装运、将整批货物分份或为使货物保持良好状态所需的操作除外；

其三，未进入中间国贸易或消费领域；

其四，在中间国暂时存储未超过一定期限（目前为 6 个月）。

在很多区域贸易协议中也有对直接运输的规定，如东盟自由贸易区原产地规则第 5 条规定："下述方式应视为产品由出口成员国直运至进口成员国：

（a）如果产品经由另一其他东盟国境内运输。

（b）如果产品未经任一非东盟国境内运输。

（c）在符合下述要求的情况下，产品运输涉及一个或多个非东盟成员国，无论在上述国家是否过境或暂时储存：

（i）过境运输出于地理原因或仅出于运输要求的考虑；

（ii）产品在上述国家未进入贸易或消费领域；

（iii）除保持产品良好状态所需的任何工序或装卸外，产品未经历任何具体加工。"

北美自由贸易协议、美国—以色列自由贸易协议、加拿大—澳大利亚自由贸易协议等也都有类似的直接运输规定。

第二章　原产地规则的适用与影响

【本章导读】世界多数国家和地区根据进口产品的不同原产地，分别给予不同的待遇。原产地规则作为一国（地区）贸易管理的中性技术手段，最初在贸易统计、税率确定、海关征税、最惠国待遇等领域发挥着重要作用。近些年原产地规则的适用已大大超越其传统适用范围，对反倾销反补贴、政府采购、卫生检疫与动植物保护等贸易问题都有重要意义。原产地规则作为一国（地区）贸易政策的重要组成部分，对特定行业和产业政策隐含着巨大的经济效应。而区域经济一体化的快速发展，更加强化了优惠性原产地规则在国际贸易中的影响力。合理有效的原产地规则有利于产品"身份"的确定和优惠待遇的给予，限制效益外溢程度及第三方产品免费"搭便车"的情况出现。由于关税壁垒的作用随着国际多边谈判的深化已经愈发微弱，所以各国（地区）都在努力探寻新型的非关税壁垒，以达到对本国（地区）经济贸易保护的目的。优惠性原产地规则在该背景下逐渐演变成一种非关税壁垒的替代措施。各国（地区）制定的原产地规则各不相同，呈现出繁复而难以理解的现状，被学者们形象地比喻成"意大利面碗效应（Spaghetti Bowl）"。原产地规则产生的贸易转移效应大大高于规则制定者对贸易创造效应的预期，与贸易便利化的宗旨也相去甚远。从根源分析，一国（地区）对自身利益的保护永远是进行国际贸易的根本宗旨，因此，我国在制定和实施原产地规则时，也应注意两点：

第一，不能仅关注于我国所制定的规则是否与国际规则接轨，更应关注自身的产业和经济特点，关注规则对本国企业和产业的支持；

第二，不仅重视国外产品在进口到我国时所享有的便利化权益问题，而且应重视本国产品出口到他国（地区）所应享有的便利化权益问题。

此外，我国在制定和实施原产地规则时，也应该平衡贸易安全和贸易便利的关系。作为一个负责任的大国，我们应该顺应国际贸易的发展趋势提供贸易便利的条件，但是我们的贸易便利同样要以贸易安全为前提，不能只"通得快"，更要"管得住"。

第一节　原产地规则的适用范围

一、　非优惠性原产地规则的适用

（一）海关征税

在采用复合税率的情况下，来自不同国家或地区的货物在进口国或地区是享受不同的税率和待遇的。因而进口国或地区必须确定进口货物的原产地，从而对来自不同国家或地区的货物给予相应的关税待遇。在 GATT/WTO 体制里，税目表与原产地是两个紧密相连的板块[1]，一成员方应对来自 WTO 另一成员方的产品无条件地给予最惠国税率待遇。在区域贸易安排下，缔约方之间是相互承诺协定税率待遇的，但受惠产品仅限于符合该区域贸易安排下的优惠原产地规则的产品。此外，当进口产品涉及反倾销反补贴措施时，原产地规则也是判定产品是否应缴纳惩罚性关税的重要依据。

（二）贸易统计

世界各国或地区均进行贸易统计，而原产地是国别统计中不可缺少的辅助指标。在实施配额和许可证管理等贸易政策时，进口国或地区海关往往要根据产品原产地来统计特定国家或地区的年度进口量，而有关部门将根据海关统计的数据跟踪许可证和配额制度的执行情况，并对贸易政策进行适当调整以实现其政策目标。目前，世界上多数国家或地区都是按照本国或地区制定的原产地规则进行贸易统计的。

（三）最惠国待遇

成员方之间相互给予对方产品最惠国待遇是关税与贸易总协定的重要原则，它对促进各成员方之间的货物贸易发挥了重要作用，因而判断某种货物是否原产于某一成员方的原产地规则就具有十分重要的意义。关税与贸易总协定在第 1 条第 1 款中对原产地做了清楚的表述，即在通关过程与国民待遇方面，"任何缔约方给予原产于……任何其他国家产品的任何好处、优惠、特权或豁免，应当立即地无条件的给予原产于……所有其他缔约方境内的相同产品"[2]。据此，原产地规则将享受最惠国待遇的缔约方与产品相联系起来，明确最惠国待遇针对的对象是产品，只有原产于缔约方境内的产品才可以享有最惠国待遇。

---

[1]　赵维田著：《世贸组织的法律制度》，吉林人民出版社 2000 年 1 月第 1 版，第 116 页。

[2]　赵维田著：《世贸组织的法律制度》，吉林人民出版社 2000 年 1 月第 1 版，第 118 页。

（四）反倾销规避

反倾销的最终目的是限制特定国家或地区的产品进口，从而达到保护本国产业的目的。反倾销措施作为政策工具被广泛应用于贸易保护中，其不仅仅是针对某些特殊产品，实质上是针对某些特定国家或地区。因此，进口产品原产地的判定就成为反倾销诉讼中必不可少的程序。一项产品在被海关认定为来自反倾销目的国时，就会被采取临时措施或征收反倾销税①。

反倾销税的高惩罚性同时催生了反倾销规避行为。为逃避反倾销措施，一些公司采取在境外使用倾销产品作为原材料进行简单加工的方式，获取与倾销一样的利润。如 20 世纪 80 年代末的日本"改锥案"中，日本公司为躲避欧共体的高额反倾销税，将全部原产于日本的零部件运到欧洲的法国，由其在法国设立的工厂进行组装后以欧共体原产产品的身份在欧洲市场销售。由于整个组装过程极为简单，被比喻成"用改锥为机器拧螺丝"，因此，之后将对源自国外零部件进行简单组装的工厂称为"拧螺丝工厂"。针对这种"拧螺丝工厂"，欧美等地均制定了反规避措施，以防止进口商有意识地规避反倾销措施，例如，欧共体于 1994 年出台的新反倾销条例将反倾销措施扩大到在第三国组装或制造产品的规避行为，利用原产地规则来判断货物在第三国的加工是否构成规避行为，并采取相应的反倾销措施，"任何一个已建立的加工设施或工厂，如果从已获得的事实中有理由推断，其建立的唯一目标是为了规避欧盟或任何一个成员国的适用于来自特定国家的货物的规定，则在任何情况下均不应考虑依第 5 条（关于原产地规则的规定）赋予如此生产的货物为生产国的货物地位"。这一规定防止了出口商为逃避欧盟法律而在其他国家使用被倾销产品作为原料进行简单加工后再出口到欧盟的规避行为。不过，WTO 各成员目前并没有对反倾销措施的规避达成一致性的意见。

（五）政府采购

出于公共教育、医疗、基础设施建设等目的，政府采购了大量的货物、服务和工程，并在政府支出中占有很大份额（一般可达到该国 GDP 的 10%～15%）。为了促进本国工业的发展，各国政府普遍在政府采购上对国内企业实

---

① 一般而言，反倾销措施是基于"出口国"的概念，而不是"原产国"。在计算源自出口价格与正常价格之差的倾销幅度时，出口国相似产品的国内价格就被作为正常价格。只有在《反倾销协定》第 2.2 条和第 2.5 条规定的例外情况下，原产国的概念才在其中发挥作用：按照第 2.2 条的规定，在出口国国内市场的正常贸易过程中不存在该同类产品的销售，或在出口国国内市场销售量较低，不适合用作正常价格，这时，该产品的原产国就有重要参考意义；第 2.5 条是指产品自一个中间国（出口国）进口的情况，如果产品仅为通过出口国转运，或此类产品在出口国无生产，或在出口国中不存在此类产品的可比价格，则可以与原产国的价格进行比较来确定倾销幅度。

行优惠措施和保护政策，原产地规则就是重要的政策工具之一。

首先，原产地规则是政府采购的重要选择依据。在政府采购中，各国强调购买国货为主，一些国家还专门制定了"国产货"原产地规则。美国的1933年"购买美国货法案"（Buy American Act）是第一个将原产地规则引入政府采购中的法案。该法案规定联邦政府在采购所需货物时，只要美国货的价格不高于外国货的6%～12%就应优先购买美国货。法案规定"美国货"是在美国开采或生长的未经制造的物品、原料及供应品，或者大部分采用美国开采、生长或制造的物品、原料或供应品制造而成的物品、原料或供应品。在《美国联邦采购条例》（The Federal Acquisition Regulation）中对"大部分"做出了明确的限定，即所采用的在美国开采、生长或制造的零部件价值须占所有零部件价值成本的50%以上[1]。其次，原产地规则是受惠国享受政府采购优惠政策的重要凭证，也是政府采购市场准入的重要依据。逐步开放政府采购市场是国际经贸形势发展的必然趋势。根据WTO《政府采购协议》第4.1条规定，成员方在约定的开放领域内可允许其他成员方按国民待遇原则进入其政府采购市场，且"一成员方为本协定涵盖的政府采购目的而对自其他成员方进口的产品或服务实行的原产地规则不得区别于在正常贸易过程中和在所涉及交易时对相同成员方的相同产品或服务的进口或供应所实行的原产地规则"。[2]不过该协议并非一揽子协议，而是一多边协议，并非所有WTO成员都是该协议的缔约方，即并非所有的WTO成员都能享受《政府采购协议》中的国民待遇与非歧视性待遇。

（六）卫生检疫与动植物保护

原产地规则也能够用于实施卫生检疫。当出现禽流感等动植物流行性传染病时，许多国家要求对来自疫区的进口动植物产品进行特定的卫生检疫。此外，为保护濒危的动植物，也会对以濒危动植物为原料的特定产品进口予以限制。

二、 优惠性原产地规则的适用

（一）普惠制

普惠制（Generalized System of Preferences，GSP）自1971年出现以来至

---

① 叶全良、王世春主编：《国际商务与原产地规则》，人民出版社2005年版，第271页。

② 同时，WTO原产地规则允许"国产货"的原产地标准高于进出口货物的原产地判定标准，因此，符合一国出口货物原产地标准的产品不一定属于国产货。一项取得中国原产地资格的出口产品并不一定能成为"中国国产货"。各国可以自行制定更为严格的"国产货"标准。

今，已有 49 年的历史。它是发达国家为帮助发展中国家和最不发达国家的经济发展而设立的，是发达国家给予发展中国家出口商品的一种普遍、非歧视性、单方面给惠的减免关税措施。普惠制给惠的对象是原产于发展中国家和最不发达国家的产品。为了确定产品能否在给惠国享受普惠制待遇，各给惠国都对原产地规则做了详细的规定。原产地规则是普惠制的核心组成部分，既要确保发展中国家和最不发达国家的产品能够利用普惠制扩大出口，又要防止其他非受惠国的产品滥用普惠制谋取不当利益，扰乱国际贸易活动秩序。

由于各给惠国都规定了不同的普惠制原产地规则，受惠国出口商要根据不同的出口目的地申领不同的原产地证明文件，这一做法无疑加大了出口成本。例如，美国的普惠制规定，产品中本国成分的价值不得低于产品出厂价的 35%；澳大利亚的普惠制规定，受惠国本国成分的价值不得低于产品出厂成本的 50%，且产品的最后加工工序应在该国进行[①]。目前，世界上有 31 个给惠国实施了 17 个普惠制方案。由于各给惠国实施的给惠方案各不相同，受惠国难以把握受惠条件，这让普惠制难以落到实处。尽管受惠国很早就提出了统一普惠制原产地规则的要求，但是联合国贸易和发展会议（UNCTAD）专门研究普惠制的机构经过 20 多年的讨论仍未能议定出统一的普惠制原产地规则。

从实际情况看，美、欧、日等制定的普惠制原产地规则都显示出更加严格的趋势。如欧盟 1992 年第 2913/92 号指令第 67 条（f）款规定普惠制中的"海鱼类产品"原产地需要满足以下条件："用它（指给惠国）的船只从海里捕捞的鱼类及其他产品。"而"它的船只"指"（1）在该受惠国注册或登记；（2）在航行时悬挂该受惠国的国旗；（3）其 50% 的股份为该受惠国国民或其总部设在该受惠国的公司所有，且该公司的经理、董事会的董事长或监事会主席，以及董事会或监事会的大部分成员应是该受惠国国民，如果该公司为合伙或有限公司，则至少有一半以上的资本应为该受惠国、该受惠国的公众团体或国民所有；（4）船长和高级船员为该受惠国国民；且（5）至少有 75% 的普通船员为该受惠国国民"[②]。又如欧共体对进口电视机的普惠制原产地规则为：所用的全部原材料价值不得超过电视机出厂价的 40%；所用的列入第 8529 号税目的原材料不得超过电视机出厂价的 5%；所用的非原产原材料的价值，不得超过原产原材料的价值；属第 8541 号税目的晶体管必须是原产地的产品。根据该规定，一个仅能适用特惠制的国家（如孟加拉国）的电视机制造商如果要获得欧共体的优惠待遇，就不能使用外国产的电视晶体管。这种

---

① 刘耀威主编：《普惠制的原则和应用》，对外经济贸易大学出版社 2001 年版，第 42 页。

② 谷成、田影：《原产地规则的国际比较》，载《锦州师范学院学报》2002 年 11 月第 24 卷第 6 期，第 76 页。

规定实际上抑制了孟加拉国等落后国家的出口业发展及吸引外国先进技术的能力，"处罚了低成本和/或效益高的作业"①。

由此可见，普惠制的原产地规则甚至比自由贸易区等区域贸易安排中的原产地规则还要严格。给惠国这种复杂而苛刻的原产地规则在乌拉圭回合的《原产地规则协定》"关于优惠性原产地规则的共同声明"中并没有得到解决，这也让广大的发展中国家——普惠制受惠国普遍对这个"共同声明"感到失望。②

（二）区域贸易安排

随着国际经济一体化进程的加快，优惠贸易安排（如我国内地与港澳的CEPA）、关税同盟（如南方共同市场）、自由贸易区（如北美自由贸易区和中国—东盟自由贸易区）和经济同盟（如欧盟）等各种区域性经济组织不断出现。区域贸易安排降低了关税壁垒，成员方之间可以享受优惠关税待遇。区域内部一般会采取统一的原产地规则来区分货物是否原产于成员方，从而使区内原产货物在关税税率和市场准入方面享受优惠待遇。一套合理的区域原产地规则可以将优惠待遇限定在成员方之内，防止区外产品"搭便车"享有不劳而获的利益。随着世界上区域贸易安排数量的大幅增加，原产地规则逐渐成为区域贸易安排谈判中的焦点问题。原产地规则的复杂性，让利益驱动因素由减少成本、提高生产效率转到市场准入和优惠待遇的取得。生产商为了取得原产地资格不惜花费成本改变原有生产模式，只为满足产品在特定区域贸易安排中的原产地判定标准，从而享有市场准入权和优惠待遇。③

第二节　原产地规则在国际贸易中的经济影响

一、"贸易创造"与"贸易转移"

以关税同盟和自由贸易区为主要形式的区域经济一体化组织对全球贸易自由化究竟是发挥着"贸易创造"（Trade Creating）的促进作用，还是"贸易转移"（Trade Diversion）的阻碍作用，一直是学术界争议的问题。所谓的

---

① 赵维田著：《世贸组织的法律制度》，吉林人民出版社 2000 年 1 月第 1 版，第 134 页。

② 同上。

③ Dorothea C. Lazaro and Erlinda M. Medalla, Evolving Best Practice for RTAs/FTAs: Rules of Origin, prepared for the International Conference on Building an Asia-Pacific Economic Community, 2005 APEC Study Center Consortium Conference on May 22-25, Kerea, Session XI, 2005, p. 2.

"贸易创造"，是指经济一体化组织内部取消关税实行自由贸易后，成员国国内的高成本产品被其他成员国的低成本产品所替代。高成本成员国从低成本成员国进口产品所引致的新贸易就是贸易创造。"贸易转移"则是指建立经济一体化组织后，成员国从进口非成员国生产的低成本产品转向进口成员国生产的高成本产品，从而发生的贸易转移。①

面对自由贸易区与关税同盟已经在世界范围内遍地开花的事实，调整区域贸易安排与全球自由贸易的关系，让世界贸易在地区主义和多边主义双轨制下顺畅运行是亟待解决的现实问题。② 一方面，区域内贸易限制的消除使区内贸易机会增加。著名学者杰克逊曾经对区域贸易集团有过这样的评价："一般认为，关税同盟或自由贸易区，在其成员间相互贸易中消除壁垒是朝着普遍的贸易自由化迈出的一步。只要其特惠安排无损于非成员的贸易就应该允许。只要自由贸易原则正确实施，由一个区域内自由贸易所产生的增加生产的福利裨益完全能够增加对从非成员方面的购买力。"③ 因此，从这个角度认识贸易集团化，它为全球范围内抵御贸易保护提供了示范作用，是实现全球贸易自由化的重要阶段。但另一方面，实行歧视性贸易政策的区域贸易集团会危害 GATT/WTO 倡导的全球自由贸易进程和 WTO 成员的利益。杰克逊也提出："经济学家们对于自由贸易区会引起'贸易转移'还是'贸易创造'写了很多文章，前者会有悖于'非歧视'等世界贸易政策。例如甲乙两国成立自由贸易区，就必然会造成甲国原从丙国购买的东西，转而从免税的乙国购买。即使乙国的购买成本会高于丙国，甲国为取得原产地资格和优惠待遇仍会选择从乙国购买。因此一般认为，自由贸易区的区内特惠制这个例外被滥用，从而背离了最惠国原则。"④ 也就是说，区域贸易自由化作为全球贸易自由化的先行或示范有其积极的一面，但是其中特惠制本身的歧视性和"贸易转移"的负效应也是难以避免的。

二、 非关税壁垒与市场准入限制

在国际贸易中，一国为了限制其他国家的产品或服务进入本国而进行的阻碍措施叫作贸易壁垒。贸易壁垒分为关税壁垒和非关税壁垒两大类。关税

---

① 朱钟棣、郭羽诞、蒋振中著：《国际贸易教程新编》，上海财经大学出版社 1999 年 6 月第 1 版，第 388~389 页。

② 金祥荣：《世界区域经济一体化浪潮及其影响》，载《国际贸易问题》1995 年第 6 期，第 22 页。

③ John H. Jackson and William J. Davey, Legal problems of International Economic Relations, 2nd ed, West Group, 1986, p. 455.

④ 同上。

壁垒就是指在关税设定、计税方式及关税管理等方面的阻碍进口的措施。非关税壁垒就是除了关税壁垒以外的限制贸易的措施，如对进口产品征收歧视性国内税费、实施贸易进口禁令和许可制度、实施出口限制等。

WTO 正在逐步消除成员之间的关税壁垒限制，但是各国之间的贸易并没有真正实现自由化，诸如卫生检疫、质量标准认证、环保要求等各种隐蔽的非关税壁垒措施不断涌现。根据持久性贸易保护主义规律，当互惠性贸易协议使各国的贸易壁垒在不断下降和消失的同时，一国国内对贸易保护的需求并不会完全消失。一种保护方法行不通时，贸易保护的需求将通过其他政策工具来得到满足，保护由一种政策工具转向另外一种政策工具，即产生了"替代效应"。这种"替代效应"在一份侧重研究关税和非关税壁垒交互作用的研究报告中也得到了印证。① 该报告通过大量数据研究发现"关税和非关税壁垒的采用之间存在着一种反比关系"，得出"关税和非关税壁垒可以相互替代"的结论。原产地规则逐渐成为隐性非关税壁垒就是替代效应的一种体现。

根据某些限制性规定，进口国可对来自不同国家或地区的货物给予不同待遇，但前提是必须首先确定进口货物的原产地。这些限制包括的范围非常广泛，如在反倾销领域，一国或地区常以原产地为依据判定某项进口商品是否应该接受惩罚性反倾销关税。此外，国家间实行贸易报复或为目的地排斥某国或地区货物的进口也是以产品的原产地为依据的。例如，为保护本地产业，美国曾通过纺织品和服装原产地规则限制北美自由贸易区之外的纺织品对美国的出口。该规则对部分产品以"纱后规则"代替"织布形成地规则"，规定只有以成员国生产的纱为原料的纺织品和服装才能取得北美原产地资格并享受区内优惠关税待遇。此规则促成了以美国为前道工序的生产基地、以墨西哥为后道工序的加工基地的区域性分工格局，对非北美面料的市场准入设置了巨大障碍，起到了非关税壁垒的对外排斥作用。

三、 投资流向的诱导与产业结构的调整

原产地规则具有短期和长期两方面显著不同的效应。在短期内，原产地规则主要体现在贸易的流动方向和流动数量上；但从长期角度来观察，原产地规则的影响会体现在投资形式上。② 因此，很多国家和地区也利用原产地规

① Edward D. Mansfield and Marc L Bush, The Political Economy of Nontariff Barriers: Across-National Analysis, International organization, MIT, Vol. 32, 1995, pp. 73-74. the article said, "an inverse relationship between the employment of tariffs and NTBs, and tariffs and NTBs seem to be substitutes".

② Kala Krishna, Understand Rules of Origin, Pennsylvania State University and NBER, 2004, p. 7.

则对特定产业进行投资引导。北美自由贸易区制定了一系列的原产地规则，如要求彩色电视机显像管必须原产于北美才能使该彩色电视机取得北美原产地资格，这使得显像管的生产这一彩电行业中具有最高报酬的工作机会保留于北美自由贸易区内。在此以前，美国不生产任何彩色显像管，但由于此规则的出台，日立、索尼等日本公司为取得北美原产地资格纷纷在北美设厂，加快了美国彩色电视产业的升级速度。同时，为鼓励电信技术的更新，北美自由贸易协议规定电信交换设备的主要部件——印刷线路板的组装件必须在北美生产。这一规定导致美国电话电报公司将生产业务从亚洲转移到墨西哥，并且促使日本佳能公司投资约 1 亿美元在美国弗吉尼亚州兴建了一座复印机生产厂，还将其供货商也带到了北美自由贸易区内进行投资。可见，特定的原产地规则能够为特定产业吸引投资，这种投资不仅体现在资金流向上，还体现在技术引进方面。

四、 与降税安排联动互补，争取对特定产业的保护期限

在自由贸易区谈判中，降税安排与原产地规则两部分谈判内容都关系着关税优惠的最终效果。降税安排谈判决定着各成员方不同产品的降税时间表，而原产地规则谈判决定着优惠税率得以实现的条件。因此，降税安排与原产地规则在自由贸易区谈判中存在联动关系，原产地规则谈判对降税安排的确定起到补充性调整作用。

降税安排一般会将产品分为不同类别并按照不同期限进行降税。如《中国—秘鲁自由贸易协定》将两国的全部货物产品分为五类实施关税减让。对产品的分类一般按照最惠国税率水平，如《中国—新西兰自由协定》规定：绝大部分税率不高于 5% 的产品的关税自 2008 年 10 月 1 日《协定》生效时起立即取消；对于新西兰绝大部分税率在 5% 以上但不高于 12% 的产品，以及中国绝大部分税率在 5% 以上但不高于 20% 的产品，其各自的进口关税从 2008 年 10 月 1 日起逐步降低，至 2012 年 1 月 1 日实现零关税。

由此可见，降税安排谈判不是针对特定产品的，一般具体到四位税目水平，因此，在自由贸易区谈判中难以对特定产品形成有针对性的保护作用。而原产地规则可以对所有产品进行特定标准的设置，在四位税目的基础上可以进一步具体到六位子目或拆分子目。也就是说，在自由贸易区谈判过程中，对于降税安排中不便于提出例外保护的产品，可以通过提高原产地规则的严格度达到降低优惠幅度的效果，在实质上对这些需要国家扶持或保护的产品提供隐性的竞争过渡期。

第三节　原产地规则与贸易便利化

一、贸易便利化的含义

随着经济全球化浪潮的不断高涨，贸易便利化（Trade Facilitation）成为国际经济的一个关键性议题。WTO 等政府间和非政府组织纷纷加入研究行列，共同为实现更简便、更协调的国际贸易程序这一目标而努力。不同框架关注贸易便利化议题的内容各不相同，对于"贸易便利化"迄今在世界范围内尚无一个被普遍接受的统一定义（详见表 2-1）。2005 年 6 月世界海关组织（WCO）理事会通过了《全球贸易安全和便利标准框架》，将贸易便利化概括为海关程序的简化及标准化，同时将贸易便利化与贸易安全紧密联系在一起，力求两者的平衡。[①]

表 2-1　不同框架下贸易便利化的定义

框架	定义
世界贸易组织（WTO），1998 年	贸易便利化主要指简化和协调国际贸易程序，包括国际货物贸易流动所需要的收集、提供、沟通及处理数据的活动、做法和手续。
世界海关组织（WCO），2001 年	贸易便利化主要指海关程序的简化及标准化，同时将贸易便利化与贸易安全紧密联系在一起，力求两者的平衡。
联合国欧洲经济委员会（UNECE），2002 年	贸易便利化是指通过对海关、运输（尤其是过境运输）、电子商务等领域的关注，消除海关通过规定、程序、费用、运输规则和章程、交易方式对国际贸易的阻碍，为国际贸易创造一个简化的、协调的、透明的、可预见的环境。
联合国贸易和发展会议（UNCTAD），2001 年	国际贸易程序的简化和协调，这里的贸易程序系指"在收集、提交、通报和处理国际贸易中的商品流动所需的数据时所涉及的活动惯例和手续，其通常涉及海关程序、国际运输、贸易保险和支付以及过境时必须履行的正式程序和手续"。

---

① 《海关总署"贸易便利化与海关"课题研究报告》，第 2~3 页。报告认为各国际组织对贸易便利化基本精神的理解是一致的，即简化和协调各种程序，加快贸易要素的跨境流动，促进国际贸易更高效的发展。而最能集中体现贸易便利化精神的是世界海关组织（WCO）的《全球贸易安全与便利标准框架》。

二、 贸易便利与贸易保护：便利是口号，保护是本质

原产地规则的出现本起于贸易便利化的需要。国际社会也一直致力于形成一套类似于《协调制度》的原产地协调机制，便于国际贸易的交流与发展。然而，原产地规则是目前国际上唯一没有达成国际多边协定的贸易规则，也是各国仅剩的能合法援用于贸易保护的"救命稻草"。

美国的原产地规则一向以严格著称，尤其体现在纺织和服装行业、汽车行业。对这两大行业，美国无论在非优惠原产地规则中还是在北美自由贸易区等优惠性原产地规则中，都专门打造了更加严格的规则。如对于很多纺织品，美国采用了加工工序标准，并规定产品从纤维开始就必须选用美国原产品并在美国进行之后的所有加工生产，这样的成品才能取得美国的原产资格。2008 年美国在金融危机爆发后，迅速提出了"购买美国货法案"，并加大对他国产品进口的限制，以此保护本国不断出现亏损问题的企业。2010 年希腊等欧盟成员国的债务危机，也迫使欧盟成员国缩减了国外采购规模，转向对本国产业的扶持。欧美已不再把过往所高调提倡的贸易便利化作为时下关注的重点，他们如今更多关注的是如何保护本国产业的生计和发展。

在国际贸易中，对自身利益的保护永远是根本宗旨。因此，发展中国家在制定和实施原产地规则时，应注意两点关系：

第一，不能仅关注于自身所制定的规则是否与国际规则接轨，更应关注自身的产业和经济特点，关注规则对本国企业和产业的保护功能与效果；

第二，不仅重视外国产品在进口到本国时所享有的便利化权益问题，而且应重视本国产品出口到他国所应享有的便利化权益问题。

三、 贸易便利与贸易安全：对出口强调便利，对进口强调安全

2001 年美国"9·11"事件发生以后，以美国为代表的发达国家和地区为应对国际恐怖主义安全威胁，将贸易安全的职能进行了强化。[①] 在发展中国家刚刚兴起贸易便利化意识和行动的时候，欧美等发达国家已经开始实施贸易安全的系列措施。

以美国为例，美国海关为落实贸易安全的要求，实施了一系列新的海关

---

① 如欧盟税务及海关同盟总司将"管理并保护欧盟统一的外部边境，打击非法贸易，增强国际供应链的安全"确立为主要职责之一；新西兰海关"2006—2010 年海关成果目标"中的第一项，就是"边境安全——提高海关的偕同作战能力，为国家安全做出贡献"。

监管制度，包括集装箱100%查验制度和集装箱安全倡议（CSI）①。在原产地规则方面，美国要求所有原产于外国的货物或其包装必须附有原产地标记，以便美国的"最终购买者"（Ultimate purchaser）了解该商品的真实原产地，否则便不能顺利对美出口。② 该规定是强制性的，且原产地标记必须在显著位置上标示，并尽可能清晰、牢固和永久。若进口货物的原产地标记不正确，美国海关有权在应缴关税外额外征收10%的税款，或者扣留货物及其容器直到进口人在海关的监管下将货物出口、销毁或贴上正确的原产地标记为止。同样的规定在日本、欧盟也存在，只不过日本和欧盟是对部分进口产品提出了原产地标记的强制性规定，严格程度相对低于美国。③

美国、欧盟和日本对原产地规则的实施总体情况可归结为：对他国的进口产品实施苛刻严格的规则，对本国和地区的出口产品尽量提供便利条件。因此，我国在制定和实施规则时，也应该平衡贸易安全和贸易便利的关系。作为一个负责任的大国，我们应该顺应国际贸易的发展趋势，提供贸易便利的条件，同时要以贸易安全为前提，注意对本国出口产业利益的保护。

---

① 根据集装箱100%查验制度，所有外国直接或经由中转港口间接运往美国的集装箱货物，都必须在装船前经过非侵入式成像设备扫描及放射性物质探测设备检测并施加封志后，才能进入美国境内，也就是说进入美国的集装箱必须进行100%技检。集装箱安全倡议（CSI, Container Security Initiative）是美国海关于2002年1月推出的一项计划，向重要的境外海港派驻检查员，在货物集装箱运往美国之前先行甄别。其目的在于增强海运货物集装箱的安全，以防范海运集装箱中藏匿"大规模杀伤性武器"对边境安全和全球贸易带来的潜在威胁。

② 美国《1930年关税法》第304条及例外条款第134部分。

③ 厉力：《论我国原产地标记管理机制的构建》，载《国际商务研究》2010年第5期，第18页。

第三章　原产地规则的产生与国际协调

【**本章导读**】对于完全原产产品，各国（地区）的原产地判断标准是没有显著分歧的。但是对于含有进口成分的产品，各国（地区）在实践中实施着不同的判断标准，具体可以分为税则归类改变标准、增值百分比标准和加工工序标准这三种主要标准。

这三种标准在实践中各有优势和不足，而目前的经济理论尚无法提供一种满足各种需求的原产地标准。因此，有的国家或地区仅采用单一的增值百分比标准（如东盟自由贸易区采取40%的增值百分比标准），而有的国家或地区同时混合使用两种或三种标准以达到简化性、预见性、灵活性的平衡。不论各国政府或区域贸易协议怎样选择原产地判定标准，其都是出于本国或本地区贸易利益的考虑，有目的地选择弊端最少的原产地规则。

由于很多国家或地区同时适用几套不同的原产地规则，给国际贸易带来了严重不便。为尽快统一原产地规则，以适应国际贸易自由化的发展要求，一项规范原产地规则的多边协议终于在几经周折之后于1994年乌拉圭回合初步达成。WTO《原产地规则协定》就协调非优惠性原产地规则达成了共识，确立了货物原产地的两项标准，即"完全获得"和"实质性改变"标准，并规定"实质性改变"标准应以国际通用的《协调制度》目录为基础采用税则归类改变标准，必要时采用增值百分比和加工工序标准作为补充。与WTO其他多边贸易协议不同，《原产地规则协定》并未明确规定各成员如何具体实施何种原产地规则，而是仅规定了各成员在本国（地区）制定原产地规则时应遵循的原则，确定原产地的标准仍由各成员自主决定。根据该协定，具体的实施细则由协调原产地规则规定，在协调原产地规则制定完成之前，协定只起宽泛的原则性指导作用。因此，《原产地规则协定》只是统一各成员原产地规则的第一步，真正意义上的统一还远没有达成。

第一节　原产地规则的产生

原产地规则的概念最早出现在美国《1930年关税法》中，该法案规定出口到美国的商品必须标明原产地。早在20世纪初期，美国法院就制定了有关产品原产地的判定规则，并采用了实质性改变标准判定产品的原产地。其目的主要包括：方便美国消费者选择特定来源地的产品，利于海关据此对不同产地的产品实施不同的关税税率，根据产品的不同产地执行有关进口优惠政策和限制性措施，必要时便于美国进行反倾销诉讼等。

原产地规则问题早在1947年的关税与贸易总协定中就有相关规定，其中第9条对"原产地标记"（Marks of Origin）做了原则性的规定，要求缔约方在制定和实施本国有关原产地标记的法令和条例时遵守总协议的基本原则，不应妨碍合理、正当的产品进口。

1947年的关税与贸易总协定第9条专门对原产地标记问题做了六项规定，具体阐述了原产地标记的原则和要求，以及采取国际协作防止假冒伪劣等具体措施。这是WTO各成员第一次对原产地标记问题达成共识，充分体现了各国（地区）政府对国际贸易中的原产地标记的高度关注。其中心内容是：

其一，在对原产地标记的要求方面，一缔约方给予其他缔约方的待遇，应不低于其给予任意第三方相同产品的待遇，即一国实施原产地标记管理应遵循"最惠国待遇原则"。

其二，缔约各方在制定和实施与原产地标记有关的法律法规的过程中，在保护国内消费者免受欺诈或误导的同时，应将由此对出口国贸易和工业可能造成的困难及不便降到最低程度。

其三，在行政管理允许的前提下，缔约各方应允许货物在进口时加贴所要求的原产标记。

其四，缔约各方通过法律法规对进口货物实施原产地标记的要求，不应使货物遭受严重损害，或大大降低它的价值，或不合理地增加它的成本。

其五，除了人为故意拖延错误标记的更正，或加贴欺骗性标记，或有意遗漏标记的情况外，对于未在进口前按要求加贴标记的行为，任何缔约方原则上不得加收特别关税或征收罚金。

其六，缔约各方应通力合作，制止滥用商品名称及假冒原产地的行为，以避免受法律保护的特定产品的独特地域或地理名称受到损害。每一缔约方应对其他缔约方提出对上述名称保护的要求给予充分的考虑。

1953 年，关税与贸易总协定在《原产地标记推荐书》[①] 中强调，进口国对原产地标记的管理不应成为一种进口壁垒，要求只有在那些非让最终购买人了解原产地不可的情况下，缔约方才可提出附加原产地标记的要求，并对原产地标记管理进一步作出详尽的规定：

"（1）原产地标记要清楚明显且要一直保留在物品上，直至最终购买人购买该物品。

（2）原产地标记的表示方法为"Made in ..."，国家名称可用众所周知的简写。

（3）如果物品本身已做了明确的原产地标记，在盛装该物品的包装上就可不必再作标记。

（4）在包装（或运输包装）上而非货物上作原产地标记的情况仅适用于下列场合：这种标记方式通常被认为是好的、合适的；包装一经最终购买人打开，货物即会损坏；货物因其特性，通常以密封包装形式销售；所装货物是液体、气体或其他无法作原产地标记的物品。

（5）对于工艺品、古玩和供个人使用的非贸易性进口物品，例如遗物、嫁妆，可不要求作原产地标记。

（6）对于转运中和保税仓库内的货物，或者以其他形式处于海关控制之下的以暂免关税为目的进口的货物，也可不要求作原产地标记。

（7）在特殊情况下，允许货物在进口国海关监督之下作原产地标记，允许无法作原产地标记的商品在海关监督下复出口时不受处罚。

（8）当一国政府要采用新标记制度或强行对某一新产品实行标记时，在新规定生效前，该国应按总协定第 10 条的规定提前发出通知，广泛公布，以使有关商人和厂家知晓。"

关税与贸易总协定允许各成员根据各自国内立法来判定某一进口产品的原产地，对具有成员原产地身份的产品实施最惠国待遇。但该规定并未解决原产地规则的诸多实际问题。随着国际贸易的迅猛发展，原产地规则的重要性和复杂性日益凸显，由此带来的贸易扭曲效应也得到各国（地区）广泛关注。同时，区域贸易安排方兴未艾，呈现遍地开花之势，各区域贸易安排之间的原产地规则重复交叉和相互冲突的状况日趋明显，这种被称为"意大利面碗"的现象（spaghatti bowl phenomenon）让各国政府和学者们开始致力于

---

① 该内容引述自《原产地规则产生、运用及改革》第 260 页，作者为刘丽娟、徐进亮，中国经济出版社 1998 年出版。

寻求原产地规则的国际统一化标准。①

第二节 早期的国际多边协调

1953 年国际商会（International Chamber of Commercre，ICC）为原产地规则的多边协调进行了第一次尝试。ICC 提出一个统一的定义产品原产地的方案，供关税与贸易总协定缔约方全体会议讨论。该方案对原产地所下的定义是："凡完全来自一国原材料与劳动力的产品，以及用两个以上国家的原材料与劳动力出产的产品，其国籍应为该货物最后经历实质性改变（substantial transformation）的国家。实质性改变是指，经过加工而赋予该产品以新的特性，此时应认为已经发生实质性改变。"② 国际商会提出的这个定义主要是根据美国的规则拟定的，但这种"实质性改变"的标准过于抽象而难以量化，容易造成实践中的随意性，最终未被关税与贸易总协定真正采纳。③

1958 年，关税与贸易总协定十二届会议将原产地标记的表示方式统一规定为 "Made in…"，原产地名称可以用众所周知的缩写字母，如 USA、UK 等。这一时期的原产地规则主要集中在规范"原产地标记"的规定上。

第三节 《京都公约》 的制定

1973 年至 1979 年，关税与贸易总协定在东京举行了第 7 轮多边贸易谈判。在这一次谈判中，各方讨论了有关原产地证的问题。1974 年，海关合作理事会在总结过去原产地定义的基础上（包括对 1953 年国际商会提出的原产

① Dorothea C. Lazaro and Erlinda M. Medalla, Evolving Best Practice for RTAs/FTAs：Rules of Origin , prepared for the International Conference on Building an Asia-Pacific Economic Community. 2005 APEC Study Center Consortium Conference on May 22-25, Kerea, Session XI , p. 5.

② Dorothea C. Lazaro and Erlinda M. Medalla, Evolving Best Practice for RTAs/FTAs：Rules of Origin , prepared for the International Conference on Building an Asia-Pacific Economic Community. 2005 APEC Study Center Consortium Conference on May 22-25, Kerea, Session XI , p. 5.

③ 当时一些国家支持制定统一的原产地国际标准，但也有一些国家反对。持反对意见的国家认为原产地规则必定与一国的经济政策相关，无法不加以区分地制定国际性统一标准。参见 Dorothea C. Lazaro and Erlinda M. Medalla, " Evolving Best Practice for RTAs/FTAs：Rules of Origin ", prepared for the International Conference on Building an Asia-Pacific Economic Community. 2005 APEC Study Center Consortium Conference on May 22 - 25, Kerea, Session XI , p. 5, footnot 8。

地定义方案进行的研究），在日本京都制定了《简化海关手续的国际公约》（International Convention on the Simplification of Customs Procedures），简称为《京都公约》①。

该公约包括正文与附件。正文涉及签约目的、适用范围和缔约各方的权利义务。附件则规定了简化和协调海关手续等方面的内容。公约在附件中制定了一个关于原产地规则的松散框架，允许签署方根据自身体系进行相应的选择，目的是在一个较宽松的约束下协调各国的原产地规则。这套规则将完全由一国生产的产品列为 10 类，对多国或地区参与生产的产品以"最后发生实质性改变"的国家或地区作为原产地。"实质性改变"具体化为三项标准：税则归类改变标准、加工工序标准和增值百分比标准。由于各国（地区）对于这三项标准的理解各有差异，该协议也未给出统一的适用顺序和技术建议，因此，给各国提供了灵活运用的空间和较大的自由裁量权。

《京都公约》附件中对原产地规则的规定是关于原产地规则的最早的国际公约。虽然该公约只是建议性的，没有法律约束力，但许多国家和地区以其为蓝本并结合本国实际情况制定出原产地标准。WTO《原产地规则协定》之前的有关管理工作都是在海关合作理事会组织下以《京都公约》为基本框架展开的。《京都公约》对协调各国的原产地制度发挥了积极作用，减少了因原产地制度的分歧给国际贸易造成的混乱，对规范原产地制度发挥了重要的指导作用。然而，该公约也未能就原产地的具体判定标准达成一致，且不是一个具有普遍法律约束力的协议，在国际贸易实践中起到的作用也十分有限。同时，鉴于平均关税税率在关贸与贸易总协定各缔约方的共同努力下经过数轮谈判已下降至较低的水平，进口国仅仅依赖关税手段已不足以达到管制进出口的目标，因此，原产地规则逐渐被作为一种非关税壁垒加以利用。在这一阶段，原产地规则的发展开始趋于多样化和复杂化。随着原产地制度对国际贸易的限制和扭曲作用越来越大，制定一个统一、透明、有约束力和可预见性的国际性原产地规则就成为国际贸易领域发出的强烈呼声。

第四节 WTO《原产地规则协定》

为了改善贸易环境，1986 年 WTO 乌拉圭回合将原产地规则问题提到了谈判日程上。经过 8 年艰难的谈判和磋商，WTO 成员于乌拉圭回合结束的 1994

① Dorothea C. Lazaro and Erlinda M. Medalla, Evolving Best Practice for RTAs/FTAs: Rules of Origin, prepared for the International Conference on Building an Asia-Pacific Economic Community, 2005 APEC Study Center Consortium Conference on May 22-25, Kerea, Session XI, p. 5.

年达成了《原产地规则协定》，并纳入《乌拉圭回合多边贸易谈判结果最后文件》供缔约方一揽子接受。作为有史以来第一个关于货物原产地规则的多边协议，《原产地规则协定》就非优惠性原产地规则达成了重要共识，确立了货物原产地的两项标准，即"完全获得（wholly obtained）"和"实质性改变（substantial transformation）"。"完全获得"标准是指，在生产过程中完全使用原产国的原料和零部件，并在其国内完成生产、制造的最终产品才能获得原产资格。"实质性改变"标准是指，如果产品在生产过程中使用了非原产材料，那么非原产材料必须经过一定程度的加工或发生一定程度的改变，最终产品才能获得原产资格。协定同时规定，"实质性改变"的判定标准应尽可能采用以《协调制度》目录为基础制定的税则归类改变标准，必要时采用从价百分比或加工工序等辅助标准。同时，《原产地规则协定》将优惠性原产地规则问题以共同宣言的形式附在后面。

尽管《原产地规则协定》就非优惠性原产地规则的原则和目标达成了重要共识，但是目前协调非优惠性原产地规则的多边谈判仍举步维艰，各成员实施的原产地规则也尚未统一。此外，《原产地规则协定》只涉及非优惠性原产地规则，普惠制和区域贸易安排项下的优惠性原产地规则的国际协调目前仍是空白，各国在制定优惠性原产地规则方面不受约束，具有很强的自主性。

《原产地规则协定》除序言外，共由四个部分（包括九条）和两个附件组成，是迄今为止 WTO 在原产地规则领域最为系统化的一项法律文件。

序言阐述了该规则的目标，即在不损害或减少各成员方在关税与贸易总协定下所享有的利益的前提下，通过无歧视、透明、可预见、稳定和公正的方式制定和实施原产地规则。

第一部分规定了原产地规则的定义和适用范围。将原产地规则定义为成员方为确定货物原产国而实施的法律、法规和普遍使用的行政命令。协定中的原产地规则适用于所有用于非优惠性商业政策措施的原产地规则，包括1994 年关税与贸易总协定第 1 条、第 2 条、第 3 条、第 11 条和第 13 条下的最惠国待遇，第 6 条下的反倾销税和反补贴税，第 19 条下的保障措施，第 9 条下的原产地标记要求及任何歧视性数量限制或关税配额等，还包括为政府采购和贸易统计而使用的原产地规则。

第二部分为"过渡期内和过渡期后原产地规则实施规定"。在过渡期内，各成员方发布各自的原产地规则时，应严格遵循透明度原则，具体列明所采用的原产地标准：如果采用"税则归类改变标准"，必须清楚地列明该规则所述的税目目录内的品目和子目；如果采用"增值百分比标准"，必须列明计算这一百分比率的方法；如果采用"加工工序标准"，必须准确列明能授予有关产品原产地资格的制作或加工工序。此外，条文规定，缔约各方不应将原产地规则作为直接或间接寻求贸易目标的工具；原产地规则自身不应对国际贸易产生限制性、扭曲性或破坏性影响；原产地规则不应提出过分严格的要求，或者提出与制作或加工无关的某些条件来作为确定原产国的先决条件；过渡期后则应按照原产地规则协调计划执行的结果实施，建立协调统一的原产地规则。同时，条文规定，各成员方还应特别注意遵守以下规则：确保平等地实施原产地规则；根据各成员方的原产地规则，决定某一特定产品的原产国应是完整生产该产品的国家，或者当该产品的生产过程是在数国内完成时，那个对产品最后实现实质性改变的国家为原产地国。无论是过渡期内还是过渡期后，各成员方均应遵循国民待遇原则。

第三部分为"通告、审查、磋商和争端解决的程序安排"。首先明确要设立由各缔约方代表组成的原产地规则委员会，每年至少开会一次，就协定中第一部分、第二部分、第三部分和第四部分的实施情况及其目标的设立进行磋商，促进协调原产地规则工作计划的实施。此外，设立原产地规则技术委员会，归属于海关合作理事会（现为世界海关组织），具体执行协调原产地规则的工作计划。发生争端时，按照 1994 年关税与贸易总协定第 22 条和第 23 条及《关于争端解决规则与程序的谅解》（DSU）的规定办理。

第四部分为"原产地规则的协调"。这是该协定的核心内容，对原产地规则的协调目标、原则、工作计划、实施期及其以后的工作做了安排。原产地规则协调计划应在 WTO《原产地规则协定》生效后尽早开始执行，并在开始执行之日起 3 年内完成。由原产地规则委员会和技术委员会从事这项工作，由技术委员会按照既定原则开展协调工作。技术委员会在《协调制度》各章节所列产品类别的基础上，完成协调工作计划。最后，原产地规则委员会把工作计划的结果作为一个整体进行审议，然后提交部长级会议批准。这项协调工作有一项例外，就是优惠性原产地规则。成员方在制定优惠性原产地规则时可以不受这项工作计划的约束。

《原产地规则协定》有两个附件（与前四个部分的内容具有同样的法律效力）。附件 1 是《原产地规则技术委员会》，明确规定了技术委员会的职责、工作要求和代表产生等事项。附件 2 是《关于优惠性原产地规则的共同宣言》。共同宣言规定，优惠性原产地规则是任何一个成员方用以确定货物是否有资格享受更优惠待遇的法律、法规和普遍采用的行政命令，它比一般原产地规则要严格，但有关其制定、修改、发布、实施及其应遵循的原则的规定基本上与非优惠性原产地规则相同，只是在实践中操作较为严格，应用的范围和可能适用的对象较为狭窄。共同宣言对优惠性原产地规则的定义、范围制定、发布及实施应遵循的原则也做了规定。

1995 年 1 月 1 日，WTO 取代关税与贸易总协定正式成立，《原产地规则协定》也转由世界贸易组织管理。《原产地规则协定》与 WTO 其他多边贸易协议有很大的不同，它并未明确规定各成员如何具体认定某一问题和事项，而是仅规定了各成员在本国制定原产地规则时应遵循的原则，具体的协调原产地规则在该协定签订后开始磋商，而在磋商完成之前，协定只起宽泛的原则性指导作用，确定原产地的标准仍由各国自主决定，只要各国对其所使用的各种方法和标准以肯定的方式予以具体说明①。可见，《原产地规则协定》只是统一各成员原产地规则的第一步，真正意义上的统一还远没有完成。

第五节　原产地规则的国际协调

一、协调工作的艰难进程

由于原产地规则一直属于海关传统技术领域，《原产地规则协定》把协调规则的具体技术标准的制定委托给世界海关组织框架下的原产地规则技术委员会负责。WTO 框架下的原产地规则委员会负责政策性问题的审议。按照《原产地规则协定》，制定具体协调规则的工作应自 1995 年 7 月启动，3 年内完成②（见表 3-1）。但由于协调工作在政策和技术方面的复杂性，未能如期完成。1998 年 7 月 15 日，WTO 部长会议批准延期并要求技术委员会于 1999 年 7 月底前完成技术性规则。1999 年 5 月，技术委员会完成技术层面的协调工作，将工作成果提交给 WTO 原产地规则委员会审议，7 月做了最后修订。工作结果包括协调非优惠性原产地规则的暂定文本和 486 项有争议的未决问题③。到 2002 年 7 月，各方对附录 1《完全获得的产品》（除了涉及专属经济区的产品）的各项原产地规则已基本达成共识，对附录 2《具体产品特定原产地规则》则仍存在较多分歧，主要集中在农产品和纺织品上（而这些都是发达国家最为关注的问题）。发展中国家最为关注的机械产品存在的分歧数量为 86 个，约占全部分歧的 6%。技术委员会将 93 个核心问题及原产地规则的"实施问题"（implication issues）一并提交到 WTO 总理事会（General Council）等待最后做出决定。在总理事会的指导和协调下，2008 年 2 月完成协调文本的初稿。该初稿整合了不同成员方的分歧，将不同的原产地标准意见归为两类分别写入初稿的栏目三和栏目四中。但核心问题仍未最终解决，没有

---

①　WTO《原产地规则协定》的宽泛规定在实践中存在很多漏洞，被各国利用作为贸易限制手段。具体表现见本章第六节印度诉美国原产地规则案。

②　WTO《原产地规则协定》第 9.2 条（a）款。

③　见 G/RO/49，Report of the Chairman of the Committee on the Rules of Origin to the General Council。

形成统一的标准（见表 3-2）。

表 3-1 WTO《原产地规则协定》协调文本的制定进程

时间	进程
1995 年 2 月	原产地规则技术委员会第一次会议
1995 年 4 月	原产地规则委员会第一次会议
1995 年 7 月	原产地规则委员会要求技术委员会启动协调工作计划
1998 年 7 月	协调工作延期到 1999 年 7 月
1999 年 7 月	原产地规则技术委员会在 1999 年 5 月提交协调文本并于 7 月最后修订（486 个待解决问题）
2002 年 7 月	原产地规则委员会向 WTO 总理事会提交 94 个问题（93 个核心问题和 1 个政策问题）
2007 年 7 月	原产地规则委员会主席提交最后一揽子文本，要求总理事会就机械产品和实施问题提供指导
2008 年 2 月	协调文本初稿拟定（G/RO/W/111/Rev. 2）

表 3-2 各产业商品的协调现状统计表

主要产业	所在《协调制度》章	涉及问题	现已协调的问题	尚需协调的问题	协调比率 （%）
农产品	1～24 章	125	66	59	52.8
矿产品	25～27 章	10	8	2	80
化学品	28～40 章	38	27	11	71.1
皮革	40～43 章	8	6	2	75
木和纸	44～49 章	11	11	0	100
纺织品	50～63 章	83	52	31	62.7
鞋	64～67 章	14	9	5	64.3
陶制品	68～70 章	12	9	3	75
宝石和贵金属	71 章	5	5	0	100
钢	72～73 章	12	9	3	75
非铁制品	74～81 章	24	20	4	83.3

表3-2 续

主要产业	所在《协调制度》章	涉及问题	现已协调的问题	尚需协调的问题	协调比率（％）
金属	82~83章	17	17	0	100
机械	84~90章	86	74	12	86
钟表	91章	6	5	1	88.3
杂项	92~97章	35	30	5	85.7
小结		486	348	138	71.6

二、 争议焦点与核心问题

就协商结果而言，WTO原产地协调工作计划的推进速度可谓缓慢。其原因除了技术层面的因素外，主要是由于各国对与非优惠性原产地规则相关的诸多贸易政策所持立场分歧太大，以致各国在制定有关商品特定原产地标准的宽松尺度上也各有主张。

表3-3 存在争议的主要问题与分歧

争议问题	意见一	意见二
实施问题	原产地规则应适用于所有领域，包括反倾销反补贴、保障措施、卫生防疫等	各国可以根据实际情况确定原产地规则在本国的适用范围
经印染的纺织品	以印染地为原产地	以纱或布的生产地为原产地
经涂漆的钢制品	涂漆工艺所在地	钢制品生产地
组装机械	税则归类改变	增值百分比
组装汽车	发动机和底盘生产地	车身等零部件组装地
精炼糖	精炼工艺所在地	原糖原产地
烘焙咖啡	烘焙工艺所在地	咖啡豆原产地
屠宰的活动物	屠宰地	屠宰地，但要求被屠宰的动物必须在屠宰地饲养一定的期限
精炼油	提炼工序所在地	原油或脂肪原产地
专属经济区的渔获产品	船旗国	沿岸国（有主权的国家）
鞋	鞋的加工地	鞋面材料的生产地
奶制品	最终产品的加工生产地	未加工奶的原产地

从技术委员会的历次会议情况看，与会各方在制定国际统一的非优惠原产地规则时，首先考虑的是实现本国产品在世界市场所占份额的最大化和维护本国传统品牌的信誉，因此，对于大多数产品，各国都愿意把自己算为原产国；其次考虑的才是有关的贸易管理措施（如配额限制、卫生管制、反倾销反补贴等的规避及贸易摩擦等）。协调原产地规则在技术和政策方面的立场分歧，增加了统一原产地规则的不确定性。这种不确定性主要源自各国在国际贸易分工中所担当的双重角色和各国的贸易政策经常变化的事实。在协调过程中，不仅发达国家与发展中国家存在利益冲突，发达国家集团、发展中国家集团各自内部之间也存在利益冲突①。例如，最具有争议的原产地规则的实施问题，即该规则是否适用于所有的非优惠性贸易措施。美国对此持反对立场，认为成员方协调一致的原产地规则不需要运用在反倾销、卫生检疫、食品标识和商标法等贸易措施中，美国的这一立场得到了日本、澳大利亚等的支持，但与欧盟尚不能达成一致意见。而中国、印度、巴基斯坦、巴西在内的发展中国家则认为一旦成员方同意实施协调一致的原产地规则，该规则必须适用于所有非优惠性贸易措施，各成员方不应为了其他目的而有不同的认定标准②。由于各方坚持己见，导致协调工作受阻。

第六节 案例：印度诉美国纺织品与服装原产地规则案

从关贸总协定到 WTO，单纯以原产地标准争议向争端解决机构（DSB）提起的纠纷较少，仅有三起案件③，即 1997 年 5 月 23 日欧共体提出要求与美国磋商的欧共体与美国关于纺织品、服装进口措施纠纷案（WT/DS 85）④，1998 年 11 月 19 日欧共体再次提出要求与美国磋商的欧共体与美国关于纺织品、服装进口措施纠纷案（WT/DS 151）⑤，以及 2002 年 1 月 11 日印度提出

---

① 李延、刘平、徐慧筠：《原产地规则的国际协调》，载《中国海关》1998 年第 11 期，第 2 页。

② "WTO 原产地规则调和工作之背景及进展"，www. moeaboft. gov. tw/global_ org/wto/Wto-import，访问日期：2007 年 8 月 6 日。

③ http：//www. wto. org/english/tratop_ e/dispu_ e/dispu_ e. htm，访问日期：2007 年 8 月 6 日。

④ http：//www. wto. org/english/tratop_ e/dispu_ e/dispu_ e. htm#dsb1997，访问日期：2007 年 8 月 6 日。

⑤ http：//www. wto. org/english/tratop_ e/dispu_ e/dispu_ e. htm#dsb1998，访问日期：2007 年 8 月 6 日。

的美国纺织品与服装原产地规则案（WT/DS243）①。

1998年2月11日，第一起案件由欧共体和美国以达成和解告终。但是，欧共体又以美国没有履行承诺为理由，再次要求与美国磋商。依据《关于争端解决规则与程序的谅解》第3.6条，美国和欧共体于2000年7月24日达成协议，由美国修改1996年6月1日实施的纺织品原产地规则②。上述两个案件均没有经过专家组的评议，而是以双方达成协议告终。只有在第三个印度诉美国纺织品与服装原产地规则案中，成立了专家组审议该案件。值得注意的是，所有案件的争议都是围绕着美国的纺织品与服装原产地规则展开的。欧共体和印度均认为，美国所实施的纺织品与服装原产地标准限制了国外相关产品向美国的进口，造成了贸易歧视。

下面以印度诉美国纺织品与服装原产地规则案为例进行阐述。

一、案件事实和背景

该案主要涉及美国《乌拉圭回合协议法》（Uruguay Round Agreements Act）第334节和2000年美国《贸易发展法》第405节对第334节所做的修改。美国《乌拉圭回合协议法》于1996年1月1日正式生效，第334节对纺织品和服装原产地做了规定。该节规定纺织品、服装原产地的一般原则是以产品的生长、生产、制造地为其原产地。其中又细分为：

（一）完全获得原产地原则，亦称为"单一国家规则"（single country rule），即产品全部在一个国家或地区获得或生产，该地即为产品的原产地。

（二）纤维纺成地原则。对于纱、线、绳等编织产品，以这些编制物的纤维的纺成地或丝的挤压地为原产地，亦称"纱后规则"（yarn forward rule）。

（三）织物形成地规则（fabric formation rule），指织品或织物（指在漂白、印染之前处于本色布状态的织品与织物）以其编织等工序的完成地作为原产地。

（四）缝制地规则。对于某些产品，除例外规定外，应当以产品的缝制地或制造地确定其原产地；若产品的缝制和制造经过一个以上的国家或地区，则以最后的最重要的缝制地或制造地确定其原产地。

2000年，美国《贸易发展法》第405节对第334节做了修改，与本案争端相关的是第405节对第334节规定的两项适用例外，即以"印染地规则"来确定原产地：

---

① http：//www.wto.org/english/tratop_ e/dispu_ e/dispu_ e.htm#dsb2002，访问日期：2007年8月6日。

② 1996年美国的原产地规则将坯布作为印染布的原产地。

其一，对丝、棉、人造或植物性织品，其原产地由织物形成地规则改为由印染和另外两道或两道以上法律列明的处理工序确定；

其二，对某些不适用缝制规则的纺织产品，除某些例外之外，亦由印染和两道或两道以上法律列明的后续处理工序确定原产地。

由于第405节要求根据印染加上两道或两道以上工序确定原产地，该规则被称为"DP2规则"（Dye Plus 2），即印染地规则。第405条具体涵盖的货物主要包括：针织或钩编的衣着附件；手帕；披巾、领巾、围巾、披纱、面纱及类似品；床上、餐桌、盥洗及厨房用的织物制品；窗帘及帐幔、帘帷或床帷；其他装饰用织物制品；有填充物的垫子[①]。但在这些货物中，第405条针对某些混纺织物（如床单、围巾、桌布等），又根据其棉纤维含量是否达到一定标准来决定是否适用印染地规则。当棉纤维含量高于16%时，产品以印染地规则确定原产地；当棉纤维含量低于产品16%时，产品以其原坯布的织成地，即织物形成地规则来确定原产地。

印度认为修改前的《乌拉圭回合协议法》第334节的目的在于通过加工工序标准来保护美国国内的纺织行业，减少外来纺织业竞争者的影响。欧共体正是为了这同一问题分别于1997年及1998年两次提出与美国磋商，最终与美国达成和解，使美国同意修改其纺织品和服装原产地规则。美国在修改第334节的时候只考虑了欧共体的利益，而没有考虑到发展中国家的出口利益，限制了印度纺织品的出口，导致对相同产品或相同生产工序的产品可能适用不同的原产地规则。

另外，印度指出，美国原产地规则中存在的种种例外把原产地规则定得十分复杂，并使用主观武断的标准对某些类别的产品提供优惠的市场准入，而对其他产品进行歧视，扭曲了国际贸易，违背了最惠国待遇原则。根据WTO《原产地规则协定》，原产地规则不能作为贸易政策的工具来限制进口竞争、保护国内产业，或者对一国的进口产品给予优惠待遇而变相歧视他国的进口产品，而应如《原产地规则协定》前言所提的，"期望保证原产地规则以公正、透明、可预测、一致和中性的方式制定和实施"。

基于以上原因，2002年1月11日，印度政府依据《关于争端解决规则与程序的谅解》第4条、1994年关贸总协定第22条和《原产地规则协定》第7条的规定，就美国《乌拉圭回合协议法》第334节、《贸易发展法》第405节和相关的美国海关的实施细则与美国进行磋商。经过近一个月的磋商，双方未取得满意结果。同年5月7日，印度要求成立专家组审理此案。2002年6

---

① 朱榄叶主编：《世界贸易组织国际贸易纠纷案例评析（2003—2006）》，法律出版社2008年1月第1版，第313~314页。

月 24 日争端解决机构成立专家组，2003 年 6 月 20 日专家组正式散发其报告。2003 年 7 月 21 日，WTO 争端解决机构召开例会，通过了此案的专家组报告。专家组认为，印度没有证明美国《乌拉圭回合协议法》第 334 节违反了《原产地规则协定》第 2 条 b 款、c 款，《贸易发展法》第 405 节违反了该协定第 2 条 b 款、c 款、d 款，裁决美国纺织品和服装原产地规则没有违反世界贸易组织的相关规定。由于双方都未上诉，专家组报告成为具有法律约束力的裁决报告。

二、 专家组裁决

（一）该案应适用的条文

专家组指出，印度的所有请求都是基于《原产地规则协定》的第 2 条。第 2 条规定的是在有关协调原产地规则制定之前，也就是在过渡期内，WTO 成员在非优惠原产地规则方面应遵守什么规范。协调原产地规则完成之后，WTO 成员就应按第 3 条履行义务。鉴于此项工作至今尚未完成，故印度有权依据协定的第 2 条提出主张。

第 2 条从 b 款到 d 款规定的是在过渡期内原产地规则不能用来做什么，例如原产地规则不能用来推行贸易目标，不能具有限制、扭曲或扰乱国际贸易的作用，不能施加过严的要求，不能要求履行与制造、加工无关的条件，或者在成员间进行相互歧视待遇。但是，第 2 条并没有规定成员必须做什么。因此，第 2 条并不限制成员制定原产地标准，改变这些标准，或者对不同产品实行不同的原产地标准①。

（二）是否违反《原产地规则协定》第 2 条 b 款

《原产地规则协定》第 2 条 b 款规定：尽管原产地规则与商业政策的措施或法律文件相联系，但原产地规则不得直接或间接地用来作为推行贸易目标的工具。专家组认为，原产地规则可用来执行或支持贸易政策，但不能替代或补充贸易政策的功能。成员方使用原产地规则"保护国内产业，反对进口竞争"，或"对一个成员的进口产品给予优惠，而歧视另一个成员的进口产品"将构成对贸易政策功能的替代或补充，是对第 2 条 b 款的违反。这些做法原则上可以构成贸易目标，但是美国的原产地规则，即《乌拉圭回合协议法》第 334 节和《贸易发展法》第 405 节，是否用于了这些目标，却没有得到足够证明。

---

① 朱榄叶主编：《世界贸易组织国际贸易纠纷案例评析（2003—2006）》，法律出版社 2008 年 1 月第 1 版，第 313~314 页。

1. 印度的主张

印度在申诉中提出，美国《乌拉圭回合协议法》第 334 节规定的对原产地的确定既不以产品的增值也不以产品性质的转变为基础，而是依据商业政策文件中普遍使用的标准来确定，追求贸易目标。《贸易发展法》第 405 节规定了原产地规则在适用于床单、围巾、桌布等平面纺织品时的例外，即这些产品的构成在符合某种条件的情况下则不适用 DP2 规则，而适用原坯布织成地规则。这样，这些欧共体经常出口的大宗产品就不会受到原坯布生产国配额的限制，不会影响其向美国的出口贸易。印度提出美国对某些税目项下的"平面纺织品"规定了"原坯布织成地原则"，这在世界上也是绝无仅有的。大多数国家更注重于对织物的剪裁和缝制。原坯织物可以用于各种加工用途，而一旦织物经过剪裁和缝制就不能用于其他任何目的。原坯布织成地规则没有考虑织物的后续工序，如印染、其他完成工序、剪裁及缝制等。印度出口的大部分纺织品是原坯织物，在进口国继续加工后再出口到美国。但是根据美国修改后的规定，过去不被视为原产于印度的产品却要被视为印度产品而受到有关纺织品数量配额的限制。印度认为美国对某些平面纺织品实行的原坯布织成地规则与其他国家的规则和实践不同，而且会造成极为荒唐的后果。例如，如果印度的棉坯布出口到葡萄牙，葡萄牙经过印染后再出口到美国，依据美国《贸易发展法》第 405 节的规定，该印染后的棉布被视为葡萄牙产品，可自由向美国出口而不受任何数量的限制；而如果该印染后的棉布继续在葡萄牙加工，做成床单然后出口到美国，则此时产品的原产地要返回到印度，受到纺织品数量配额的限制。

印度提出美国《贸易发展法》的第 405 节是美国用来追求贸易目标的工具，因为从该节的设计与结构看，它只有益于欧共体从发展中国家进口、经过加工而再向美国出口的产品。印度指出，在美国通过《乌拉圭回合协议法》第 334 节之后，欧共体在 1997 年 5 月曾要求与美国就该节进行磋商，认为美国新的原产地规定影响了欧共体纺织品特别是丝织品的对美出口。因为这些产品原来可自由进入美国市场，但现在却被视为纺织地是印度等国的产品，要受到配额的限制。欧美经过磋商，美国同意修改其立法以解决欧共体关心的丝巾、丝织品及印染后的棉织品向美出口问题，双方就此达成协议并增加以印染地确定原产地的例外规则。后来美国法律的修改与欧美协议的内容完全一致。因此，该节的立法背景清楚地显示美国修改《乌拉圭回合协议法》第 334 节的目的是解决与欧共体在纺织品原产地问题上的纠纷，完全是为了欧共体的贸易利益，解决与欧共体的贸易纠纷。

印度还指责美国对原产地规则的制定是主观武断的，而且极为复杂：《乌拉圭回合协议法》第 334 节对纺织品规定的是以织物形成地为原则，不考虑印染等工序；《贸易发展法》是为了满足欧共体的要求，以第405节对《乌拉圭回合协议法》第334节规定了例外，丝、棉、人造或植物等纺织品，主要是床单、头巾和桌布等欧共体大宗出口商品，以其印染地为标准来确定原产地；然而，该印染地规则又不适用于毛织品。毛织品仍适用织物形成地规则。

2. 专家组的分析

对于印度指控的美国通过"织物形成地规则"实行保护其国内产业、推行贸易目标的问题，专家组指出，印度声称除美国外没有任何国家以纺织品所使用的布料确定原产地，但印度没有提交证明美国的规则与其他国家规则不同的证据。专家组没有相关国家的纺织品原产地规则，无法判定印度所说的是否真实[1]。即使美国运用了一个特殊的原产地规则，这也是与b款无关。《原产地规则协定》第2条并不要求缔约方都实施一种特定的原产地规则，而是在a款列出了一系列原则供缔约方确定原产地标准时参考。即便美国采用了非正常的规则，也与本案无关，因为协定第2条并未要求成员必须采用哪种特定的规则。

至于该规则的合理性问题，专家组认为《原产地规则协定》第2条并没有要求缔约方在过渡期间的原产地规则要以产品的关键或最关键加工工序地为产品的原产地，WTO成员具有充分的自主性来决定哪一道工序对他们最适合。至于印度提到的美国不考虑原坯织物的后续工序，如印染、剪裁及增值（印度曾举例说一件织品成本仅几美元，而后续增值却高达200美元）问题，专家组认为印度并没有指出协定要求原产地的授予必须是产品最高增值程序的国家；第2条也未要求成员应将原产地授予对产品赋予重要的甚至是最重要的经济贡献的国家。专家组认为，原产地未赋予增值最高国家的事实不能证明美国在运用这一规则保护自己的国内产业。对于因实施织物形成地规则而使发展中国家本不受配额限制的出口纺织品受到美国纺织品配额限制问题，专家组指出，采用这一规则肯定会使有关平面纺织品的原产地定位于织物形成地的国家，而且如果那个国家的纺织品在输美时受到美国的配额管理，该产品还要受到美国的进口配额限制。然而，专家组并未被提供下列证据与数据：哪些国家的出口纺织品在美受到配额限制，配额水平如何，配额使用情况，哪些国家是这类产品的重要供应者，哪些国家的生产能力及产品的价格和质量如何。专家组也未被提供美国配额制度设计的具体信息、这类最终产品和中间产品的市场信息及两类产品之间的关系。在这种情况下，专家组难以评估印度在事实指控上是否正确，因而专家组无法得出任何结论。专家组

---

[1] 朱榄叶主编：《世界贸易组织国际贸易纠纷案例评析（2003—2006）》，法律出版社2008年1月第1版，第316页。

还指出，尽管自 1996 年起由于美国对某些纺织制成品实行织物形成地规则，从而使该类产品受到配额限制，但是那些不实行配额或配额比较宽松，又是织物形成地国家的产品却可以增加出口。如果更多的纺织成品因织物形成地规则而受到配额限制，这也只能说明实行第 334 节的原产地规则后美国的进口较前更具限制性，并不能说明如何用织物形成地规则来保护美国的纺织品产业。协定第 2 条 b 款的宗旨是防止成员利用原产地规则替代或补充有关贸易政策。如果原产地规则与配额相关，它就不应加大已经由配额本身提供的保护程度。"印度的辩论集中在原产地规则改变的方向上，而未集中在改变的终点上。就是说，印度忽视了用原产地规则执行、支持配额制度与使用原产地规则补充配额制度的保护功能之间的区别。通过原产地规则使配额制度更具限制性，这与通过原产地规则来执行、支持配额制度是不矛盾的"。专家组指出，"另外，我们注意到不能仅仅因为使配额制度更具限制性的事实就谴责织物形成地规则。一项限制性的织物形成地规则可以用来推行合法的目标。"印度还指控美国试图以反规避为借口，从而使美国的配额更具限制性。专家组指出，印度未举出《原产地规则协定》《纺织品与服装协议》中的任何条文禁止成员对配额规避行为采取适当的预防措施。专家组最后得出结论认为，印度未能证明第 334 节是为了保护美国纺织工业，是推行贸易目标的工具；也未能证明第 334 节不符合《原产地规则协定》第 2 条 b 款的规定。

对于印度指控美国《贸易发展法》第 405 节是为了解决美欧贸易争端，仅有利于欧共体纺织品的对美出口，而不利于其他 WTO 成员的出口，是在推行贸易目标的问题，专家组指出，第 405 节是在最惠国待遇基础上适用的，怎么能证明它是在推行印度所说的贸易目标呢？虽然美国为了欧共体的出口利益，制定了一项例外规定（第 405 节），但是例外本身不能证明它就是有利于欧共体的出口，而不利于他人的出口。印度在该案中没有提供任何证据证明第 405 节在实践上只对欧共体的相关产品有利。另外，通过双边磋商达成协议以解决贸易纠纷并不意味着达成协议的当事方是在歧视其他的 WTO 成员。关于印度提到的美国有选择地将某些纺织品（如床单等）的原产地由"印染地规则"又退回到"织物形成地规则"，追溯纺织品的原坯布织成地，从而导致"荒唐"结果的问题，专家组指出，即便印度说的是事实，也对印度指称的第 405 节是在推行美国的贸易目标没有任何帮助，因为美国修改《乌拉圭回合协议法》第 334 节的目的就是解决与欧共体的贸易矛盾。即便第 405 节的适用客观上对欧共体的出口有利，对其他成员的竞争性产品出口不利，这也是偶然的，而不是国际性的。专家组认为，"换句话说，我们不认为仅仅有利于欧共体的出口而不利于其他成员的出口的后果，其本身就能证明美国在推行一项目标的推断"。根据上述考虑，专家组认为印度未能证明第

405 节是在用于推行美国的贸易目标，印度也未证明第 405 节违反了《原产地规则协定》第 2 条 b 款。

（三）是否违反《原产地规则协定》第 2 条 c 款

《原产地规则协定》第 2 条 c 款规定，"原产地规则自身不应对国际贸易产生限制性、歪曲性或破坏性的影响。原产地规则不应提出过分严格的要求或者要求满足与制作或加工无关的某些条件来作为确定原产地国的先决条件"。

1. 印度的主张

印度认为，美国的原产地规则违反了《原产地规则协定》的第 2 条 c 款，存在限制、扭曲和扰乱国际贸易的作用：美国通过原产地规则限制了印度纺织品向第三国的出口，因为产品要受到配额的管制，而在新规则实施之前，印度可以自由向第三国出口，这是限制贸易；美国为了有利于欧共体纺织品对美出口，将某些纺织品的原产地由印染地改为原坯布织成地，而这不利于发展中国家的出口；另外，以纤维的构成是棉、丝还是羊毛为条件，对某些类别的产品提供优惠的市场准入，而对其他产品进行歧视，这是扭曲国际贸易；美国把原产地规则定得十分复杂，使用主观武断的标准，对国际贸易起了扰乱作用。

2. 专家组的意见

《原产地规则协定》第 2 条 c 款第一句规定："原产地规则自身不应对国际贸易造成限制性、歪曲性或破坏性的影响。"该规定的目的是要确保原产地规则对贸易影响的中立性。其中：

（1）"自身"（themselves）是指原产地规则。尽管某些商业政策的实施可能会给国际贸易造成限制性、歪曲性或破坏性的影响，但是原产地规则作为支持商业政策实施的一种工具，它本身不能对国际贸易造成限制性、歪曲性或破坏性的影响，不论它背后的商业政策的潜在实施目的是什么。

（2）"造成"（create）暗示了如果缔约方的原产地规则与 c 款第一句所禁止的特定目的存在某种联系的话，它就是违反了该条款。可这并不表示，该禁止性影响必须是缔约方的主观故意造成的。

（3）禁止性影响即"限制性、歪曲性或破坏性的影响"（restrictive, distorting, or disruptiveeffects）中，限制性、歪曲性、破坏性是独立存在的。这就是说，原产地规则不得限制国际贸易水平，或者干涉国际贸易的自然状态，或者打断国际贸易正常的连续性①。

---

① The New Shorter Oxford English Dictionary, L. Brown, ed., Clarendon Press, 1993, Vol. II, p. 2569; Vol. I, pp. 707 and 702, respectively.

　　第 2 条 c 款第一句强调禁止性影响是针对"国际贸易"（international trade）产生的。专家组认为它不限于缔约方实施有关的原产地规定从而对某产品（如棉质床单）的进口产生影响。那么，"对国际贸易的影响"是指原产地规则对在制造过程中的产品（如棉纤维）还是对制成品（如棉质床单）的不利影响？专家组认为，事实上二者都包括。专家组指出，《原产地规则协定》的第 2 条 d 款并不要求 WTO 成员对不同的货物（尽管密切联系）适用同一原产地规则。因此，第 2 条 c 款提到的对国际贸易的负面影响就不应包括对不同种类产品贸易的负面影响，应仅指对适用同一原产地规则的货物的贸易的负面影响。对于国际贸易，虽然两个成员之间的贸易也可以称为国际贸易，但是一项规则仅仅对一个成员的贸易有影响，就说对国际贸易造成了负面影响，似乎不是很充分。

　　对于限制贸易问题，印度也承认这是一个事实限制问题，而不是一个法律限制问题。专家组指出，过去另一个案件的专家组曾经裁决过"事实上的限制"问题，该专家组认为在裁决中应更注重一项贸易措施在事实上对贸易所造成的影响。然而，印度却没有提供事实证据，证明织品形成地规则对上游产品，特别是对原坯纺织品造成了哪些限制后果。印度只提供了一份"孟买棉纺织品出口促进会"的传真，其中称由于美国《乌拉圭回合协议法》第 334 节的织物形成地规则，印度向斯里兰卡出口的原坯纺织品遭受重大打击。但传真中没有任何文件证据或贸易数据。专家组认为印度未证明其原坯纺织品对斯里兰卡的出口存在下降，或者印度所称的原坯纺织品的出口下降与第 334 节的织物形成地规则存在任何因果关系。即便印度的原坯纺织品可能存在下降，但印度未必是这类产品的唯一出口国，其他成员能生产有竞争性的这类产品，却可以增加出口。因此，专家组认为印度未能证明美国织物形成地的原产地规则限制了国际贸易。

　　对于扭曲贸易问题，专家组指出仅仅是一个成员改变其原产地的事实，即将进口到该国的某些制成品（例如床单）的原产地由一个国家改为另一个国家，不足以证明是对国际贸易的扭曲。而且如果不允许成员改变原产地规则，也不符合《原产地规则协定》第 2 条 i 款的规定。至于因改变后的原产地规则对不同产品造成不同后果的辩论，专家组指出，印度如果想辩论成功，起码应证明新的规则对相互竞争的产品造成了扭曲。然而印度没有证明所谓享受优惠待遇进入美国市场的欧共体的丝巾与未享受优惠待遇的印度的棉质领巾之间存在竞争。对印度指控由于美国的新规则导致进口商改变了购货渠道、打乱了贸易格局问题，专家组指出，原产地不是唯一决定购买渠道的因素，即便是，也不能说这项措施扭曲了国际贸易。因此，专家组的结论是，印度未证明美国的措施扭曲了国际贸易。对《乌拉圭回合协议法》第 334 节、

《贸易发展法》第 405 节是否符合 c 款第一句的问题，印度几乎没有证据证明以纺织品形成地原则作为原产地标准会造成对贸易的限制、扭曲、破坏结果。印度只是以一份孟买棉纺织品出口促进会的材料来说明自己的论点①，而实际上该材料并不能支持印度的观点①，也就是说第 334 节、第 405 节的实施并没有对国际贸易造成限制。该数据表明，在 1995 年到 1996 年间，印度对美国的出口额呈上升状态，即 9.596 亿美元上升到 10 亿美元，在 1997 年，其出口额虽略微下降到 9.745 亿美元，但当年对美国的出口额比 1995 年还略高一些。

关于印度称美国的原产地规则极为复杂、主观，扰乱国际贸易的指控，专家组指出，原产地规则本身就复杂。印度并未说明相关措施如何不必要的复杂，没有证明出口商因原产地极为复杂而停止向美国出口，也未说明所谓的"复杂"如何影响了国际贸易。相反，专家组并不认为美国的原产地规则对出口商来说有多么复杂，有多难去理解。专家组还指出依产品的类别制定原产地规则不能说是主观标准。退一步说，即便是主观标准，印度也未证明它如何扰乱了国际贸易。因此，专家组驳回了印度的指控，认为美国的原产地规则不存在扰乱国际贸易的作用。

印度还指控美国原产地规则附加了与生产和加工程序无关的条件，也是对《原产地规则协定》第 2 条 c 款的违反。专家组指出，印度所说的条件不过是前面提到的产品的分类，美国维持这些分类是为了不同的产品适用不同的原产地规则。一项产品要适用某项特定的规则必须满足一定的条件，除非对所有产品适用统一的原产地规则，否则产品分类就不可避免。《原产地规则协定》第 2 条 c 款第 2 句话的意思是：在决定原产地国时不得要求履行某些先决条件，但这句话并没说在适用某一特定原产地规则时不要履行某些先决条件。因此，专家组的结论是，美国对纺织品进行不同分类，从而适用不同的规则，未违反第 2 条 c 款的规定。

印度还指控说，如果床单含 86% 的化纤和 14% 的棉，则要适用 DP2 规则（印染地规则），但如含 84% 的化纤和 16% 的棉，就要适用原坯布织成地规则，这是"过分严格"，而且与被赋予原产地的国家和床单没有什么"重大经济联系"。专家组认为这不是"过分严格"，而是在规定产品适用的范围，而且协定的第 2 条也没有规定在赋予原产地待遇时，要证明产品和原产地国之间应有"重大的经济联系"，因此，驳回了印度的指控。

（四）是否违反《原产地规则协定》第 2 条 d 款的规定

《原产地规则协定》第 2 条 d 款要求"各方对进出口产品所实施的原产地

① India First Submission, para. 93, exhibit INDIA – 15, Report of the Panel, UNITED STATES – RULES OF ORIGIN FOR TEXTILES AND APPAREL PRODUCTS, WT/DS243/R, 20 June 2003.

规则，不应比它们所实施的确定产品是否是国产的那种原产地规则更为严格，亦不应歧视其他缔约方，有关产品的制造商的背景也不在考虑之列"。印度称美国《贸易发展法》第405节歧视了其他缔约方，使印度和欧共体的产品处于不同地位①。但是，第2条d款只是说各方"不应歧视其他缔约方，有关产品的制造商的背景也不在考虑之列"，"有关产品"不是指不同产品，而是说类似产品之间的歧视问题。对歧视问题的比较应该看原产地规则是否对从不同国家进口的同一种产品造成了歧视性待遇。如果该项的目的在于避免不同产品之间的歧视，那么制定者早就应该在条款的适用范围中作出说明。在WTO的非歧视规定（如1994年关贸总协定第1、3、6部分）中，都把禁止性产品的范围作出了具体规定。所以，印度的说法不成立。

对于第405节是否符合第2条d款，印度称：第405节实际上造成了欧共体的产品进口和出口都比其他发展中国家（如印度）存在有利条件；对类似的产品却运用不同的待遇；对所述产品的不同待遇是不合理的。专家组对上述问题进行了一一驳斥。首先，专家组不确定印度所说的棉制成品（如运用DP2工序的纺织品）和棉质床单是否是"类似"产品②。这些产品在《协调制度》中是属于不同标题下的。专家组认为二者是不同的。在这点上，印度没能提供相应证明。其次，印度说羊毛织物和丝绸织物、棉织物等其他织物是"类似"产品，它们运用了不同的原产地标准③。但在该案的其他权利要求中，印度却认为羊毛织物的加工工序和其他织物相同④，前后是矛盾的。即使印度认为它们的加工工序相同是正确的，也不能认定在《协调制度》的不同标题下，物理特征、品质、声誉差别很大的羊毛织物、棉织物、丝绸织物是相同的。因此，不能认为在第2条d款下，这些产品是相同的。再次，印度认为丝巾和棉质领巾是"类似"产品，从发展前景及生产技术上说，二者是完全一致的⑤。同样，印度没有证明在《协调制度》不同项下的两种产品，它们如何在其他方面是一样的。最后，印度认为棉含量在16%以上的混合纤维织物和16%以下的棉混合纤维织物是"相同"产品⑥，也就是84%混合纤维与16%棉制成的床单和86%混合纤维与14%棉制成的床单是相同的，这是出于说明前述86%混合纤维与14%棉制成的床单适用DP2标准的问题。

总之，专家组的此次裁决是美国在世界贸易组织涉及纺织品、服装产品

---

① India's reply to Panel question No. 60; India's second written submission, para. 68.

② India's first oral statement, paras. 28-29.

③ India's reply to Panel question No. 19.

④ India's second written submission, para. 40.

⑤ India's reply to Panel question No. 60.

⑥ India's second written submission, footnote 33.

的诉案中首次获胜。正如美国贸易代表佐立克指出①，对美国贸易法和纺织品贸易来说，这是一次非常重要的胜利。世界贸易组织的裁决确认了美国的贸易规则是与世界贸易组织的贸易规则相一致的，同时表明一个国家拥有在世界贸易组织框架内制定其具体规则的灵活性和自由度。专家组的此次裁决也再次确认了各国政府对本国原产地规则的制定和实施有充分的自主权，也就是说，只要其规则不违反 WTO 及《原产地规则协定》的禁止性规定，它就是合法有效的。

三、 对于案件处理的评论

（一）发展中国家的规则缺失

原产地规则在国际贸易中，尤其是在双边或多边优惠贸易安排中具有重要作用。它不单单是国际贸易统计的依据，还是执行一国经济与贸易政策的机制。因此，依据国家相关的法律、法规制定比较全面、具体的原产地规则，无论对进口还是出口，都是十分必要的。美国在该案的反驳中指出，"印度在WTO协议生效后8年都未制定自己的原产地规则，现在指控美国的法律，其根本目的是它不喜欢美国的这套规则"。这种反驳对缺乏原产地规则的印度来说造成了有效反击。

这种反击从另一个角度也反映了一些发展中国家由于对原产地规则的不重视，导致对其他国家的原产地规则及 WTO《原产地规则协定》不了解，在面对针锋相对的诉讼时，只能束手无策。即使事实上有充足的理由和原因，但在诉讼中却无法取得专家组的认可和信任。

（二）印度的举证不力

WTO 的争端解决程序属于"对抗式诉讼"（adversary proceeding），即谁主张，谁举证。然而由于印度对这次诉讼没有足够的经验，对相关的 WTO 规则没有充分的掌握，导致其准备不足而输掉了这场诉讼。

印度指控美国的原产地规则是保护美国纺织工业的贸易政策工具，限制、扭曲、扰乱了国际贸易秩序，这些申诉都是事实。但是，印度要为此提供有效的法律证据。本案中印度虽然引用了不少条文，但并不贴切也不够充分。例如，《原产地规则协定》没有规定 WTO 成员在过渡期内不能改变自己的原产地规则，也没有规定在制定原产地规则时一定要考虑产品的"增值"，或产品必须经过"实质改变"。尤其是在提供事实证据上印度显得更加欠缺。在指控美国的原产地规则极为复杂、主观，扰乱国际贸易时，印度并未说明相关

---

① 见《世界贸易组织专家组裁决美国纺织品原产地规则没有违反相关规则》，ht-tp：//www.wtolaw.gov.cn。

措施如何构成不必要的复杂性，也没有证明出口商因原产地极为复杂而被迫停止向美国出口，更未具体解释所谓的复杂如何影响了国际贸易。这些证据上的不足让专家组很难认定美国的原产地规则对出口商来说有多么复杂和难以理解。另外，在指责美国推行贸易歧视，限制、扭曲、扰乱国际贸易时，印度应该提供大量有说服力的事实证据，来比较美国新规则推出前后纺织品的贸易格局的变化、相关成员在贸易量上的变化，从而证明印度的立场。例如，应该提供数据和信息说明美国配额制度设计的具体信息；最终产品和中间产品的市场信息及两类产品之间的关系；哪些国家的出口纺织品在美国受到配额限制，配额水平和配额使用情况怎样；哪些国家是这类产品的重要供应者，这些国家的生产能力及产品的价格和质量如何等。遗憾的是，印度没能做到这些。对于美国的新规则对印度的原坯纺织品造成了哪些限制后果，印度只提供了一份"孟买棉纺织品出口促进会"的传真，并且传真中没有任何文件证据或贸易数据。

证据和数据准备的种种不足，让专家组很难评估印度在事实指控上是否正确、重要及其确切含义，因而无法得出任何结论。虽然专家组认为可能存在印度指出的"新规则的实施使原来受配额限制的国家增加了出口而使原来不受配额限制的平面产品（指床单等）受到了限制"的事实，但是印度却没有提供任何证据和具体数据。而且美国为某个成员有出口利益的产品设立例外，并不等同于给予这个成员更加优惠的待遇。印度如果想辩论成功，起码应证明新的规则对相互竞争的产品造成了扭曲。然而，印度没有证明所谓享受优惠进入美国市场的欧共体的丝巾与未有优惠待遇的印度棉质领巾之间存在竞争，也没有能够证明美国《贸易发展法》第 405 节的例外是用于对欧共体优惠的目的。印度提出的"荒唐结果"并不能证明第 405 节的目的就是要为欧共体产品提供优惠，还应该提供其他有力的证据。

（三）WTO 是大国的寻租之处

在该案中，专家组认为配额是一项贸易政策，而原产地规则只是一项执行、支持配额政策的工具，它不能代替配额，或者增加、补充配额的保护程度。但是，专家组又说，使配额制度更具限制性的原产地规则，是可以与执行、支持配额制度的原产地规则一致的。专家组认为仅仅使配额更具限制性的事实本身，不能归责于织物形成地规则，因为一个限制性的织物形成地规则可以用来推行合法的贸易目标。然而，WTO《原产地规则协定》的第 2 条 b 款规定："尽管存在原产地规则与商业政策的措施或法律文件相联系的情况，但是原产地规则不能直接或间接地用来作为推行贸易目标地工具。"原产地规则本身应该是一个中性的工具，如果它使配额更具限制性，那么它是不是已经"间接地"在推行贸易目标了呢？这些问题专家组既没有回答，也没有澄清，甚至可以说专家组在这个问题上的分析有点前后矛盾。

该案是 WTO 成立后通过争端解决程序和专家组处理的第一个关于原产地规则的案件。印度虽然输了，却也展现了其运用 WTO 规则保护自身利益的意识。印度是 WTO 的发展中国家成员中利用争端解决机制比较积极的成员之一，至今共提出了 17 次申诉，仅次于巴西（22 次）[①]。专家组在本案中对原产地规则的阐述和分析也为以后的案件提供了参考和借鉴。当然，专家组对一些原产地规则的问题还没有完全阐明，需要通过更多的案件积累加以论证和明确。

（四）《原产地规则协定》名存实亡

印度虽然最终输掉了这场诉讼，但不能说印度的主张不合情理。例如，如果印度的原坯棉布出口到欧共体，在欧共体经过印染出口到美国后，被视为印度原产的，要受到配额的限制；而如果是丝纺织品，出口到欧共体并经过印染加工再出口到美国时，就因 DP2 规则视为欧共体产品而不受任何配额的限制。究其规则制定的主要动机，缘于欧共体特别是意大利的主要出口产品便是丝织品，美国修改法律的目的十分清楚，就是为了保护欧共体的纺织品尤其是丝织品的出口贸易。

《原产地规则协定》虽然在国际多边层面达成了很多规则上的约束，但鉴于协调文本尚未完成，真正能约束各国原产地规则的国际规范并不存在，也就是说，在当前 WTO 法律框架下，各国仍有权力制定本国的原产地规则。

美国的立法目的实际上是很明确的，就是将纺织品和服装的原产地规则作为一种贸易工具来达到自己的贸易利益。其对纺织品一会儿用"织物形成地规则"，一会儿又用"DP2 规则"，目的是在保护国内纺织行业利益的同时，适当缓和与欧共体之间的贸易摩擦。印度作为一个发展中国家，尚不具有与美国这个经济大国平等讨价还价的地位，其唯一能寻求救济的来源便是各成员应遵循的 WTO《原产地规则协定》的相关规定。然而，WTO《原产地规则协定》目前还只是提供了成员不能违反的过渡期规则，规则之外的自主空间仍是十分开阔的。只要一成员的行为不违反协定规定的若干项纪律，就是可允许实施的。而若要证明某国的原产地规则违反了纪律，是十分不易的，印度的诉讼历程便是证明。

（五）学习借鉴，未雨绸缪

该案对中国来说是一个难得的学习机会。美国对纺织品和服装原产地规则的修改一直是针对加工型和转口贸易型发展中国家利益的。其《贸易发展

---

① 朱榄叶主编：《世界贸易组织国际贸易纠纷案例评析（2003—2006）》，法律出版社 2008 年 1 月第 1 版，第 313~314 页。

法》第405节的修改内容之一是将服装"剪裁地规则"改为"缝制地规则"，这一改变事实上也严重限制了我国近年来将中国缝制和香港剪裁的优势相结合的实践。

早在1984年，美国服装行业曾要求美国海关重新定义服装原产地标准，将服装的原产地判定标准改为"裁剪地标准"，意图打压中国本土服装业的发展。但香港利用其设计裁剪方面的优势专门从事裁剪工作，而将裁剪布片送往内地缝制。这种配合方式巧妙地利用了内地的劳动力优势，而占用的是香港的配额。在此情况下，美国以我国的应对模式是对美国1984年条例的规避为借口，再次将服装原产地标准由"裁剪地"改为"缝制地"。美国对原产地规则的修改，使得原来本为中国香港产的服装变为中国内地产，占用了中国内地对美国出口纺织品的十分有限的配额，使中国服装出口到美国的贸易受到进一步限制。

由此可见，原产地规则的人为操纵已经构成严重的贸易歧视和贸易扭曲。虽然国际上基于原产地规则提起的诉讼还只是寥寥，但从各国有意识地加强对原产地规则的规定和扩大原产地规则在贸易保护方面的应用上来看，未来几年内会有更多的案件涉及原产地规则的适用问题。我国的原产地规则和相关制度尚处于起步阶段，但应对此问题引起足够的重视，以备后患。美国很好地掌握并利用了WTO协议上的漏洞与条文表述上的模棱两可，使WTO的规则充分为其所用。这对我国和任何其他国家来讲都应该是一个警示，要清醒认识到，只有熟悉并掌握WTO规则，才能有效地利用它为本国的贸易服务。

第四章 原产地规则的发展与区域化

【本章导读】区域贸易安排是当代世界经济的一个重要发展趋势。20 世纪 90 年代以来，区域贸易安排的数量显著增加。绝大多数 WTO 成员至少参加了一个区域贸易安排。截至 2019 年 8 月，向 WTO 通报的各种区域贸易安排已达 480 个，其中已生效的有 301 个。如果说 WTO 的出现和多边贸易体制的形成解决了世界贸易在全球化背景下的全球共性问题，那么区域贸易安排和区域经济合作则解决了全球化背景下的区域个性问题。因此，区域贸易安排的迅速兴起是经济全球化的必然结果。

区域贸易安排迅速发展的重要原因之一是多边贸易谈判进程缓慢。随着 WTO 成员数量的增多，地区之间及国家之间的关系愈发错综复杂，WTO 谈判的议题愈发敏感，各成员的妥协余地也愈发缩小。多边贸易谈判难以推进的现状刺激了区域贸易谈判的发展。当一国的贸易自由化战略在多边环境下难以推动时，自然就会考虑在区域条件下先行实施。相对于 WTO 多边贸易谈判来说，区域贸易安排的成员方数量较少，经济发展程度更加平衡或具有互补性。因此，区域贸易安排成员间的利益冲突相对较小，易于为达成区域共同发展目标而彼此做出让步。同时，各区域贸易安排在制定优惠性原产地规则过程中所进行的不断的尝试和探索为 WTO 优惠性原产地规则的制定提供了"试验田"，并为区域贸易组织的成员融入世界贸易自由化的浪潮热身。

本章在对欧盟原产地规则和北美自由贸易区等典型自由贸易区的原产地规则进行详细分析的基础上，对泛欧模式和北美模式进行了全面比较。相比较而言，泛欧模式比较注重增值百分比及与加工工序标准的配合使用，而北美模式则更侧重于税则归类改变标准的应用。在 WTO 统一优惠性原产地规则制定的道路中，这些差距悬殊的区域性原产地规则都无法完全被照搬、推广至所有 WTO 成员中。通过对 WTO 统一原产地规则的几种方案的比较，本文认为，更加可行的方案应该是从现有成熟的区域性原产地规则中挑选出几套互为补充的规则，将之进行修改、整合。在这个过程中，北美自由贸易区的原产地规则、欧盟原产地规则及近年来逐渐扩张的泛欧体系不失为很好的借鉴对象。

第一节 区域贸易安排

一、 区域贸易安排的概念

第二次世界大战后，区域贸易自由化和区域贸易安排作为一种国际经济发展趋势，对世界经济产生着深远影响。自 20 世纪 50 年代起，毗邻国家相互协调合作，通过采取某些共同的经济贸易政策，促进商品、资本、技术和劳务等生产因素在相邻国家间相互流动，发展区域经济，从而引发经济一体化的兴起。通常，人们把各国（地区）间在经济上结合起来形成一个经济联合体的事态或过程称为国际经济一体化或区域贸易安排（Regional Trade Agreement，RTA），而有关区域贸易安排的协议就是区域经济整合过程的法律依据，它是区域间签订的优惠性贸易协议，使得在区域内进行的贸易比在区域外的自由化程度高①。

尽管区域贸易安排已经发展半个多世纪，但目前各国（地区）对区域贸易安排的概念并没有形成统一的看法。各国（地区）学者从区域贸易安排的目标、状态、过程或者策略等不同角度对其进行阐述和界定。区域贸易安排作为一种过程，包括旨在消除各国（地区）经济单位之间的差别的种种措施。区域贸易安排作为一种状态，表现为各国（地区）间各种贸易政策差别的消失，即通过相互协调和统一，将阻碍经济最有效运行的因素加以消除，创造出最适宜的国际经济结构。有的学者认为区域贸易安排的本质是按照国际分工的要求来调整各国（地区）的经济结构，而不能只把不同国家（地区）加入一个区域集团看作是经济一体化。还有的学者认为区域贸易安排是各国（地区）采取协调政策和取消差别的过程，以实现经济和福利的目标。

要界定区域贸易安排，首先应当确定"区域"这一概念。区域有广义与狭义之分：广义的区域是指一国内部、两个或两个以上国家或地区组成的一定范围的地域；狭义的区域是指两个或两个以上国家组成的一定范围的地域。根据 WTO 协议的规定，不同的关税地区组成的地域仍构成区域，故这里的区域应当是指广义的区域。因此，区域贸易安排是指两个或两个以上的国家，或者 WTO 中不同关税地区之间，通过签订规范彼此贸易、投资等经济关系的协议，组建超国家性质的共同机构，实现区内各国（地区）的协调发展和资源优化配置。

---

① 杜玉琼著：《论区域贸易协议和 WTO 规则的关系》，载《西南民族大学学报》2005 年第 6 期，第 16 页。

二、 区域贸易安排的兴起

区域贸易安排快速兴起的直接原因在于世界贸易多边谈判的踟蹰不前。

WTO 从 1995 年成立时起，就把启动新一轮多边贸易谈判、进一步完善多边贸易体制作为重要使命。经过各方的不懈努力，2001 年 11 月在卡塔尔多哈举行的第四次 WTO 部长级会议决定正式启动新一轮多边贸易谈判，即"多哈回合"，并计划在 2005 年 1 月 1 日前结束。与以往的多边贸易谈判相比，"多哈回合"包括的议题范围最广，参加的成员也最多。然而 WTO "多哈回合"谈判因涉及各方利益争执和纠缠，自 2001 年启动以来一波三折、进展缓慢①。分歧的焦点是农产品补贴和工业品进口关税的问题。印度等国多次主张美国等发达国家应该取消农产品补贴，给发展中国家农产品一个公平竞争的环境。2007 年 9 月，美国终于表示希望以 WTO 农业谈判主席克劳福德·法尔科提出的"削减 128 亿~162 亿美元（约合 92 亿~116 亿欧元）的农业补贴"的建议为基础继续进行谈判②。2007 年 10 月，印度、巴西、南非也表态，对折中建议的"大部分内容表示满意"，愿意考虑对发达国家的工业品降低进口关税。这些进展一度使 WTO 成员对"多哈回合"谈判给予厚望，德国总理默克尔曾在与 WTO 总干事拉米进行会谈后表示 WTO "多哈回合"谈判有可能在 2007 年年底前顺利完成，时任英国首相布朗也表示谈判将于 2008 年 1 月份取得突破性进展。但是 2007 年 11 月 27 日，WTO 总干事拉米在日内瓦举行的新闻发布会上表示"多哈回合"谈判可能继续延期。世界多边贸易谈判的重大挫折使各国（地区）对多边贸易谈判的前景感到失望。

就在"多哈回合"谈判再次陷入僵局时，印度和欧盟双方表示将加快自由贸易协议谈判。与此同时，"多哈回合"谈判的另一个主角美国也宣布加快与东盟的自由贸易协定谈判。美国同东盟经济互补，关系十分密切。2006 年，美国和东盟的双边贸易额达到 1680 亿美元，东盟成为美国的第四大贸易伙伴，美国在东盟的投资达到 900 亿美元③。

由于近年来 WTO "多哈回合"谈判进展缓慢，主要国家（地区）均将经贸政策重点转向发展自由贸易区。截至 2019 年 8 月，向 WTO 通报并生效的区域贸易安排达到 301 个④。相对于 WTO 多边贸易谈判来说，区域性经济组

---

① http：//cpage. sourich. com/cache/dress. net. cn/E603H2007C1Z27D12Q8S14. htm，访问日期：2007 年 9 月 4 日。

② 在此之前美国法律允许造成贸易扭曲的农产品补贴上限为 500 亿美元。

③ http：//forex. eastmoney. com/news_ look. asp？code = 20071201112200053784，访问日期：2007 年 10 月 2 日。

④ 数据来源：WTO 官网 http：//rtais. wto. org/UI/PublicAllRTAList. aspx。

织的成员国数量较少，经济互补性强，发展程度更加平衡。因此，区域经济组织的成员间的利益冲突相对较小，易于为达成区域共同发展目标而彼此做出让步，形成共识①。无疑，"多哈回合"谈判陷入僵局刺激了区域贸易安排数量的增加。

三、 主要区域贸易安排的形式

根据关税与贸易总协定第 24 条的规定，区域贸易安排的形式主要有三种：自由贸易协议、关税同盟（Customs Union）协议，以及为建立关税同盟和自由贸易区而缔结的过渡性临时协议（interim agreement）②。不论是自由贸易区还是关税同盟，若不是协议生效之日起立即成立，而是经过一个过渡期，则应在合理期限内完成。关贸总协定第 24 条第 5 款（c）项规定，签订任何"过渡性协议"（an interim agreement，即最终将形成关税同盟或自由贸易区协议），应将形成关税同盟及自由贸易区的时间表及计划包括在内，其时间不应超过合理的长度。《关于解释 1994 年关税与贸易总协定第 24 条的谅解》规定，只有在例外情形下（exceptional cases）下，"合理时间"才可超过 10 年；倘若过渡性协议中的 WTO 成员认为 10 年并不足够时，则其应向货物贸易理事会提出其需要较长期间的充分理由。

在国际贸易理论中，区域贸易安排可以按照组织性质及整合程度进行分类，分为：优惠贸易安排、自由贸易区、关税同盟、共同市场、经济同盟、完全经济一体化③；关税与贸易总协定第 24 条第 8 款仅规定了自由贸易区及关税同盟，"唯目前欧盟已发展至经济货币同盟阶段"④。

（一）优惠贸易安排

又称为特惠关税区，是指在成员国或单独关税区之间相互给予关税减让的优惠待遇。特惠关税区的税率比最惠国税率还低，但成员国之间仍有一定程度的关税存在，它是发展程度最低、组织结构最松散，但也是最易行的区

---

① 程信和主编：《中国—东盟自由贸易区法律模式研究》，人民法院出版社 2006 年 12 月版，第 292 页。
② 赵维田著：《世贸组织（WTO）的法律制度》，吉林人民出版社 2000 年 1 月第 1 版，第 84 页。
③ http：//4a.hep.edu.cn/NCourse/ep/ANALYSIS/chapter6/622.htm，访问于 2007 年 9 月 6 日。也有学者认为具体形式包括优惠贸易安排、自由贸易区、关税同盟、共同市场及经济同盟，见陈同仇、薛荣久著：《国际贸易》，对外经济贸易大学出版社 1997 年版，第 128 页。
④ 洪德钦著：《WTO 法律与政策专题研究》，中国人民大学出版社 2004 年版，第 199-200 页。

域贸易安排形式。特惠关税区的成员国或单独关税区之间通过协议或其他形式，对全部商品或部分商品规定特别的关税优惠，如"中国—东盟《早期收获》降税安排""内地与港澳更紧密经贸关系安排""美国—加拿大汽车产品协议""非洲木材组织"等就属这类形式。特惠关税区是经济一体化的最低形式，许多区域经济一体化并不以此为初始形式，而是一开始就从"自由贸易区"的形式开始。

（二）自由贸易区

关税与贸易总协定第 8 条 b 款将自由贸易区定义为："两个及以上关税区的群体，其组成区成员对原产于各该区产品的贸易，大体上取消了关税及其他限制性商业规章（于必要时为第 11～15 条及第 20 条准许者除外）[1]。"自由贸易区的特点是，组成自由贸易区的成员之间取消商品贸易关税和限额，但各成员仍按照各自的标准对非成员征收关税。区内区外的经济政策是独立的，没有超国家的权力。自由贸易区是一体化水平较低的区域贸易安排类型。它分为工业自由贸易区和完全自由贸易区。所谓工业自由贸易区，是指只取消成员之间工业品贸易的关税，而农产品贸易关税不在取消之列，如欧洲自由贸易联盟[2]。所谓完全自由贸易区，是指取消成员之间工农产品贸易关税的自由贸易区。截至 2019 年 8 月 7 日，全球已经有 261 个自由贸易协议。

（三）关税同盟

关税同盟的成员国间完全取消关税和其他壁垒，对外作为一个整体实行共同的关税和贸易政策[3]。它的主要目的是使成员国商品在统一的市场上流通而处于有利地位，促进成员国之间的商品贸易并限制非成员国的商品进口。关税同盟规定了共同的关税税率和外贸政策，要求成员国让渡制定关税的主权给一个具有超国家性质的实体[4]。关税同盟是比自由贸易区一体化程度更高的形式。然而，与自由贸易区一样，它也只是贸易领域内的一体化。

根据关税与贸易总协定第 24 条"关税同盟和自由贸易区"第 8 款规定：

---

① 赵维田著：《世贸组织（WTO）的法律制度》，吉林人民出版社 2000 年 1 月第 1 版，第 84 页。

② 1960 年，英国、奥地利、瑞士、瑞典、挪威、丹麦和葡萄牙等七国成立了欧洲自由贸易联盟（EFTA）。欧洲自由贸易联盟只取消对工业产品的内部关税，不建立关税同盟和实行共同贸易政策，各国保持各自的关税税率。1972 年，欧洲共同体和欧洲自由贸易联盟签订了一个欧洲自由贸易区协议，决定建立欧洲自由贸易区，同意免除成员国之间绝大部分工业品贸易和一部分农产品贸易的关税，并取消数量限制。

③ 余劲松著：《国际经济法》，北京大学出版社 2000 年版，第 174 页。

④ 杨丽艳著：《经济一体化的历史演变与理论发展》，法律出版社 2004 年 10 月第 1 版，第 101 页。

关税同盟应理解为以一个单独关税区代替两个或两个以上的关税区，区内成员实质上取消关税或其他贸易限制，实质上实施同一关税或其他贸易政策；自由贸易区应理解为由两个或两个以上的关税区组成的，对原产于这些关税区的产品贸易取消关税或其他贸易限制的集团。相对而言，自由贸易区有两个特点，一方面，在该集团内成员相互之间取消关税或其他贸易限制；另一方面，各个成员又各自独立地保留自己的对外贸易政策，尤其是关税政策。所以，有人把自由贸易区称为半关税同盟。关税与贸易总协定第 24 条第 4 款说明了其对建立关税同盟和自由贸易区的态度：通过自愿签订协议发展各国之间经济的一体化，是有益于扩大贸易的自由化的。

关税同盟与自由贸易区都是在一定范围内对关税事务进行合作的区域经济组织，两者的区别在于关税合作的范围与程度有所不同。关税同盟是一些彼此之间实行自由贸易的国家或地区对世界其他国家或地区实行共同关税壁垒的合作形式。在关税同盟下，某一成员对来自其他成员的进口商品减征或免征进口关税，而对来自非成员的进口商品则按共同制定的统一税率征收进口关税。在自由贸易区下，各成员相互减征或免征进口关税，但对非成员的商品则分别按各自规定的税率征税，各成员没有共同的外贸政策，各自按本国（地区）的具体情况决定本国（地区）对非成员的贸易政策与关税税率。相比之下，关税同盟成员对整个组织所承担的义务和所受的约束范围比自由贸易区的更大。采用关税同盟的组织有：比荷卢经济联盟同盟、欧洲共同体、东非共同体和西非关税同盟。

（四）共同市场

共同市场是在关税同盟的基础上，允许商品和生产要素（如资本、劳动力、技术、企业等）在成员之间无障碍地自由流动的区域贸易安排形式。共同市场超越国家的经济模式可以为其成员带来更大范围的经济利益，尤其对生产要素流通性较强的国家[1]。共同市场的特点是，除了取消成员之间的关税、对外实行统一的关税外，还要取消对生产要素流动的一切限制。这种形式既包括了关税同盟的内容（即在成员间商品可以自由流动），又要求劳动力和资本等生产要素能在共同体内自由流动。因此，它是在关税同盟基础上的经济一体化程度较高的组织形式（如欧洲经济共同体）。由于共同市场会深深触及一国体制，在没有一个强大的合作内动力的前提下，这类一体化的法律

---

[1] 杨丽艳著：《经济一体化的历史演变与理论发展》，法律出版社 2004 年 10 月第 1 版，第 102 页。

制度很难被世界上的国家所采用①。

（五）经济同盟

经济同盟是区域经济合作的高级阶段②，其特点是：在成员间，不但商品与生产要素可以完全自由流动，而且要求成员制定和执行共同的货币、金融等经济政策及共同的社会政策，并形成一个庞大的经济实体。经济同盟使超国家的经济调节范畴超出了商品流通、要素流动的领域，进而触及生产领域乃至各国国民经济的运行。统一的经济政策包括对外关税、配额、技术标准等。比如，欧盟对我国生产的鞋、陶瓷餐具和厨具三类产品实行一致的数量限制。波兰、匈牙利、捷克等新加入欧盟的 10 个成员国，原本对我国并没有贸易限制，但欧盟统一的配额限制致使其对我国某些企业和产品征收的反倾销税也随之"东扩"到这些新成员国中。

（六）完全经济一体化

完全经济一体化又称政治同盟，它不仅要求各成员在经济上取消国界，实行统一的经济政策和货币政策，而且要求在政治上有共同的权力机构，拥有各国政府授予全权的中央议会及其执行机构。这是一种最高层次的经济一体化，但目前还没有一个实例，欧盟设立的最终目标是完全经济一体化。

上述六种经济一体化类型体现了经济一体化目标和程度的逐级深化，但前一阶段并不一定要向后一阶段发展，前一阶段也不一定是后一阶段的必经阶段，有的一体化组织就直接越过前面的阶段。如欧洲共同体的起点就是关税同盟，未经过特惠关税区和自由贸易区阶段。

四、 区域贸易安排的发展

（一）区域贸易安排的发展概况

区域贸易安排是当代世界经济的一个重要发展趋势，现今世界上大部分国家（地区）都热衷于签订区域贸易安排。但是在 20 世纪 90 年代以前，许多国家，尤其是以美国、日本为代表，仅仅肯定全球贸易协议的作用。然而，多边贸易体制运行的困难促使更多的国家和地区开始转变观念，寻求新的替代方式，区域贸易安排无疑是一个很好的选择。

20 世纪 90 年代以后，各种区域经济组织如雨后春笋般地出现。根据 WTO 的资料，1948 年至 1993 年共建成 124 个区域贸易安排。这近半个世纪

---

① 杨丽艳著：《经济一体化的历史演变与理论发展》，法律出版社 2004 年 10 月第 1 版，第 103 页。

② 杨树明著：《非关税贸易壁垒法律规制研究》，中国检查出版社 2007 年 6 月版，第 61 页。

的时间里，除了欧盟之外，很少有国家同时实施多边贸易自由化和区域贸易自由化两种贸易政策。而 1994 年以后，有更多的国家和地区采用了这种形式，区域贸易自由化的发展如火如荼。1995 年至 2019 年 20 多年间，向 WTO 通报的区域性经济组织新增到了 480 个。

绝大多数 WTO 成员都至少参加了一个区域贸易安排[1]。如美洲有 NAFTA、安第斯共同体，欧洲有欧盟、中欧自由贸易区，非洲有南方共同市场等。其中，发展最为壮大也最为成功的是欧盟和 NAFTA。近年来发展较快的还有亚太地区的亚太经合组织和东盟自由贸易区。同时，双边自由贸易协议也发展得十分迅速，如中国—新西兰自由贸易区、澳大利亚—新西兰自由贸易协议、智利—玻利维亚自由贸易协议等等。

从一个方面看，区域贸易安排特别是自由贸易区和关税同盟，同 WTO 的基本原则是背离的。区内成员间享有的特惠制是对国际贸易的柱石——最惠国待遇的最大例外。但是从另外一个方面看，如果说 WTO 的出现和多边贸易体制的形成解决了世界贸易在全球化背景下的共性问题，那么区域贸易安排和区域经济合作则解决了全球化背景下的个性问题。因此，从某种意义上说，区域经济合作的迅速兴起是全球化的必然结果，而区域经济合作的不断发展将使经济全球化不断向着更加高级的方向提升。

造成区域贸易安排快速发展基本原因有两个：

第一，经济利益的驱使。经济利益永远是国家关系最重要的纽带。经济发展的不平衡使不同的国家和地区处于经济全球化的不同层次，从而产生了不同的合作需求。同时，经济全球化使得生产要素在世界范围内流动与配置，使竞争变得更加激烈。在这种情况下，在超国界的更大范围内获得生产要素流动与配置的优惠条件，已经成为在竞争中占领先机的必要前提。

第二，政治与安全政策的考虑。这种因素正在成为区域贸易安排担当的新功能。如美国在"9·11"事件后为反恐而推进与中东地区的区域贸易安排谈判，又如中国、日本和韩国与东盟建立自由贸易区显然也含有维护自身和所在地区安全的考虑。

此外，多边贸易体制自身的弊端是造成 RTA 迅速发展的重要原因之一。随着 WTO 成员数量的增多，地区之间及国家之间的关系更加错综复杂，WTO 谈判议题愈发敏感，各成员的妥协余地也愈发缩小。WTO 多边贸易谈判最近几次的重大失败无疑是各国和地区不得不正视的严峻事实。继西雅图会议之后，WTO 第五次部长级会议在墨西哥的坎昆（Cancun）再次以失败告终，

---

[1] 杨丽艳著：《经济一体化的历史演变与理论发展》，法律出版社 2004 年 10 月第 1 版，第 95 页。

WTO 多哈发展议程（Doha Development Agenda）因此停滞不前，多边贸易体制步履维艰。多边自由化贸易谈判难以推进的现状促进了区域贸易谈判的发展。当一国（地区）的贸易自由化计划在多边环境下难以推动时，就会考虑在区域条件下先行展开。

（二）区域贸易安排发展呈现的新特征

与多边贸易谈判受挫的情况形成强烈对比的是，区域贸易安排已经成为一个潮流。随着区域贸易安排数量的日益增长和发展的深入，其呈现出新的特点：

1. 区域贸易安排的表现形式多样化

区域贸易安排的早期形式主要表现为两个国家间的双边协定，或两个以上国家间的多边协定。随着区域贸易安排的发展，逐渐出现国家与国家集团之间签订协议、国家集团与国家集团之间签订协议的新趋势。

表 4-1　区域贸易安排的表现形式

表现形式	典型案例
两个国家的协议	澳大利亚—新西兰自由贸易协定、美国—加拿大自由贸易协定、中国—新西兰自由贸易协定
两个以上国家的协议	欧洲自由贸易联盟（EFTA）①、东盟
国家与国家集团	中国—东盟自由贸易区、新加坡—EFTA 自由贸易区
国家集团与国家集团	科托努协定（欧盟—非加太地区）、东盟—澳大利亚及新西兰自由贸易区

2. 区域贸易安排的签订突破了地理限制

传统的区域贸易安排都是在有着天然地理联系和经济水平相近的国家、地区间签订的。这些国家和地区间的市场运行机制和经济管理体制、社会制度和对外经贸政策相似，宗教信仰和文化习惯上相互认同。为了维持地缘上比邻、经济上相通、文化传统上相近的特殊关系，建立区域性经济合作无疑成为最佳选择②。这些特点从早先的区域贸易安排可以看出来，如 1703 年英格兰与苏格兰建立政治和经济同盟，1983 年澳大利亚与新西兰签订首个双边自由贸易协议等，这些区域贸易安排缔约方都具有地域的相近性和经济水平

---

①　欧洲自由贸易联盟（EFTA）由英国、奥地利、瑞士、瑞典、挪威、丹麦和葡萄牙七国最早成立。

②　高凛、任丹红著：《国际经济法热点问题研究》，中国民主法制出版社 2007 年 5 月第 1 版，第 32 页。

的相当性。

然而，超越地缘界限的区域合作及区域经济集团之间的合作逐步成为发展趋势①，如美国与韩国签署的自由贸易区协定、中国与秘鲁签署的自由贸易区协定。此外，跨地区、跨洲、跨洋的区域贸易安排也比比皆是，地理位置不再是障碍。

3. 区域贸易安排的签订冲破了经济发展水平的差距

区域贸易安排的新近发展在经济类型上也有了新的突破。经济发展水平存在明显差距的发达国家与发展中国家之间的区域贸易安排越来越普遍，如日本与墨西哥的区域贸易安排、加拿大与智利的区域贸易安排。现今国家签订区域贸易安排的考虑更多的还在于经济的互补性、市场的开放性，以及夹杂在其中的地缘政治因素及其他各种政治考虑。

4. 区域贸易安排的分布存在明显的地区差异性

欧洲和美洲的区域贸易安排发展较快，相比较而言，亚太地区的区域经济合作发展水平相对滞后。欧洲是区域贸易安排最集中的地区，是现今唯一能与美洲相抗衡的区域。美洲是区域经济合作发展最快的地区，美洲自由贸易区的谈判已经初步完成，将成为一个包括北美、南美及加勒比海地区 34 个国家在内、涵盖 8 亿人口、总 GDP 超过 12 万亿美元的大贸易区。参与区域贸易安排的国家从区域贸易安排中能够获得大量好处，如 NAFTA 从 1994 年成立到 1999 年间，美国、加拿大和墨西哥之间的贸易增加了 75%，区内的贸易达到了其贸易总量的 55%。相比之下，亚太地区的区域贸易安排发展还未得到足够重视，东盟的实际效果不尽如人意，东北亚中日韩三国自由贸易区的安排仍然在初始研究阶段。

5. 区域贸易安排的内容不只限于货物贸易领域

根据成员之间贸易自由化程度的不同，区域贸易安排可以采取多种形式。目前，大多数区域贸易安排处于特惠关税区和自由贸易区阶段，只有欧盟、南方共同市场等少数区域经济一体化组织超越了这个阶段。但是，各区域经济组织在向更高阶段迈进而努力，具体表现在：区域贸易安排的内容在不断扩充，首先是关税减让所涉及的产品种类更为广泛；许多区域贸易安排从原先的货物贸易逐渐扩展到服务贸易、投资领域、知识产权、环境政策等与贸易直接或间接相关的领域，甚至将触角伸向了经济领域以外的社会和政治领域。

---

① 高凛、任丹红著：《国际经济法热点问题研究》，中国民主法制出版社 2007 年 5 月第 1 版，第 32 页。

五、 制定区域贸易安排原产地规则的必然性

（一） 各区域贸易安排成员原产地规则不一致

各区域贸易安排下的成员都有各自的原产地规则，由于各个国家（地区）的经济发展程度和开放程度不同、产业结构不同、重点扶持和优势产业不同，其对原产地规则的规定也自然有显著差异。如果各成员实行各自的原产地规则，就会从自身利益出发制定相应的原产地规则。然而，区域贸易安排的宗旨是在本区域内实现贸易的自由化和便利化，便利化要求简化贸易程序，使各成员在进行国际贸易时更加简便易行。统一的区域性原产地规则则是实现贸易便利化的一种有效措施，可以防止各国企业在进行跨国贸易中因规则复杂而付出不必要的经营成本，减少贸易障碍。

（二） 缺乏统一原产地规则的区域贸易安排难以长期维系

区域原产地规则是判定一项产品是否来源于成员并依法可享受优惠待遇的标准。如果在一个区域贸易安排中缺少原产地规则的支撑，那么贸易偏转效应会严重影响到成员的贸易利益。大量的区外产品会首先出口到区域贸易安排中关税较低的成员，再从该成员以原产品的免税待遇转出口到其他关税较高的成员。这种趋势必然导致区域贸易安排的利益分配不均，也即关税较低的成员会更多地受益。其他关税较高的成员只能不断降低本身的对外关税，才能吸引区外产品进口到本国。这将引起成员之间的降税竞争，不仅有悖于区域贸易安排的贸易合作初衷，还会加剧贸易矛盾进而引发外交关系的摩擦。

（三） 制定统一的区域贸易安排原产地规则可以防止成员间的贸易保护主义滋生

各国立法者在制定贸易政策时都会受到国内利益集团的干涉和影响。利益集团的博弈会左右贸易政策的倾向。摇摆不定的原产地规则可能会阻碍区域经济一体化组织的长期稳定发展和区域贸易自由化目标的实现。通过制定统一适用的区域原产地规则来锁定成员之间达成的贸易自由化措施，可以抵制成员内部的利益集团的影响和贸易保护主义的滋生，防止各成员立场的摇摆或者倒退，确保贸易自由化政策的持续性，最终实现区域贸易自由化的目标。

第二节　经济同盟——欧盟的原产地规则

一、 欧盟原产地规则概述

欧盟是当今世界上最成功的经济同盟组织，其优惠性原产地规则适用于

欧盟与第三国缔结的优惠性贸易协议及欧盟单方面制定的优惠制度（如普惠制、《洛美协定》）。《欧盟海关法典》第 27 条规定，若进口产品享受欧盟单方面给予的优惠关税，其原产地的认定适用"自主性优惠性原产地规则"，主要包括《执行条例》中为 170 余个发展中国家制定的普惠制原产地规则（第 67 条至第 97 条)[①]，以及欧盟参加的条约性优惠原产地规则。在条约性优惠原产地规则体系内，原产地规则一般是在条约的一个附件里根据不同条约的内容具体规定。由于欧盟在与其他国家签署区域贸易协定时基本采用相似的一套原产地规则，逐步构成了泛欧体系。欧盟优惠性原产地规则一般含有原产地标准、累计规则、吸收条款，微小加工、包装规则、附件备件规则，以及属地规则、禁止退免税等。以下对部分规则作简要介绍。

二、 原产地规则

（一）完全获得

在泛欧体系中，"完全获得产品"系指产品完全产自欧共体（EC）、欧洲经济区（EEA）或其他与欧盟签订贸易安排的成员国。此方面的规定与《欧盟海关法典》第 23 条大致相符，只是对渔产品和废旧物品的要求更严格些。以欧盟与摩洛哥签署的区域原产地规则为例，其首先规定："下列产品通常被视为在共同体或摩洛哥'完全获得'的产品，包括：

（a）从共同体或摩洛哥的土壤或海床提取出的矿产品；

（b）在共同体或摩洛哥收获的植物产品；

（c）在共同体或摩洛哥出生及饲养的活动物；

（d）从共同体或摩洛哥生长的活动物获得的产品；

（e）在共同体或摩洛哥猎取或捕捞获得的产品；

（f）由共同体或摩洛哥的船舶在其领水以外的海域获得的海产品和其他产品；

（g）在共同体或摩洛哥的加工船上完全用第（f）项所列产品生产的产品；

（h）在共同体或摩洛哥收集仅适于回收原材料的废旧物品，包括仅适于胎面翻新或者用作废料的废旧轮胎；

（i）在共同体或摩洛哥从事制造加工过程中产生的废碎料；在其领水以外的海洋上开采土壤或底土获得的产品，只要共同体或摩洛哥对上述土壤或底土具有专有开采权；完全由第（a）至（i）项所列产品生产的货物。

---

① 欧盟 1997 年第 12/97 号条例对执行条例中的优惠性原产地规则作了较大的修改，本文以第 12/97 号条例为准。

81

根据完全获得标准，以下产品可以获得原产地资格①：

（1）在德国砍伐的木材，进口到法国后，仅使用原产于共同体的化工产品制成木浆（《协调制度》品目47.01）。该产品视为在欧共体完全获得。

（2）使用葡萄牙生产的天然软木或软木废料在该国制造的葡萄酒瓶软木塞。该软木塞视为在欧共体完全获得。

（3）使用法国出产并纺制的亚麻，在意大利织成床上织物制品，视为在欧共体完全获得。

（4）使用摩洛哥出产的柳条、芦苇及灯芯草等材料在该国制造的篮筐及柳条编织品，视为在摩洛哥完全获得。

（5）使用在摩洛哥砍伐树木所得木材在该国生产的未处理过的天然木材物品，视为在摩洛哥完全获得。

（6）西班牙的渔船在挪威的领水捕捞鱼类，并在西班牙靠岸。此时，这些鱼类应视为在挪威完全获得，因为它们是在挪威的领水捕捞的。

（7）由悬挂埃及国旗并满足议定书所列其他国籍条件的船舶在公海（即领水以外）捕捞获得的鱼类。这些鱼类在运抵法国港口之前，在船上经过处理及冷冻。此时，上述鱼类视为在埃及完全获得。

（8）由悬挂土耳其国旗的船舶在公海捕捞获得的鱼类运抵土耳其港口，然后根据转运安排由陆路运输到共同体（例如，德国）。上述鱼类视为在土耳其完全获得。"

泛欧原产地规则对渔产品和废旧物品提出了更加严格的限制规定：

1. 对于渔产品，除规定相关船舶必须在该国注册登记并悬挂该国国旗外，还对船舶的所有权归属及船长和船员的国籍加以限制。具体要求为："该国国民拥有50%以上的所有权；或者是由总部设在上述国家的公司拥有，并且该公司的经理、董事会主席、监事会主席及董事会和监事会的多数成员为成员国的国民。此外，对于合资公司或有限公司，其资本中至少50%是属于上述国家或者属于上述国家的公共团体或国民；船长和高级船员为欧共体成员国或摩洛哥的国民，以及其船员中至少75%为欧共体成员国或摩洛哥的国民。"②

该原产地规则中所指的"领水"按联合国《国际海洋法》（1982年《蒙特哥湾公约》）的规定被严格限定为12海里区域。涵盖范围更广的专属经济

---

① 这些例子摘录自欧共体与其他欧洲国家及2006年欧洲—地中海国家伙伴关系参加国之间使用的优惠原产地规则用户手册。渔业产品的原产地规则参见 L. Campling 所著的"中期经济伙伴关系协议中的渔业产品"，ICTSD，2008年。

② 赵维田著：《世贸组织（WTO）的法律制度》，吉林人民出版社2000年1月第1版，第133页。

区（EEZ）（可达 200 海里）概念不能适用。对于在 12 海里区域以外（"在公海"）捕捞的鱼类，必须是由符合上述"船舶"定义的船舶捕捞获得的才能视为完全获得。

2. 对于废旧物品，"完全获得"仅适用于不能以原用途继续使用，只适于回收用途的废旧品。例如，从乌克兰收集的空酒瓶出口到欧盟，若欧盟进口商将空酒瓶粉碎后回收利用，则空酒瓶的原产地为收集地乌克兰；若欧盟的进口商将空酒瓶洗刷后出售，则酒瓶的原产地不适用"完全获得"标准。同时，该款规定了两条例外规则：使用时间超过 10 年的机器，或从机器、设备和车辆获得的零部件。这两种产品即使不属于废弃物或仅能用于回收的物品，也应适用"完全获得"标准。例如，在欧盟使用了 10 年以上的轿车，其车灯被拆卸后运到摩洛哥，在摩洛哥加工改装后出口到埃及，在这种情况下，车灯的原产地仍应以"完全获得"标准判定为欧盟，而不是摩洛哥。

（二）充分加工或制造的产品

对于"非完全原产产品"，与《欧盟海关法典》不同的是，优惠原产地规则并未把"最后的实质性加工或制造"确定为非完全获得或制造的产品的判定标准，而是使用"特定清单（Precise List）"。特定清单一般作为各协定的附件，针对所有产品设置具体标准来衡量商品是否经过"充分加工制造"，以此判断各商品是否可获得原产资格[1]。该特定清单综合使用了多种原产地的判定标准，对特定章（如第 28 章、第 29 章、第 31~39 章、第 84~91 章、第 94 章）下的产品，在一般标准外还设置替代标准[2]。例如，第 84 章"纤维素纸浆、纸或纸板的制造整理机器"（归入《协调制度》税目 84.39），一般标准为：生产材料的价格不超过最终产品出厂价格的 40%，且归入同一四位品税目的零部件产品的价值不超过最终产品出厂价的 25%。此外，以生产材料的价格不超过最终产品出厂价的 30% 作为替代标准。

欧盟优惠原产地规则的特定清单是涵盖所有产品的全税则清单，即使某产品未列入优惠谈判的降税安排中，也会写入清单。这在整体上保障了清单的系统性、全面性。清单按纵向顺序分为 4 个栏目，分别为税号、商品描述、加工标准、替代标准。如清单对第 62 章的规定如下：

---

① 区域贸易安排的商品清单规定在《执行条例》的附件 2 中，普惠制的规定在 CCIP 的附件 15 中。

② 孟夏：《潜在的限制与扭曲——探析自由贸易安排中的原产地规则》，载《国际贸易》2005 年第 1 期，第 46 页。

税号	商品描述	加工或制造标准	替代标准
第62章	非针织或非钩编的服务及衣着附件	从纱开始加工	

从列表内容可以看出，该章的产品没有替代标准，仅能适用一般标准。一般标准采用了加工工序标准，要求产品至少从纱这一工序开始。这意味着从纺纱这一道工序开始至制成成品的所有工序要在欧盟进行才能取得欧盟的原产地资格。当然，如果产品在欧盟的制造从纺纱之前的工序（如纤维制造）开始也是可以的，但如果产品的制造是从纺纱之后的工序（如织布）开始就不能满足标准了。

（三）不充分加工与制造

不充分的制造或加工是指对最终产品作用轻微，不能赋予原产资格的加工制造程序。无论这些加工是单独进行的，还是与其他加工结合进行的，进行此类处理的国家或地区都不得视为商品的原产地。

例如，咖啡的原产地规则是"用任何品目的材料制成"。若将咖啡原料从哥伦比亚成批进口到欧共体，在欧共体将咖啡原料除尘、分类，并分成不同的包装。在该情况下，由于除尘、分开包装和重新包装均属于不足以赋予原产资格的不充分加工，所以仍以哥伦比亚为咖啡的原产国。

但是，若咖啡原料从哥伦比亚成批进口到欧共体，在欧共体将咖啡原料除尘、烘烤、研磨、分类，并分成不同的包装时，该咖啡的最终制成品就能够获得共同体的原产资格。这是因为尽管在欧共体进行了某些微小加工，但也进行了烘烤和研磨等实质性加工。正是经过这种加工，使得附件2所列的规则——"用任何品目的材料制成"得到满足，致使最终产品可以获得欧共体的原产资格。

（四）累计条款

欧盟的累计规则可分为完全累计和部分累计两大类。

欧盟完全累计规则的适用范围较小，仅在《洛美协议》中非洲、加勒比和太平洋国家实行。根据完全累计规则，非、加、太国家被欧盟原产地规则视为一个统一的海关领土，成员间的所有原产成分都可以进行累计计算，从而使最终产品取得欧盟原产地资格。

部分累计包括区域累计、双边累计和斜边累计。区域累计只存在于普惠制中，只有发展中国家可以享有。根据区域累计规则，所有来自受惠国的材料都可以累计计算，但条件是所使用的材料必须来自同一地区集团。双边累计发生在由两方组成的特惠制度下。如在欧盟与捷克共和国的双边累计下，在捷克进行组装、加工制得的中间产品，只有该中间产品价值增值的60%来自欧盟或者捷克才有资格进入最终产品的双边累计。如果中间产品有超过40%的价值来自非欧盟或捷克，则该中间产品不能进入双边累计①。斜边累计涉及两个或两个以上优惠区之间的累计②。欧盟的斜边累积已经被大量应用于欧盟与阿尔及利亚、埃及、以色列、约旦、黎巴嫩、摩洛哥、叙利亚、突尼斯、约旦河西岸和加沙地带等地中海地区，欧洲自由贸易区国家［冰岛、挪威、瑞士（包括列支敦士登）、法罗群岛］与土耳其之间（见图4-1）。

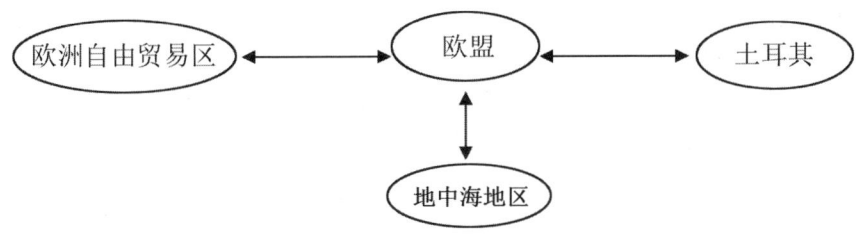

图4-1　斜边累计的适用范围

（五）吸收条款

欧盟的优惠原产地规则一般含有"吸收条款"（Roll-up or Absorption Principle）。根据该规则，如果一个产品因满足清单的规定标准而获得欧盟原产地资格，当它再作为部件用于加工制造其他产品时，则不必考虑该产品中含有的非原产成分。也就是说，只要一个产品获得了原产地资格，其使用的非原产成分也一并被认定为原产成分，非原产成分的价值被吸收到产品的总价值中。例如，埃及使用进口材料A（60欧元）在本国加工制造产品B（价值110欧元），产品B因满足清单的标准获得了欧盟—埃及自由贸易区原产资格。之后，产品B出口到瑞士加工生产产品C。在判断产品C的原产资格时，整个产品B的价值110欧元都计算为原产成分，而不必将非原产材料A的60欧元价值视为非原产成分的价值。但这一条款不适用于纺织品。

（六）属地原则

优惠原产地规则含有属地原则。它规定，产品的生产必须是在优惠区内不间断实现的，即当产品离开优惠区后不再被视为原产自优惠区一方。但该原则一般有两个例外。其一是所谓的"返回产品"：产品在出口后重又进口到原产国，且有可信证据证明，该产品仍为出口前的同一产品，并未在第三国经过除使其保持良好状态所必需的处理外的任何加工。其二是属地原则下的

---

① 孟夏：《潜在的限制与扭曲——探析自由贸易安排中的原产地规则》，载《国际贸易》2005年第1期，第46页。

② 同上，第7页。

"容忍条款"：其中间产品出口至第三国进行加工后重新进口到原产国，只要该境外加工创造的价值不超过成品出厂价的一定百分比（一般为10%），即可不被视作违反属地原则。

（七）禁止退税或免税

欧盟的优惠原产地规则均规定，如果原产自第三方的材料在某一成员方境内被用于该成员方最终产品的生产中，且该最终产品出口到区内另一成员方，则该出口成员方不得给予所使用的第三方材料任何形式的退税或免税待遇。此规定的目的一方面在于避免第三方材料获得双重关税优惠，另一方面在于保障欧盟一成员进口其他成员国的产品和本地生产的产品有相同的待遇。

根据禁止退免税规则，欧盟进口企业可以有两种选择：

选择一，申请优惠原产地证明并为进口产品中的非原产部分缴纳关税。

选择二，不申请优惠原产地证明，也不为产品的非原产部分纳税，但是在将该产品出口到其他成员国时按普通税率缴纳关税。

例如，保加利亚的汽车制造商从成员国瑞士进口轮胎，从非成员国美国进口发动机，生产的汽车获得保加利亚原产地资格。而后汽车商将汽车出口到有优惠贸易安排的缔约国埃及。如果没有禁止退免税规则，则最终产品（汽车）因获得保加利亚原产地资格可以在出口到埃及时享有退税或免税待遇，这意味着汽车商可以免税进口美国发动机并免税出口到埃及。在设置了禁止退免税规则后，汽车商有两种选择：一是为美国部件在欧盟缴纳关税，并在埃及享受优惠税率；二是在保加利亚享有美国进口部件的保税待遇，但在埃及为最终产品缴纳普通关税。汽车商必须衡量两种选择并根据结果做出最后决定。

（八）直接运输

欧盟的优惠原产地规则规定，产品必须从优惠区一成员方直接运输至另一成员方。如果由于地理条件的限制导致直接运输不可能实现时，允许产品经过第三方领土。但在这种例外情况下，必须证明货物在第三方境内处于海关监管之下，并未进入贸易流通领域。

（九）原产地证明

欧盟的优惠原产地证书（Certificate of Origin）主要由海关部门负责签发。为向企业提供通关便利，欧盟推行"经核准的出口商（Approved Exporter）"制度。对于经海关审核获得"经核准的出口商"资质的出口商，海关将给予其特殊编号，并允许"经核准的出口商"在印有该特殊编号的出口发票上自行做出原产地声明，以此替代原产地证书作为货物原产地凭证。海关对"经核准的出口商"出口货物进行监控，对有违法或欺诈行为的出口商，海关可取消其"经核准的出口商"资格。对于因原产地问题引起的贸易争端，可由欧洲法院依照司法程序处理。鉴于原产地的核查工作依赖于各成员国间的通力合作，欧盟提倡各成员国间加强海关合作和沟通，推动优惠原产地核查工作的顺利开展。

第三节　自由贸易区的原产地规则

一、 北美自由贸易区的原产地规则

（一）北美自由贸易区概述

北美自由贸易协议（NAFTA）于 1994 年 1 月 1 日正式生效，成员国之间的大部分商品的现行关税税率立即取消，或是在 5～10 年间按照一定比例逐年取消。总之，在过渡期（10～15 年）结束时，取消美国、加拿大和墨西哥三国间所有商品贸易的关税，包括一些敏感性产品的税率。NAFTA 制定了严格的原产地规则来保证北美自由贸易协议的目标：一是确保北美自由贸易协议所实施的关税优惠待遇仅适用于在其成员国领土上生产的产品，而不是那些全部或大部分成分是在其他非成员国制造的产品；二是提供了明确的原产地标准，以使进出口商可以预测交易的结果；三是减少其成员国的出口商、进口商及生产商从事贸易时的管理、行政手续。

在长达几百页的协议文本中，"原产地规则"作为一个主要内容专门列为第四章，对一般产品和汽车等敏感产品作出原产地判定标准的规定。协议在第三章"商品的国民待遇和市场准入"中对"纺织品及服装制品"作出原产地规则规定；在第五章"通关手续"中对原产地证书进行了规定；在协议的附件文本中，详细列出了《协调制度》第 1～97 章中有关产品的原产地标准。

与欧盟成员国之间实行商品自由贸易不同，NAFTA 的成员国之间进行商品贸易时，成员国的进出口商和生产商需要填写、出示原产地证明文件，在符合原产地标准的情况下才可以享受其关税优惠待遇。

（二）原产地规则

1. 原产地标准

NAFTA 的原产地标准非常苛刻。在该体系中，原产地货物的定义有 4 种类型：

（1）完全在北美自由贸易区获得或生产（即不包含任何非北美自由贸易区的材料）。

（2）完全使用北美自由贸易区原产地原料（生产过程中所使用的材料可含有非北美自由贸易区的材料，但这些材料符合北美自由贸易区原产地规则）

并在北美自由贸易区进行生产。

（3）符合附录 401 产品特定原产地规则的货物（使用非原产地原料时）。

（4）特别情况。未组装件以及与其零部件归入《协调制度》同一类别的产品，虽不符合附录 401 产品特定原产地规则，但区域产值含量达到 60%（按成交价格法计算）或 50%（按净成本法计算）的产品也可被视为原产地产品。

从以上四种定义可见，NAFTA 对原产地规则也分为完全获得原产和部分原产的规定。定义（1）规定的是完全获得原产产品，包括在成员国领土上开采的矿产、种植的蔬菜、饲养的动物、捕捞的水产品、狩猎产品等，具体指：

（a）在一个或多个北美自由贸易区国家的境内提取的矿产品。

（b）在一个或多个北美自由贸易区国家的境内收获的蔬菜或其他产品。

（c）在一个或多个北美自由贸易区国家的境内出生并饲养的活动物。

（d）在一个或多个北美自由贸易区国家的境内狩猎、捕获或捕捞获得的产品。

（e）在某一北美自由贸易区国家注册或备案并悬挂其国旗的船舶，在海上获得的鱼类、甲壳类动物或其他海洋生物。

（f）在加工船上用上述（e）项所述货品生产的产品。与获得上述货品的船舶一样，该加工船是在同一北美自由贸易区国家注册或备案，并悬挂其国旗。

（g）某一北美自由贸易区国家或该国的个人，从该国的领水以外的海床或海床下面获得的产品，只要该国有权对该海床进行开采。

（h）某一北美自由贸易区国家或该国的个人从太空获得，并且在北美自由贸易区国家境外未经加工的货品。

（i）在一个或多个北美自由贸易区国家的境内生产所得到的废碎料，或者在一个或多个北美自由贸易区国家的境内收集的旧货，但这些货物仅适于回收原材料。或者

（j）在一个或多个北美自由贸易区国家的境内仅用上述第（a）项至第（i）项所列货物生产的货品，或者在生产的任何阶段仅用上述货物生产的货品。

归入定义（2）的产品是指，完全在一个或多个北美自由贸易区国家境内生产，且仅使用原产材料生产的产品。此项规定包括使用符合北美自由贸易区原产地规则的零件或中间材料生产的产品，即使该零件或中间材料含有某些非北美自由贸易区的投入品。例如，在美国生产的果汁机，其使用的所有零部件均由区内企业生产，即使零件中含有埃及等非北美自由贸易区产的金属原料，只要这些零部件符合 NAFTA 原产地规则要求并获得原产资格，则该

果汁机就可获得 NAFTA 的原产资格。

定义（3）与（4）对部分原产产品采取以税则归类改变和区域增值成分为基础的判断标准①。在 NAFTA 文本的附件 401 中，按照《协调制度》的编排对每一个税目下的商品原产地标准进行逐项解释，同时注明实质性改变的税目、成交价格或净成本百分比标准。税则归类改变和区域价值成分两种标准可能单独适用，也可能同时适用。例如，《协调制度》第 91 章是钟、表及其零配件，其中税目 91.13 的原产地标准为：任何已改变税目 91.13 的产品在符合其原产价值成分标准时，方可享受 NAFTA 的优惠关税待遇。其原产价值成分标准为：原产价值不得小于成交价值的 60%，或原产价值不得小于净成本价值的 50%。定义（4）的适用情况不多，主要针对那些由进口零部件组成的产品，当这些零部件与最终产品归入同一子目时，由于无法采用税则归类改变标准判定其原产地，只能适用区域价值成分标准。如理发椅及其零件在《协调制度》中均归入子目 9402.10 项下，若来自法国的理发椅零件在美国组装并符合区域价值成分要求，则该理发椅可视为区内原产货物。

2. 价值成分计算方法

根据 NAFTA 的规定，生产商有两种计算原产价值成分的方法可供选择——成交价格法或净成本法。

（1）成交价格法是以实际支付的商品价格为基础计算的方法。这避免了复杂的成本核算系统。例如，以商品成交的 FOB 价格为标准计算：

$$原产价值成分 = \frac{商品成交的 FOB 价格（TV）- 商品中含有的非原产材料价值（VNM）^{②}}{商品成交的 FOB 价格（TV）} \times 100\%$$

（2）净成本方法是按照产品的总成本减去营销费、包装费、运输费和利润之后的净成本计算的方法。例如，按照商品净成本为标准计算：

$$原产价值成分 = \frac{商品净成本（NC）- 商品中含有的非原产材料价值（VNM）}{商品的净成本（NC）^{③}} \times 100\%$$

----

① 区域产值成分（RVC）可按照成交价格法或净成本法计算，出口商和生产商可任选一种。成交价格法计算了非原产材料价值占关税与贸易总协定货物成交价格的百分比，货物成交价格是为货物支付的总价值，包括因包装和其他项目所做的调整。由于成交价格法允许生产商将所有成本和利润计为本国所有，所以，该法对区域价值成分比例的要求高于净成本法的要求。

② TV：Transaction Value of the good adjusted to a FOB basic；VNM：The value of Don-originatingmaterials used by the producer in the production of the good.

③ NC：The net cost of the good.

但在某些特殊情况下，当成交价格不符合关税与贸易总协定的海关估价守则时，NAFTA 规定必须使用净成本法计算。对于汽车等敏感产品也规定必须采用净成本法进行计算。

3. 累计条款和微量条款

与欧盟原产地规则不同，北美自由贸易区对大多数产品实行完全累计规则。在计算最终产品的价值成分时，生产者或出口商可将最终产品中所有的原产成分（包括生产最终产品所使用的非原产材料中的原产成分）进行累计，但使用该条款时存在一定的限制。

同时，为避免某些产品仅因含有极少数非本地的材料而失去享受优惠条件的可能，协议还设有微量条款。根据这一条款，即使某一商品不符合税则归类改变标准，但只要来自非北美自由贸易区国家的原料或零件含量不超过产品总成本或交易价值的一定百分比时（按 FOB 调整后的价值，多数规定为7%），仍视为北美自由贸易区的原产产品。

4. 特殊产品的原产地规则

除上述一般规定之外，协议还对纺织品和汽车实行特殊的原产地规则。

（1）纺织品原产地标准

NAFTA 对于纺织品和成衣的原产地判定采用以税则归类改变为主、加工工序标准为辅的标准，在判断最终制成品相对于所使用的进口原料的税目是否发生变化的同时，列出对制衣过程中裁剪、缝制工序的要求。NAFTA 纺织品原产地规则包括《协调制度》中第50~63章中的部分纺织品。

NAFTA 规定，纺织品必须是在一个或一个以上的成员国领土上完成，方可享受关税优惠待遇。NAFTA 对某些纺织品的原产地标准要求从"纱"开始。例如，对于在区内国家生产的纺织品和成衣，NAFTA 要求生产过程中所使用的原料"纱"必须是在成员国生产，否则不能享受关税优惠待遇。另外，对棉花和人造纤维纱有"纤维以后"的规定，即棉花和人造纤维纱产品的生产自纤维阶段开始就要在北美自由贸易区区内进行。此外 NAFTA 规定，对于使用了进口丝、麻，或使用了部分进口衬衫面料进行裁剪、缝制的服装，只有当北美地区市场对这些面料供不应求时，才能享受优惠关税待遇。NAFTA 的原产地标准中对纺织品也规定了微量条款。

（2）汽车及其产品的原产地标准

为使北美自由贸易区的汽车制造业更多地采用区内汽车零部件进行生产，NAFTA 原产地标准在税号改变标准之外还规定了严格的完全累计标准。即在汽车和汽车配件等最终产品的区域价值计算中，要追溯到所使用的所有取得北美自由贸易区原产资格的中间产品或原材料中含有的北美自由贸易区产值和非北美自由贸易区产值。而最终产品的原产累计仅计算这些中间产品或原

材料的区域原产价值①。例如：墨西哥的汽车零配件工厂进口日本原材料 A
（价值 PA），生产出汽车零配件 B（价值为 PB），并出口到加拿大。零配件 B
根据 NAFTA 的原产地标准获得原产资格。加拿大的汽车厂商使用零配件 B、
美国原产零部件 C（价值 PC）、进口自日本的零部件 D（价值 PD），生产出
最终产品汽车 E（价值 PE）。在计算最终产品 E 的区域价值成分时，不能将
整个产品 B 的价值 PB 视为原产成分的价值，而要追溯产品 B 中"真正的"
原产成分价值，即只能将产品 B 剔除 A 后剩余的价值（PB－PA）视为原产成
分的价值。因此，汽车 E 的区域价值成分计算方式如下：

$$原产价值成分 = \frac{PE-PA-PD}{PE} \times 100\%$$

同时，NAFTA 要求汽车产品在过渡期结束时，必须以净成本公式计算，
载人汽车、轻型卡车、引擎、运输车辆等使用的零部件有 62.5% 来源于北美
自由贸易区，其他机动车辆和汽车配件有 60% 来源于该区时才能享受关税优
惠待遇。NAFTA 同时对个别产品规定了成交价格的百分比标准。

NAFTA 实施的纯原产价值累计规则能够体现最精确的原产材料成本，并
促使 NAFTA 成员国由依赖从世界各国进口汽车零配件转向更大程度地依赖区
内的成员国，从而导致其内部成员国之间产业结构的分工、调整，并使区内
各国汽车行业的专业化生产更加明显。但 NAFTA 的原产地规则在使区内汽车
贸易具有内向性的同时，也产生了对区外贸易的排他性。而这种精确的计算
方式不可避免地增加了资料保存和资格申请上的复杂性②，极大地增加了企业
的管理成本和政府机构的行政成本。

具体到我国而言，我国的纺织品及其他一些传统出口商品向北美地区的
出口受到不同程度的影响。因此，在 NAFTA 过渡期（10~15 年）结束前，不
仅其内部的产业结构处于调整阶段，而且北美自由贸易区同世界其他国家
（地区）间的贸易格局也将发生变化。

二、 澳大利亚—新加坡自由贸易协议的原产地规则

澳大利亚—新加坡自由贸易协议的原产地规则同样将产品分为完全获得
原产产品和部分原产产品。完全获得原产产品指产品或货物完全产自澳大利
亚或新加坡，或者货物完全在澳大利亚或新加坡制造。对于部分原产产品，
则主要采用增值百分比标准，辅之以加工工序标准进行判定。

---

① Norio Komuro, NAFTA Rules of Origin, International Trade Law &. Regulation, 2005, p. 7.

② 同上。

当产品不是完全在澳大利亚或新加坡制造的时，要求生产制造的最后一道工序在澳大利亚或新加坡完成，且符合累计条款的规定，达到最低限度的本地成分比重标准。对于大部分产品来说，最低限度的本地成分比重是占50%[①]。但是，对于限量的电子或电器产品等，本地成分比重的最低限度可下降到30%。上述所涉及的产品在协议附件 2D 及澳大利亚海关 2003/49 号公告附件 A 中有具体清单目录。

该协议的累计条款适合所有货物，但是纺织品、衣料、鞋类、载客摩托车和珠宝类等除外。不适合累计条款的产品目录分别列在该协议附录 2C 和澳大利亚海关 2003/49 号公告的附件 B 中。在计算本地成分时，累计条款允许将所有的本地价值增值一并考虑，即使某些制造加工是在国外进行的，只要能确保有关材料在国外加工前或加工后不发生改变即可参与累计。例如，新加坡原产材料 A（价值 PA），由于生产环节需要送到马来西亚进行外发加工（必须符合一定的监管条件），得到成品 B（价值 PB），并将产品 B 运回新加坡进一步加工。产品 B 在新加坡经过进一步加工后得到最终产品 C（价值 PC）。在计算最终产品 C 的本地价值增值时，产品 C 的本地价值增值是 PA+（PC-PB），或是 PC-（PB-PA）。

为了降低澳大利亚、新加坡之间出口产品的成本，消除贸易障碍，2001年 2 月两国政府在产品技术测试标准和统一评估程序等方面达成互认协议，制定了确认符合两国技术标准和评估要求的"一揽子框架"。澳大利亚—新加坡自由贸易协议在三个领域适用：医用产品、电子及电器设备和通信设备。此外，该自由贸易协议对园艺产品和食品标准也列其附录，提供了一整套的检验程序。例如，新加坡承认澳大利亚的卫生证书、处理证书和测试报告。同时，澳大利亚为进口新加坡的植物产品提供便利，如果澳大利亚在进口环节未发现植物产品存在活害虫，将不再强制要求熏蒸处理。

三、 新西兰与泰国紧密经济关系协议的原产地规则

新西兰与泰国紧密经济关系协议对于完全获得原产产品规定：产品完全产自双方，或符合协议附录 2 的要求在成员方进行了充分加工，且自一方出口后至进口到另一方的这段时间内没有进入到非签约方的贸易流通领域。

在累计条款的使用上，协议规定：来自一方的原材料，用在另一方进行加工生产，则将被视为加工生产国的原产产品。在微量条款方面，协议规定：如果用于生产最终货物的非原产材料价值不超过最终货物 FOB 价值的 10%，

---

① Kala Krishna, "Understand Rules of Origin", Pennsylvania State University and NBER, 2004, p. 8, footnote 10.

且该最终货物符合协定的其他规定，即使非原产材料没有发生符合规定的税则归类改变，最终产品也应视为原产货物。

在有关备用零配件方面，协议规定，如货物适用税则归类改变标准，则与原产货物一起装运的备用零配件视同为原产。上述规则适用的前提是：其一，这些附件、零配件或工具没有单独列出开发票；其二，对于原产货物来说，这些附件、零配件或工具的数量和价值是强制规定的。但如果规定该批货物需以区域价值成分为原产地判定标准，则在计算货物的区域价值成分时，这些备用零配件的价值应计入原产或非原产的材料的价值。不过上述条款不适用于有意增加备用零配件以达到人为提高货物区域价值成分的情形。

在包装规则方面，协议规定，如果货物适用税则归类改变标准，那么包装材料和用于零售的包装在原产地确定时可忽略不计。但如果货物需依照区域价值成分的规定计算区域价值成分时，则用于零售的包装材料价值将计算在原产或非原产的范围内。用于运输的货物包装和集装箱在确定货物的原产地时，可忽略不计。

在中性成分方面，协议规定，对于中性成分，无论在哪里生产的，都将按照原产材料对待，其价值将计算在货物生产成本里。

协议规定，对区域价值成分的计算公式是：

$$RVC = \frac{FOB - VNM}{FOB} \times 100\%$$

"RVC"代表区域价值成分，以百分比表示；"FOB"代表货物的离岸价。"VNM"代表非原产材料的到岸价（CIF）。按照 WTO《海关估价协议》第 1 条的规定，FOB 或 CIF 价不存在或不能确定时，该货值将依照协议第 2~8 条、第 15 条及协议注解的规定计算。为便于计算区域价值成分，签约的各方应保证进口商可以对生产者财政年度采用加权平均方法。

在原产地证明文件的管理程序方面，协议规定，各方可要求出口商、生产商或其他个人、公私机构对享有优惠关税待遇的货物申明原产地，即在发票或其他单证上详细列明货物的原产地，并且申明货物符合协议的原产地规则。若出口商无法解释所申明的原产地信息，则要求由货物生产商对货物的原产地做出申明。进口方应给予来自缔约方的进口货物优惠关税待遇，但进口商需要提供以下单证：符合要求的原产地声明，或者其他能证明货物原产地的证明文件或单据。协议还规定，依据有关法规和政策的规定，如进口货值没有超过规定的限额，或一方自动放弃提供申明书要求的，进口国可不要求出示申明书。

如果进口国的海关有理由怀疑货物原产地申明书或其他有关证明文件的真实性和准确性，依据进口国的法律法规，可要求贸易商提供进一步的证明材料进行核实。这些证明材料包括规则 4.2 条和 4.3 条核实的会计数据或其他能证明进口申明书真实性的文件。如不能提供这些证明材料，所涉货物将不能享受优惠关税，进口国海关将按照非优惠税率征税。如果进口商未在进口环节对符合原产地规则的货物提出享受优惠关税待遇的要求，进口商可按照有关法规，在出示证明材料后申请退税。这些证明材料包括：符合规则的申明书及支持该申明书的其他证明材料。

在文件保存方面，协议规定，出口国的生产商或出口商应依据有关法规和政策的规定保存相关单证、文件，进口国的进口商应依据进口国的法规保存进口货物的有关原产地单据（包括申明书的副本）。

在核查方面，协议规定，为确保进口货物是来自缔约国的原产货物，进口国海关通常通过以下方式对进口货物的原产地进行检验：其一，向进口商要求提供有关信息材料；其二，书面提问，以及致函出口商或生产商要求提供有关的信息材料，走访出口商或生产商的所在地，检查相关的记录，并监视货物生产中使用的设备或材料；其三，向出口方提出核实货物原产地的要求；其四，双方同意的其他检查程序。在进口国海关对货物原产地进行核查期间，进口方可暂停受理优惠关税待遇的申请。

协议规定，有下列情况之一的，进口国海关将取消优惠关税待遇，并恢复征收未补缴的税款：其一，货物不符合规则的要求；其二，生产商、出口商或进口商不符合规则关于获得优惠关税待遇的相关要求；其三，对经过原产地核查后认定不符合原产地规则的，也不能获得优惠关税待遇。

四、 跨太平洋伙伴关系协定（TPP）的原产地规则

（一）跨太平洋伙伴关系协定（TPP）概述

跨太平洋伙伴关系协定（Trans-Pacific Partnership Agreement，TPP）的前身是泛太平洋战略经济伙伴关系协定（Trans-Pacific Strategic Economic Partnership Agreement，TPSEP），有美国、日本、澳大利亚、文莱、加拿大、智利、马来西亚、墨西哥、新西兰、秘鲁、新加坡和越南等 12 个成员国，涵盖世界经济总量的 40%。TPP 是一个旨在推进成员之间实现贸易和投资自由的区域协定，对近 18000 种商品降低或减免关税，其内容比自由贸易协定（FTA）更为广泛，自由化程度也更高。TPP 与以往自由贸易协定相比，具有 3 个鲜明的特点：一是成员国之间存在巨大的差异性和复杂性，二是协议内容的广度和深度超过以往任何自由贸易协定，三是协议内容和标准更多地体现了美国自由贸易理念及其战略利益诉求。

（二）原产地规则

1. 章节和体例

从结构上看，TPP 货物贸易协定涉及原产地规则的部分是第三章及 3 个附件。其中，第三章包括 3 节，内容分别是原产地规则（18 条）、操作程序（13 条）及其他事项（6 条）。3 个附件分别是附件 1"其他安排"（11 条）、附件 2"最低标准数据请求"（9 条）及附件 3"关于第三章第十一条（微小含量）的例外规定"。

从内容上看，TPP 第三章第一节原产地规则主要涵盖用以判定进出口货物原产地的标准和规范，具体包括定义、原产地标准（包括原产货物、完全获得或生产货物、用于生产再生货物的回收零件、区域价值成分、生产材料、生产材料价格、材料价格的调整及净成本）及补充规则（包括累积规则、微小含量、互换货物及材料、配件/备件/工具和其他、零售用包装材料及容器、运输用包装材料及容器、间接材料、成套货物及转运）；第二节原产地程序主要涵盖原产地证书及实施原产地监管的各种程序性规定；第三节其他事宜主要包括原产地委员会的相关事宜。

2. 定义

定义包含 13 款。值得注意的是，除常见的公认会计准则、原产及非原产货物等概念外，TPP 在第 1 条第 5 款以列举和限制的方式对间接材料做了详细规定。该章第 16 条"间接材料"则着重对间接材料的原产资格做出规定。

3. 原产货物及完全获得或生产货物

TPP 原产地规则确定的原产货物，大体上可归纳为如下三种情形：一是完全获得或生产货物；二是在一个缔约方或多个缔约方境内完全使用原产材料生产的货物；三是一个缔约方或多个缔约方境内使用非原产材料，但所有非原产材料满足附件 3-D（产品特定原产地标准）的要求及符合本章其他规定的货物。

TPP 规定了 11 种可以直接作为完全获得的情形，涉及植物产品、动物及动物产品、水产品、矿产品、海产品及其加工产品、废碎料、废旧物品及由以上产品生产而制得的货物，与目前国际通用的完全获得标准基本一致。

4. 区域价值成分

TPP 原产地规则规定区域价值成分的计算方法共有四种，分别为中心价值计算法、间接计算法、直接计算法和净成本计算法。其中，前三种方法使用货物价值作为基数，即扣除国际运费后的成交价格，不再限定为 FOB 价。

（1）中心价值计算法（Focused Value Method）

中心价值计算法是一种基于特定的非原产材料价值的计算方法，其计算公式为：

$$区域价值成分=\frac{产品价值-非原产材料中心价值}{产品价值}×100$$

其中，非原产材料的中心价值是指用于产品生产，且附件 3-D（产品特定原产地规则）中有列明其适用的产品特定规则的非原产材料（包括原产地不明材料）的价值。而附件 3-D 中未列明其适用的产品特定规则的非原产材料则不予考虑。

（2）间接计算法（Build-down Method）

间接计算法是一种基于非原产材料价值的计算方法，其计算公式为：

$$区域价值成分=\frac{产品价值-非原产材料价值}{产品价值}×100$$

其中，非原产材料价值是指用于产品生产的非原产材料（包括原产地不明材料）的价值。

（3）直接计算法（Build-up Method）

直接计算法是一种基于原产材料价值的计算方法，其计算公式为：

$$区域价值成分=\frac{原产材料价值}{产品价值}×100$$

其中，原产材料价值是指在协定成员一方或多方境内，用于产品生产的原产材料的价值。

（4）净成本计算法（Net Cost Method）

净成本计算法仅适用于汽车产品，其计算公式为：

$$区域价值成分=\frac{净成本-非原产材料价值}{净成本}×100$$

其中，净成本是指根据第 3.9 条（净成本）决定的产品的净成本。此外，第 3.5 条规定，区域价值成分计算方法所涉及的所有成本计算均需要符合产品生产方境内的公认会计准则。

5. 生产中使用的材料价值及其调整

TPP 原产地规则第 3.7 条和第 3.8 条对材料价值及其调整方法做出具体规定。其中，第 3.7 条对生产商进口的材料、在产品生产国境内获得的材料及自产材料 3 种不同情形的材料价值做出定义。第 3.8 条则规定材料的价值应包括将材料运抵生产企业所发生的运费、保险费、包装及所有其他费用，在缔约一方或多方境内缴付的关税、国内税、报关费用，以及货物生产过程中使用材料时所损耗的、低于可回收的废碎料或副产品的价值的废料的成本。

6. 净成本的计算

TPP 原产地规则第 3.9 条对净成本的计算做出十分严格、复杂的规定，该方法仅适用于第 84 章特定税号的汽车产品。在按净成本法计算时，生产商应当将生产所有货物时发生的总成本，扣除任何促销和营销及售后服务费用、特许权费、运输及包装成本，以及不允许发生的利息费用，然后对计算所得的货物净成本进行合理分摊。制定该严格的原产地规则的目的在于更好地保护区内相关产业免受外界竞争。

7. 累积规则——允许生产商累积

TPP 同时采用区域累积及部分累积规则，具体规定：一是原产于一缔约方的原材料，如在另一缔约方用于生产该货物，则可视为原产于另一缔约方；二是一方或多方境内的一个或多个生产商进行的生产可以进行累积，不局限于一缔约方或单个生产商；三是非原产材料中的原产成分也可以累积。值得关注的是，TPP 允许 TPP 区域内的一家或多家生产商参与区域价值成分的累积过程。凡是区域内一家或多家企业在缔约一方或多方境内进行的产品加工制造，均应视为由出口商或生产商在缔约各方境内进行的加工制造；经过区域内多个生产商的加工制造，视为一家生产商的加工制造。这种累积规则鼓励从生产过程的源头开始在 TPP 区域内进行累积，促进了区域内加工制造产业合作及产业内贸易的积极作用。

8. 微小含量

TPP 规定了微量问题，其要求是一种货物，如果不符合在税则归类改变标准，如果在生产过程中使用的所有非原产材料的价值不超过货物价值的 10%仍应视为原产。对于纺织品微小含量，TPP 有特殊的规定。奶制品及植物油等产品不适用该规定。微小含量条款使得更多的含有非原产材料的产品在符合一定条件下，也可以获得区域内原产资格而享受优惠。

9. 可互换材料、备件、包装材料及容器等

TPP 关于互换货物及材料、配件/备件/工具和其他信息材料、零售用包装材料及容器、运输用包装材料及容器以及成套货物等补充规则与我现行原产地规则基本一致。

10. 直运规则

TPP 直运规则要求货物从出口国直接运输到该国，而不经过第三国国境，或者经过第三国时，在海关的监管下，可以进行保证货物处于良好状态或者运输状态等必须操作，但不得进行其他任何的加工操作等程序。

11. 原产地操作程序

TPP 原产地操作程序整体结构与我国目前已实施的 FTA 原产地操作程序相似，主要包括原产地证书的签发、申请享受优惠关税待遇、与进口有关的义务、与出口有关的义务、原产地资料保存、原产地核查、优惠关税待遇的给予或拒绝等条款。主要有以下三个特点：一是以自主认证模式为主，规定

原产地证书由进口商、出口商或生产商自主签发，但允许成员方在过渡期使用原有模式；二是原产地证书的形式更加灵活，要求成员方不得限定原产地证书的格式，证书的载体可以是纸质或电子文件；三是要求成员方兼顾对进口商、出口商和生产商的原产地管理。

五、 美加墨贸易协定（USMCA）的原产地规则

（一）美加墨贸易协定（USMCA）概述

2018 年 9 月 30 日，美加墨贸易协定（The United States-Mexico-Canada Agreement，USMCA）签署，取代了之前的北美自由贸易协定（NAFTA），是目前针对国际贸易新问题制定规则内容较多、涵盖面较广的贸易协定，其相关标准高于跨太平洋伙伴关系协定（Trans-Pacific Partnership ，TPP）的水平，反映了国际贸易与投资新规则发展的最新趋势。除以各种负面清单为主的附件之外，USMCA 包括序言和 34 章，长达 1812 页，约为 NAFTA 文本的三倍。USMCA 内容广泛细致，负面清单完善全面，涵盖农产品开放、关税豁免、原产地规则、原产地程序、出版与行政、反腐败、农业、墨西哥碳氢化合物主权、宏观政策与汇率、劳动条件、争端解决机制、日落条款、环境、竞争政策、数字贸易、国有企业、中小企业等议题。其中，关税减让、劳动条件、数字贸易、知识产权保护、日落条款和对非市场经济体的规定等领域。

（二）原产地规则

USMCA 对原产地规则进行了有针对性的设计，总体具有全面、严苛并逐步提高的特点：

1. 原产地规则以一个独立章节、两个附件和一个附录嵌入自贸协定

原产地规则在 USMCA 协定文本中列为第四章"原产地规则"。第四章下设 19 个条款、2 个附件和 1 个附录。其中，原产地规则主要涵盖用以判定进出口货物原产地的标准和规范，包括定义，原产货物，完全获得或生产的货物，对生产再制造货物的回收原材料的处理，区域价值成分，生产中使用材料的价值，材料价值的进一步调整，中间产品，间接材料，汽车产品，累积，微小含量，互换货物及材料，附件、备件、工具及说明书或信息材料，零售用包装材料及容器，运输用包装材料及容器，成套货品、成套工具或合成商品，转口和转运，微小加工等 19 个条款。

2 个附件分别是附件 4-A"第 4.12 条微小含量的例外情况"和附件 4-B"产品特定原产地规则"。其中附件 4-A 列举了不适用微小含量的 11 种情形；附件 4-B 的内容包括一般解释和涵盖全税号的产品特定原产地规则，其适用的规则包括税则归类改变标准、区域价值成分标准、制造或加工工序标准以及混合标准。

1个附录是"汽车产品的产品特定原产地规则的相关条款",作为对附件 4-B 的补充。该附录包含定义,车辆的产品特定原产地规则,客车、轻型货车及其零部件的区域价值成分,重型货车及其零部件的区域价值成分,求平均值,钢制品和铝制品,劳动价值成分,过渡,复审和过渡协议,其他车辆的区域价值成分等 10 个条款,明确了汽车产品包含的税号、适用的原产地标准、区域价值成分的计算方法等。此外,该附录还包含客车和轻型货车的核心部件、客车和轻型货车的零部件、客车和轻型货车的基本部件、客车和轻型货车的补充部件、重型货车的基本部件、重型货车的补充部件、其他车辆的关税条款、其他车辆的组件和材料八个表格。

2. 严格、具体的原产货物确定方式

产品符合 USMCA 原产地规则并据以享受该协定项下的关税优惠,有下列四种途径:

(1)产品在 USMCA 缔约一方或多方境内"完全获得或生产",即它们不包含来自 USMCA 缔约方境外的任何材料。USMCA 原产地规则对可视为"完全获得或生产"货物的情形进行了列举和限定,与《京都条约》及 WTO《原产地规则协定》中所使用的完全获得产品的普通清单及概念相符。主要指在 USMCA 缔约方生长、开采、收获的动植物和矿物等初级产品和完全用该产物制得的产品。"完全获得或生产"产品不含非 USMCA 缔约方的原材料、零部件或劳务,其生产要素投入和生产过程自始至终都是在 USMCA 缔约方境内完成,因而具有"土生土长"的特征。

(2)产品是在 USMCA 缔约一方或多方境内完全使用原产材料生产,即生产过程中所使用的材料可以含有非 USMCA 缔约方的材料,但这些材料需符合相关原产地规则,在 USMCA 缔约方境内发生了实质性改变。例如,一台农用机器在美国制造,即使生产使用的零部件中含有非 USMCA 缔约方生产的金属,只要此金属在 USMCA 缔约方境内发生了实质性改变,制成全新的原产零部件,这些原产零部件随后被用于制造农用机器,则该农用机器视为 USMCA 原产。

(3)产品中虽然含有非原产材料,但符合产品特定原产地规则。制造、加工过程中虽然使用了非原产材料,但在一个或多个 USMCA 缔约方境内进行的生产过程中,发生的改变符合附件 4-B 所规定的产品特定原产地规则,则该货物可以视为 USMCA 原产。在确定何时发生"实质性改变"的问题上,有多种技术性方案可供选择。USMCA 原产地规则在按《协调制度》列表的基础上,直接列明了各个品目(子目)项下产品所需的税则归类改变、区域价值成分、制造或加工工序等要求,足见 USMCA 原产地规则的复杂和具体。

(4)除第 61 至 63 章纺织制品外的产品,对于因制成品及其原材料归在同一个子目下，或品目未进一步细分为不同的子目，或根据《协调制度》归类总规则二货物以未装配、拆散的方式进口需要按照组装好的产品进行归类等无法满足产品特定原产地规则的特殊情形，仍可以通过同时满足完全在缔约一方或多方境内生产、根据第4.11条"累积"确定的区域价值成分不少于60%（交易价值计算法）或50%（净成本计算法）两个条件，获得原产资格。

3. 延续 NAFTA 的区域价值成分计算方法

USMCA 原产地规则规定了特定的"区域价值成分"，以便使某一产品获得 USMCA 的关税优惠。"区域价值成分"的相关规定基本延续了 NAFTA 的条款，计算方法主要包括交易价值计算法和净成本计算法两种：

（1）交易价值计算法：

$$\frac{区域价}{值成分} = \frac{产品交易价值 - 非原产材料价值（包括原产地不明材料价值）}{产品交易价值} \times 100$$

其中，产品交易价值是指根据《海关估价协议》确定的海关估值，即在交易中为产品或原材料实际支付或应付的价格。

（2）净成本计算法：

$$\frac{区域价}{值成分} = \frac{产品净成本 - 非原产材料价值（包括原产地不明材料价值）}{产品净成本} \times 100$$

其中，产品净成本是指总成本减去总成本中包含的促销、销售及售后服务费用、专利税、运输及包装费用、非补贴利息成本等。

4. 旨在激励区域经济和产业内贸易的多重累积方式

累积是指在确定产品的原产地资格时，把该产品生产过程所涉及的若干个国家（地区）视为一个统一的经济区域，在该经济区域内对货物进行生产、加工时所产生的价值成分，可以视为本国价值成分而累计计算。USMCA 的"累积"条款有三款规定：

（1）如果货物一个或多个缔约方境内、经由一个货物多个生产商生产，只有货物满足第4.2条"原产货物"以及本章适用的其他规定，即具备原产资格；

（2）来自缔约一方或多方的原产货物或原产材料，在另一缔约方境内被用于生产货物时，应该被视为原产于该缔约方境内；

（3）在缔约一方或多方境内对非原产材料进行的加工，可能有助于货物的原产资格，不管该加工是否是足以影响材料本身的原产资格。

USMCA 的累积与完全累积十分相似，生产商可以将在 USMCA 其他缔约方所进行的制造或加工进行累积，以符合原产资格的要求。值得关注的是，USMCA 允许区域内的一家或多家生产商参与区域价值成分的累积过程。凡是区域内一家或多家企业在缔约一方或多方境内进行的产品加工制造，均应视为由出口商或生产商在缔约各方境内进行的加工制造；经过区域内多个生产商的加工制造，视为一家生产商的加工制造。通过累积，鼓励 USMCA 缔约各方对商品生产链各个环节的要素投入，从而促进区域内生产和产业贸易网络的形成，增强缔约各方产品在国际市场上的竞争力，并促进 USMCA 区域经济和贸易发展。

5. 设置了诸多例外的微小含量规则，某些产品必须遵守特定规定

微小含量规则又称为容忍规则，是指含有非原产材料的货物虽未满足税则归类改变标准的要求，但其所含非原产材料的价格成分不超过货物价格的一定比例时，则该项货物仍应视为原产货物。我国的自由贸易协定所允许的价格成分从 8% 到 10% 不等。微小含量条款可以看作是税则归类改变标准的软化剂，让含有非原产材料的产品在不能满足税则归类改变标准时也可获得原产资格。微小含量条款的容忍幅度也体现了原产地规则的严格程度。USMCA 微小含量条款的容忍幅度是不超过货物交易价格（除去国际运输中发生的任何费用）或总成本的 10%。但与我国自由贸易协定的不同之处在于，USMCA 规定相当多的产品被排除在微小含量规则之外。USMCA 原产地规则附件 4-A "第 4.12 条微小含量的例外情况" 中具体规定了乳制品、婴幼儿奶粉、面团、冰淇淋、饮料、动物饲料、水果汁、浓缩咖啡、油、糖、巧克力、酒等多种商品不适用微小含量规则。

6. 确保和鼓励 USMCA 缔约各方之间进行直接运输

直接运输规则是指在各项优惠贸易安排中关于原产货物应当从出口方直接运至进口方的有关规定。直接运输规则本身并不是一项原产地规则，而是确保各项原产地规则有效实施的保障条款。我国的自由贸易协定原产地规则中均设有直接运输条款，USMCA 亦如此。USMCA 的直接运输规则较为简单明了，只包含以下两个条款：

（1）如果货物运输至进口缔约方的过程中未途经非缔约方境内，则货物应保持其原产资格；

（2）如果原产货物的运输途经了缔约方境外，货物应保持其原产资格，只要满足：货物在非缔约方海关的监管之下；货物在缔约方境外未经过除卸载、重新装载、从整装运输中分离、储存、根据进口缔约方的要求进行贴标签或做标记、或其他为使货物保持良好状态或运输至进口缔约方所必需的处理以外的其他任何处理。

USMCA 直接运输的主要目的是确保和鼓励 USMCA 缔约各方之间进行直接运输，防止因第三方通过"搭便车"骗取相关税收优惠而抵消优惠关税安排对扩大缔约各方之间贸易的引导作用，以保障缔约各方的优惠贸易利益。

7. 重点针对汽车产品制定了严苛的原产地标准

汽车产品是 USMCA 项下受到特殊保护的产品。为了保护区内相关产业免受区外企业的竞争，USMCA 针对汽车产品制定了比其他产品更加严格和复杂的原产地规则。

USMCA 原产地规则中有相当大的篇幅是针对汽车产品专门制定的，包括附件 4-B 的附录"汽车产品的产品特定原产地规则的相关条款"以及列明客车和轻型货车的核心部件、客车和轻型货车的零部件等的 8 个表格。USMCA 针对汽车产品的产品特定原产地规则大致可以概括为以下几个特点：

（1）总体适用"税则归类改变+区域价值成分"的混合标准。对于汽车产品，根据具体税号的不同，首先需要满足税则归类改变标准（章改变或品目改变或子目改变），另外还需满足最低 50%、最高 75% 的区域价值成分标准。

（2）区域价值成分标准逐年提高。例如针对客车、轻型货车及其零部件，条款 4-B.3 规定自 2020 年 1 月 1 日或协议生效之日起，适用 66% 的区域价值成分（净成本计算法），这一比率到 2021 年提升至 69%，到 2022 年提升至 72%，到 2023 年提升至 75%；针对重型货车及其零部件，条款 4-B.4 规定自 2020 年 1 月 1 日或协议生效之日起，适用 60% 的区域价值成分（净成本计算法），这一比率到 2024 年提升至 64%，到 2027 年提升至 70%。

（3）规定了用于生产汽车产品的钢制品和铝制品至少 70% 以上需原产于北美地区。条款 4-B.6 规定除了附件 4-B 和本附录的规定以外，缔约各方还需规定客车、轻型货车和重型货车在上一年度中，汽车生产商采购的用于制造汽车的钢和铝至少 70% 以上是原产于北美地区的，该汽车产品才具备 USMCA 原产资格。当汽车制造商保证以年度为基准，其采购的钢和铝满足上述规定，且相关记录已作为记账要求的一部分进行保存时，制造商才可获得一份有效期为一年的可用于下一年度汽车制造或出口的证明。

（4）规定了客车的制造还需满足特定的劳动价值成分。条款 4-B.6 规定对于客车，自 2020 年 1 月 1 日或协议生效之日起，其生产需包含 30% 的劳动价值成分（由 15% 的高薪材料及制造支出、不超过 10% 的高薪技术支出、不超过 5% 的高薪装配支出）。这一比率到 2021 年提升至 33%，到 2022 年提升至 36%，到 2023 年提升至 40%。

六、 泛欧模式与北美模式

欧盟和北美自由贸易区是两个较早建立的区域贸易安排，并制定了相对完善的原产地规则体制。欧盟在近年来的扩张中不断地与其他国家或组织成立新的自由贸易区，同时制定相互间能够实行区域性累计的原产地规则。由于后来成立的自由贸易区在制定原产地规则时，基本参照了这两种原产地体制，因此，国际上形成了两个主要的原产地规则模式——泛欧模式和北美模式。

目前，采用北美模式的主要有北美自由贸易区、加拿大—智利自由贸易区及墨西哥—智利自由贸易区等。欧盟在与第三国签订贸易安排时基本都采用欧盟的原产地规则，进而形成了泛欧模式。目前泛欧体系内包括欧盟、保加利亚、捷克共和国、爱沙尼亚、匈牙利、冰岛、拉脱维亚、列支敦士登、立陶宛、挪威、波兰、罗马尼亚、斯洛伐克共和国、斯洛文尼亚、瑞士和土耳其等。采用泛欧模式的自由贸易协议约有 50 个。自 1997 年开始，这些国家实施了以泛欧累计制度为基础的原产地规则。通过泛欧累计规则的统一应用，各分离的自由贸易区合并为一个泛欧网络。

泛欧模式与北美模式都同时采用税则归类改变、区域价值成分和加工工序 3 种实质性改变标准，但对具体标准的侧重程度有所不同。首先，北美模式对"实质性改变"的判断主要以税则归类改变标准为主，税则归类改变标准占了全部标准的 90%[1]；而在泛欧模式中，税则归类改变标准约占 37.6%。泛欧模式一般采用《协调制度》四位和二位改变标准，并且税则归类改变标准集中于四位税目改变；北美模式采用《协调制度》二位、四位、六位改变标准，税则归类改变集中于四位税目（约占 40%）和二位章目（约占 55%）。同时，北美模式详细列举了每种产品发生税则归类改变的具体要求，限制更为严格。

北美模式对区域价值成分标准适用较少，一般在某些产品不能满足税则归类改变标准但其区域价值成分又比较高时方才适用。而在这种情况下，往往要求产品的区域增值不少于交易价格的 60% 或净成本的 50%[2]。在适用区域价值成分标准时，北美模式一般设置最低区内增值要求，且原产价值的计算以 FOB 价为依据。相比较而言，泛欧模式则比较注重区域价值成分标准的适用，一般会设置最高区外进口成分要求，原产价值成分的计算以出厂价格为基准[3]。

---

[1] Evdokia Moise, The relationship between regional trade agreements and Multilateral trading system: rules of origin, TD/TC/WP (2002) 33/FINAL, 2002, paragraph 22.

[2] Evdokia Moise, The relationship between regional trade agreements and Multilateral trading system: rules of origin, TD/TC/WP (2002) 33/FINAL, 2002, paragraph 22.

[3] 出厂价为出厂时实际合同价格减去若产品出口应退的税收。

第四节 关税同盟与自由贸易区的原产地规则比较

目前，关税同盟和自由贸易区已经构成区域贸易安排的主流，而且呈现出快速的发展态势。原产地规则在关税同盟或自由贸易区中都起着十分关键的作用，对保护区内贸易、引进区外投资及技术发挥着重要作用。

关税同盟和自由贸易区在组织形式和内部规则上存在显著不同，其原产地规则也有不同的体现①。在前面的论述中已对主要区域贸易安排中的关税同盟和自由贸易区做了比较。关税同盟作为"一个经济国家"对区外实行统一关税，成员之间无须原产地规则的支持来确认区内产品的国籍。关税同盟对外主要是通过非优惠性原产地规则配合反倾销反规避措施来实现贸易保护目的的。

对于关税同盟而言，原产地规则主要体现在对非成员的影响上；但对于各成员保持独立对外政策的自由贸易区而言，原产地规则不仅对区外的非成员产生影响，对成员之间相互确定产品的原产资格也具有重要影响。

一、 关税同盟和自由贸易区原产地规则的具体规定

从原产地标准来看，关税同盟和自由贸易区对完全原产产品的判定标准基本相同，但关税同盟的具体规定会体现得略为严格。如在欧盟②与东盟的比较中（见表4-2），在对海洋捕捞产品的规定上，欧盟的原产地规定表现得更加苛刻，要求"由该国注册或登记，并悬挂该船籍国国旗船只"在本国领海以外的海域捕捞所获得的产品；而东盟的规定是"在该东盟国家注册或者悬挂该国国旗的船只"在公海捕捞所获得的海产品。

表4-2 欧盟和东盟的"完全原产产品"实施标准

区域贸易安排"完全原产产品"的标准认定	
欧盟	东盟
（1）在该国陆地或海床开采的矿产品	（1）在该东盟国家收获、采摘或者收集的植物和植物产品
（2）在该国境内收获的植物产品	（2）在该东盟国家出生并饲养的活动物

---

① Kala Krishna, Understand Rules of Origin, Pennsylvania State University and NBER, 2004, p. 2.

② 此处欧盟作为关税同盟的案例。从区域贸易安排分类来看，欧盟已经是经济同盟。

表4-2　续

区域贸易安排"完全原产产品"的标准认定	
（3）在该国境内繁殖并饲养的活动物	（3）在该东盟国家从第（2）项所述动物获得的未经进一步加工的产品
（4）从该国境内的活动物得到的产品	（4）在该东盟国家狩猎、诱捕、捕捞、水生养殖、采集或者捕获所得的产品
（5）在该国境内狩猎或捕捞得到的产品	（5）在该东盟国家领土、领水、海床底土开采或者提取的除上述第（1）至（4）项产品以外的矿物质或者其他天然生成的物质
（6）由该国注册或登记，并悬挂该船籍国国旗船只在本国领海以外海域捕捞的产品和其他从海洋中得到的产品	（6）在该东盟国家领水以外的水域、海床或者海床底土获得的产品，但该国须按照国际法规定有权开发上述水域、海床及海床底土
（7）在该国注册或登记并且悬挂该船籍国国旗的加工船上，仅对上述第（6）项产品加工得到的产品	（7）在该东盟国家注册或者悬挂该国国旗的船只在公海捕捞获得的鱼类及其他海产品
（8）从该国领水以外，该国拥有专有开采权的海床及其底土得到的产品	（8）在该东盟国家注册或者悬挂该国国旗的加工船上加工、制造上述第（7）项所述产品获得的产品
（9）在该国收集的在生产制造过程中产生的边角碎料和只适宜用作原材料的旧物品	（9）在该东盟国家收集的既不能用于原用途，也不能恢复或者修理，仅适于废弃或者原材料回收，或者仅适于作再生用途的废旧物品
（10）在该国仅用上述（1）至（9）项产品生产的产品	（10）仅用上述第（1）至（9）项所列产品在该东盟国家加工获得的产品

资料来源：根据欧盟的协议书和东盟的协议书条约整理。

　　对于含有进口成分产品的原产地判定标准，关税同盟一般采用税则归类改变和增值百分比两种标准，对加工工序标准则很少使用。相比而言，绝大部分的自由贸易区在制定原产地规则时都同时涉及3种针对产品的判定标准，且对加工工序标准的利用率也比较高。而且在增值百分比标准的应用中，关税同盟关注的是对最高进口成分价值（一般不低于40%）或最低区内成分价值（一般不低于35%）的要求，没有采用关于具体零部件价值的百分比计算方法；而大部分自由贸易区都使用了零部件价值的百分比计算方法。可见自由贸易区原产地规则比关税同盟的规定更加严格谨慎。

　　同时，自由贸易区的原产地规则的规定显示出比关税同盟更多的灵活性。

在原产地判定标准的具体实施中，自由贸易区更注意保障区域内成员应该享有的优惠待遇得以实现，即通过严格的限制措施阻止非成员方搭便车的现象。而关税同盟由于对外实施统一关税，成员的商品可以在本区域内自由流通，因此无须制定措施防止区域外的产品搭便车。对于关税同盟而言，更为关注的是通过制定原产地规则来吸引外资的投入及先进技术的引进，这便要求关税同盟加强对增值百分比标准的利用——一方面通过制定较宽松的进口成分价值来吸引增值率较高的先进核心技术，另一方面通过制定较严格的区内成分价值来保护区内成员的贸易利益，控制非成员商品的进入。

在累计规则的应用中，大部分自由贸易区在使用双边累计的同时使用了斜边累计，还有少数自由贸易区使用了完全累计。关税同盟则仅限于使用双边累计，没有使用优惠性更大的斜边累计和完全累计①。这主要因为关税同盟更注重的是对内部成员的保护，对于本区域外的原材料或中间产品的使用并不过多鼓励。这一点在吸收原则和微量条款中体现得更为明显。与自由贸易区原产地标准相比，仅有部分关税同盟采用了微量原则或适用有限制的吸收原则（见表4-3）。这表明自由贸易区原产地标准对于同盟外的成分有一定程度的容忍，而关税同盟对于区域外的成分基本无任何容忍。

表4-3　关税同盟和自由贸易区原产地体制比较

区域贸易安排形式		微量条款	吸收原则	累计标准	
				双边累计	斜边累计
关税同盟	安第斯共同体	8%	有	有	无
	南方共同市场	无规定	有（汽车产品除外）	有	无
	西非国家经济共同体	无规定	无	有	无

---

①　累计条款（Cumulation Provisions）规定了从何种特定国家进口的投入品可以被视为出口国（受惠国）的原产品，共包括三种累计类型：①双边累计（Bilateral Cumulation）中，由自由贸易区其他成员提供的原材料可以作为"国产"情况对待；②斜边累计（Diagonal Cumulation）中，由非自由贸易区成员的特定国家提供的原材料，在某些特定情况下可被视为"国产"；③完全累计（Full Cumulation）条款下，自由贸易区涵盖的所有优惠区域被视为一个单独的受惠区，在这一区域内加工制造的所有产品都被视为原产产品。

表4-3 续

区域贸易安排形式		微量条款	吸收原则	累计标准	
				双边累计	斜边累计
自由贸易区	泛欧	10%（《协调制度》第50~63章纺织品改用10%重量标准）	有	有	有
	北美自由贸易区	7%（农产品和农产加工品之外，《协调制度》第50~63章纺织品改用7%重量标准）	有	有	无

数据来源：World Trade Organization（WTO），Rules of Origin Regimes in Regional Trade Agreements，Committee on Regional Trade Agreements，April 5，2002.

二、 关税同盟和自由贸易区的原产地证签证方式

原产地证签证方式一般分为四种类型：政府机构签证、政府机构与私人机构联合签证、得到政府机构授权的私人机构签证、自我认证。关税同盟一般由政府机构或借助私人机构共同来签发，限制进出口商进行自我认证。而自由贸易区的选择就比较多样，在政府机构和私人机构认证外允许自我认证。这一方面反映了现阶段自由贸易区对原产地认证工作的需要更大，在公共机构外还需设置私人机构和自我认证方式来补充，另一方面也体现出关税同盟对原产地证明的监管更为严格。由公共机构等官方机构签发的原产地证明更易于海关核查和辨别证书真伪，而由商会甚至生产商自行签证，则会给海关监管增加一定的难度。

表4-4 关税同盟和自由贸易区原产地证书签发机构

关税同盟	南方共同市场	公共机构（或者授权给私人机构）
	安第斯共同体	公共机构（或者授权给私人机构）
	西非国家经济共同体	公共机构
自由贸易区	泛欧	两步程序（企业填好申请证明后交政府机构盖章），限制自我认证
	北美自由贸易区	自我认证
	东盟	公共机构（或者授权给私人机构）

数据来源：Antoni Estevadeorda &. Kati Suominen，Rules of Origin：A World Map and Trade Effects，2003，p. 22.

三、 关税同盟和自由贸易区的原产地规则争端解决

在表4-5中可以看到不同的区域贸易安排对于争端解决机制的看法不同。

区域贸易安排一体化程度越高，就越注重争端问题的解决。例如，欧盟和北美自由贸易区都规定了非常详细的指导文件并设立专门的实施机构，并且按照 WTO 的规定设置了独立于原产地规则实施之外的司法或仲裁机构来解决争端。其他区域贸易组织虽然也都设立了实施机构，但是依一体化程度不同，争端解决从司法程序逐步延伸到仲裁甚至磋商等外交途径。事实证明，越是存在强有力的实施和争端解决机构，原产地的实施越有保障。这也是欧盟和北美自由贸易区的原产地规则能稳健发展，并成为其他区域贸易安排参照的重要原因。

表 4-5　区域贸易安排原产地规则制定、实施与争端解决机构

区域贸易安排	法规和制定机构	实施机构	争端解决机构
欧盟	1. 源于 1992《欧共体海关法典》，1994 年又以 3254/94 号条例做了最新规定。非优惠原产地规则由《欧共体海关法典》规定；优惠原产地规则指普惠制及欧盟与其他国家所签署的多边协议中的优惠原产地条款，这些优惠原产地规定尚未达成一致 2. 由欧洲委员会负责制定原产地法规及制度	1. 欧盟理事会或欧洲委员会可在咨询原产地规则委员会后对特殊案件制定实施基本规则的具体规则 2. 具体实施机构：欧盟将产品划分为优惠产品和非优惠产品两大类，优惠产品由欧盟统一管理，非优惠产品由商会负责管理	欧洲法院
北美自由贸易区	北美自由贸易协定	原产地规则委员会	详细的争议解决机制
东盟	东盟自由贸易区共同有效优惠关税协议	东盟自由贸易区理事会	理事会争端解决机构
内地与香港 CEPA	1. 实施机构为中国商务部和香港特别行政区财政司设立的联合指导委员会 2. 指导文件为《中华人民共和国进出口税则》和内地与香港 CEPA 及其附件"享受货物贸易优惠措施的香港货物原产地标准表"	中国海关和香港工业贸易署	联合磋商

四、 优惠性原产地规则的协调工作前景

自由贸易区的原产地规则主要适用于区内成员之间的贸易。自由贸易区没有一致对外的贸易政策，成员对区外国家（地区）保持着独立的关税和商业政策，因此，即使在自由贸易区内流通的货物也并非符合区内自由流通的条件。成员之间依然需要判断货物是否符合原产于成员的条件。例如，自由贸易区成员甲和乙对本贸易区外的某一货物分别设定 10% 和 30% 的进口关税，区外某国 A 向甲出口货物时只需缴纳 10% 的关税，但是如果从甲转出口到乙仍需缴纳 30% 的关税，而不能享受成员才能享有的优惠性关税。自由贸易区原产地规则的目的是通过成员之间的优惠性原产地规则来阻止非成员方搭便车，确保只有成员方能获得优惠贸易安排所赋予的利益。这种保护机制在关税同盟的成员之间是不存在的[①]。因为关税同盟成员对区外国家（地区）的货物实行共同关税和商业政策，关税同盟的原产地规则代表全部成员统一实施，只在与非成员发生贸易关系时适用，在成员之间没有适用必要。对于与关税同盟签订优惠性贸易安排中的区外国家或经济组织，关税同盟的全部成员对其实施优惠性贸易措施；对于没有优惠性贸易安排的国家和组织，关税同盟则按照统一的关税、统一的贸易保护措施来实现其对外贸易的管理职能。

从以上对不同区域贸易安排中原产地规则所作的比较能够看出，原产地规则在不同区域贸易安排的规定相差很大，每种区域性贸易组织的原产地规则及每个具体的区域性原产地规则都有不同的出发点和目标。WTO 今后在协调非优惠性原产地规则的基础上，欲进一步协调优惠性原产地规则，这个探索和努力的过程显然会更加艰难。这也是目前 WTO 仅能以部长宣言的方式协调各区域贸易安排原产地规则的深层原因。

本文认为，若放弃现存的区域贸易安排原产地规则，重新根据 WTO 的法律框架和宗旨建立一套统一的优惠性原产地规则，这种尝试不可避免地会在各个区域性贸易组织的干涉和阻止下付出昂贵的经济和时间成本，正如 WTO 非优惠性原产地规则的协调现状。另一种中庸的方案是从现有的原产地规则中选出比较成熟适用的范本，推广到整个 WTO 成员适用。近年来逐渐扩张的北美模式和泛欧体系不失为很好的借鉴对象。然而，这种方案虽然经济实惠，不过若想挑选出一个原产地规则的范本并不是轻松之举。首先，WTO 现在所处的自由贸易阶段还远未达到统一关税、生产要素自由流通的程度，更不知

[①] Anne O. Krueger, "FREE TRADE AGREEMENTS AS PROTECTIONIST DEVICES: RULES OF ORIGIN", NATIONAL BUREAU OF ECONOMIC RESEARCH, Working Paper No. 4352, April 1993, p. 5.

何时才能够实现统一的货币和经济政策。因此，关税同盟、共同市场和经济同盟所适用的区域性原产地规则很难移用到 WTO。其次，WTO 的成员数量是现今多边经济一体化组织中最多的，成员间的经济发展水平、文化传统差距悬殊。现存比较成熟的区域贸易安排的成员基本都是发展水平相当或有地缘毗邻因素的国家和地区。这些区域贸易安排中的原产地规则很难被所有的 WTO 成员接受。最后，虽然区域贸易安排的新趋势中体现出对地理位置和经济水平的突破，如北美自由贸易区、欧盟与其他国家建立的自由贸易区，但是这些区域贸易安排的建立融进了很多政治性动机，而这种带有特殊性政治目的的原产地规则不可能完全适用于 WTO 所有成员。

第五章 中国原产地规则的立法体系

【本章导读】我国的原产地规则法律构架由优惠性原产地规则和非优惠性原产地规则共同构成（见图5-1）。我国原有的非优惠性原产地规则由进口和出口两部分组成，是1986年和1992年先后由海关总署和国务院分别发布的。在我国加入WTO后，制定一部进出口统一的、与国际通行规则相衔接的原产地规则显得愈发重要。2004年8月，国务院第61次常务会议通过了《原产地条例》，并于2005年1月1日正式施行，2019年3月2日根据《国务院关于修改部分行政法规的决定》进行了修订。这是我国加入WTO后颁布的第一部非优惠性的货物原产地立法。《原产地条例》引入了反规避条款和对进口货物的"原产地预确定原则"（根据《中华人民共和国海关预裁定管理暂行办法》，"原产地预确定原则"更改为"原产地预裁定"），增加了"原产地标记"的有关内容，同时界定了在原产地管理中行政机关和管理相对人的权利与义务及应遵循的程序规则。《原产地条例》在很大程度上与国际规则接轨，但在适用中仍有不足，主要表现在规则过于简单，缺乏操作性，对敏感程度不同的产品实行一刀切的原产地标准。

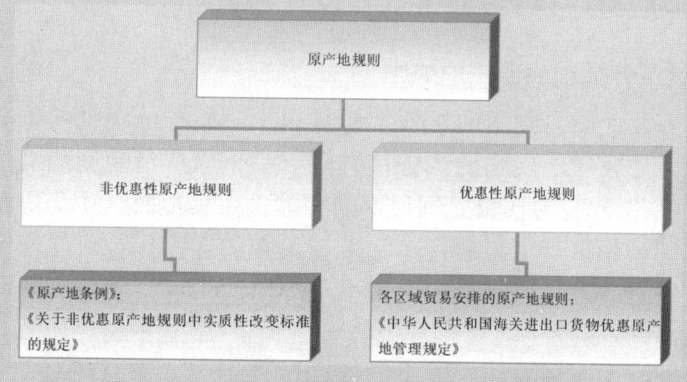

图5-1 我国原产地规则的基本法律框架

我国企业应该增强对原产地标记的重视，尽量熟悉我国与他国（地区）的非优惠性原产地规则和优惠性原产地规则。同时，建议原产地主管部门针对不同的产品分类制定原产地标准，有意识地运用原产地规则，以实现我国对外贸易政策的目标。

我国的优惠性原产地规则的制定，主要体现在与其他国家或地区达成的优惠性贸易安排中。由于我国作为发展中国家，在欧、美等发达国家和地区的普惠制体系中是受惠国身份，因此，优惠性原产地规则并不适用于普惠制。我国已经参加的区域性贸易协定有20个，即《亚太贸易协定》《对最不发达国家特别关税优惠待遇》《中国—东盟自由贸易协定》《中国—巴基斯坦自由贸易协定》《中国—智利自由贸易协定》《中国—新加坡自由贸易协定》《中国—新西兰自由贸易协定》《中国—秘鲁自由贸易协定》《中国—哥斯达黎加自由协定》《中国—冰岛自由贸易协定》《中国—瑞士自由贸易协定》《中国—韩国自由贸易协定》《中国—澳大利亚自由贸易协定》《中国—格鲁吉亚自由贸易协定》《中国—马尔代夫自由贸易协定》《中国—毛里求斯自由贸易协定》《中国—柬埔塞自由贸易协定》，与香港特别行政区、澳门特别行政区分别达成的 CEPA，以及《区域全面经济伙伴关系协定》（RECP）。

第一节　非优惠性原产地规则立法概况

一、非优惠性原产地规则的形成及其沿革

（一）改革开放前的原产地规则

在改革开放之前，我国的对外贸易量很小，原产地规则的重要性并不明显。当时国内对原产地规则的认识很有限，关于原产地规则的立法也基本为空白。仅在 1951 年，鉴于最惠国税率的实施，在颁布的《中华人民共和国海关进出口税则》中区分了普通税率和最低税率的适用国：对原产于与中国有贸易条约或协定的国家执行最惠国税率，对原产于与中国没有条约或协定的国家执行较高的普通税率。

这一时期我国还没有制定成文的原产地规则，关于原产地方面的工作主要集中在对出口货物的原产地认证上。这些认证工作是由中国商检局和中国国际贸易促进委员会（以下简称中国贸促会）负责的。到了"文化大革命"期间，外贸经营单位常用申明产地的发票取代原产地证明书，久而久之便架

空了原产地签发机构。

（二）1978 年至 2004 年的原产地规则

改革开放之后，我国对外贸易活动迅速扩张，原产地规则在国际贸易中的重要性日益凸显，逐渐引起相关政府部门的重视，原产地工作迎来了大发展时期，与之相关的立法也提上了日程。1982 年，外贸部、中国商检局、中国贸促会、中国银行联合发出通知，重申中国商检局和中国贸促会是我国出口货物原产地证明书的签发机构，"凡进口商要求开具一般原产地证书的，除信用证特殊规定允许使用联合发票者外，一律申请商检局或贸促会签发正式产地证书"。1984 年，外贸部、中国贸促会又联合发出通知，对我国产地证签发机构的分工做了规定：中国商检局是对外签证的国家官方机构，中国贸促会是我国全国性的民间商会组织，承担出具中国出口货物原产地证明书的任务，两者皆为独立的对外签证机构。通过一系列的整顿措施，我国原产地工作重新走上正轨。

1985 年 3 月，我国将按进口货物的购运国课征关税改为按进口货物的原产国课征关税。为适应课税原则的改变，对进口货物的原产地进行了确认和管理。1986 年，海关总署颁布了《中华人民共和国海关关于进口货物原产地的暂行规定》（以下称《暂行规定》）。《暂行规定》共分九条，第一、六、七、八、九条是关于法规的制定目的、适用过程和原则等内容；第二、三条主要规定了判定进口货原产地的两种基本准则，即税则归类改变标准和增值百分比标准；第四、五条规定了与原产地相关的例外情况。

1992 年 3 月 8 日，国务院颁布了《中华人民共和国出口货物原产地规则》（国务院令第 94 号，以下称《出口原产地规则》），并于同年 5 月 1 日正式实施。同年 4 月 1 日，外经贸部又发布了《中华人民共和国出口货物原产地规则实施办法》（经贸部令第 1 号）和《中华人民共和国含进口成分出口货物原产地标准主要制造、加工工序清单》，对《出口原产地规则》做了进一步的补充规定。这三部法规的实施对于我国出口货物原产地制度的完善和发展具有里程碑意义。它结束了我国原产地工作长期以来缺乏法律法规和监管机制的局面，把我国出口货物的原产地工作纳入法律化、科学化和规范化的轨道，为我国原产地工作的健康发展奠定了法律基础，促进了我国对外经贸事业的发展。1995 年 11 月，外经贸部又颁发了《关于签发中华人民共和国出口货物原产地证明书的规定（试行）》（〔1995〕外经贸管发第 670 号），以进一步规范我国原产地证明书的签发和管理。上述四部先后出台的法规，共同构成我国当时出口货物原产地制度的基本法律体系，是我国原产地管理机构、原产地证书签发机构和原产地证书申领企业必须遵循的准则[①]。

（三）2004 年之后的原产地规则

经济全球化和区域经济一体化的加速发展，使原产地规则在国际贸易领域的重要性日益显著。我国原有的原产地规则越来越不能适应国际贸易发展的要求。首先，原有的原产地规则由进口和出口两部分组成，是 1986 年和 1992 年先后由海关总署、国务院分别发布的，前者属于部门规章，后者属于行政管理法规，两者立法层级不一致。其次，出口货物和进口货物的监管机构和判定标准也不一致。进口货物的原产地认定工作由海关负责，实质性改变的判定标准采用的是税则归类改变或增值百分比；出口货物原产地的认定和原产地证书签发工作由中国贸促会和海关（原由商检局负责）负责，判定标准采用的是加工工序辅以增值百分比，由外经贸部对全国出口货物原产地工作实施监管。最后，原有的原产地规则适用范围狭窄，不适用于反倾销、反补贴、保障措施等国际贸易中经常运用的贸易政策。

因此，随着我国加入 WTO 及在世界经济和国际贸易中地位的不断提高，制定一部进出口统一的、与国际通行规则相衔接的原产地规则显得愈发重要。正是在这样的背景下，

2004 年 8 月，国务院第 61 次常务会议通过了《原产地条例》，并于 2005 年 1 月 1 日正式施行。这是我国加入 WTO 后颁布的第一部非优惠性的货物原产地立法，共 27 条，分别对立法宗旨、适用范围、原产地判定标准、原产地证书签发及核查机制、法律责任等问题做了比较明确的规定。该条例于 2019 年 3 月 2 日根据《国务院关于修改部分行政法规的决定》进行了修订。

2017 年 12 月 26 日，海关总署公布了《中华人民共和国海关预裁定管理暂行办法》（海关总署令第 236 号），企业可以在进出口 3 个月之前向其注册地直属海关提出预裁定申请，从而增强企业对进出口贸易活动的可预期性。

二、 我国非优惠性原产地规则的主要特点

（一）扩大了适用的目的和范围

《原产地条例》的适用不仅仅限于海关征税和贸易统计等方面，也适用于最惠国待遇、反倾销和反补贴措施、保障措施、原产地标记管理、国别数量限制、关税配额等非优惠性贸易措施的实施，以及在政府采购时对进出口货物原产地的确定。需要特别指出的是，《原产地条例》仅适用于非优惠条件下进出口货物的原产地确定。有关优惠性贸易措施的进出口货物原产地的确定，

[①] 钱学锋、吴瑾、周芳文：《国际商务与原产地规则》，人民出版社 2005 年版，第 295～296 页。

将依照中华人民共和国缔结或者参加的国际条约或协定的规定进行。

（二）统一了进出口货物的原产地判定标准

根据 WTO《原产地规则协定》对原产地判定标准提出的指导性原则，《原产地条例》在第三条作出相应规定："完全在一个国家（地区）获得的货物，以该国（地区）为原产地；两个以上国家（地区）参与生产的货物，以最后完成实质性改变的国家（地区）为原产地。"在第四条采用列举法规定了"完全获得"的 12 种情况，在第五条又采用排除法指出在确定货物是否在一个国家（地区）完全获得时不需考虑的 3 种微小加工或者处理情况。第六条确立了对"实质性改变"实行以税则归类改变为主，以增值百分比和加工工序标准为辅的原则，从而明确了确定实质性改变标准的适用顺序，纠正了以往对进出口货物在实施实质性改变标准时不一致的现象，有助于对进出口货物原产地标准的认定和管理。

（三）引入了反规避条款

《原产地条例》第十条规定："对货物所进行的任何加工或者处理，如果是为了规避中华人民共和国关于反倾销、反补贴和保障措施等有关规定的，海关在确定该货物的原产地时可以不考虑这类加工和处理。"这里的"规避"是指出口商通过各种形式、手段来减少或避免被征收反倾销税等措施的方法或行为。在《原产地条例》中引入反规避条款，为我国限制国外出口商逃避我国反倾销、反贴补和保障措施等有关规定提供了相应的法律保障。

（四）确认了对进口货物的"原产地预裁定原则"

《原产地条例》第十二条确认了对进口货物的"原产地预确定原则"。2017 年 12 月 26 日，海关总署公布《中华人民共和国海关预裁定管理暂行办法》，奖"原产地预确定原则"更改为"原产地预裁定原则"。

根据海关总署公告 2018 年第 14 号《关于实施〈中华人民共和国海关预裁定管理暂行办法〉有关事项的公告》，进口货物收货人或出口货物发货人可在货物拟进出口 3 个月前向其注册地直属海关提出预裁定申请。申请人申请预裁定的，应当通过电子口岸"海关事务联系系统"（QP 系统）或"互联网+海关"提交"中华人民共和国海关预裁定申请书"。原产地预裁定以申请人提交的"预裁定申请书（原产地）"所列商品税则号列为基础作出。货物进口时，海关认定商品归类与"预裁定决定书（原产地）"不符的，该"预裁定决定书（原产地）"不予适用。自 2018 年 2 月 1 日起海关不再受理海关预归类、价格预审核、原产地预确定申请。《原产地条例》中涉及的预确定制度将由暂行办法中的预裁定替代。

（五）增加了"原产地标记"的有关内容

原产地标记包括原产国标记和地理标志，在一定程度上代表了商品的质量和信誉，成为外商识别和选择产品的重要依据。因此，对本国产品确认原产地标记并做好有关的管理工作，在保护产品声誉、提升国际竞争力方面具有重要的意义。《原产地条例》对有关原产地标记的内容在一定程度上作了说明，体现了原产地标记与原产地判定的统一性。其第十六条规定："国家对原产地标记实施管理。货物或者其包装上标有原产地标记的，其原产地标记所标明的原产地应当与依照本条例所确定的原产地相一致。"

（六）《原产地条例》明确界定在原产地管理中行政机关和管理相对人的权利与义务

《原产地条例》明确界定了原产地管理中行政机关和管理相对人的权利与义务，以及应遵循的程序规则。比如，规定了进口货物收货人有如实申报货物原产地的义务；对将要进口的货物向海关申请原产地预确定的，申请人应向海关提供用于确定原产地所需的资料；在审核确定进口货物原产地时，海关可以要求进口货物收货人提交进口货物的原产地证书，并予以验核，必要时可以请求该货物的出口国（地区）有关机构对该货物的原产地进行核查；行政机关对相同的进口货物应当适用相同的行政裁定。

三、《原产地条例》 的不足之处

从与 WTO 规则接轨和平稳过渡的角度看，《原产地条例》对我国进出口货物原产地进行了原则规定，其立法原则和宗旨都是正确的，在很大程度上与国际规则接轨，但在适用时仍有不足。以下主要分析近期亟待解决且能够解决的三点问题。

（一）制定模式上，"基本标准"与"补充标准"的适用顺序有待厘清

《原产地条例》确立了实质性改变标准以税则归类改变为主、增值百分比和加工工序为辅的原则。

为贯彻这一适用原则，《关于非优惠原产地规则中实质性改变标准的规定》（海关总署令第 122 号）中制定了《适用制造或者加工工序及从价百分比标准的货物清单》（以下简称《清单》）。在实践中，判定一项产品是否可以获得原产资格，首先要看产品是否属于《清单》的规定内容，对于未列入《清单》的产品，则应以税则归类改变标准作为实质性改变的判定标准。比如电风扇（归入税目 84.14），在《清单》中的标准是"经全部组装工序，并满足从价百分比标准"。因此，产品必须经过在我国境内的组装工序并达到 30%的增值百分比，方能获得中国的原产资格。又如涡轮喷气发动机（归入税目 84.11），由于《清单》对其并未有规定，因此，应适用四位税目改变标准判定其原产地。即使该涡轮喷气发动机在我国发生的价值增值再高，若不能满足税则改变标准的要求，也无法获得中国原产资格。

本文认为，这种判定顺序与《原产地条例》所提出的以税则归类改变为基本标准，以从价百分比标准和加工工序标准为补充标准的精神似乎并不统一。如果按照以税则归类改变标准为基本标准的规定，应该在判定产品原产地时先适用税则归类改变标准，对不满足税则归类改变标准的产品再适用其他补充标准。具体来说，应在《清单》中规定所有应适用税则归类改变标准的产品，并对少部分特定产品另行规定从价百分比或加工工序标准作为补充标准。这种适用方式才真正反映了"基本标准"与"补充标准"的主从适用关系。北美自由贸易区制定的原产地规则便采用了这一模式，对所有税号下的产品以列表方式列明以税则归类改变为基础的判定标准，对于汽车和纺织品等特殊产品再配合制定加工工序和增值百分比标准。

（二）具体内容上，《原产地条例》在原产地标记方面比较粗略

《原产地条例》既未规定原产地标记的判定依据、判定机构和判定时效等，也未明确原产地标记是否需遵从 WTO《原产地规则协定》中的相互承认原则，对获得他国原产地标记的进口货物是否应给予承认，以及怎样给予承认，都没有具体规定。因此，应参照发达国家有关原产地规则管理的规定，结合我国的国情进一步完善原产地标记的管理规则，恰当地运用原产地标记推动我国民族产业及其对外贸易的发展。

（三）与产业政策的配合上，未对敏感程度不同的产品制定宽严程度不等的原产地标准

我国现行的原产地规则未能对敏感程度不同的产品制定宽严程度不等的原产地标准，尚未充分发挥原产地规则的潜力。《原产地条例》对特定行业并未制定专门的原产地标准。例如，对某些包含高新技术的产品，目前的原产地规则较为宽松，导致即使该项产品的核心技术工序并非在我国进行，也可获得原产资格。如对彩电行业中的显像管和汽车行业中的发动机，我国的原产地规则中没有要求这些零件必须在国内生产，因此，国外竞争者利用我国的廉价劳动力对进口零部件进行简单组装即可获得原产资格，与我国的原产产品在同一条件下争夺市场。我国加工贸易的主要问题是集中于劳动密集型产品，简单加工的比重偏大，而资本技术密集型产品的加工贸易比重在这些年虽有所上升，但仍然偏低。因此，修改原产地规则并对部分特定产业增加具体的生产技术的要求，可以有意识地引导国外企业将资金和技术投向我国，改变加工贸易的生产结构和技术水平，实现以"市场换技术，优化产业结构"的目标。

第二节　我国优惠性原产地规则的立法概况

一、 我国优惠性原产地规则概述

我国优惠性原产地规则的制定，主要体现在与其他国家或地区的优惠性贸易安排中。在区域经济一体化迅速发展的国际背景下，我国也与其他国家或地区展开了区域性优惠贸易谈判，为我国与他国（地区）的经贸关系提供制度性保障，在扩大我国产品国际市场的同时，使更多的国家（地区）得以分享到"中国机会"。原产地规则是这些谈判的重要环节之一，其确保只有那些原产于协议缔约方的货物才能享受优惠关税，防止第三方搭便车，这对双方来说都是至关重要的。

截至2020年，中国已经参与的区域贸易安排有20个，涉及亚洲、大洋洲、拉丁美洲、欧洲、非洲，具体包括《亚太贸易协定》（更名前称为《曼谷协定》）、《中华人民共和国给予最不发达国家特别关税优惠待遇》（简称特惠协定）、《中国—东盟自由贸易协定》《中国—巴基斯坦自由贸易协定》）、《中国—智利自由贸易协定》、《中国—新加坡自由贸易协定》、《中国—新西兰自由贸易协定》、《中国—秘鲁自由贸易协定》、《中国—哥斯达黎加自由贸易协定》、《中国—冰岛自由贸易协定》、《中国—瑞士自由贸易协定》、《中国—韩国自由贸易协定》、《中国—澳大利亚自由贸易协定》、《中国—格鲁吉亚自由贸易协定》、《中国—马尔代夫自由贸易协定》、《中国—毛里求斯自由贸易协定》、《中国—柬埔塞自由贸易协定》、《区域全面经济伙伴关系协定》（RECP）、内地与香港CEPA和内地与澳门CEPA及补充协议①。此外，中国还启动了与以色列、挪威等国家的自由贸易区谈判。

---

① "FTA群芳竞压WTO"，http：//finance. jrj. com. cn/news/2007-08-25/000002593661. html，访问日期：2007年9月8日。

表 5-1　我国区域贸易安排情况一览表

地区	已达成并实施的区域贸易安排	正在谈判的区域贸易安排	正在研究的区域贸易安排
亚洲	中国—东盟自由贸易区、中国—巴基斯坦自由贸易区、《亚太贸易协定》、内地与香港 CEPA、内地与澳门 CEPA、中国—新加坡自由贸易区、中国—马尔代夫自由贸易区、中国—格鲁吉亚自由贸易区、中国—韩国自由贸易区、中国—柬埔寨自由贸易区	中国—海合会自由贸易区、中日韩自由贸易区、中国—斯里兰卡自由贸易区、中国—以色列自由贸易区、中国—巴勒斯坦自由贸易区	中国—尼泊尔自由贸易区、中国—孟加拉国自由贸易区
大洋洲	中国—新西兰自由贸易区、中国—澳大利亚自由贸易区		中国—斐济自由贸易区、中国—巴布亚新几内亚自由贸易区
非洲	对最不发达国家的特惠制 中国—毛里求斯自由贸易区	中国—南部非洲关税同盟自由贸易区	
拉丁美洲	中国—智利自由贸易区、中国—秘鲁自由贸易区、中国—哥斯达黎加自由贸易区		中国—哥伦比亚自由贸易区
欧洲	中国—瑞士自由贸易区、中国—冰岛自由贸易区	中国—挪威自由贸易区、中国—摩尔多瓦自由贸易区	
北美洲		中国—巴拿马自由贸易区	中国—加拿大自由贸易区

二、 我国制定区域性原产地规则的考量因素

国际舞台上的利益攸关方（stake holder）都在追求自身的战略利益。各国参加一个或多个区域贸易安排的目的是达到本国自身政治、经贸利益的最大化。中国也是出于同样的考虑，而制定区域性原产地规则的根本目的在于更好地落实和服务于区域贸易安排的目标。

（一）增强经济实力

中国和周边国家建立区域贸易合作将大大提升中国整体经济实力，并带动经济发展。目前，中国是亚太地区乃至全世界最有活力的经济体之一。以

中国—东盟自由贸易区为例，它的建成意味着一个 18 亿人口和 2 万亿美元经济规模的庞大市场。中国作为这个大市场的一部分，大大受惠于自由贸易区的合作。

第一，建立区域贸易安排可带动贸易增长。区域经济合作区内的绝大多数商品是免税或低关税的，一国产品可以更自由、更便利地进入另一国市场。例如，《中国—智利自由贸易协定》实施后，仅 2007 年 1~6 月双边贸易就增长 90.7%；2008 年，中国与东盟双边贸易总额达到 2311.2 亿美元，同比增长 13.9%。其中，中国出口 1141.4 亿美元，增长 20.7%；进口 1169.7 亿美元，增长 7.9%。2018 年，中国与东盟双边贸易总额达到 4633.7 亿美元，与 2008 年相比，10 年间东盟—中国自由贸易区双边贸易翻了一番，可见区域贸易效果显著。

第二，建立区域贸易安排可以带动沿边开放，促进国内经济协调发展。2013 年 9 月 10 日，我国国家主席习近平分别在出访中亚和东南亚时正式提出"丝绸之路经济带"和"21 世纪海上丝绸之路"的倡议，简称"一带一路"。建立区域贸易安排有利于沿边地区积极参与到区域经济合作中，带动沿边地区经济的发展。比如，大湄公河次区域经济合作有效促进了我国西南地区的发展和开放。2008 年，中国与越南、老挝、柬埔寨、缅甸、泰国共同通过了《2008 年至 2012 年 GMS 发展万象行动计划》，在交通、能源、电信、农业、环境、旅游、人力资源开发、贸易便利化和投资九大领域建立了密切合作关系，大大刺激了我国西南地区的经济发展。又如，2018 年 1 月，据江苏出入境检验检疫局发布的数据，自 2015 年 12 月 20 日《中国—韩国自由贸易协定》实施两年来，共签发《中国—韩国自由贸易协定》原产地证书 17.53 万份，签证金额 65.37 亿美元，可为企业减免进口关税 3.27 亿美元。

第三，建立区域贸易安排有利于市场的多元化。2008 年，我国出口总额 14285 亿美元，其中出口到美国的货物为 2929 亿美元，占出口总额的 20.5%；出口到欧盟的为 2523 亿美元，占出口总额的 17.7%。二者合计占我国出口总额的 38.2%。由此可见，我国的出口市场过于集中，欧美经济的波动很容易传导给我国，而且我国对欧美较高的贸易依存度极易引发贸易摩擦。但从 2017 年的对外贸易数据来看，中国双边贸易总额前 10 位的国家和地区有美国、日本、韩国、德国、我国台湾地区、澳大利亚、荷兰、新加坡、越南、印度。其中，亚洲最多，有 6 个；欧洲 2 个国家。由此可见，随着区域贸易不断增强，我国贸易依赖性不断降低，我国国际贸易的影响力也不断增强。

第四，建立区域贸易安排可增加消费者福利，增加消费者的选择。例如，中国—东盟自由贸易区建立后，按照早期收获实施计划，中国与泰国的水果、蔬菜实施零关税，中国的苹果、梨、板栗、红枣、土豆、洋葱出现在泰国老百姓的餐桌上，而中国消费者也从超市里买到了质优价廉的泰国榴莲、山竹、菠萝蜜、红毛丹等东南亚热带水果，这些好处都是消费者实实在在能感受到的。

第五，建立区域贸易安排能吸引外资，创造新的就业机会。在区域贸易安排里有几项重要内容：服务贸易、投资协定、技术合作、贸易便利化及促进自然人的流动等。这些项目的实施毫无疑问会促进各方的经贸流动，拉动相关产业的发展，创造新的就业机会，刺激经济的繁荣。例如，内地与香港、澳门 CEPA 实施后，2005 年内地吸收香港、澳门服务业投资项目数比 2004 年增长 23%。到 2007 年 3 月底，共有 2052 家香港、澳门服务提供者按照 CEPA 的优惠申请到内地投资；在建筑领域，两地共有 1425 人通过两地的互相认证取得对方的专业资格；在工商领域，内地共注册香港、澳门私营企业 2746 户，从业人员 7006 人，注册资金 1.5 亿元。2014 年 12 月，内地与香港、澳门分别签署 CEPA 升级版；2017 年，内地和香港在 CEPA 的框架下签署了《投资协议》及《经济技术合作协议》，两份协议均自签署之日起生效，其中《投资协议》于 2018 年 1 月 1 日起正式实施。

（二）保障政治安全

我国要快速发展和强大，必须有和平的发展环境。通过参与区域贸易安排，加深同周边各国和地区的经贸依存度，并以自由贸易区为纽带形成"荣辱与共"的经贸关系，有助于保障我国政治安全。

通过参与亚太经合组织，我国和美国、日本等环太平洋国家有了区域合作关系；通过给予最不发达国家特惠待遇，我国得到了第三世界的支持；通过和东盟建立自由贸易区，有助于我国巩固周边安全。

（三）维护外交关系

我国积极参与到区域贸易安排建设中，可以汇集力量，提升在国际经济规则制定中的话语权。在我国和东盟建立自由贸易区之前，我国没有参加任何一个双边或多边的自由贸易协定，置身于经济区域化和集团化之外。即使加入了 WTO 这个多边的贸易体系，但在许多国际性事务的处理上仍然缺乏话语权和影响力。自从与东盟建立自由贸易区后，我国又陆续与一些国家建立了区域贸易合作，逐步摆脱了长期游离于区域贸易集团之外的不利境遇。通过联合各缔约方的力量，我国提高了在本地区的战略地位和在全球区域经济合作中的影响力。

我国与新西兰的自由贸易协定是我国与发达国家签订的第一个自由贸易协定。该协定带给我国的直接经济利益并没有如带给新西兰的那么突出。我国是新西兰的第三大贸易伙伴、第四大出口市场和第二大进口来源地，而新西兰在中国贸易伙伴中的贸易排名则颇为靠后。2007 年和 2008 年头两个月双边贸额占中国对外贸易总额的比重均只有 0.17%①，2018 年，中国与新西兰双边贸易额达到 182.51 亿元，占当年中国对外贸易总额的比重达到 0.6%。从贸易量来看，中国—新西兰自由贸易区的建立，对两国贸易有一定的促进作用。此外，与新西兰签订自由贸易协定更注重其示范效应，激励美欧日等我国重要贸易伙伴采取更加理性的态度处理与我国的经贸关系，多争取合作互利，少制造贸易摩擦。自《中国—新西兰自由贸易协定》签署后，我国与澳大利亚、韩国等发达国家也达成了自由贸易协定。

三、 优惠性原产地规则的谈判与制定

我国优惠性原产地规则的谈判与制定按照国务院的"三定"方案由海关总署负责。

（一）谈判文本的形成

在我国较早签署的自由贸易协定中，鉴于缺少原产地规则谈判的经验，主要依赖于谈判对方所提出的蓝本，在此基础上提出修改建议。由于各个谈判方的经济水平、贸易结构、文化传统存在差异，所提出的谈判蓝本也不尽一致。因此，早期达成的中国—东盟自由贸易区、中国—巴基斯坦自由贸易区、中国—智利自由贸易区等优惠协定在原产地规则体系上呈现出显著的差异性。这种差异对海关执法和企业守法都造成了不利影响。

随着研究的加强及谈判经验的积累，自中国—新西兰自由贸易区谈判起，我国开始根据自身情况制定原产地谈判草案，并尽量在自由贸易区谈判中协调产品原产地规则，使其更具一致性和统一性。海关总署通过对原产地规则和国际、国别的研究，在对本国产业调研和部门意见征求的基础上拟定了一套谈判的标准文本，并应用于之后的优惠性原产地规则谈判中。

从 2010 年之后签订的自由贸易协定来看，如《中国—澳大利亚自由贸易协定》《中国—韩国自由贸易协定》等，我国的自由贸易区原产地政策已经趋于稳定，一般均为完全获得标准与实质性改变标准，实质性改变标准主要以税则归类改变为主，辅以加工工序及区域价值成分等混合标准。

（二）产业调研

为制定出一套适合中国国情和经贸发展需求的原产地规则，海关总署十分重视产业调研，在拟订谈判方案时会根据实际需要召集产业协调会议、了解产业有关情况，力争对不同产业部门提出宽严适当的原产地标准，以达到

---

① 梅新育："中国和新西兰自由贸易协定尘埃落地"，中国国际招标网，http://www.chinabidding.com/jksb.jhtml？method=detail&docId=2379383，访问日期：2008 年 4 月 10 日。

保护、鼓励、促进等特定作用。

为更好地及时了解产业需求，海关总署与我国重要的产业协会建立了沟通协调机制，包括石油和化学工业协会、轻工业联合会、纺织工业协会、耐火材料协会、橡胶工业协会、机械工业协会、汽车工业协会、乳品工业协会、皮革工业协会、化学制药工业协会、有色金属工业协会、煤炭工业协会、模具工业协会、钢铁工业协会、建筑材料工业协会、钟表协会、文教用品协会、家电协会和木材流通协会等 20 多个产业协会，并在各产业协会内部确定联络员，以原产地事务联络员制度搭建海关与产业界沟通的长效性平台。

（三）部门合作与协调

原产地规则谈判作为自由贸易区谈判的重要组成部分，涉及与其他谈判内容的配合。因此，海关在进行原产地规则谈判时也非常关注与其他部门的协调与配合。如商务部既是自由贸易区谈判的牵头部门，又是降税安排谈判的负责部门，海关在自由贸易区谈判中与商务部进行有效的合作与沟通。

在原产地规则的草案拟定中，海关总署保持与国家发展改革委、科技部、财政部、工信部、农业农村部、环保部、商务部、国家税务总局等多个部门的协调与合作。通过与有关职能部门的沟通，掌握代表国家利益和产业利益的主管部门意见，海关能够更好地在制定原产地规则时平衡各方利益，完善对外谈判方案，以确保各项原产地规则的科学性和有效性。

四、 主要区域贸易安排中的货物原产地规则

（一）原产地标准

在原产地标准方面，一般分为完全获得标准和实质性改变标准，并对一些特殊产品制定特定原产地标准。

如《中国—新西兰自由贸易协定》中针对完全获得标准罗列了 10 项"完全获得或者生产"的货物，主要包括动植物及其初级产品、矿产品、海产品和废旧品等。其他的区域贸易安排也各自逐项列出了完全获得原产品的种类。

对于含有进口成分的产品，原产地判定标准采用了实质性改变标准。但对税则归类改变、区域价值成分和加工工序等具体标准的采用存在显著差异。中国早期签署的区域贸易安排主要采用了区域价值成分标准。如中国—东盟自由贸易区原产地规则规定，为判定一产品属原产于中国—东盟自由贸易区的非完全获得产品，该产品中原产于中国—东盟自由贸易区的成分占其总价值的比重不应少于 40%（这部分价值被称为"中国—东盟自由贸易区成分"），这一判定方法也被称为"直接判定"。在直接判定有困难的情况下，也可采用"间接判定"的方法，即非中国—东盟自由贸易区成分的到岸价格

（CIF）占制成品离岸价格（FOB）的比重不应超过 60%①。例如，从马来西亚向中国出口的 A 产品离岸价格为 100 美元，其中使用了来自美国的原材料 B（除 B 材料外未使用原产于其他国家的原材料），B 材料自美国出口至马来西亚时的到岸价格为 40 美元，此外，使用的原产地不明的材料最初支付价格为 15 美元，根据公式，非自由贸易区的材料价值加上原产地不明的材料价值为 55 美元（40 美元+15 美元），占 A 产品离岸价格的比重为 55%，小于 60%，因此，A 产品可被视为原产于马来西亚，可享受自由贸易区优惠税率。

而在中国—新西兰、中国—秘鲁、中国—哥斯达黎加、中国—韩国等 2008 年后签署的自由贸易区中，实质性改变标准主要采用了税则归类改变标准，并以《协调制度》为基础制定了全税则的产品特定原产地规则。

（二）辅助规则

对于微量条款、累计规则、微小加工和处理、中性成分等辅助规则，我国的优惠性原产地规则也都有相应的规定。

例如，中国—智利自由贸易区原产地规则在微量条款方面规定，如果最终货物在生产过程中所使用的非原产材料未能满足税则归类改变标准，但只要非原产材料的价值未超过最终货物价值的 8%，则该最终货物仍可取得原产地资格。

我国的大部分协定采用了双边累计规则，如《中国—新西兰自由贸易协定》规定，原产于一缔约国的货物或者材料在另一缔约国境内被用于生产最终货物，并构成最终货物的组成部分的，该货物或者材料应当视为原产于该另一缔约国境内。

（三）原产地证明

在早期签署的协定中，原产地证明材料的形式主要体现为原产地证书，对原产地声明的使用并不多见。例如，《中国—智利自由贸易协定》要求，进口货物收货人在申明适用《中国—智利自由贸易协定》税率时，应向海关提交货物出口前签发或者出口后 30 天内签发的原产地证书。

在《中国—新西兰自由贸易协定》中，区分了原产地证和原产地声明两种证明的使用。在货物进行进口申报时，进口人应提供出口国政府授权机构签发的原产地证书。但是，在以下 3 种特殊情况下，允许进口货物收货人或者其代理人向海关提交货物的制造商、生产商、供应商、出口商作出的原产地声明：一是经海关依法审定的货物完税价格总值不超过 1000 美元的；二是海关已经依法就相同货物作出原产地行政裁定，确认货物原产地为某一缔约

---

① Isamu Wakamatsu, ASEAN's FTAs and Rules of Origin, Japan External Trade Organization Overseas Research Department, November 2004, p. 13.

国，且该行政裁定尚未失效或者被撤销的；三是进口国认为无须提交原产地证书情形的。

（四）中国实施的主要区域贸易安排原产地规则的异同比较

本部分主要对《亚太贸易协定》、《中国—东盟自由贸易协定》、《中国—智利自由贸易协定》、《中国—巴基斯坦自由贸易协定》、《中国—新西兰自由贸易协定》、《中国—新加坡自由贸易协定》、《中国—哥斯达黎加自由贸易协定》、《中国—秘鲁自由贸易协定》、《中国—澳大利亚自由贸易协定》、《中国—韩国自由贸易协定》、《中国—瑞士自由贸易协定》、《中国—冰岛自由贸易协定》、《中国—格鲁吉亚自由贸易协定》、内地与香港 CEPA、内地与澳门CEPA、《区域全面经济伙伴关系协定》（RECP）16 个区域贸易协定的原产地规则做异同比较。

相同方面很明显。第一，各区域原产地规则都将原产地判定标准分为两类：一类是对在缔约方境内完全获得或生产的货物，适用完全获得原产标准；另一类是对非完全获得或生产的货物，适用实质性改变标准。第二，绝大部分自由贸易区的实质性改变标准均采用了增值百分比标准，要求货物的区域价值成分不低于 40%。对于区域价值成分的计算，上述贸易协定的规定基本相同，即用货物船上交货价格（FOB）减去货物非原产材料的价格，再与货物船上交货价格（FOB）相比。第三，除《中国—东盟自由贸易协定》适用完全累计外，其余贸易协定均适用双边累计条款，规定原产于一缔约方的货物或材料在另一缔约方境内用于组成货物时，则应当视为原产于后一缔约方境内。第四，除《亚太贸易协定》和《中国—巴基斯坦自由贸易协定》外，其余的区域贸易协定都在对一般货物作出规定外，针对一些特殊产品设定了特定原产地规则。第五，各区域原产地规则都对微小加工、中性材料、直接运输、原产地证明和原产地核查做了规定。

原产地规则的不同方面主要有以下几点：

1. 虽然都适用实质性改变标准，但具体判定方法不同。《中国—东盟自由贸易协定》《中国—巴基斯坦自由贸易协定》《中国—智利自由贸易协定》《亚太贸易协定》对一般货物都采用增值百分比标准来判定货物是否经过"实质性改变"，而基本没有采用税则归类改变和加工工序标准。单独使用增值百分比标准虽然非常明确具体，但对不同种货物用同一标准去衡量显然不合理，特别对于一些区域价值成分计算存在困难的产品而言，在实际操作中不可避免地会遇到诸多困难。相比较而言，《中国—新西兰自由贸易协定》、《中国—秘鲁自由贸易协定》的操作性更强，即按照《协调制度》商品编码制定详细的清单，且 90% 以上的商品采用了税则归类改变标准。

我国参与的贸易协定对于产品区域价值成分的计算仅给出了一种简单的

计算公式。相对而言，发达国家参与的自由贸易协定中的原产地规则更为严谨。如 NAFTA 的原产地规则对产品的区域价值含量做了精确的说明，生产商可以任意选择以交易价值方法或净成本方法计算区域价值含量。当产品不能满足这些要求时，还列出了一些附加操作，以便生产商可以取得原产地证书。我国可以借鉴这些做法，使原产地规则在实际操作中更有章可循。

同时，部分原产地规则对特定产品的原产地标准缺乏针对性。如《中国—东盟自由贸易协定》中的特定产品原产地标准涉及的 500 多种产品中，有 400 多种适用"选择性"原产地标准，即对于这些产品，进出口商既可选择 40% 的区域价值成分标准，也可选择特定的税则归类或加工工序标准。选择性标准降低了特定产品原产地标准的难度。同时，中国和东盟达成的第一批适用特定原产地标准的产品除纺织品外只涉及少量其他产品。这种单一的规定不能有效运用原产地规则引导重点行业的发展。在《中国—智利自由贸易协定》中，产品特定原产地标准规定得更为详细，涉及的产品种类更多一些，但其中除了对农产品有重点地规定了税则归类改变标准外，绝大部分产品仍通用区域价值成分标准，不同种类产品的原产地判定标准几无区别。

2. 在原产地证明方面，早期的协定仅适用政府授权机构签发的原产地证书。2008 年年底实施的中国—新西兰自由贸易区原产地规则增加了原产地声明的适用。原产地声明不需要政府授权机构签发，货物的生产商、制造商、供应商、出口商可自行作出证明。这种原产地声明显然节省了货物的出口时间成本，更有利于鼓励中国和新西兰的有关出口商和进口商充分利用自由贸易区的优惠贸易政策。

3. 适用累计规则的宽松度有所差异。除了内地与香港 CEPA、内地与澳门 CEPA 外，其他区域贸易协定中都采用了累计规则，百分比从 40% 至 50% 不等。其中，《亚太贸易协定》对最不发达的成员采用了特殊的区域累计标准。

4. 在微量条款上，《中国—东盟自由贸易协定》、《中国—巴基斯坦自由贸易协定》、《亚太贸易协定》及内地与香港 CEPA、内地与澳门 CEPA 中没有明确规定，除了这几个协定外，其他的自由贸易协定均对微量条款做了明确规定。这主要源于后期签订自由贸易协定时，缔约各方更加成熟。如新加坡和新西兰都是发达国家，在区域贸易协定的制定上有成熟经验；而智利、秘鲁由于作为轮轴国参加过与墨西哥、澳大利亚、南美共同市场的区域贸易谈判，因此也积累了许多原产地规则的制定经验。我国在制定自由贸易协定的过程中，也不断吸收借鉴先进的经验。

表 5-2　中国实施的主要区域贸易安排原产地规则的比较

区域贸易安排	实质性改变标准	原产地证明种类	微量条款	区域累计规则	产品特定原产地规则
中国—东盟自由贸易协定	增值百分比（40%）为主，辅以少量的税则归类改变和加工工序标准	原产地证书	无	40%	部分产品
中国—智利自由贸易协定	增值百分比（40%）为主，辅以税则归类改变标准	原产地证书	10%	40%（特殊原产地规则适用50%）	部分产品
中国—巴基斯坦自由贸易协定	增值百分比（40%）	原产地证书	无	40%	无
亚太贸易协定	增值百分比（45%）（对最不发达成员国为35%）	原产地证书	无	40%（对最不发达成员国为50%）	无
中国—新西兰自由贸易协定	税则归类改变为主，辅以加工工序和混合标准（税则归类改变与增值百分比标准相混合）	原产地声明、原产地证书、其他证明材料	10%	40%或50%（根据不同产品确定）	全部产品
中国—新加坡自由贸易协定	增值百分比（40%）为主，辅以少量的税则归类改变标准和加工工序标准	原产地证书	10%	40%	部分产品
中国—澳大利亚自由贸易协定	税则归类改变为主，辅以加工工序和增值百分比（30%~60%）混合标准	原产地声明、原产地证书、其他证明材料	10%	30%~60%（根据不同产品确定）	全部产品
中国—冰岛自由贸易协定	税则归类改变为主，辅以增值百分比（40%~50%）标准，特定加工工序标准	原产地证书	10%	40%~50%（根据不同产品确定）	全部产品

表5-2　续

区域贸易安排	实质性改变标准	原产地证明种类	微量条款	区域累计规则	产品特定原产地规则
中国—格鲁吉亚自由贸易协定	税则归类改变为主，辅以加工工序、增值百分比（60%）混合标准	原产地证书	10%	40%	全部产品
中国—韩国自由贸易协定	税则归类改变为主，辅以加工工序、增值百分比（40%~60%）混合标准	原产地证书	10%	40%~60%（根据不同产品确定）	全部产品
中国—瑞士自由贸易协定	税则归类改变为主，辅以加工工序、增值百分比（30%~60%）混合标准	原产地证书、欧洲1号流动证明	10%	30%~60%（根据不同产品确定）	全部产品
中国—哥斯达黎加自由贸易协定	税则归类改变、增值百分比（40%~60%）、特定加工工序标准	原产地证书	10%	40%~60%（根据不同产品确定）	全部产品
中国—秘鲁自由贸易协定	税则归类改变为主，辅以加工工序、增值百分比（40%~50%）混合标准	原产地声明、原产地证书、其他证明材料	10%	40%~50%（根据不同产品确定）	全部产品
内地与香港CEPA、内地与澳门CEPA	税则归类改变、增值百分比（累加法≥30%或扣减法≥40%）、加工工序混合标准	原产地证书	10%	无	全部产品
区域全面经济伙伴关系协定（RECP）	税则归类改变	原产地声明原产地证书	10%		部分产品

材料来源：中国各自由贸易协定项下原产地规则的具体内容。

第六章　中国原产地规则的执行

【本章导读】原产地规则能否发挥预期作用，关键在于规则的具体执行。再好的规则设置，如果缺乏有力的执行措施进行配合，也是徒劳的。原产地规则的执行优劣，一方面取决于执行的机制安排是否合理有效，另一方面取决于所有参与执行的管理人员的素质，这种素质既包括能力上的，也包括道德上的。

根据海关总署公告 2018 年第 106 号，中国原产地证书的签证管理部门由原国家质量监督检验检疫总局变更为海关总署，签证机构中的各地出入境检验检疫机构变更为各直属海关。根据国务院"三定"方案的精神，海关总署制定颁布了执行原产地规则的配套细则，尤其体现在优惠性原产地规则方面。

第一节　原产地的签证规则

在我国，原产地管理机构分为主管机构和签证机构。主管机构为中国海关，负责原产地规则的制定、对外谈判及组织实施。签证机构原为国家质量监督检验检疫总局下属各地方出入境检验检疫机构，以及中国贸促会及其各地方分支机构，但根据海关总署公告 2018 年第 106 号，自 2018 年 8 月 20 日起，原国家质量监督检验检疫总局原产地证书签发职能由海关总署替代。

一、签证主体

国际上关于原产地的签证主体主要分为政府机构、社会机构和企业三种类型。下文对三种类型做具体介绍。

（一）政府机构

政府机构即官方机构。由政府机构签证是最为常见的原产地证书签证方式，即由出口国的政府机构负责签发原产地证书。政府机构签证的最大优点是以政府机构的名义进行背书，可以确保原产地证书的信誉和签发质量，但缺点是给政府增加了行政成本。同时，如果证书签发需求过快增长，政府机构有限的人力、物力将难以满足企业对时间效率的要求。

目前，许多发达国家的政府机构逐步淡出了非优惠原产地证书的签证程序，而侧重于对优惠性原产地证书的签发工作。如欧盟的非优惠原产地证书已经完全由商会签发；对于优惠原产地证书，则实行商会与政府机构共同实施的"两步程序"签证模式——企业首先向商会递交填写完整的优惠原产地证书申领材料，再由海关根据商会的初审意见盖章核发。

（二）社会机构

根据 1923 年《关于简化海关手续的国际公约》（又称《日内瓦公约》）的有关规定，各签约方应尽可能简化企业申领原产地证书的程序，并应允许其他机构参与签证工作，只要这些机构"拥有必要的授权"并向国家"作出必要的保证"。因此，商会等经政府机构授权的机构，也可以作为签证机构参与原产地证书的签发工作。

由社会机构提供签证服务的优点在于，可以打破政府机构独自签证的垄断状况，有利于提高签证效率并降低企业的签证成本。当然，社会机构签证的缺点也是显而易见的，即各种社会机构的资质良莠不齐，易受经济利益的诱导而降低签证标准、滥发证书。目前，大多数国家的非优惠原产地证书都允许社会机构签发。一些国家为适应区域贸易安排的实施，在维持政府机构签发优惠原产地证书体制不变的同时，逐步授权由特定的社会机构参与优惠原产地证书的签证工作。例如，澳大利亚、韩国的特定商会组织经政府授权已经参与到优惠原产地证的签发工作中。

（三）企业自主认证

实行企业自主认证对一国（地区）的法治环境和企业的守法意识要求很高，在发展中国家还少有采用。企业自主认证最早在美国开始采用，即由生产商或出口商基于对出口货物生产流程的确切了解，对货物的原产地所作的声明。在美国与其他国家（地区）签署的自由贸易协定中也基本采纳了企业自主认证的签证方式，如美国与加拿大、墨西哥、澳大利亚、新西兰、马来西亚、新加坡、泰国、智利、秘鲁、日本等国签署的区域贸易协定。在这些协定的具体规定中，货物原产地的认定完全依据企业作出的原产地声明，进口方海关凭进口人或出口人出具的原产地声明决定是否给予优惠关税待遇。在欧洲，企业自主认证是一种有条件的自主认证，即出口企业必须向出口方海关提出进行自主认证的申请，只有通过海关核准备案的特定企业才可以自主出具货物的原产地声明。

企业自主认证的优点是免除了出口企业申领出口货物原产地证书的烦琐程序，提高了国际贸易的效率，降低了企业运营成本。但自主认证会增加进、出口方海关的核查难度，同时也增加了原产地瞒骗的风险。同时，若出口商提供了虚假的原产地声明，进口商将有可能遭受进口方海关的处罚。

表 6-1　主要国家（地区）的原产地证签证主体

国家（地区）	签证主体	主体性质
美国	海关	政府机构
	企业自主签证	企业
欧盟	海关	政府机构
	欧盟商会	商会
	经许可的企业	企业
新西兰	新西兰商会	商会
	新西兰红酒协会	
	新西兰独立核查公司	企业
	新西兰 SGS 有限公司	
	企业自主签证	
澳大利亚	澳大利亚工商业联合商会	商会
	企业自主签证	企业
印度	海产品出口及发展机构	政府机构
	印度出口机构联合体	商会
挪威	海关	政府机构
韩国	海关	政府机构
新加坡	海关	政府机构
马来西亚	贸工部	政府机构
秘鲁	对外贸易和旅游部	政府机构

二、签证程序

我国目前尚未出台统一的优惠原产地证书签证程序，《中华人民共和国海关进出口货物优惠原产地管理规定》（海关总署令第 181 号）第十二条规定，签证机构应依据该规定及优惠贸易协定项下的原产地规则签发出口货物原产地证书。因此，现行优惠原产地证书的签证程序，分别依照各项自由贸易协定或优惠贸易协定项下的有关规定执行。非优惠性原产地证书的签证程序目前由《中华人民共和国非优惠原产地证书签证管理办法》（以下简称《非优惠原产地证书签证管理办法》）规定[①]。

（一）注册登记

企业申请办理原产地证书必须先在签证机构进行注册登记，只有通过注册登记并获得备案登记号的企业才能申请原产地证书。《非优惠原产地证书签证管理办法》规定，提出申请的企业必须在中华人民共和国境内依法设立，并具有下列资格之一：具有进出口经营权的国内企业；中外合资、中外合作和外商独资企业；国外企业、商社常驻中国代表机构；对外承接来料加工、来图来样加工、来件装配和补偿贸易业务的企业；经营旅游商品的销售部门；参加国际经济、文化交流及拍卖等活动，需出售展品、样品等的有关单位。

符合登记注册资格的企业向签证机构提出注册申请后，签证机构可以根据实际需要到企业进行现场核查，并建立注册企业和产品的信息数据库。企业初次办理注册登记时需要提供以下材料：

1. 填制真实准确的"中华人民共和国非优惠原产地证书申请企业登记表"。

2. 营业执照有效复印件并同时交验原件。

3. "对外贸易经营者登记表"或者其他对外贸易资格证书的有效复印件并同时交验原件；外商投资企业应当同时提供"中华人民共和国外商投资企业批准证书"有效复印件并同时交验原件；台湾、香港、澳门投资企业应当同时提供"中华人民共和国台港澳侨投资企业批准证书"有效复印件并同时交验原件；

4. "组织机构代码证"有效复印件并同时交验原件；

5. "原产地证书申报员授权书"；

6. "原产地证申报员资格证"；

7. 原产地标记样式；

8. 签证机构要求的其他相关资料。

若其他地区的企业要在本地申请原产地证书，必须先在本地区进行注册。签证机构在受理异地企业的注册申请后，除了对企业所提供的有关书面材料进行审核外，还可以视情派员到有关企业，对出口商品的生产、制造流程进行实地调查，以确认货物原产地的真实性。经注册登记的企业，应按照签证机构的要求建立出口货物进料、生产、出货等记录簿；出口货物的加工工序、原料、产品发生变化时，须及时向签证机构申报更改。

（二）申领证书

经注册的企业若要申领原产地证书，应向签证机构提出申请并如实提交

---

① 该办法于 2009 年 5 月 26 日审议通过，自 2009 年 8 月 1 日起施行。

以下资料：

1. "原产地证明书申请书"；

2. 按规定填制的"原产地证书"；

3. 出口货物商业发票；

4. 签证机构要求的其他证明文件，如"产品成本明细单"等。

签证机构接到原产地证书签证申请后，签证人员应当按照《原产地条例》《关于非优惠原产地规则中实质性改变标准的规定》，或者各自由贸易协定的有关规定，对申请人的申请进行审核。签证机构可以对申请人申报的产品进行实地调查，核实生产设备、加工工序、原料及零部件的产地来源、制成品及其说明书和内外包装等，填写《原产地调查记录》。异地贸易公司若在本地区采购货源，应根据签证机构的要求，提供货源所在地签证机构提供的"异地货源原产地调查结果单"。异地贸易公司需持货源所在地签证机构提供的调查结果单向公司所在地的签证机构申请办理原产地证书，受理申请的签证机构认为必要时也可派员去生产企业进行实地调查。

只有取得签证机构颁发的申领员证的申领人才可以为企业办理原产地申请。此证不能转借、涂改，也不得用此证代替他人领取证书。企业需要指定本单位的申领员，并将其信息备案到签证机构。如申领人员发生变更，企业要及时报告签证机构并交回申领员证。申领员需要每年接受签证机构的业务培训，了解国家的外经贸政策和本地区签证商品的基本情况。

一般来说，签证机构应当在受理签证申请之日起 2 个工作日内完成审核，并予以签证。

原产地证书自签发之日起有效期为 1 年。除了手工申报外，我国鼓励以电子方式申报。以电子方式申报原产地证的，还应提交"原产地证电子签证申请表"和"原产地证电子签证保证书"。实施电子申报的企业可以登录签证机构的电子签证系统，办理申领原产地证书的相关手续。电子申报免除了企业和申领员为申领原产地证书而来回奔波，提高了原产地证书申领的效率，但企业也须支付相应的申报系统使用费，若使用费用过高，则会增加企业的运营成本。

（三）证书的更改、补发、重发

原产地证书的更改、补发和重发，应根据证书的种类按有关规定办理。原则上一份原产地证书只能签发一个正本。一份出口报关单和一份出口货物商业发票（按发票号）对应一份原产地证书。否则，签证机构将予以拒签。

1. 更改证书

提出证书更改申请需要有合理理由，且要退回原证书。申请更改证书时，应在原证书号后加上字母"R"和表示第几次更改的数字。

2. 补发证书

原产地证书的申请一般是要求在货物出口前办理。特殊情况下，申请人可以在货物出运后申请补发原产地证书。申请补发原产地证书，除提交申领证书的一般材料外还需提交下列资料：补发原产地证书申请书、申请补发证书原因的书面说明、货物的提单等货运单据、其他证明文件。签证机构应当在"官方使用栏"加盖"补发（ISSUED RETROSPECTIVELY）"印章，并在证书上标明证书的实际申请日期和签发日期。对于退运货物或无法核实原产地的货物，签证机构不予补发原产地证书。

3. 重发证书

已签发的证书正本遗失或者毁损，申请人可以在证书有效期内向签证机构提交"中华人民共和国非优惠原产地证书更改/重发申请书"，申请重发证书。若重发证书，则应以公告方式声明原证书作废。重发证书的第4栏需要加盖"复本（Duplicate）"印章，并加批注"本证书是替代××××年××月××日签发的编号为×××××××的原产地证书（The Certificate is in replacement of Certificate of Origin No：×××××××× dated ×××××××× which is cancelled）"，注明此证书是某号证书的复本，原证书作废。

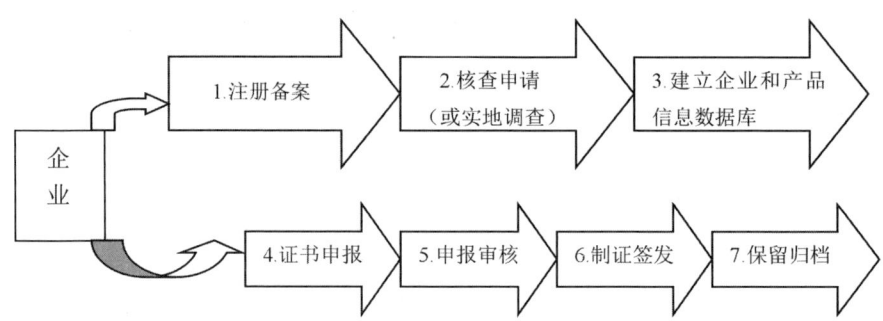

图6-1 原产地证书签发流程示意图

注：其中1、4两个程序由企业操作，其他程序由签证机构实施；注册备案程序与证书申领程序可同时进行也可分开进行。

第二节 原产地的核查规则

原产地的审核包括证书审核和货物查验两部分。对于货物原产地的证书审核和实物查验，WTO并未形成统一的标准。目前，世界各国都是遵循《京都公约》的有关指导原则，结合本国实际情况制订货物原产地的审核和查验程序。设置核查规则，一方面可以为成员方的贸易行为提供规范，另一方面可以利用国家的强制力对制造商、出口商及进口商形成一定程度的威慑作用，督促其遵守原产地规则。一般来说，优惠性原产地规则的核查规则比非优惠原产地规则的核查规则制定得更为严格。

一、 原产地证件的审核

原产地证件的审核（简称验证），是指海关对货物原产地证明文件（包括原产地证书和企业自主出具的原产地声明）进行检验和确认的过程。

对于进口货物的原产地证明，各国海关对当事人交验的原产地证明文件没有必须接受的义务。在海关认为必要时，可对产品原产地证明文件的真实性进行必要的调查。例如，欧盟规定，如果海关当局有理由怀疑证明产品原产地的有关文件的真实性或有关信息的准确性时，有权对原产地证书进行审查。审查时，可将原产地证书副本寄回受惠国主管当局进行核实。受惠国进行核实应在 6 个月内完成，并回复欧盟。若受惠国未能在 6 个月内回复，或者回复中没有提供足以认定有关文件的真实性或真实原产地的信息，还应进行第二次联系。第二次联系中，如果受惠国在 4 个月内仍未回复的，或者回复中仍没有提供足以认定有关文件真实性或真实原产地信息的，欧盟海关当局可拒绝给予优惠。为对原产地证书进行核查，欧盟规定受惠国签发原产地证书的有关当局应将出口单证和原产地证书副本至少保留 3 年[①]。一般对于涉及反倾销、反补贴和保障措施的产品，以及申请优惠贸易协定税率的产品，各国海关会强制性要求进口申报人提供原产地证明。若货物经过第三方国家（地区）运输至进口成员境内的，应当提交在出口成员方境内签发的联运提单、货物的商业发票正本及其他国家或者地区海关出具的未再加工证明，或者其他证明符合直接运输规则的相关文件。

对于出口货物，海关可以要求出口货物发货人或者其代理人提供原产地证书，并在必要时对照出口货物报关单及其随附的商业发票正本、运输单证等其他商业单证进行原产地证书审核，在出口环节行使贸易监管职责。

（一）纸质验证

海关对原产地证书的纸质审核，即对进口货物随附的原产地证书逐票进行核对。在这种监管模式下，海关对原产地证书样本、签证机构印鉴及签名等实行备案管理，通过核对原产地证书签名、印鉴与备案资料是否一致，以及原产地证书与随附单证的信息是否一致，来判定原产地证书的真伪。以优惠原产地证书为例，审核重点内容包括：

1. 原产地证书的格式；

---

① 谷成、田颖：《原产地规则的国际比较》，载《锦州师范学院学报》2002 年 11 月第 24 卷第 6 期，第 77 页。

2. 签证机构的名称、印章和签证人员的签名；

3. 原产地证书的有效期；

4. 原产地证书应当为正本，复印件无效；

5. 经涂改、字迹不清的原产地证书应予退换；

6. 原产地证书上的商品名称和编码；

7. 原产地证书所列内容是否与其他相关单证相符；

8. 进口货物的数量有无超出原产地证书上的数量；

9. 原产地证书所列的发运港及日期、目的港及日期是否与提单所列内容相符；

10. 原产地证书的签发日期有无晚于货物的离港日期，该原产地证书是否注明"补发"字样等。

纸质验证模式在实施中存在很多困难和风险：

一是备案资料有时滞性。随着我国自由贸易区战略的不断推进，优惠原产地证书的核查业务明显增多。如果签证机构人员调动频繁，那么签证机构的签章备案资料就需要经常更新。在多数情况下，很容易出现出口国签证机构未及时更新备案资料而导致其货物进口受阻的情形。

二是证书种类繁多。对于非优惠原产地证书，我国是不要求备案证书资料的。而各国的非优惠原产地证书格式千差万别，且签证机构并不局限于政府部门，很多社会机构、商会组织及企业自身都可以进行签证。因此，海关收到的原产地证书可谓五花八门，仅在通关环节通过现场海关人员用肉眼辨别证书的样式、签名、印章真伪性，是很困难的。

（二）电子验证

除了纸质验证外，一些国家正在推行原产地证的跨境联网核查模式。我国的联网核查系统主要应用于内地与香港、澳门 CEPA 中。内地海关与香港贸发局和香港海关、澳门经济局和澳门海关等相关部门共同建立了 CEPA 项下原产地证书签证核查电子联网系统。

在电子验证方式下，香港或澳门的发证机构在签发原产地证书后，应立即将原产地证书的基本情况，包括原产地证书编号、出口人名称、工厂登记编号、到货口岸、产品内地协制编号、货物名称、计量单位及数量、金额及币制、发证机关名称等信息经专线传送到海关总署。申报地海关将香港或澳门签证机构所传送的电子数据与进口人申报时呈交的原产地证书核对无误后，应在 7 天内完成核注并向签证机构反馈核查结果。

通过专网核查系统，香港、澳门签发的 CEPA 原产地证书上的数据可以通过专线实时向内地海关传输和交换，内地海关可以根据对碰纸质原产地证书数据与电子数据进行验核，并将核查结果反馈到发证机构。电子验证系统具有保密、防伪、高效的优点，可以大大提高验证的质量和效率，代表了原产地管理手段的新趋势。中国—智利自由贸易区、中国—新西兰自由贸易区、中国—澳大利亚自由贸易区等，均设定了进出口货物签证核查电子联网。今后随着电子联网技术的应用，将进一步加强进口方与出口方之间、主管机构与签证机构之间的沟通和协调，堵塞原产地管理漏洞，确保各项优惠贸易安排有效实施。

二、 货物原产地的查验

当海关对货物原产地的准确性存在怀疑时，可以直接对货物进行检查，核实其是否与原产地证书及其他申报单证的原产地信息相符。对货物进行原产地查验主要借助于货物包装和原产地标记所显示的信息。查验方式既可以是自主核查（即由本国海关对进口货物收货人或者其代理人及其进口货物进行核查），也可以采用互助核查（在本国海关无法对货物原产地做出裁定时，由本国海关请求出口方原产地主管机构对进口货物的原产地进行核查）。经过查验，若发现进口货物原产地申报不实的，海关有权依照《中华人民共和国海关法》《原产地条例》《中华人民共和国海关行政处罚实施条例》的有关规定进行处罚。在出口环节，海关同样应对特定货物进行原产地查验，如对于国家实行限制或禁止贸易措施的出口货物或者属于征收出口税的出口货物，以及存在高风险的大宗出口货物，需要通过实际查验来确定出口货物的原产地。若当事人的行为构成犯罪的，应依法追究刑事责任。

目前，我国的原产地核查主要有以下 4 种方式：随机抽查、专项核查、境内核查 、跨境核查。

随机核查是指海关在日常对进出口货物进行监管的过程中，可以随机抽取部分报关单证及其电子报关数据，对进出口商申报的货物原产地情况进行审核。

专项核查是指海关在对货物进出口动态进行风险分析的基础上，可以对存在管理风险的大宗、敏感商品进行专项核查。

境内核查是指海关可以在随机核查和专项核查的基础上，把核查对象从原产地单证和货物延伸到进出口商及其管理账册，以便对货物原产地的相关情况进行更为全面的核查。

跨境核查又称核查访问，是指进口方海关认为必要时，可以按照与出口方原产地主管机构商定的方式，派员到出口方（如出口企业）对出口货物原产地的情况进行实地核查。

三、 保证金的收取和退还

货物申报进口时，进口货物收货人虽然申明适用协定税率，但是未能依法提供原产地证书及相关文件，或者提供的原产地证书及相关文件不符合规定的，海关应当按照规定收取保证金后放行货物，并按规定办理进口手续，进行海关统计。

具备下列条件的，进口货物收货人或者其代理人可以自缴纳税款或者保证金之日起1年内，向海关申请退还已缴纳的关税及进口环节海关代征税或者等值保证金：一是进口时已就进口货物具备优惠协定原产资格向海关进行补充申报，申明适用优惠协定的协定税率；二是提交有效原产地证书及海关要求提供的与货物进口相关的其他文件。

进口货物收货人或者其代理人未在缴纳保证金之日起1年内提出退还保证金申请的，海关应当立即办理保证金转为进口税款手续。

四、 原产地核查的期限

根据《京都公约》所确定的指导原则，对于非优惠性原产地证书，海关可以在原产地证书签发之日起1年内发起原产地核查。对于进口方海关提出的核查请求，出口方有关当局或机构最长应当在6个月内予以答复。出口方签证机构保存原产地证书相关文件的期限不应低于2年。如果有关货物非因禁止或限制进口而被扣留，也未发现原产地瞒骗时，海关开展原产地核查不应妨碍有关货物的放行。

对于优惠贸易安排下的进出口货物，一方海关应优惠贸易协定另一缔约方的请求，或者一方海关认为必要时，可对有关进出口货物原产地进行核查，以确定货物原产地。当应缔约一方请求进行核查时，应当在相关优惠贸易协定规定的期限内反馈核查结果，原产地核查的期限从3个月到6个月不等。如内地与香港CEPA规定香港海关接到内地海关的核查请求后，应在90天内予以答复；《中国—智利自由贸易协定》规定核查期限为6个月。

在原产地核查期间，申报地海关可以选择按照该货物适用的最惠国税率、普通税率或者其他税率收取相当于税款的保证金，按规定办理进口手续并放行货物。待出口方有关当局或机构就原产地核查予以反馈后，再视情作出不同处理。但是，当进口货物属于国家限制进口的或者有违法嫌疑的，海关不得在原产地证书核查完毕前放行货物。如《中国—东盟自由贸易协定》规定，在对原产地证书的真实性或货物原产地的准确性存在怀疑时，进口方海关可以将原产地证书第三联副本寄回出口方有关机构，要求其协助核查。在等待核查结果期间，海关可以选择按照该货物适用的最惠国税率、普通税率或者其他税率收取相当于应缴税款的等值保证金后放行货物；若进口货物属于国家限制进口的，或者有违法嫌疑的，在原产地证书核查完毕前，海关不得放行货物。

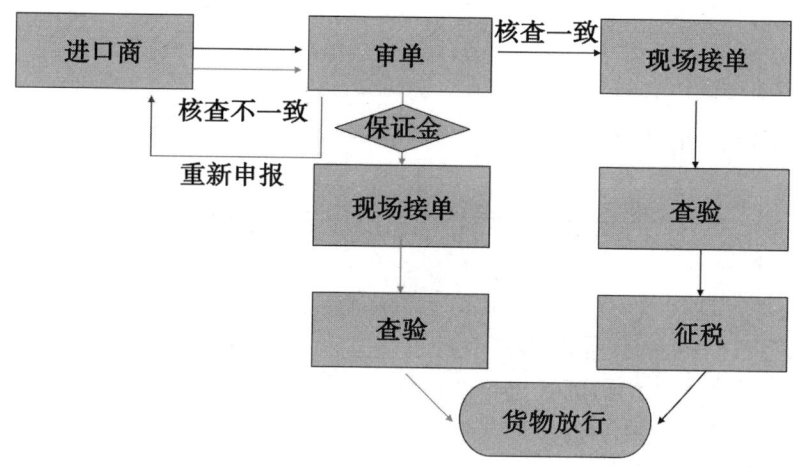

图 6-2 原产地核查流程示意图

五、 拒绝给予优惠待遇的情况

经过原产地核查的进口货物，海关在法定条件下可以拒绝给予优惠待遇，即涉及的进口货物不能适用优惠贸易安排的协定税率。一般包括以下几种情况：

第一种，进口货物的原产地不符合优惠贸易安排规定，即原产地不属于成员国名单涵盖范围。

第二种，货物申报进口时，进口货物收货人或者其代理人没有向海关提交有效原产地证书正本或者原产地声明，也未就进口货物具备优惠原产地资格进行补充申报。

第三种，在纸质审核机制下，出口成员方未将相关授权机构的名称、授权机构使用的相关表格和文件所用的安全特征或者上述信息的任何变化通知中国海关，或者原产地证书所用的安全特征与海关备案资料不一致。

第四种，原产地证书、原产地声明所列内容与其他申报单证不符。

第五种，原产地证书所列货品名称、数量及重量、包装唛头及号码、包装件数及种类与进口货物不相符。

第六种，自提出原产地核查请求之日起特定期限内（如《中国—新西兰自由贸易协定》规定 6 个月，《中国—秘鲁自由贸易协定》规定 90 天），海关没有收到进口商、制造商或者生产商提交的有关信息的；或者对方成员国主管机构未能在中国海关提出核查请求后规定期限内作出反馈（如《中国—秘鲁自由贸易协定》规定 150 天），或者其答复结果未包含足以确定原产地证书真实性或货物真实原产地信息；或者进口方主管机构已提出核查访问的请求，

139

但出口方主管机构在收到通知的规定期限内未书面同意该项请求（如《中国—秘鲁自由贸易协定》规定30天）。

第七种，进口货物收货人或者其代理人提交原产地证明有规避有关原产地证书管理规定的嫌疑。

第三节　原产地的预裁定机制

执行原产地预裁定机制与商品归类预裁定机制一样，是海关为提高通关效率、增强贸易便利化程度所采取的重要举措。WTO《原产地规则协定》规定，"有正当理由的出口商、进口商或任何人"都可申请预裁定。因此，无论"有正当理由的出口商、进口商或任何人"是否在一国海关注册，只要其向该国海关提出请求，海关部门都应受理。同时，该协定规定了海关做出答复的时间限制，即应在收到请求后150天内答复申请人。

我国于2001年加入WTO，作为WTO的成员，应受WTO规则的约束。2005年1月1日，我国施行的《原产地条例》第十五条规定："根据对外贸易经营者提出的书面申请，海关可以依照《中华人民共和国海关法》第四十三条的规定，对将要进口的货物的原产地预先作出确定原产地的行政裁定，并对外公布。进口相同的货物，应当适用相同的行政裁定。"同时，遵循WTO《原产地规则协定》的原则，规定海关应在150天内给予答复。在优惠性原产地管理方面，虽WTO尚未形成有约束力的国际性多边协议，但预裁定机制也有所援用，在我国签署的部分自由贸易协定中有所体现。

具体来说，我国海关原产地预裁定机制包括申请、受理与执行三大程序。

一、预裁定的申请

进口货物的收货人及与进口货物直接相关的其他人，在有正当理由的情况下，可以书面申请海关对其将要进口的货物原产地进行预裁定。办理申请手续时，申请人应当填写"中华人民共和国海关预裁定申请书"，并提交申请人的身份证明材料及与进口货物相关的有关资料，包括：进口货物的商品名称、规格、型号、税则号列、产品说明书等；出口国（地区）签证机构签发的原产地证书或其他原产地证明；进口货物所使用原材料的品种、规格、型号、价格、产地等资料；进口货物的生产加工工序、流程、工艺、加工地点和加工增值等资料；进口货物交易情况的文件资料，包括进口合同、意向书、询价和报价单、发票等；海关要求提供的其他文件资料。材料为外文的，申请人应当同时提交符合海关要求的中文译本。

二、 预裁定的受理

海关应当自收到"中华人民共和国海关预裁定申请书"及相关材料之日起 10 日内审核决定是否受理该申请，制发"中华人民共和国海关预裁定申请受理决定书"或者"中华人民共和国海关预裁定申请不予受理决定书"。

申请材料不符合有关规定的，海关应当在决定是否受理前一次性告知申请人在规定期限内进行补正，制发"中华人民共和国海关预裁定申请补正通知书"。申请人未在规定期限内提交材料进行补正的，视为未提出预裁定申请。

海关对申请人申请预裁定的海关事务应当自受理之日起 60 日内，依据有关法律、行政法规、海关规章及海关总署公告作出预裁定决定，制发"中华人民共和国海关预裁定决定书"。预裁定决定有效期为 3 年。

对于优惠性原产地的确定，根据各自由贸易区谈判内容的不同，受理期限也有不同规定，一般会少于非优惠原产地的确定期限。如我国在《中国—新加坡自由贸易协定》中规定，进出口货物收发货人可以依照《中华人民共和国海关行政裁定管理暂行办法》的规定，向海关申请《中国—新加坡自由贸易协定》项下进出口货物原产地行政裁定，有关原产地预裁定应当自海关受理申请之日起 60 日内做出。《中国—秘鲁自由贸易协定》则适当放宽受理期限，规定有关原产地预裁定应当自海关收到书面申请的 150 日内做出。

三、 预裁定的执行

进口货物报关时，如该货物实际进口情况与原产地预裁定决定的内容相一致，海关应按预裁定决定认定该进口货物的原产地，并以此确定税率或采用相关措施。在预裁定决定所依据的原产地规则、申报材料的事实情况不变的条件下，海关作出的原产地预裁定决定自其对外公布之日起 3 年内在全关境范围内都具有效力。如若预裁定所依据的原产地规则已发生变化，司法程序或行政复议程序做出不同于预裁定决定的新决定，或经海关审查发现实际进口货物与预裁定所载内容不符的，海关所作原产地预裁定不能发生效力，申请人需要依照法规重新办理原产地证明。

原产地预裁定具有普遍效力，不仅对预裁定决定的申请人适用，对其他进口货物的收货人也可以适用。这表明原产地预裁定产生效力的依据是货物而不是申请人。若申请人以外的其他收货人提出申请，要求海关依照预裁定决定认定其进口货物原产地的，只要该收货人实际进口货物的原产地特征与有关预裁定决定的货物条件相符，海关可以参照该预裁定决定认定其原产地。

申请人对于海关的原产地预裁定决定不服的，或者进口货物收货人对海关根据原产地预裁定决定对实际进口的货物所作的原产地认定不服的，可以依法申请行政复议或者向人民法院提起诉讼。申请人对所提供的有关资料要求保密的，应在提交有关资料时申明，海关应当予以保密。除司法程序要求提供的外，未经申请人同意，有关资料不得公开披露。申请人提供虚假材料或者隐瞒相关情况的，海关给予警告，可以处 1 万元以下罚款。

—— 下篇 ——

原产地规则的实践

第七章　《中国—东盟自由贸易协定》 原产地规则及操作程序

【本章导读】中国与东盟于 2002 年签署《中国与东盟全面经济合作框架协议》（以下简称《框架协议》），标志建设中国—东盟自由贸易区的进程正式启动。此后双方于 2004 年、2007 年和 2009 年分别签署《货物贸易协议》、《服务贸易协议》和《投资协议》。《框架协议》于 2003 年 7 月 1 日生效，并于 2003 年、2006 年、2012 年和 2015 年修订。《中国与东盟关于修订〈中国—东盟全面经济合作框架协议〉及项下部分协议的议定书》（以下简称升级《议定书》）于 2015 年 11 月签署、2016 年 7 月 1 日正式生效。升级《议定书》对原产地章节进行修改。双方已于 2018 年完成产品特定原产地规则谈判，包括最新产品特定原产地规则在内的升级版原产地规则于 2019 年 8 月正式实施。根据东盟方统计，2019 年双边货物贸易额 5079 亿美元（占东盟贸易总额的 18%），相比 2010 年的 2355 亿美元增长 1 倍多，约为 2005 年货物贸易协议生效时的 4 倍。根据中方统计，在新冠肺炎疫情暴发的严峻形势下，2020 年 1—9 月中国和东盟贸易额逆势增长 5%，东盟首次成为中国第一大贸易伙伴，形成中国和东盟互为第一大贸易伙伴的良好局面。

第一节　概　述

一、　成员国

成员国包括中国与东盟 10 个成员国。

东盟是东南亚国家联盟（Association of Southeast Asian Nations，ASEAN）的简称。东盟组织有 10 个成员国：文莱、印度尼西亚、马来西亚、菲律宾、新加坡、泰国、柬埔寨、老挝、缅甸和越南。其中，前 6 个国家加入东盟的时间比较早，是东盟的老成员，后 4 个国家是东盟新成员。

二、 谈判过程

2001 年 11 月，中国与东盟宣布在 10 年内完成建立自由贸易区的目标。

2002 年 11 月 4 日，《中国与东盟全面经济合作框架协议》签署，自由贸易区建设正式启动。

2004 年 1 月 1 日，中国—东盟自由贸易区"早期收获计划"实施，下调农产品（主要是《中华人民共和国进出口税则》第一章至第八章的农产品，共约 600 个税目）的关税。特别是中国和泰国于 2003 年 10 月 1 日即开始执行《中泰蔬菜水果协议》，对约 200 个税目的蔬菜、水果实施零关税。《中泰蔬菜水果协议》于 2004 年 1 月 1 日起并入"早期收获计划"。

2004 年年底，《中国—东盟全面经济合作框架协议货物贸易协议》（以下简称《货物贸易协议》）和《争端解决机制协议》签署，标志自由贸易区建设进入实质性执行阶段。

2005 年 7 月 20 日，《货物贸易协议》降税计划开始实施，对约 7000 种产品实施第一次降低关税；2007 年 1 月 1 日和 2009 年 1 月 1 日分别进行了第二次和第三次关税削减。

2007 年 1 月，双方签署《服务贸易协议》，并于 2007 年 7 月起正式实施。

2009 年 8 月，双方签署《投资协议》，标志着自由贸易区的主要谈判结束。

2010 年 1 月 1 日，约 7000 种产品实施零关税，标志着中国—东盟自由贸易区初步建立。

2014 年 9 月 23 日至 24 日，中国—东盟自由贸易区联委会第六次会议暨中国—东盟自由贸易区首轮升级谈判在越南河内举行。

2015 年 11 月 22 日，在李克强总理和东盟十国领导人的共同见证下，中国商务部部长高虎城与东盟十国部长分别代表中国政府与东盟十国政府，在马来西亚吉隆坡正式签署中国—东盟自由贸易区升级谈判成果文件——《中华人民共和国与东南亚国家联盟关于修订〈中国—东盟全面经济合作框架协议〉及项下部分协议的议定书》（以下简称《议定书》）。《议定书》是我国在现有自由贸易区基础上完成的第一个升级协议，涵盖货物贸易、服务贸易、投资、经济技术合作等领域，是对原有协定的丰富、完善、补充和提升，体现了双方深化和拓展经贸合作关系的共同愿望和现实需求。

2016 年 7 月 1 日，《议定书》率先对中国和越南生效。此后东盟其他成员陆续完成国内核准程序，升级《议定书》生效范围不断扩大。2019 年 8 月 22 日，所有东盟国家均完成了国内核准程序，10 月 22 日，升级《议定书》对所有协定成员全面生效。

三、 降税安排

2004 年 11 月 29 日，第八次中国—东盟领导人会议在老挝万象召开，并签署了《货物贸易协议》。《货物贸易协议》是规范我国与东盟货物贸易降税安排和处理非关税措施等有关问题的法律文件，共有 23 个条款和 3 个附件，主要包括关税的削减和取消、减让的修改、数量限制和非关税壁垒、保障措施、加速执行承诺、一般例外、安全例外、机构安排和审议等内容。2005 年 7 月 20 日，中国—东盟自由贸易区降税安排全面启动。

《货物贸易协议》规定，除已有降税安排的早期收获产品外，其余的全部产品分为正常产品和敏感产品两大类。

正常产品分为一轨产品和二轨产品两类。其中，二轨产品在取消关税的时间上可享有一定的灵活性，但最终税率与一轨产品一样均要降为零。

敏感产品按敏感程度不同分为一般敏感产品和高度敏感产品两类。两者的共同点是最终税率可以高于零，区别是一般敏感产品要在一段时间后把关税降到相对较低的水平，而高度敏感产品最终可保留相对较高的关税。敏感产品采用"肯定列表"（positive list）方式，即只有列入敏感产品清单的产品才视为敏感产品。在中国—东盟自由贸易区框架下，敏感产品占 400 多个税目。

《货物贸易协议》详细规定了正常产品关税的削减模式。对中国和东盟老成员即文莱、印度尼西亚、马来西亚、菲律宾、新加坡和泰国，正常产品自 2005 年 7 月起开始第一次关税削减；2007 年 1 月 1 日和 2009 年 1 月 1 日分别进行第二次和第三次关税削减；自 2010 年 1 月 1 日起，约 7000 种一轨产品的关税全部降为零，标志着中国—东盟自由贸易区初步建成；自 2012 年 1 月 1 日起，约 200 个二轨产品的关税全部降为零。对东盟新成员即柬埔寨、老挝、缅甸和越南，考虑到经济发展现状，给予其特殊照顾和差别待遇：从 2005 年 7 月起开始削减关税，2006 年至 2009 年每年 1 月 1 日均进行一次关税削减，2010 年不削减关税，2011 年起每两年削减一次关税，至 2015 年将关税降为零。

四、 原产地标准

中国—东盟自由贸易区的原产地规则采用了完全获得和实质性改变标准。实质性改变标准包括区域价值成分和税则归类改变标准。其中，区域价值成分标准要求最终产品的中国—东盟自由贸易区成分不低于离岸价格的 40% 才可被认为是原产于中国—东盟自由贸易区，在自由贸易区内的进出口贸易中享受自由贸易区优惠税率。"税则归类改变"标准适用于《中华人民共和国进出口税则》第 25、26、28、29（29.01、29.02 除外）、31（31.05 除外）、39（39.01、39.02、39.03、39.07、39.08 除外）、42 ~49、57 ~59、61、62、64、66 ~71、73—83、86、88、91 ~97 章项下货物，要求非原产材料制造或者加工后，发生了 4 位级税则归类改变。同时，《中国—东盟自由贸易协定》制定了产品特定原产地标准清单，包含 2000 多个六位子目的产品，混合使用了唯一标准和选择标准。

五、 签证机构

中国—东盟自由贸易区使用 Form E 原产地证书。在我国，Form E 证书由海关和中国贸促会签发。在我国境内生产且符合自由贸易区原产地规则的出口货物可申领 Form E 证书，并可凭此证书在出口到东盟成员国时享受中国—东盟自由贸易区的优惠关税。

第二节 中国—东盟自由贸易区原产地规则

中国—东盟自由贸易区原产地规则具体见下面条款：

第一条 为了正确确定《中华人民共和国与东南亚国家联盟全面经济合作框架协议》（以下简称《中国东盟框架协议》）项下进出口货物原产地，促进我国与东南亚国家联盟成员国（以下简称"东盟成员国"）的经贸往来，根据《中华人民共和国海关法》（以下简称《海关法》）、《中华人民共和国进出口货物原产地条例》、《中国东盟框架协议》、《中华人民共和国与东南亚国家联盟关于修订〈中国—东盟全面经济合作框架协议〉及项下部分协议的议定书》（以下简称《议定书》）以及《〈中华人民共和国与东南亚国家联盟关于修订《中国—东盟全面经济合作框架协议》及项下部分协议的议定书〉附件 1 的附录 B：产品特定原产地规则修订》的规定，制定本办法。

第二条 本办法适用于我国与东盟成员国之间的《中国东盟框架协议》项下进出口货物的原产地管理。

第三条 进出口货物符合下列条件之一的，应视为《中国东盟框架协议》项下原产货物：

（一）在中国或者一个东盟成员国完全获得或者生产的。

（二）在中国或者一个东盟成员国完全使用符合本办法规定的原产材料生产的。

（三）在中国或者一个东盟成员国非完全获得或者生产的：

1. 属于本办法附 1 适用范围，并且符合相应的税则归类改变、区域价值成分、制造加工工序或者其他规定的。

2. 不属于本办法附1适用范围，但是满足以下条件之一：

（1）用本办法第五条所列公式计算的区域价值成分不少于货物离岸价格的40%；

（2）《中华人民共和国进出口税则》（以下简称《税则》）第25、26、28、29（29.01、29.02除外）、31（31.05除外）、39（39.01、39.02、39.03、39.07、39.08除外）、42~49、57~59、61、62、64、66~71、73~83、86、88、91~97章项下货物，非原产材料制造或者加工后，发生了4位级税则归类改变。

符合本办法规定的东盟成员国原产货物，最后生产工序在该东盟成员国境内完成，并且自该成员国直接运输至中国境内的，可以适用《中国东盟框架协议》的协定税率。

第四条 本办法第三条第（一）项"在中国或者一个东盟成员国完全获得或者生产的"货物是指：

（一）在中国或者该东盟成员国种植、收获、采摘或者采集的植物和植物产品（包括水果、花、蔬菜、树、海藻、菌类和活的植物）；

（二）在中国或者该东盟成员国出生并且饲养的活动物；

（三）在中国或者该东盟成员国从本条第（二）项所述活动物中获得的未经过进一步加工的产品，包括牛奶、鸡蛋、天然蜂蜜、毛发、羊毛、精液和粪便；

（四）在中国或者该东盟成员国狩猎、诱捕、捕捞、水产养殖、采集或者捕捉获得的货物；

（五）从中国或者该东盟成员国领土、领水及其海床或者海床下提取或者得到的，未包括在本条第（一）项至第（四）项内的矿物质及其他天然资源；

（六）在中国或者该东盟成员国领水以外，该方有权开发的水域、海床或底土提取的产品；

（七）由在中国或者该东盟成员国注册并悬挂其国旗的船舶在该方领水以外海域捕捞获得的鱼类以及其他海洋产品；

（八）在中国或者该东盟成员国注册并且悬挂其国旗的加工船上完全用本条第（四）项和第（七）项所述货物加工制造的货物；

（九）在中国或者该东盟成员国制造、加工或者消费过程中产生的，仅适用于原材料回收的废碎料；

（十）在中国或者该东盟成员国消费并收集的，仅适用于原材料回收的旧货物；

（十一）在中国或者该东盟成员国完全从本条第（一）项至第（十）项

所指货物生产的货物。

第五条 本办法第三条第（三）项规定的区域价值成分应当按照下列公式计算：

$$区域价值成分 = \frac{离岸价格 - 非原产材料价格}{离岸价格} \times 100\%$$

其中，"非原产材料价格"是指按照《WTO估价协定》确定的非原产材料的进口成本、运至目的港口或者地点的运费和保险费，包括不明原产地材料的价格。非原产材料在中国或者一个东盟成员国境内获得时，按照《WTO估价协定》确定的成交价格，应当在中国或者该东盟成员国最早确定的非原产材料的实付或应付价格，不包括将该非原产材料从供应商仓库运抵生产商所在地的运费、保险费、包装费及任何其他费用。

根据本条第一款计算货物的区域价值成分时，非原产材料价格不包括在生产过程中为生产原产材料而使用的非原产材料的价格。

第六条 原产于中国或者东盟成员国的货物或者材料在另一个东盟成员国境内用于生产另一货物的，该货物或者材料应当视为生产另一货物的东盟成员国的原产材料。

原产于东盟成员国的货物或者材料在中国用于生产另一货物的，该货物或者材料应当视为中国的原产材料。

第七条 下列微小加工或者处理不影响货物原产地确定：

（一）为确保货物在运输或者贮存期间保持良好状态而进行的加工或者处理；

（二）为便于货物装卸或者运输而进行的加工或者处理；

（三）为货物销售而进行的包装（不包括电子工业中的封装）、展示等加工或者处理。

第八条 适用《议定书》项下税则归类改变要求的货物，生产过程中所使用的非原产材料不满足税则归类改变要求，但是符合本办法所有其他适用规定且符合下列条件之一的，应视为原产货物：

（一）《税则》第50~63章的货物，在货物生产中所使用的，但是未发生税则归类改变的全部非原产材料重量不超过该货物总重量的10%，或者按照本办法第五条确定的价格不超过该货物离岸价格的10%；

（二）《税则》第50~63章以外的货物，在货物生产中所使用的，但是未发生税则归类改变的全部非原产材料按照本办法第五条确定的价格不超过该货物离岸价格的10%。

第九条 运输期间用于保护货物的包装材料以及容器不影响货物原产地的确定。

货物适用《议定书》项下区域价值成分要求确定原产地，并且其零售用包装材料以及容器与该货物一并归类的，该零售用包装材料以及容器的价格应当按照各自的原产地纳入原材料或者非原材料的价格予以计算。

货物适用《议定书》项下税则归类改变要求确定原产地，并且其零售用包装材料以及容器与该货物一并归类的，该零售用包装材料以及容器的原产地不影响货物原产地的确定。

第十条 在确定货物是否为原产货物时，下列中性成分的原产地不予考虑：

（一）燃料、能源、催化剂及溶剂；

（二）用于测试或者检验货物的设备、装置及用品；

（三）手套、眼镜、鞋靴、衣服、安全设备及用品；

（四）工具、模具及型模；

（五）用于维护设备和建筑的备件及材料；

（六）在生产中使用或者用于运行设备和维护厂房建筑的润滑剂、油（滑）脂、合成材料及其他材料；

（七）在货物生产过程使用但未构成该货物组成成分的其他货物。

第十一条 适用《议定书》项下区域价值成分要求的货物，在计算区域价值成分时，与该货物一起申报进口的附件、备件或者工具，在《税则》中与该货物一并归类，并且不单独开具发票，则该附件、备件或者工具的价格应当按照各自的原产地纳入原材料或者非原材料的价格予以计算。

货物适用《议定书》项下的税则归类改变要求确定原产地的，如果与该货物一起申报进口的附件、备件或者工具，在《税则》中与该货物一并归类，并且不单独开具发票，则该附件、备件或者工具的原产地不影响货物原产地的确定。

本条第一款与第二款所述附件、备件、工具的数量与价格应当在合理范围之内。

第十二条 在确定货物原产地时，对于商业上可以互换，性质相同，仅靠视觉观察无法加以区分的可互换材料，应当通过下列任一方法加以区分：

（一）材料的物理分离；

（二）出口方公认会计准则承认的库存管理方法。该库存管理方法应当至少在一个财政年度内连续使用。

第十三条 本办法第三条的"直接运输"是指《中国东盟框架协议》项下进口货物从一个东盟成员国直接运输至我国境内，途中未经过中国、该东盟成员国以外的其他国家或者地区（以下简称"其他国家或者地区"）。

原产于该东盟成员国的货物，经过其他国家或者地区运输至我国，同时符合下列条件的，应当视为"直接运输"：

（一）货物经过这些国家或者地区仅是由于地理原因或者运输需要；

（二）未进入这些国家或者地区进行贸易或者消费领域；

（三）货物经过这些国家或者地区时，除装卸、重新装卸，或者其他为使货物保持良好状态所需的处理外，货物在其境内未经任何其他处理。

第十四条　除海关总署另有规定外，货物申报进口时，进口货物收货人或者其代理人应当按照海关的申报规定填制《中华人民共和国海关进口货物报关单》，申明适用《中国东盟框架协议》协定税率，并且应当提交以下单证：

（一）由东盟成员国签证机构签发的有效原产地证书（或者流动证明）（格式见附2），本办法第十八条规定的免于提交原产地证书（或者流动证明）的情况除外；

（二）货物的商业发票；

（三）货物的全程运输单证。

货物经过其他国家或者地区运输至中国境内的，应当提交其他国家或者地区海关出具的证明文件或者海关认可的其他证明文件。

进口货物收货人或者其代理人提交的本条第一款第（三）项所述运输单证可以满足直接运输相关规定的，无须提交本条第二款所述证明文件。

第十五条　本办法规定的有效原产地证书（或者流动证明）应当符合以下规定：

（一）由中国或者东盟成员国授权机构签发；

（二）具有唯一的证书编号；

（三）所列的一项或者多项货物为同一批次的货物；

（四）注明货物具备原产资格的依据；

（五）原产地证书、流动证明的签证机构印章、签证人员签名与中国海关和东盟成员国通知的签证机构印章、签证人员签名样本相符；

（六）符合本办法附2所列格式，以英文填制并由出口商署名和盖章；

（七）原产地证书自签发之日起12个月内有效；流动证明的有效期与其据以签发的原产地证书的有效期相同。

原产地证书应当在货物装运前或者装运时签发；因不可抗力未能在货物装运前或者装运时签发的，可以在货物装运后3天内签发。

第十六条　除海关总署另有规定外，原产地申报为东盟成员国的进口货物，收货人或者其代理人在申报进口时未提交原产地证书（或者流动证明）的，应当在货物放行前就该进口货物是否具备东盟成员国原产资格向海关进行补充申报（见附3）。

进口货物收货人或者其代理人依照本条第一款规定就进口货物具备东盟成员国原产资格向海关进行补充申报并且提供税款担保的，海关应当依法办理进口手续。依照法律、行政法规规定不得办理担保的情形除外。因提前放行等原因已经提交了与货物可能承担的最高税款总额相当的税款担保的，视为符合本款关于提供税款担保的规定。

货物申报进口时，进口货物收货人或者其代理人未申明适用《中国东盟框架协议》协定税率，也未按照本条规定就该进口货物是否具备东盟成员国原产资格进行补充申报的，其申报进口的货物不适用协定税率。收货人或者其代理人在货物放行后向海关申请适用《中国东盟框架协议》协定税率的，已征税款不予调整。

第十七条 为了确定原产地证书（或者流动证明）真实性和准确性、确定进出口货物的原产资格，或者确定进出口货物是否满足本办法规定的其他要求，海关可以通过以下方式开展原产地核查：

（一）要求进口货物的收货人或者其代理人、出口货物的发货人或者其代理人、生产商提供货物原产地以及签发原产地证书相关的信息和资料；

（二）实地核查出口货物的生产情况，查阅、复制有关合同、发票、账簿以及其他有关资料；

（三）要求东盟成员国相关主管机构核查原产地证书（或者流动证明）的真实性及货物的原产资格，必要时提供出口商或者生产商以及货物的相关信息；

（四）双方海关共同商定的其他程序。

在等待核查结果期间，依照进口货物收货人或者其代理人申请，海关可以依法办理担保放行，依照法律、行政法规规定不得办理担保放行的情形除外。

第十八条 同一批次进口的东盟成员国原产货物，离岸价格不超过200美元的，免予提交原产地证书（或者流动证明）。

为规避本办法规定，一次或者多次进口货物的，不适用前款规定。

第十九条 具有下列情形之一的，该进口货物不适用《中国东盟框架协议》协定税率：

（一）进口货物收货人或者其代理人在货物申报进口时未申明适用协定税率，也未按照本办法第十六条规定进行补充申报的；

（二）货物不具备东盟成员国原产资格的；

（三）原产地证书（或者流动证明）不符合本办法规定的；

（四）原产地证书（或者流动证明）所列货物与实际进口货物不符的；

（五）自提出原产地核查请求之日起270天内，海关没有收到东盟成员国相关机构的核查反馈结果，或者反馈结果未包含足以确定原产地证书（或者流动证明）真实性或者货物真实原产地信息的；

（六）进口货物收货人或者其代理人存在其他不遵守本办法有关规定行为的。

第二十条 符合本办法原产于中国的货物，出口商或者生产商可以向海关、中国国际贸易促进委员会及其地方分会申请签发原产地证书，并且按上述签证机构要求提交申请签发原产地证书所需资料，证明出口货物符合原产地证书签证要求。必要时接受签证机构开展的检查。

第二十一条 原产于东盟成员国的进口货物经过我国境内运往其他东盟成员国，可以向海关申请签发流动证明。流动证明的签发与变更按照海关总署2011年第11号公告办理。

第二十二条 原产地证书不得涂改及叠印。如有项目变更，出口商或者生产商应当向该原产地证书签证机构提出申请并提供相应证明材料，由签证机构在该原产地证书上修改，加盖签证机构印章或者更正章予以证明，并且划去空白部分。

第二十三条 由于非主观故意的差错、疏忽或者其他合理原因，不能在本办法第十五条规定的期限内申请签发原产地证书的，中国或者东盟成员国签证机构可应出口商申请在货物装运之日起12个月内补发。补发的原产地证书应当注明补发。

原产地证书被盗、遗失或者损毁，出口商可以向中国或者东盟成员国签证机构书面申请在原证书正本的有效期内签发注明"经核准的真实副本"字样的原产地证书副本。

经核准的原产地证书副本向进口方海关提交后，原产地证书正本失效。

第二十四条 进口货物在向海关申报之后、放行之前，目的地发生变化需要运往其他国家的，进口货物的收货人或者其代理人应当向海关提出书面申请。

经审查确认的，海关应当在原产地证书正本加以签注并留存证书正本，同时将证书复印件提供给进口货物收货人或者其代理人。

出口货物运往原产地证书中指定的进口方途中，其目的地发生变化的，出口商应当向签证机构申请重新签发原产地证书，并随附已签发的原产地证书。

第二十五条 出口货物申报时，出口货物发货人或者其代理人应当按照海关的申报规定填制《中华人民共和国海关出口货物报关单》。

第二十六条 原产于东盟成员国的货物，在其他东盟成员国或者中国境内展览并于展览期间或者展览结束后销售至我国境内，同时符合下列条件的，可以适用《中国东盟框架协议》协定税率：

（一）该货物已经以送展时的状态在展览期间或者展览后立即发运至中国；

（二）该货物送展后，除用于展览会展示外，未作他用；

（三）该货物在展览期间处于展览所在国家或者地区的海关监管之下。

上述展览货物申报进口时，收货人或者其代理人应当向海关提交原产该货物的东盟成员国签证机构签发的原产地证书正本、展览举办国有关政府机构签发的注明展览会名称及地址的证明书，以及证明货物符合本办法第十三条第二款规定的相关文件。

出口至东盟成员国的上述货物可向签证机构申请原产地证书，满足上述要求的，可以在东盟成员国申请适用《中国东盟框架协议》协定税率。

第二十七条 进口货物的收货人、申领原产地证书的出口商或者生产商对原产地证书副本、能充分证明原产资格及货物符合本办法其他规定的文件保存至少 3 年。

原产地证书签证机构对原产地证书的申请表及其所有相关文件保存至少 3 年。

第二十八条 海关对依照本办法规定获得的商业秘密依法负有保密义务。未经进出口货物收发货人同意，海关不得泄露或者用于其他用途，但是法律、行政法规及相关司法解释另有规定的除外。

第二十九条 违反本办法，构成走私行为、违反海关监管规定行为或者其他违反《海关法》行为的，由海关依照《海关法》和《中华人民共和国海关行政处罚实施条例》的有关规定予以处理；构成犯罪的，依法追究刑事责任。

第三十条 本办法下列用语的含义：

（一）"水产养殖"是指从卵、鱼苗、鱼虫和鱼卵等胚胎开始，对包括鱼、软体动物、甲壳动物、其他水生无脊椎动物及水生植物在内的水生生物的养殖。通过有序畜养、喂养或者防止食肉动物掠食等方式，对饲养或者生长过程加以干预，以提高产量。

（二）"公认的会计原则"是指一方有关记录收入、支出、成本、资产及负债、信息披露以及编制财务报表方面的会计准则、认可的一致意见或者实质性权威支持。上述准则既包括普遍适用的概括性指导原则，也包括详细的标准、惯例及程序。

（三）"材料"是指用于货物生产的任何物质，以物理形式构成另一货物一部分或者用于另一货物生产过程的货物。

（四）"原产材料"或者"原产货物"是指根据本办法规定具备原产资格

的材料或者货物。

（五）"生产"是指获得货物的方法，包括货物的种植、饲养、开采、收获、捕捞、水产养殖、耕种、诱捕、狩猎、捕获、采集、收集、养殖、提取、制造、生产、加工或者装配等。

（六）"WTO 估价协定"是指作为《马拉喀什建立世界贸易组织协定》的组成部分的《关于实施 1994 年关税与贸易总协定第七条的协定》。

（七）"非原产货物"或者"非原产材料"是指根据本办法规定不具备原产资格的货物或者材料，以及原产地不明的货物或者材料。

（八）"中性成分"是指在另一货物的生产中使用，本身不构成该货物组成成分的货物。

（九）"东盟成员国"是指与中国共同签订《中国东盟框架协议》的东盟成员国，包括文莱达鲁萨兰国、柬埔寨王国、印度尼西亚共和国、老挝人民民主共和国、马来西亚、缅甸联邦、菲律宾共和国、新加坡共和国、泰王国和越南社会主义共和国。

第三十一条　本办法由海关总署负责解释。

第三十二条　本办法自 2019 年 8 月 20 日起施行。

第三节 原产地证书与原产地资格申明

一、原产地证书样本（中文）

正本（第二副本/第三副本）

1.产品运自(出口商名称、地址、国家): 2.产品运至（收货商名称、地址、国家）:	编号: 中国—东盟自由贸易区 优惠关税 原产地证书 （申报与证书合一） 表格 E _____签发 （国家） 见背页说明
3.运输工具及路线（已知）: 离港日期: 船舶名称/飞机等: 卸货口岸:	4.官方使用 □给予优惠待遇; □不给予优惠待遇（请注明原因） _____ 进口成员方有权签字人签字

5. 项目编号	6.包装唛头及编号	7.包装件数及种类；产品名称（包括相应数量及6位 HS 编码）	8.原产地标准（见背页说明）	9.毛重或净重或其他数量及当适用区域价值成分时应填写价格（FOB）	10.发票编号及日期

11.出口商声明 下列签字人声明上述资料及申报正确无讹，所有产品产自 _____ （国家） 且符合中国—东盟自由贸易区原产地规则所规定的原产地要求,该产品出口至 _____ （进口国） 地点和日期，有权签字人的签字	12.证明 根据所实施的监管，兹证明出口商所做申报正确无讹。
13. □ 补发 　　□ 展览 □ 流动证明 　□ 第三方发票	 _____ 地点和日期，签字和发证机构印章

背页说明

1. 为享受中国—东盟自由贸易区优惠关税协议下优惠待遇而接受本证书的缔约各方：文莱、柬埔寨、中国、印度尼西亚、老挝、马来西亚、缅甸、菲律宾、新加坡、泰国、越南。

2. 条件：出口至上述任一方的产品，享受中国—东盟自由贸易区优惠关税协议下优惠待遇的主要条件是：

必须是在目的国可享受关税减让的产品；

必须符合议定书附件 1 相关条款的要求。

3. 原产地标准：表格中第 7 栏每个商品，必须按照下列表格中规定的格式，在本证书第 8 栏中标明其产品申报享受优惠待遇所依据的原产地标准。

本表格第 11 栏列名的第一国生产或制造的详情	填入第 8 栏
（a）符合议定书附件 1 第二条第（1）项完全生产或获得的产品	"完全获得"
（b）符合议定书附件 1 第二条第（2）项的规定，仅由一个或多个成员的原产材料生产的	"完全生产"
（c）符合议定书附件 1 第 4 条第（1）项的规定，用非原产材料生产的产品	
—区域价值成分	中国—东盟累计成分的百分比，例如 40%
—四位税号改变	CTH
（d）符合产品特定原产地标准（PSR）的产品	"PSR"

4. 每一项商品都必须符合规定：应注意一批货物中的所有产品都必须各自符合规定，尤其是不同规格的类似商品或备件。

5. 产品名称：第 7 栏产品名称必须详细，以使验货的海关关员可以识别。

6. 《协调制度》编码应根据《协调制度》填写 6 位编码。

7. 第 1 栏和第 11 栏"出口商"可包括制造商或生产商。作为流动证明时，"出口商"也包括中间方的出口商。对于中国，中国生产商能通过代理申请原产地证书。上述情况中，生产商能在第 11 栏声明并将其名称和地址填写于第 7 栏。

8. 官方使用：不论是否给予优惠待遇，进口方海关必须在第 4 栏作出相应的标注（√）。

9. 流动证明：作为流动证明时，按照签证操作程序规则十二的规定，第 13 栏中的"流动证明"应予以标注（√）。仅在适用区域价值成分标准的情况下，第 9 栏中应填写中间方发票价格。成员方的原始签证机构名称、签发日期以及原始原产地证书（Form E）的编号也应在第 7 栏中注明。

10. 第三方发票：当发票是由第三国开具时，第 13 栏中的"第三方发票"应予以标注（√）。该发票号码应在第 10 栏中注明。开具发票的公司名称及所在国家等信息应在第 7 栏中注明。

11. 展览：当产品由出口方运至另一方展览并在展览期间或展览后销售给一方时，按照中国—东盟自由贸易区原产地规则二十二的规定，第 13 栏中的"展览"应予以标注（√）。展览的名称及地址应在第 2 栏中注明。

12. 补发：在特殊情况下，由于非主观故意的差错、疏忽或者其他合理原因，可按照中国—东盟自由贸易区原产地规则十一的规定补发原产地证书（Form E）。第 13 栏中的"补发"应用电子或打印方式予以标注（√）。如果不能用电子或打印方式标注（√），应在证书上盖有"补发"字样的印章。

二、 原产地证书样本（英文）

原产地证书（格式）（英文）
Original（Duplicate/Triplicate）

1. Products consigned from (Exporter's business name, address, country)	Reference No.
	ASEAN-CHINA FREE TRADE AREA PREFERENTIAL TARIFF CERTIFICATE OF ORIGIN (Combined Declaration and Certificate)
2. Products consigned to (Consignee's name, address, country)	FORM E Issued in _____ (Country) See Overleaf Notes

3. Means of transport and route (as far as known)	4. For Official Use
Departure date	☐ Preferential Treatment Given
Vessel's name/Aircraft etc.	☐ Preferential Treatment Not Given (Please state reason/s)
Port of Discharge	.... Signature of Authorised Signatory of the Importing Party

5. Item Number	6. Marks and numbers on packages	7. Number and type of packages, description of products (including quantity where appropriate and HS number in six digit code)	8. Origin criteria (see Overleaf Notes)	9. Gross weight or net weight or other quantity, and value (FOB) only when RVC criterion is applied	10. Number, date of Invoices

11. Declaration by the exporter	12. Certification
The undersigned hereby declares that the above details and statement are correct; that all the products were produced in .... (Country) and that they comply with the origin requirements specified for these products in the Rules of Origin for the ACFTA for the products exported to .... (Importing Country) .... Place and date, signature of authorised signatory	It is hereby certified, on the basis of control carried out, that the declaration by the exporter is correct. .... Place and date, signature and stamp of certifying authority

13
☐ Issued Retroactively ☐ Exhibition
☐ Movement Certificate ☐ Third Party Invoicing

OVERLEAF NOTES

1. Parties which accept this form for the purpose of preferential treatment under the ASEAN-China Free Trade Area (ACFTA) :

BRUNEI DARUSSALAM	CAMBODIA	CHINA
INDONESIA	LAOS	MALAYSIA
MYANMAR	PHILIPPINES	SINGAPORE
THAILAND	VIETNAM	

2. CONDITIONS：The main conditions for admission to the preferential treatment under the ACFTA are that products sent to any Parties listed above：

（ⅰ） must fall within a description of products eligible for concessions in the country of destination；

（ⅱ） must comply with all relevant provisions of Annex 1 (Rules of Origin) of the Protocol to Amend the Framework Agreement on Comprehensive Economic Co-operation and Certain Agreements thereunder between the Association of Southeast Asian Nations (ASEAN) and the People's Republic of China (ACFTA Upgrading Protocol).

3. ORIGIN CRITERIA：For each good described in Box 7 of this form, the origin criteria met should be indicated in Box 8, in the manner shown in the following table：

Circumstances of production or manufacture in the first country named in Box 11 of this form	Insert in Box 8
(a) Goods wholly produced or obtained satisfying subparagraph (a) of Article 2 of Annex 1 of the ACFTA Upgrading Protocol	WO
(b) Goods produced in a Party exclusively from originating materials from one or more of the Parties satisfying subparagraph (b) of Article 2 of Annex 1 of the ACFTA Upgrading Protocol	PE
(c) Goods produced from non-originating materials in a Party, satisfying paragraph 1 of Article 4 of Annex 1 of the ACFTA Upgrading Protocol	
—Regional Value Content	Actual percentage of ACFTA value content, example "40%"
—Change in Tariff Classification at the four-digit level	CTH
(d) Goods satisfying the Product Specific Rules (PSR) in Attachment B of Annex 1 of the ACFTA Upgrading Protocol	PSR

4. EACH ARTICLE MUST QUALIFY：It should be noted that all the products in a consignment must qualify separately in their own right. This is of particular relevance when similar articles

of different sizes or spare parts are sent.

5. DESCRIPTION OF PRODUCTS: The description of products in Box 7 must be sufficiently detailed to enable the products to be identified by the Customs Officers examining them.

6. The Harmonised System number of the importing party in Box 7 (six digit code) shall be determined according to the International Convention on the Harmonized Commodity Description and Coding System and subsequent amendments thereto.

7. The term "Exporter" in Box 1 and 11 may include the manufacturer or the producer. In the case of Movement Certificate (MC) , the term "Exporter" also includes the exporter in the intermediate Party. For China, a Chinese manufacturer can apply for a Certificate of Origin (Form E) in the case where the manufacturer needs to authorise other agencies to export on its behalf. In this case, the manufacturer can make the declaration indicated in Box 11 and shall state the name and address of the exporter in Box 7.

8. FOR OFFICIAL USE: The Customs Authority of the importing Party must indicate (√) in the relevant boxes in column 4 whether or not preferential treatment is accorded.

9. MOVEMENT CERTIFICATE: In cases of Movement Certificate, in accordance with Rule 12 of Attachment A of the Rules of Origin of the ACFTA Upgrading Protocol (Operational Certification Procedures) : (i) "Movement Certificate" in Box 13 should be ticked (√) ; (ii) the indicated value in Box 9 shall be the invoice value of the products exported from the intermediate Party. The indicated value in Box 9 is only required when the RVC criterion is applied; (iii) The name of the original Issuing Authorities of the Party, date of the issuance and the reference number of the original Certificate of Origin (Form E) to be indicated in Box 7.

10. THIRD PARTY INVOICING: In cases where invoices are issued by a third country, "the Third Party Invoicing" in Box 13 shall be ticked (√). The invoice number shall be indicated in Box 10. Information such as name and country of the company issuing the invoice shall be indicated in Box 7.

11. EXHIBITIONS: In cases where products are sent from the exporting Party for exhibition in another Party and sold during or after the exhibition for importation into a Party, in accordance with Rule 22 of Attachment A of the Rules of Origin for the ACFTA, the "Exhibitions" in Box 13 should be ticked (√) and the name and address of the exhibition indicated in Box 2.

12. ISSUED RETROACTIVELY: In exceptional cases, due to involuntary errors or omissions or other valid causes, the Certificate of Origin (Form E) may be issued retroactively in accordance with Rule 11 of Attachment A of the Rules of Origin for the ACFTA. The "Issued Retroactively" in Box 13 shall be ticked (√) electronically or typewritten together with other information in the Certificate of Origin (Form E).In cases where the "Issued Retroactively" in Box 13 cannot be ticked electronically or typewritten, the Certificate of Origin (Form E) shall be stamped with the words "ISSUED RETROACTIVELY" .

三、 原产地资格申明

**《中华人民共和国与东南亚国家联盟全面经济合作
框架协议》项下进口货物原产资格申明**

本人_____（姓名及职务）为进口货物收货人/进口货物收货人代理人（不适用的部分请划去），兹申明编号为_____的报关单所列第_____项货物原产自东盟成员国，且货物符合《中华人民共和国与东南亚国家联盟全面经济合作框架协议》原产地规则的要求。

本人申请对上述货物适用《中华人民共和国与东南亚国家联盟全面经济合作框架协议》协定税率，并提供税款担保后放行货物。本人承诺自货物进口之日起 1 年内补交《中华人民共和国与东南亚国家联盟全面经济合作框架协议》原产地证书。

签名：_____
日期：_____

第八章 《中国—巴基斯坦自由贸易协定》原产地规则及操作程序

【本章导读】《中国—巴基斯坦自由贸易协定》于 2006 年 11 月签署，2007 年 7 月生效实施。2011 年 3 月，中巴双方启动自由贸易协定第二阶段谈判，2019 年 12 月 1 日，《中华人民共和国政府和巴基斯坦伊斯兰共和国政府关于修订〈自由贸易协定〉的议定书》（以下简称《议定书》）正式生效。

《议定书》对原自由贸易协定中的货物贸易市场准入及关税减让表、原产地规则、贸易救济、投资等内容进行了升级和修订，并新增了海关合作章节。其中，核心内容是在原自由贸易协定基础上，进一步大幅提高两国间货物贸易自由化水平。《协定书》生效后，中巴两国间相互实施零关税产品的税目数比例将从此前的 35% 逐步增加至 75%。此外，双方还将对占各自税目数比例 5% 的其他产品实施 20% 的部分降税。

第一节 概 述

一、 成员国

成员国包括中国和巴基斯坦。

中国、巴基斯坦贸易有一定的互补性，合作空间和潜力较大。近年来双边贸易增速均保持在 10% 以上。目前，中国已成为巴基斯坦第二大贸易伙伴。中国对巴基斯坦的出口商品日趋多样化，机电产品所占比重逐年增加。

二、 谈判过程

中国和巴基斯坦互为"全天候"伙伴，经贸关系受到两国领导人的高度重视。

2003 年 11 月 3 日，两国在北京签署《中国—巴基斯坦伊斯兰共和国优惠贸易安排》，并于 2004 年 1 月 1 日起实施。根据安排，我国对巴基斯坦 902 个 8 位税号（相当于 600 多个 6 位子目）的产品实行优惠税率，巴基斯坦对我国 188 个 6 位子目的产品实行优惠关税。

2004 年 10 月 18 日，两国启动自由贸易区联合可行性研究。2005 年 4 月 5 日，在温家宝总理访巴期间，双方宣布结束自由贸易区联合可行性研究，正式启动自由贸易区谈判。

2005 年 12 月，双方签署《中国—巴基斯坦关于自由贸易协定早期收获计划的协议》。根据协议，两国从 2006 年 1 月 1 日起，分阶段对涉及 3000 多个 8 位税目的两类产品在两年内实行零关税：第一类为共同降税产品，包括部分蔬菜、水果和石料等；第二类为单方降税产品，中国以纺织品为主，巴基斯坦以机电产品和有机化工品为主。

2006 年 11 月 24 日，在胡锦涛主席访巴期间，两国签署了《中国—巴基斯坦自由贸易协定》，并宣布启动自由贸易区服务贸易谈判。《中国—巴基斯坦自由贸易协定》包括货物贸易、投资等内容，并于 2007 年 7 月 1 日起实施。

2011 年 3 月 10 日~11 日，中国—巴基斯坦自由贸易区第二阶段降税第一轮谈判在伊斯兰堡举行。其后，在 2011 年 3 月 ~2019 年 4 月期间，中国—巴基斯坦自由贸易区第二阶段共进行 11 次谈判。

2019 年 4 月 28 日，商务部副部长兼国际贸易谈判副代表俞建华与巴基斯坦驻华大使马苏德·哈立德签署《中华人民共和国政府和巴基斯坦伊斯兰共和国政府关于修订〈自由贸易协定〉的议定书》。议定书为《中国—巴基斯坦自由贸易协定》第二阶段谈判成果文件。

2019 年 12 月 1 日，议定书正式生效。议定书降税安排于 2020 年 1 月 1 日起实施。

三、 降税安排

在货物贸易自由化方面，中巴两国分两个阶段对全部产品实施降税。

第一阶段是在协定生效后 5 年内，双方对占各自税目总数 85% 的产品按照以下 5 种类别，按照不同的降税幅度实施降税：

第一类产品在协定生效后 3 年内降为零。中国的第一类产品包括 2681 个 8 位税号，巴基斯坦的第一类产品包括 2423 个 8 位税号，约占中、巴各自税目总数的 35.5%，占各自贸易量的比重分别为 40% 和 30%。中国降税产品主要包括畜产品、蔬菜、矿产品等，巴基斯坦降税产品主要包括牛羊肉、化工产品、机电产品等。

第二类产品的关税在协定生效 5 年内削减到 0 至 5%，中国的第二类产品共计 2604 个 8 位税号，占税目总数的 34.5%，主要包括化工品、水产品等；巴基斯坦的第二类产品共计 1338 个 8 位税号，占税目总数的 20%，主要包括机电产品、农产品、化工产品、玻璃等。

第三类产品的关税在协定生效 5 年内削减 50%。中国的第三类产品共计 604 个 8 位税号，约占中国税目总数的 8%，主要包括蔬菜、果汁、服装等；巴基斯坦的第三类产品共计 157 个 8 位税号，占巴基斯坦税目总数的 2%，主要包括水产品、化妆品、陶瓷等。

第四类产品的关税在协定生效 5 年内削减 20%。中国的第四类产品共计 529 个 8 位税号，占中国税目总数的 7%，主要包括水产品、家电、纺织品等；巴基斯坦的第四类产品共计 1768 个 8 位税号，占巴基斯坦税目总数的 26%，主要为蔬菜、水果、服装、塑料、棉机织物等。

第五类产品为例外产品，暂不进行关税减让，该类产品的税目数比重双方都为 15% 左右。中国的第五类产品共计 1132 个 8 位税号，主要包括部分木材和纸制品、关税配额产品、食用植物油等。巴基斯坦的第五类产品共计 1025 个 8 位税号，主要包括纺织品、汽车及零部件、部分家电产品等。此外，巴基斯坦还有因宗教和安全等原因禁止进口的部分产品，如猪肉、酒等，不参加降税，共计 92 个 8 位税号，约占巴基斯坦税目数的 1%。

第二阶段，中巴两国间相互实施零关税产品的税目数比重从此前的 35% 逐步增加至 75%。此外，双方还将对占各自税目数比重 5% 的其他产品实施 20% 的部分降税。

四、 成员国主要进出口产品

（一）主要出口产品

中国出口的主要产品为纺织服装、机械设备、钢材、鞋类、焦炭等。

巴基斯坦出口的主要产品为资源性产品、农产品、塑料制品。

（二）主要进口产品

中国从巴基斯坦进口的主要产品为铜材、皮革、铬矿石、棉花、冻鱼等。

巴基斯坦进口的主要产品为机电产品、锅炉设备、摩托车及零部件等。

五、 原产地标准

《中国—巴基斯坦自由贸易协定》以完全获得和 40% 区域价值成分作为原产地判定的基本标准，符合产品特定原产地标准的产品，应视为在缔约一方经过了充分的加工。

六、 签证机构

在我国，目前中国—巴基斯坦自由贸易区项下的优惠原产地证书由海关签发。在中国境内生产且符合原产地规则的货物可申领优惠原产地证书，并凭此证书在出口到巴基斯坦时享受中国—巴基斯坦自由贸易区的优惠关税。

第二节　原产地规则

根据《中国—巴基斯坦自由贸易协定》，可享受优惠关税减让的产品原产地应遵循下列规则确定：

第十二条　定义

为执行原产地规则：

（一）"成本、保险费加运费价格（CIF）"是指实付或应付给出口人的货物在进口港从运输工具卸下后的价格。它包括货物的成本和将货物运至指定目的港所需的保险费和运费。

（二）"海关估价协议"指 WTO 协议中《关于实施 1994 年关税与贸易总协定第七条的协定》。

（三）"船上交货价格（FOB）"是指实付或应付给出口人的货物在指定出口港装上运输工具后的价格。它包括货物的成本和将货物运至运输工具所需的所有成本。

（四）"材料"包括组成成分、零件、部件、组件及/或已实际上构成另一个货物部分或已用于另一货物生产过程的货物。

（五）"原产货物"是指根据第十三条的规定确定为原产的货物。

（六）"产品特定原产地标准"是指规定材料已经过税号改变或特定制造或加工工序，或满足某一从价百分比标准，或者混合使用任何这些标准的规则。

（七）"间接材料"是指用于某一货物的生产、测试和检查，但没有实际性地组成到这一货物中的物品，又或者是一种用于与某一货物的生产有关的厂房维护或设备操作的物品，包括：

1. 燃料与能源；

2. 工具、模具及铸模；

3. 用于设备及厂房维护的零件和材料；

4. 用于生产或设备操作和厂房的润滑剂、润滑油、混合材料及其他材料；

5. 手套、眼镜、鞋、衣服、安全装置及用品；

6. 用于货物的测试或检查的设备、装置和用品；

7. 催化剂和溶剂及其他任何可被证明用于货物的生产但未构成货物组成

部分的货物。

（八）"非原产材料"是指用于货物生产中的非任何缔约一方原产的材料，以及不明原产地的材料。

（九）"生产"是指获得货物的方法，包括制造、生产、装配、加工、饲养、种植、繁殖、开采、提取、收获、捕捞、诱捕、采集、收集、狩猎和捕获。

第十三条　原产地标准

本协议中，从缔约一方进口的符合以下任何一项原产地要求的产品，应视为原产并可以享受优惠关税减让：

（一）第十四条中明确规定的完全获得或生产的产品；或

（二）符合第十五条、第十六条或第十七条中规定的非完全获得或生产的产品。

第十四条　完全获得或者生产的产品

下列产品应当视为符合第十三条（一）所指的完全在缔约一方获得或生产：

（一）在一方收获、采摘或收集的植物及植物产品；

（二）在一方出生和饲养的活动物；

（三）在一方从上述第（二）项活动物中获得的产品；

（四）在一方狩猎、诱捕、捕捞、水生养殖、收集或捕获所得的产品；

（五）从缔约一方领土、领水、海床或海床底土开采或提取的除上述第（一）至（四）项以外的矿物或其他天然生成物；

（六）在缔约一方领水以外的水域、海床或海床底土获得的产品，但该成员方须按照国际法规定有权开发上述水域、海床及海床底土；

（七）在缔约一方注册或悬挂该成员方国旗的船只在公海捕捞获得的鱼类及其他海产品；

（八）在缔约一方注册或悬挂该成员方国旗的加工船上仅从第（七）项产品中加工和/或制造所得的产品；

（九）在缔约一方从既不能用于原用途，也不能恢复或修理的物品上回收的零件或原材料；

（十）在缔约一方收集的既不能用于原用途，也不能恢复或修理，仅适于用作弃置或部分原材料的回收，或者仅适于作再生用途的物品；

（十一）在缔约一方境内生产加工过程中产生的废碎料；和

（十二）仅用上述第（一）至（十一）项所列产品在缔约一方加工获得的产品。

第十五条　非完全获得或者生产的产品

（一）第十三条（二）中，如原产于缔约一方的成分在产品中不少于40%，则该产品应视为该方原产。

（二）原产价值成分计算公式如下：

$$\frac{非原产材料的价格}{船上交货价格（FOB）}\times100\%<60\%$$

（三）非原产材料价格应为：

1. 材料进口时的成本、运费加保险费价格（CIF）；或

2. 在进行制造或加工的成员方境内最早确定的为不明原产地材料支付的价格。

第十六条 累计原产地规则

除另有规定外，符合第十三条原产地要求的产品在缔约一方境内用作生产享受本协议优惠待遇的制成品的原材料，如果最终产品的中国—巴基斯坦累计成分不低于40%，则该产品应视为原产于制造或加工该制成品的成员方境内。

第十七条 产品特定原产地标准

在缔约一方经过充分加工的产品应视为该成员方的原产货物。符合本规则附件所列产品特定原产地标准的产品，应视为在缔约一方经过了充分的加工。

第十八条 微小加工及处理

下列的加工或处理均视为微小加工及处理，在按照第十三条确定货物原产地时，应不予考虑：

（一）为运输或贮存货物使货物保持良好状态的处理（例如干燥、冷冻、盐水保存、通风、摊开、冷却，置于盐、二氧化硫或其他水溶液中，去除已损害部分等类似处理）；

（二）除尘、筛选、分类、分级、匹配（指示组成成套物品），洗涤、涂抹和切割；

（三）改变包装及为发货而进行的拆分、装配；

（四）简单的切割、切片和再包装，或者装瓶、入袋、进箱、固定在硬纸板或木板上，以及其他所有的简单包装操作；

（五）在产品或包装上粘贴标志、标签或其他类似的区别标记；

（六）简单混合不论是否同种类的产品，而且该混合而得的一个或多个组成部分不得因满足本章规定的条件而获得原产地资格；

（七）简单组装产品的各部件以组成一个完整品；

（八）拆装；

（九）屠宰动物；

（十）仅用水或其他物质稀释，而不改变货物的性质；以及

（十一）上述（一）到（十）项中的两项或多项操作的组合。

第十九条 直接运输

下列情况应视为从出口成员方向进口成员方的直接运输：

（一）货物运输未经过中国和巴基斯坦以外的任何其他国家或地区境内；

（二）货物运输途中经过中国—巴基斯坦自由贸易区成员方之外的一个或多个国家境内，不论是否在这些国家转换运输工具或作临时储存，如果：

1. 可证明过境运输是由于地理原因或仅出于运输需要的考虑；

2. 货物未在这些国家进入贸易或消费领域；以及

3. 除装卸或其他为使货物保持良好状态的处理外，货物在这些国家未经任何其他操作。

第二十条　包装

（一）缔约一方如对货物及其包装分别计征关税，就可对从另缔约一方进口的货物及其包装分别确定原产地。

（二）在上述第（一）项不适用的情况下，包装应与货物视为一个整体，运输或贮藏所需的包装在确定货物原产地时应与货物一并考虑，而不应将其视为从中国—巴基斯坦自由贸易区外进口。

第二十一条　附件、备件及工具

与货物一起申报进口的附件、备件、工具及指导性或其他介绍说明性材料，如进口国将其与货物一并归类和征收关税，在确定该货物的原产地时，应忽略不计。

第二十二条　间接材料

除另有规定外，在确定货物原产地时，第十二条（八）中定义的间接材料的原产地，对在制造过程中未留在货物里或未构成货物一部分的材料的原产地也不予考虑。

第二十三条　原产地证书

申请享受优惠关税减让的产品，申报时应提交由出口成员方指定并已按附件二所列签证操作程序的规定通知协议另缔约一方的授权机构签发的原产地证书。

第二十四条　审议及修改

应缔约一方要求，必要时可对这些规则进行审议及修改。如经双方共同同意，这些规则的审议及修改可予以开放。

第三节　原产地证书

中国—巴基斯坦自由贸易区原产地证书样本及其填制说明如下：

原产地证书样本（中文）

1. 出口人名称、地址、国家：	编号
	签发日期
2. 收货人名称、地址、国家：	**中国一巴基斯坦自由贸易区** **原产地证书** （申报与证书合一） 签发在：
3. 生产商名称、地址、国家：	
4. 运输工具及路线（如已知）： 离港日期 船舶/飞机/火车/汽车　号 装货口岸 卸货口岸	5 官方使用 根据中华人民共和国政府与巴基斯坦伊斯兰共和国政府自由贸易协定 给予优惠待遇 不给予优惠待遇（请注明原因） 进口国有权签字人签字

6. 项目编号	7. 包装唛头及编号；包装件数及种类；货物名称；进口国 HS 编码	8. 原产地标准	9. 毛重、数量、船上交货价格（FOB）	10. 发票编号及日期	11. 备注

12. 出口人声明	13. 证明
下列签字人声明上述资料及申报正确无讹，所有货物产自 _____ （国家） 且符合中华人民共和国政府与巴基斯坦伊斯兰共和国政府自由贸易协定所规定的原产地要求，该货物出口至 _____ （进口国） _____ 地点和日期，授权签字人的签字	根据所实施的监管，兹证明出口商所做申报正确无讹。 _____ 地点和日期，签字和签证机构印章

中国—巴基斯坦自由贸易区原产地证书填制说明

第1栏：注明出口人的合法的全称、地址（包括国家）。

第2栏：注明收货人的合法的全称、地址（包括国家）。

第3栏：注明生产商的合法的全称、地址（包括国家）。如果证书上的货物生产商不止一个时，其他的生产商的全称、地址（包括国家）也必须列明。如果出口人或者生产商希望该信息保密时，也可以接受在该栏注明"应要求向海关提供"（Available to Customs upon request）。如果生产商与出口商相同时，该栏只须填写"相同"（SAME）。

第 4 栏：注明运输方式和路线，并详细说明离港日期、运输工具编号、装货港和卸货港。

第 5 栏：由进口成员方海关在该栏简要说明根据协议是否给予优惠待遇。

第 6 栏：注明项目编号。

第 7 栏：该栏的货品名称必须详细，以使验货的海关关员可以识别，并使其能与发票上的货名及 HS 编码的货名对应。包装上的运输唛头及编号、包装件数和种类也应当列明。每一项 货物的 HS 编码应当为货物进口国的 6 位 HS 编码。

第 8 栏：从一成员方出口到另一成员方可享受优惠待遇的货物必须符合下列要求之一（根据特定原产地规则可做调整）：

1. 符合原产地规则规定，在出口成员方内完全获得的产品；

2. 为实施中国—巴基斯坦自由贸易区原产地规则的规定，使用非原产于中国、巴基斯坦或者无法确定原产地的原材料生产和加工产品时，所用这种原材料的总价值不超过由此生产或者获得的产品的离岸价格的 60%，且最后生产工序在该出口成员方境内完成；

3. 符合《中国—巴基斯坦自由贸易协定》第十六条的产品，且该产品在一成员方被用于生 产可享受另一成员方优惠待遇的最终产品时，如在最终产品中原产于中国、巴基斯坦成分总 计不少于最终产品的 40%，则该产品应当视为原产于对最终产品进行生产或加工的成员方；或者

4. 符合原产地规则产品特定原产地标准的产品，应当视为在一成员方进行了充分加工的货物。

若货物符合上述标准，出口商必须按照下列表格中规定的格式，在本证书第 8 栏中标明其货物申报享受优惠待遇所据的原产地标准：

本表格第 12 栏列名的原产国生产或制造的详情	填入第 8 栏
出口国完全生产的产品（见上述第 8 款 1 项）	"P"
符合上述第 8 款 2 项的规定，在出口成员方加工但并非完全生产的产品	单一国家成分的百分比，例如 40%
符合上述第 8 款 3 项的规定，在出口成员方加工但并非完全生产的产品	累计成分的百分比，例如 40%
符合产品特定原产地标准的产品	"PSR"

第 9 栏：该栏应当注明毛重的公斤数。其他的按惯例能准确表明数量的计量单位，如体积、件数也可用于该栏。离岸价格应该是出口人向签证机构申报的发票价格。

第 10 栏：该栏应当注明发票号和发票日期。

第 11 栏：如有要求，该栏可注明订单号、信用证号等。

第 12 栏：该栏必须由出口人填制、签名、签署日期和加盖印章。

第 13 栏：该栏必须由签证机构经授权的签证人员签名、签署日期和加盖签证印章。

第九章 《中国—智利自由贸易协定》原产地规则及操作程序

【本章导读】《中国—智利自由贸易协定》于2005年签署，2006年生效实施。为促进两国在服务、投资领域的合作，双方分别于2008年4月与2012年9月签署了关于服务贸易和关于投资的补充协定。2016年11月，中智双方启动自由贸易协定升级谈判，并于2017年11月签署《议定书》。

《中国—智利自由贸易协定》是我国继中国—东盟自由贸易区升级后实施的第二个自由贸易区升级协定，也是我国与拉丁美洲国家签署的第一个自由贸易区升级协定。《议定书》将进一步发掘双边经贸合作潜力，提升两国贸易自由化便利化水平，充实两国全面战略伙伴关系，对进一步深化我国与拉丁美洲国家经贸合作具有重要意义。

《议定书》生效后，中方在3年内对智方逐步取消部分木制品关税，智方将对中方立即取消纺织服装、家电、蔗糖等产品关税，双方相互实施零关税的产品将达到约98%，中国—智利自由贸易区将成为迄今我国货物贸易开放水平非常高的自由贸易区。服务贸易方面，双方在原有服务贸易补充协定的基础上，进一步扩大和提升服务贸易承诺部门的数量和水平。中方在商业法律服务、娱乐服务、分销等20多个部门进一步开放，智方在快递、运输、建筑等40多个部门做出更高水平的开放承诺。此外，《议定书》还对原产地规则、经济技术合作章节进行修订和补充，并新增电子商务、竞争、环境与贸易等规则议题。

第一节 概 述

一、成员国

成员国包括中国和智利。

智利是南美洲的重要发展中国家，与欧盟、美国都签署了自由贸易协定，是参与区域贸易安排非常积极的国家之一。

二、 谈判过程

2004 年 11 月 18 日，胡锦涛主席与智利总统拉戈斯共同宣布启动中智自由贸易区谈判。

2005 年 11 月 18 日，在韩国釜山 APEC 领导人非正式会议期间，在胡锦涛主席和拉戈斯总统的见证下，双方签署《中国—智利自由贸易协定》。

2006 年 9 月，吴邦国委员长访智期间，与智利总统巴切莱特共同宣布自 2006 年 10 月 1 日起开始实施《中国—智利自由贸易协定》，并正式启动服务贸易和投资谈判。

2016 年 11 月 22 日，中国商务部部长高虎城与智利外交部部长穆尼奥斯共同签署《中华人民共和国商务部和智利共和国外交部关于启动中国—智利自由贸易协定升级谈判的谅解备忘录》，宣布启动升级谈判。

2017 年 11 月 11 日，中国商务部部长钟山与智利外交部部长穆尼奥斯分别代表两国政府，在越南岘港正式签署中国—智利自由贸易区升级谈判成果文件——《中华人民共和国政府与智利共和国政府关于修订〈自由贸易协定〉及〈自由贸易协定关于服务贸易的补充协定〉的议定书》（以下简称《议定书》）。

2019 年 3 月 1 日，《议定书》正式生效实施。

三、 降税安排

自协定生效之日起，占税目总数 97% 的产品关税于 10 年内分阶段降为零。

占智利税目 74% 的产品的进口关税于 2006 年 10 月 1 日即协定生效之日起立即降为零；占中国税目 63% 的产品的进口关税在协定生效之日起两年内降为零。这意味着，协定一经生效，智利对原产于中国的 5000 多种产品的关税立即降为零；中国对原产于智利的 2000 多种产品的关税立即降为零，对原产于智利的约 2000 种其他产品的关税自 2007 年 1 月 1 日起降为零。双方已降为零关税的产品主要有：化工品、纺织品和服装、农产品、机电产品、车辆及零件、水产品、金属制品和矿产品等。到 2015 年，占两国税目总数 97% 的产品均实现零关税。

对于升级后的协定，中国将在 3 年内对智利逐步取消部分木制品关税，智利对中国立即取消纺织服装、家电、蔗糖等产品关税，双方相互实施零关税的产品将达到约 98%。

四、 成员国主要进出口产品

（一）主要出口产品

中国：纺织品、机械产品、电子零部件。

智利：农产品、水产品、矿产品。

（二）主要进口产品

中国：农产品、水产品、矿产品。

智利：纺织品、机电产品。

五、 原产地标准

原产地标准包括：完全获得标准、区域价值成分标准、产品特定原产地规则。如产品不适用完全获得标准，应适用产品特定原产地规则清单所列的原产地标准；如果清单中未对该项产品制定特定原产地规则，应适用区域价值成分标准来判定原产地。

六、 签证机构

在我国，目前中国—智利自由贸易区的优惠原产地证由海关和中国贸促会签发，在中国境内生产且符合原产地规则的货物可申领优惠原产地证书，并凭此证书在出口到智利时享受中国—智利自由贸易区的优惠关税。

第二节　原产地规则

在《议定书》第二章，专门对原产地规则进行了规定。具体内容如下：

第二章　原产地规则

第二条　定义

就本章而言：

授权机构是指根据一缔约方法律法规负责签发原产地证书的机构，该机构可根据该方法律法规将此权力授予其他实体或机构。就智利而言，授权机构是国际经济事务总局；

成本、保险费加运费价格（CIF）指进口货物的价格，包括运至进口国进境口岸或地点时的运费和保险费；

《海关估价协定》指作为《马拉喀什建立世界贸易组织协定》组成部分的《关于实施1994年关税与贸易总协定第7条的协定》；

船上交货价格（FOB）指无论货物以何种运输方式在最终离运的口岸或

地点的货物价格；

公认会计准则是指一缔约方认可的或有实质性官方支持的，有关记录收入、支出、成本、资产及负债、信息披露以及编制财务报表的会计原则。上述原则既包括普遍适用的广泛性指导原则，也可以包括详细的标准、惯例及程序；

材料是指在生产货物的过程中所使用的，且以物理形式构成货物组成部分的任何物体或物质；

原产材料是指根据本章规定具备原产资格的材料；

生产商是指从事货物生产的人；以及

生产是指获得货物的方法，包括货物的种植、饲养、开采、收获、捕捞、耕种、诱捕、狩猎、抓捕、采集、收集、养殖、提取、制造、加工或装配。

第三条　原产货物

就本议定书而言，货物在满足下列条件时应当被视为原产于中国或智利：

（一）该货物符合本章第四条的规定，在一缔约方境内完全获得或生产；

（二）货物完全在一缔约方的境内生产，且仅使用符合本章规定的原产材料；或者

（三）除附件2-A所列明的货物必须符合该附件特别规定的要求以外，在一缔约方境内使用非原产材料生产的货物符合区域价值成分不少于40%的标准。

同时，所有货物必须符合本章的其他适用规定。

第四条　完全获得货物

就本章第三条第（一）项而言，以下货物应当视为在一缔约方境内完全获得或生产：

（一）从土壤或海床提取的矿产品；

（二）在一缔约方境内收获的植物和植物产品；

（三）在一缔约方境内出生并饲养的活动物；

（四）从一缔约方境内饲养的活动物中获得的产品；

（五）在一缔约方境内狩猎、诱捕或在内陆水域捕捞所获得的产品；

（六）在一缔约方的领海捕捞获得的鱼类和其他产品；

（七）由在一缔约方注册或登记并悬挂其国旗的船舶在该缔约方领海以外的水域捕捞获得的鱼类及其他海洋产品，只要该缔约方根据国际法及国内法有权开发上述水域；

（八）由在一缔约方注册或登记并悬挂其国旗的加工船上，完全用上述第（六）项和第（七）项所述货物制造或加工的货物；

（九）在一缔约方消费并收集的既不能再用于原用途，也不能恢复或修

理，仅用于原材料回收的旧货；

（十）在一缔约方生产加工过程中产生的既不能再用于原用途，也不能恢复或修理，仅用于原材料回收的废碎料；

（十一）从一缔约方领海以外的海床或海床底土提取的产品，只要该缔约方根据国际法及国内法有权开发上述海床和海床底土；以及

（十二）在一缔约方仅由第（一）至（十一）项所规定产品制造的产品。

第五条　税则归类改变

附件2-A（产品特定原产地规则）所列的税则归类改变标准，要求货物生产中所使用的非原产材料在一缔约方境内经过加工后发生税则归类改变。

第六条　区域价值成分（RVC）

一、货物的区域价值成分应当依据下列方法计算：

$$RVC = \frac{(V-VNM)}{V} \times 100\%$$

在上述公式中：

RVC是指以百分比表示的区域价值成分；

V是指按照《海关估价协定》规定，在船上交货价格（FOB）基础上调整的货物价值；以及

VNM是指除本条第三款规定的情况外，按照《海关估价协定》规定，在成本、保险费加运费价格（CIF）基础上调整的非原产材料的价值。

二、根据本条第一款计算货物的区域价值成分时，货物生产过程中所使用的非原产材料价值，应当不包括为生产原产材料而使用的非原产材料的价值。

三、对于在一缔约方获得的非原产材料，VNM应当是在该缔约方货物生产过程中最早确定的非原产材料的实付或应付价格。该价值不应当包括将非原产材料从供应商的仓库运送到生产商厂址的过程中所产生的运费、保险费、包装费以及任何其他费用。

第七条　微小加工及处理

一、以下操作或加工工序应当被视为微小加工或处理，不得赋予货物原产资格：

（一）为了确保货物在运输及存储过程中完好无损而进行的保存工序；

（二）包装的拆解和组装；

（三）把货物零部件装配成完整品或将产品拆成零部件的简单装配或拆卸；

（四）洗涤、清洁、除尘、除去氧化物、去油、去漆或除去其他涂层；

（五）纺织品的熨烫或压平；

（六）简单的上漆及磨光工序；

（七）谷物和大米的脱壳、部分或全部漂白、抛光和上光；

（八）食糖上色或加工成糖块的工序；

（九）水果、坚果和蔬菜的去皮、去核和去壳；

（十）削尖、简单研磨或简单切割；

（十一）过滤、筛选、挑选、分类、分级、匹配（包括成套物品的组合）；

（十二）简单的装瓶、装罐、装袋、装箱、装盒、固定于纸板或木板以及其他任何简单的包装工序；

（十三）在产品或其包装上粘贴或印刷标志、标签、标识和其他类似的用于区别的标记；

（十四）对无论是否是不同种类的产品进行的简单混合；

（十五）仅为方便港口装卸所进行的工序；

（十六）第（一）至（十五）项中的两项或多项工序的组合；以及

（十七）屠宰动物；

二、在本条中：

（一）简单通常用来描述既不需要专门的技能也不需要专门为此生产或装配的机械、仪器或装备的行为；以及

（二）简单混合通常用来描述既不需要专门技能也不需要专门为此生产或装配的机械、仪器或装备的行为。但是，简单混合不包括化学反应。

第八条 累积规则

原产于一缔约方的货物或材料在另一缔约方境内用于组成另一货物时，则应当视为原产于后一缔约方境内。

第九条 微小含量

货物虽然不满足附件2-A规定的税则归类改变要求，但同时符合下列条件的，仍应当视为原产货物：

（一）按照第六条规定所确定的所有不满足税则归类改变要求的非原产材料的价值，包括原产地不明材料的价值，不超过该货物船上交货价格（FOB）的10%；以及

（二）该货物满足其所适用的本章所有其他标准。

第十条 成套货品

一、对于《商品名称及编码协调制度》（以下简称《协调制度》）归类总规则三所定义的成套货品，如果各组件均原产于一缔约方，则该成套货品应当视为原产于该缔约方。

二、尽管有上述规定，如果部分组件非原产于一缔约方，只要按照第六

条所确定的非原产货物价值不超过该成套货品船上交货价格（FOB）的15%，该成套货品仍应当视为原产于该缔约方。

第十一条　附件、备件及工具

一、在确定货物的原产地时，与货物一同报验进口的附件、备件或工具，同时符合下述条件的，应当不予考虑：

（一）附件、备件或工具与该货物一并归类，且不单独开具发票；以及

（二）上述附件、备件或工具的数量及价值对该货物而言都是正常配备的。

二、对于适用区域价值成分要求的货物，在计算该货物的区域价值成分时，第一款中所述的附件、备件或工具的价值应当视情况计入原产材料或非原产材料价值进行计算。

第十二条　可互换材料

一、在确定可互换材料是否为原产材料时，应当通过对每项材料进行物理分离，或者运用出口方公认会计原则所承认的库存管理方法加以判定。

二、如根据第一款的规定，对于某一项可互换材料选用了一种库存管理方法，则该方法应当在一个财务年度内持续使用。

三、可互换材料是指商业上可互换的材料，其性质实质相同，仅靠表观检查无法加以区分。

第十三条　包装材料及容器

一、在确定货物原产地时，不考虑用于货物运输的包装材料及容器。

二、如果零售用包装材料及容器与该货物一并归类，在决定生产过程中所使用的非原产材料是否发生了产品特定规则规定的税则归类改变时，这些零售用包装材料及容器应当不予考虑。但是，对于必须适用区域价值成分要求的货物，在确定该货物原产地时，零售用包装材料及容器的价值应当视情况作为原产材料或非原产材料予以考虑。

第十四条　中性成分

一、在确定货物的原产地时，本条第二款所指的中性成分的原产地应当不予考虑。

二、中性成分是指货物生产中使用，但在物理上不构成该货物组成部分的物品，其范围包括：

（一）燃料、能源、催化剂和溶剂；

（二）用于测试或检验货物的设备、装置和用品；

（三）手套、眼镜、鞋靴、衣服、安全设备和用品；

（四）工具、模具及型模；

（五）用于维护设备和厂房建筑的备件和材料；

（六）在生产中使用的，或者用于运行设备或设施的润滑剂、油（滑）脂、合成材料和其他材料；以及

（七）在货物生产过程中使用，虽不构成该货物组成成分，但能合理地表明为该货物生产过程中一部分的其他任何货物。

第十五条 直接运输

一、从出口方直接运输到进口方且满足本章所规定的要求的原产货物，根据本议定书应当具有享受优惠关税待遇的资格。

二、尽管有本条第一款规定，经过一个或多个非缔约方运输的原产货物，无论在非缔约方是否转换运输工具或临时储存，只要同时满足下列条件，应当视为直接运输：

（一）货物处于非缔约方海关监管之下；

（二）除装卸、重新包装、为满足进口方要求重贴标签、临时储存以及为保持货物良好状态的处理外，货物未经过其他处理；以及

（三）如果货物在一个或多个非缔约方发生第二款规定的临时储存，其停留时间自货物进入非缔约方起不得超过12个月。

三、在满足本条第二款要求的前提下，原产货物出于运输需要可以在非缔约方进行物流分拆。

四、进口方海关当局可以要求进口商提交满足本条第二款要求的证明文件，比如契约性运输单证、提单、仓储文件或任何关于货物本身的证明。

第十六条 原产地证书

一、原产地证书包括纸质原产地证书和电子原产地证书，应当由出口方的授权机构以纸质或者电子形式签发。

二、一缔约方应当将签发原产地证书的授权机构的名称和地址通知另一缔约方，并提供该授权机构使用的印章样本或其他安全特征。上述名称、地址、印章或其他安全特征的任何变更，应当及时通知另一缔约方海关。

三、根据本章规定具备原产资格的货物，其原产地证书应当在货物装运前或装运时签发。出口商或生产商应当提交签发原产地证书的申请，并随附相关的证明文件，以证明货物具备原产资格。

四、符合附件2-B格式的纸质原产地证书应当正确署名和盖章。除非缔约双方另行商定，电子原产地证书应当包含附件2-B列出的所有信息。

五、原产地证书应当用英文填写，并且涵盖同一批次发运的一项或多项货物。

六、原产地证书自签发之日起12个月内有效。

七、如因不可抗力、非故意的错误、疏忽，或者其他合理原因导致原产地证书未能在货物装运前或装运时签发的，原产地证书可以在货物装运之日

起 1 年内补发，补发的原产地证书应当注明"补发"字样。

八、原产地证书被盗、遗失或损毁时，出口商或生产商可以向签发原产地证书正本的授权机构书面申请签发经核准的原产地证书副本。经核准的原产地证书副本上应当注明"原产地证书正本（编号_____ 日期_____）经核准的副本"字样。经核准的原产地证书副本的有效期同原产地证书正本相同。

九、在取得原产地证书后，出口商或生产商如发现其货物不具备原产资格，应当立即以书面形式通知出口方的授权机构。

十、授权机构在受理原产地证书申请时，应当按照出口方的法律法规进行适当的检查，以确保：

（一）原产地证书有效填制；

（二）货物的原产地符合本议定书规定；以及

（三）原产地证书上的其他声明与所提交的适用的证明文件证据相对应。

第十七条 申请享受优惠关税待遇

一、根据本章规定，为使符合原产资格的货物享受优惠关税待遇，进口商应当：

（一）在进口前或进口时，或者根据进口方有关法律法规，以纸质或电子形式申请享受优惠关税待遇；

（二）持有进口货物的有效原产地证书；

（三）应进口方海关要求，提交与进口货物相关的其他文件；以及

（四）应进口方海关要求，提交证明货物符合第十五条规定的运输要求的证明文件。

二、申请进口货物享受优惠关税待遇的进口商如有理由相信其所申报的原产地证书包含不正确的信息，应当立即通知进口方海关并缴纳应付关税。

第十八条 保证金退还

各缔约方应当规定，进口商在进口原产货物时，可以在该货物进口之日起一年内，或者在进口方法律法规规定的期限内，申请退还多缴关税、保证金或担保，但需同时提交以下单证：

（一）在进口时或者进口方法律法规规定的其他时间提交的关于所报验的货物符合优惠待遇的书面声明；

（二）原产地证书；以及

（三）进口方海关要求提供的与货物进口相关的其他文件。

第十九条 免于提交原产地证书

一、为享受本章规定的优惠关税待遇，各缔约方应当规定，下列情况可免于提交原产地证书：

（一）完税价格总值不超过 1000 美元或进口方币值等额，或各缔约方所

确定的更高金额的一批次原产货物；或者

（二）进口方法律法规规定的其他原产货物。

二、如进口方海关确认该项进口是为规避原产地证书的提交要求而实施多次进口的，则本条第一款的规定不予适用。

第二十条 非缔约方发票

在满足本章要求的前提下，进口方不得仅因为发票由非缔约方签发而拒绝受理原产地证书。

第二十一条 原产地证书的修改

任何纸质原产地证书不得涂改或叠印。对纸质原产地证书的任何修改均应当先将错误信息划去，然后做必要的增补。此类更正应当加盖签发该纸质原产地证书的授权机构的印章。

第二十二条 原产地证书和证明文件的保存

一、为确保第二十三条的执行，各缔约方应当要求生产商、出口商和进口商在 3 年内保存原产地证书副本以及能充分证明货物原产地的任何其他文件。

二、出口方应当要求授权机构在 3 年内保存原产地证书副本。

三、第一款和第二款规定的所有文件，可以按照各缔约方的国内法律规定以纸质或者电子格式保存。

第二十三条 原产地核查

一、为核查原产地证书的真实性和有效性，或确定货物是否具备原产资格，进口方海关可通过下列方式对货物的原产地进行核查：

（一）书面要求出口方提供货物原产地相关信息；或者

（二）书面要求出口方核查原产地证书的真实性。

二、进口方海关在提出原产地核查请求时应当说明核查原因，并提供证明该核查请求合理的相关文件及信息。

三、原产地核查应当由出口方开展。为此，出口方有权要求出口商提供任何证据，审查其账目或进行其他适当的检查。

四、出口方在收到符合本条第一款规定的核查请求时，应当向进口方确认收到核查请求，并在 6 个月内反馈核查结果。

五、根据本条第一款第（一）项规定要求提供信息不影响第二十四条规定的核查访问的适用。

六、同一进口商进口的相同货物多次经进口方海关认定原产资格不实的，海关可以暂缓给予优惠关税待遇，直至该批货物经证实符合本议定书规定。

七、缔约双方海关、进口商、出口商、生产商和授权机构可以通过电子方式交换所要求提供的信息、相关文件以及与本条相关的其他信息。

第二十四条　核查访问

一、进口方海关可以：

（一）要求进行核查访问，但应在预定核查访问日的 30 天前向出口方提交进行核查访问的书面请求，出口方在收到该请求时应当向进口方确认；以及

（二）在进行本条第一款第（一）项所述核查访问期间要求出口方提供货物原产资格相关信息；

二、本条第一款所指书面请求应当包括以下内容：

（一）提出该请求的海关部门名称；

（二）预定核查访问的出口商地址；

（三）预定核查访问的日期和地点；

（四）预定核查访问的目的和范围，包括核查原产地证书项下的具体货物品名，以及该原产地证书及其复印件；以及

（五）准备参加核查访问的进口方海关关员的姓名以及职务。

三、出口方海关自收到根据本条第一款所规定的核查请求之日起 30 天内，以书面形式回复进口方。

四、在符合本条第一款第（一）项的情况下，出口方应当陪同进口方海关，对申领原产地证书的出口商进行实地核查访问。出口方应当收集并提供货物原产地的相关信息，并对用于生产该货物的设施进行检查。

五、出口方应当依据本条第一款规定，在核查访问结束之日起 45 天或其他双方共同商定的期间内，向进口方海关提供核查结果信息。

第二十五条　拒绝给予优惠关税待遇

在下列情况下，进口方海关可以拒绝给予货物优惠关税待遇：

（一）货物不具备原产资格；

（二）进口商、出口商或生产商未能遵守本章的相关规定；

（三）原产地证书不符合本章的规定；

（四）出口方未能遵守本章第二十三条或第二十四条所列规定；

（五）根据本章第二十三条和第二十四条所列规定向进口方提供的信息不足以证明货物具备出口方原产资格；或者

（六）在拒绝给予优惠关税待遇时，进口方海关应当视具体情况，及时向进出口商或生产商书面说明该决定的理由。

第二十六条　处罚

对于违反本章规定的行为，应当依照各缔约方国内法律处罚。

第二十七条　保密

一、缔约双方应当依照其国内法律法规对根据本章规定获得的机密商业

信息予以保密，并保护该信息不被公开，以免侵害信息提供人的竞争地位。任何泄密行为应当依照各缔约方的法律法规规定予以处理。

二、上述信息只能向海关和税务机构披露或在司法诉讼过程中披露。

第二十八条 原产地规则委员会

一、缔约双方特此设立原产地规则委员会（以下简称"原产地委员会"），委员会应当向自由贸易委员会报告。

二、该委员会由缔约双方政府主管部门组成。

三、委员会的职责包括：

（一）依据《协调制度》的转换版本，对附件 2-A 进行更新；以及

（二）评估本章的实施情况，并解决任何与本章及其附件实施相关的技术问题，例如税则归类改变、区域价值成分计算等；以及在这方面加强合作。

四、委员会的会议地点及会期应当由双方共同商定。

第二十九条 原产地电子数据交换系统和电子原产地证书

一、缔约双方应当按照共同确定的方式建立原产地电子数据交换系统，以确保本章的有效和高效实施。

二、原产地电子数据交换系统的技术方案应当由相关机构共同商定。

三、电子原产地证书的技术方面问题应当由原产地委员会解释。缔约双方可商定适用于本条的附加条件。

第三十条 微小差错

一、如果对进口货物原产地并无质疑，在原产地证书与实际货物相符的情况下，原产地证书上的微小印刷错误、文件的细微差异或者原产地证书缺少背页说明不应导致原产地证书失效。但是，进口方海关仍可以根据本章第二十三条和第二十四条规定启动核查程序。

二、对于多项货物使用同一份原产地证书进行申报的，当该证书项下一项货物发现微小差错时，不影响该证书项下其余货物享受优惠关税待遇以及海关通关程序。

第三十一条 接受副本

缔约双方应当致力于在适当情况下接受原产地证书和进口货物证明文件的纸质或电子副本。

第三十二条 关于在途货物的过渡性条款

进口方海关应当对在本议定书生效之日处于从出口方到进口方运输过程中的出口方原产货物给予优惠待遇。

第三节　原产地证书

一、 原产地证书样本（中文）

证书样本（中文）

1.出口商的名称、地址、国家	证书号：
	原产地证书 中国—智利自贸区 签发国＿＿＿＿＿ （填制方法详见证书背面注释）
2. 生产商的名称、地址，在已知情况下	
3. 收货人的名称、地址、国家	供官方使用
4. 运输方式及路线（就所知而言） 离港日期 船只/飞机/火车/货车编号 装货口岸 到货口岸	5. 备注：

6.项目号	7.唛头及包装号	8.包装数量及种类,商品名称	9.HS 编码（六位编码）	10. 原产地标准	11. 净重或数量，以计量单位标注	12.发票号及发票日期

| 13. 出口商或生产商申明 下列签字人证明上述资料及申明正确无 误，所有货物产自

＿＿＿＿＿＿＿＿＿
（××国家）
且符合自贸区原产地规则的相关规定，该货物出口至

＿＿＿＿＿＿＿＿＿
（××进口国）

＿＿＿＿＿＿＿＿＿
申报地点、日期及授权签字人的手签 | 14. 证明
根据所实施的监管，兹证明上述出口商或生产商的申报正确

＿＿＿＿＿＿＿＿＿
地点、日期、签字及签证机构印章 |

填制说明

证书编号：授权机构签发的原产地证书编号应为唯一的。

第1栏：应填写中国或智利出口商详细的依法登记的名称、地址（包括国家）。

第2栏：在已知的情况下填写生产商详细的依法登记的名称、地址（包括国家）。如

果证书 包含一个以上生产商的商品，应该列出其他生产商的详细名称、地址（包括国家）。如果出口商或生产商希望对信息予以保密，可以填写 "应要求提供（AVALABLE UPON REQUEST）"。如果生产商和出口商相同，应填写 "相同（SAME）"。

第3栏：应填写中国或智利收货人详细的依法登记的名称、地址（包括国家）。

第4栏：应尽其所知填写运输方式及路线，详细说明离港日期、运输交通工具的编号、装 货口岸和到货口岸。

第5栏：应填写订单号、信用证号码以及其他信息。如货物发票由非缔约方机构开具，应 尽其所知填写该非缔约方机构的详细名称、地址和国家。补发的原产地证书应注明 "补发"（ISSUED RETROACTIVELY）字样，经核准的原产地证书副本上应注明 "原产地证书正本（编号____、日期）经核准的副本" 字样。

第6栏：应填写项目号，最多50项。

第7栏：应填写唛头及包装号，如有。否则应填 "无唛头及包装号"［NO MARKS AND NUMBERS（N/M）］。

第8栏：应详细列明包装数量及种类。对每种货物提供详细的货物描述，以便于查验货物的海关关员可以识别。货物描述应与发票描述及货物的《协调制度》编码相符。如果是散装货，应注明 "散装"。当货物描述结束时，加上 "＊＊＊"（三颗星）或 "＼"（结束斜线符号）。

第9栏：应对应第八栏中的每种货物填写《协调制度》六位编码。

第10栏：若货物符合原产地规则，出口商应当按照下列表格中规定的格式，在本证书第10栏中标明其货物申报享受优惠待遇所根据的原产地标准。

原产地标准	填入第10栏
完全获得货物	WO
在一缔约方境内仅使用原产材料生产的货物	WP
总规则，即区域价值成分大于等于40%的产品	RVC
产品特定原产地规则	PSR

第11栏：净重和数量应以计量单位标注。

第12栏：应填写由出口商或非缔约方开具的发票号以及发票日期。

第13栏：本栏必须由申请证书的出口商或者生产商填写、签名并填写日期，且应该填写签名的地点及日期。

第14栏：本栏必须由签证机构的授权人员填制、签名、填写签证日期并盖章。

二、 原产地证书样本（英文）

证书样本（英文）
Certificate of Origin

1.Exporter's name, address, country:	Certificate No.:
2. Producer's name and address, if known:	**CERTIFICATE OF ORIGIN** **Form for China-Chile FTA** Issued in _____ (see Instruction overleaf)
3.Consignee's name, address, country:	
4.Means of transport and route (as far as known) Departure Date Vessel /Flight/Train/Vehicle No. Port of loading Port of discharge	**For Official Use Only** 5. Remarks

6.Item number	7. Marks and packages No.	8. Number and kind of packages; description of goods	9. HS code (Six digit code)	10. Origin criterion	11. Gross weight, quantity,with unit of measurement	12. Number(s) and date(s) of invoice(s)

| 13. Declaration by the exporter
The undersigned hereby declares that the above details and statement are correct, that all the goods were produced in

_____
(Country)
and that they comply with the origin requirements specified in the China – Chile FTA for the goods exported to

_____
(Importing country)

_____
Place and date, signature of authorized signatory | 14. Certification
On the basis of control carried out, it is hereby certified that the declaration made by the exporter or producer is correct.

_____
Place and date, signature and stamp of authorised body |

Overleaf Instruction

Certificate No. : Unique serial number of Certificate of Origin assigned by the authorised body.

Box 1: State the full legal name and address (including country) of the exporter in either China or Chile.

Box 2: State the full legal name and address (including country) of the producer. If goods from more than one producer are included in the certificate, list the additional producers, including their full legal name and address (including country). If the exporter or the producer wishes to maintain this information as confidential, it is acceptable to state "AVAILABLE UPON REQUEST". If the producer and the exporter are the same, please complete field with "SAME".

Box 3: State the full legal name and address (including country) of the consignee in either China or Chile.

Box 4: Complete the means of transport and route and specify the departure date, transport vehicle No. , port of loading and discharge, as far as known.

Box 5: State the order number, Letter of Credit number or other information. In case where a good is invoiced by a non-Party operator, the full legal name, country of the non-Party operator shall be indicated in this box, as far as known. In case of issuance of certificate retroactively, shall bear the words "ISSUED RETROACTIVELY", and in case of a certified copy, shall bear the word "CERTIFIED COPY of the original Certificate of Origin number _____ dated _____".

Box 6: State the item number, 50 is the maximum.

Box 7: State the shipping marks and numbers on the packages when such marks and numbers exist, otherwise shall state "NO MARKS AND NUMBERS (N/M)".

Box 8: The Number and kind of packages shall be specified. Provide a full description of each good. The description should be sufficiently detailed to enable the goods to be identified by the Customs Officers examining them and relate them to the invoice description and to the HS description of the good. If the goods are not packed, state "IN BULK". When the description of the goods is finished, add " * * * " (three stars) or " \ " (finishing slash).

Box 9: Identify the HS tariff classification to six digits corresponding to each good described in Box 8.

Box 10: If the goods qualify as originating good according to the Rules of Origin Chapter, the exporter or producer shall indicate in Box 10 the origin criteria on the basis of which the goods qualify for preferential tariff treatment, in the manner shown in the following table:

Origin criteria	Insert in Box 10
Goods wholly obtained	WO
Good is produced entirely in the territory of one Party, exclusively from originating materials	WP
General rule as ≥40% regional value content	RVC
Products specific rules	PSR

Box 11：Net weight or quantity shall be shown here with unit of measurement.

Box 12：Number (s) and date (s) of invoice (s) issued by the exporter or number and date of invoice issued by non-Party operator shall be shown here.

Box 13：The field shall be completed, signed and dated by the exporter or producer who applies for the Certificate of Origin.

Box 14：The field shall be completed, signed, dated and stamped by the authorised body.

第十章 《中国—新西兰自由贸易协定》原产地规则及操作程序

【本章导读】《中国—新西兰自由贸易协定》是中国与发达国家签署的第一个全面的自由贸易协定，于 2008 年 4 月 7 号签署。该协定自 2008 年 10 月 1 日起正式开始实施，涵盖了货物贸易、服务贸易、投资等诸多领域。新西兰承诺在 2016 年 1 月 1 日前取消全部自中国进口产品的关税，中国承诺在 2019 年 1 月 1 日前取消 97.2% 自新西兰进口的产品关税，因此，目前新西兰已取消全部自中国进口产品的关税，对于与两国有贸易往来的出口企业来说，绝对是"零关税""零负担"的绝佳外贸开拓地。

中新双方于 2016 年 11 月启动自由贸易协定升级谈判，以准确反映两国双边经贸关系快速、动态、与时俱进的发展需要，并以此进一步促进区域经济一体化进程。中国和新西兰的出口商都将从升级后更加便利的贸易规则中获益。中新自由贸易协定升级谈判对原有的海关程序与合作、原产地规则及技术性贸易壁垒等章节进行了进一步升级，新增了电子商务、环境与贸易、竞争政策和政府采购等章节。双方还在服务贸易和货物贸易市场准入、自然人移动和投资等方面做出新的承诺。

2019 年 11 月 4 日，中国和新西兰宣布正式结束两国之间的自由贸易协定升级谈判。

第一节　概　述

一、 成员国

成员国包括中国与新西兰。

中国是新西兰第三大贸易伙伴、第四大出口市场和第二大进口来源地。

二、 谈判过程

2003 年 10 月，胡锦涛主席对新西兰进行国事访问，两国领导人就商签中新经贸合作框架达成共识。

2004 年 5 月，《中国与新西兰贸易与经济合作框架》签署，新西兰正式承认中国市场经济地位，双方同意就建立中新自由贸易区的可行性开展研究。

2004 年 6 月，中新双方正式启动自由贸易区联合可行性研究，并于 9 月完成了《中国—新西兰双边自由贸易区联合可行性研究报告》。根据联合研究报告的结果，中新两国领导人审时度势，从促进双边关系长远发展的角度，做出了启动中新自由贸易协定谈判的决定。

2004 年 11 月，胡锦涛主席与克拉克总理共同宣布，中新两国将启动自由贸易协定谈判，从而拉开了中新双边自由贸易区建设的序幕。

2007 年 12 月，在双方的不懈努力下，经过 15 轮谈判，中新双方在北京就自由贸易协定谈判中的所有实质性问题达成一致。

2008 年 4 月 7 日，《中国—新西兰自由贸易协定》签署。该协定的签署是中国实施自由贸易区战略进程中迈出的重要一步。它是中国与发达国家签署的第一个自由贸易协定，也是中国与其他国家签署的第一个全面涉及货物贸易、服务贸易、投资等诸多领域的自由贸易协定。

2008 年 10 月 1 日，《中国—新西兰自由贸易协定》生效，并进入正式实施阶段。

2016 年 11 月 20 日，在秘鲁利马举行的 APEC 领导人会议期间，中国商务部部长高虎城与新西兰贸易部长麦克莱共同宣布正式启动《中国—新西兰自由贸易协定》升级谈判。

2017 年 4 月至 2018 年 11 月，双方开展了六轮升级谈判。2019 年 11 月 4 日，中国和新西兰宣布正式结束两国之间的自由贸易协定升级谈判。中新自由贸易协定升级谈判对原有的海关程序与合作、原产地规则及技术性贸易壁垒等章节进行了进一步升级，新增了电子商务、环境与贸易、竞争政策和政府采购等章节。双方还在服务贸易和货物贸易市场准入、自然人移动和投资等方面做出新的承诺。

三、 降税安排

根据《中国—新西兰自由贸易协定》规定，新西兰在 2016 年 1 月 1 日前取消全部进口产品关税，其中占税目总数 63.6% 的产品从协定生效之日起即实现零关税；中国在 2019 年 1 月 1 日前取消占税目总数 97.2% 的产品的进口关税，其中占税目 24.3% 的产品从协定生效之日起即实现零关税。具体降税步骤如下：

（一）自 2008 年 10 月 1 日协定生效时起，双方立即取消绝大部分税率不高于 5% 的产品关税。

（二）对于新西兰绝大部分税率在 5% 以上但不高于 12% 的产品，以及中国绝大部分税率在 5% 以上但不高于 20% 的产品，其各自的进口关税从 2008 年 10 月 1 日起逐步降低，至 2012 年 1 月 1 日实现零关税。

（三）对于新西兰绝大部分税率高于 12% 的产品，其关税于 2008 年 10 月 1 日降至 12%，而后逐步降低，至 2013 年 1 月 1 日实现零关税；对于中国绝大部分税率高于 20% 的产品，其关税于 2008 年 10 月 1 日降至 20%，而后逐步降低，至 2013 年 1 月 1 日实现零关税。

（四）新西兰从 2008 年 10 月 1 日起逐年降低自中国进口皮衣、毛织物、针织服装、鞋类等产品的关税，并分别于 2014 年 1 月 1 日、2016 年 1 月 1 日前取消上述产品的关税。

（五）中国从 2008 年 10 月 1 日起逐年降低自新西兰进口乳制品、牛羊肉、猕猴桃等产品的关税，并于 2016 年 1 月 1 日前取消牛羊肉、猕猴桃的关税，于 2017 年 1 月 1 日前取消鲜奶及奶油、黄油、奶酪的关税，于 2019 年 1 月 1 日前取消奶粉关税。

（六）自 2009 年起，中国在现有羊毛和毛条的进口配额以外，为自新西兰进口羊毛和毛条专设一定量的羊毛和毛条国别配额，国别配额内享受零关税待遇。具体国别配额量按照协定附件四的规定执行。

四、 成员国主要进出口产品

中国向新西兰出口的主要产品是电子机器、机械设备、服装、家具、玩具、钢铁制品等，进口的主要产品是乳制品、木材、纸浆及其他纸制品、羊毛等。

新西兰向中国出口的主要产品是动物产品、木及木制品，自中国进口的主要产品是机电产品、纺织品及原料、家具玩具等杂项制品。

五、 原产地标准

原产地标准包括完全获得和实质性改变标准。该协定也是我国所有自由贸易协定中首次以列表方式对《协调制度》中全部产品逐一制定产品特定原产地规则的。

六、 签证机构

在我国，除海关可签发中国—新西兰自由贸易区项下原产地证书以外，中国贸促会及其各地的分会也参与签发优惠原产地证书。

第二节 原产地规则

根据《中国—新西兰自由贸易协定》第四章，可享受优惠关税减让的产品原产地应遵循下列规则确定：

第十七条 定义

就本章而言：

到岸价格是指包括运抵进口国进境口岸或地点的保险费和运费在内的进口货物价格。

《海关估价协定》是指作为《WTO协定》组成部分的《关于实施1994年关税与贸易总协定第七条的协定》。

离岸价格是指包括货物运抵最终境外口岸或地点的运输费用在内的船上交货价格。

公认会计原则是指一方认可的，有关记录收入、支出、成本、资产及负债、信息披露以及编制财务报表的会计原则。上述原则既包括普遍适用的广泛性指导原则，也包括详细的标准、惯例及程序。

协调制度是指世界海关组织编制的《商品名称及编码协调制度》。

材料是指在生产或转变为另一货物的过程中所使用的任何物体或物质，包括零件或成分。

原产材料或原产货物是指根据本节规定符合原产要求的材料或货物。

运输用包装材料及容器是指运输期间用于保护货物的货品，但零售用容器或包装材料除外。

生产商是指从事货物生产的人。

生产是指获得货物的方法，包括货物的种植、饲养、开采、收获、捕捞、耕种、诱捕、狩猎、捕获、采集、收集、养殖、提取、制造、加工或装配。

第十八条 优惠关税待遇

本协定项下的优惠关税待遇应当适用于符合本章要求，且在双方之间直接运输的货物。

第十九条 原产货物

除非本节另有规定，符合下列条件应当视为原产货物：

（一）该货物是根据第二十条及附件五的相关规定，在一方境内完全获得或生产的；

（二）该货物是在一方或双方境内，完全由符合本节规定的原产材料生产的；或者

（三）该货物是在一方或双方境内生产的，所使用的非原产材料符合附件五规定的税则归类改变、区域价值成分、工序要求或其他要求，且该货物符合本节其他可适用的规定。

第二十条　完全获得货物

下列货物应当视为第十九条第（一）项所指的在一方境内完全获得或生产：

（一）在一方境内收获、采摘或采集的植物产品；

（二）在一方境内出生并饲养的活动物；

（三）从一方境内饲养的活动物获得的货物；

（四）在一方境内狩猎、诱捕、捕捞、耕种、采集或捕获获得的货物；

（五）从一方领土、领水、海床或海床底土提取或得到的，未包括在上述第（一）项至第（四）项的矿物质及其他天然生成物质；

（六）一方或一方的人从其领水以外的水域、海床或海床底土提取或得到的货物，只要该方根据符合其缔结的相关国际协定可适用的国内法，有权开发上述水域、海床或海床底土；

（七）在一方注册或登记并悬挂或有权悬挂其国旗的船只，在该方根据符合其缔结的相关国际协定可适用的国内法确定的领水、领海外的专属经济区或公海得到的货物（鱼类、甲壳类动物、植物及其他海洋生物）；

（八）在一方注册或登记并悬挂或有权悬挂其国旗的加工船上，完全用上述第（七）项所述货物加工及/或制造的货物；

（九）在一方境内加工过程中产生的，仅适用于原材料回收的废碎料，或在其境内收集的仅适用于原材料回收的旧货；

（十）在一方境内完全从上述第（一）项至第（九）项所指货物获得或生产的货物。

第二十一条　税则归类改变

附件五规定的税则归类改变，要求经过在一方或双方境内的加工，货物生产过程中使用的非原产材料发生税则归类改变。

第二十二条　区域价值成分

一、当附件五提及区域价值成分（RVC）时，其RVC应当根据下列公式计算：

$$RVC = \frac{FOB-VNM}{FOB} \times 100\%$$

其中：

RVC为区域价值成分，以百分比表示；

FOB为货物的离岸价格；以及

VNM 为 CIF 价格中非原产材料（包括不明原产地材料）的价值。

二、非原产材料的价值应当为：

（一）材料进口时的到岸价格（CIF）；或者

（二）在进行制造或加工的一方境内最早确定的非原产材料的实付或应付价格。如果非原产材料是由货物的生产商在该方境内获得的，则该材料的价格不应包括将其从供应商仓库运抵生产商所在地的运费、保险费、包装费及任何其他费用。

三、上述离岸价格及到岸价格应当依据《海关估价协定》确定。

第二十三条　累积规则

当一方原产货物或材料在另一方境内构成另一货物的组成部分时，该货物或材料应当视为原产于后一方境内。

第二十四条　微小加工或处理

一、就本条而言，"简单"一般是指既不需要专门技能，也不需要专门生产或安装专用机器、仪器或设备即可进行加工或处理。

二、对货物的本质特征影响轻微的加工或处理，无论是单独的还是相互结合的，均视为微小加工或处理，且不赋予原产资格。其中包括：

（一）为确保货物在运输或贮存期间保藏良好状态而进行的操作，如干燥、冷冻、通风、冷却及类似操作；

（二）包括过滤、挑选、分级、筛选、分类、洗涤、切割、纵切、弯曲、卷绕或展开在内的简单操作；

（三）托运货物的拆解和组装；

（四）包装、拆包或重新打包的操作；

（五）简单的装瓶、装罐、入瓶、入袋、进箱、装盒以及固定于硬纸板或木板上等简单包装操作；

（六）在产品或其包装上粘贴或印刷标志、标签、标识及其他类似的区别标记；

（七）仅用水或其他物质稀释，未实质改变货物的性质；

（八）除大米外的谷物去壳、部分或全部漂白、磨光及上光；

（九）食糖上色或形成糖块的操作。

第二十五条　直接运输

一、就第十八条而言，下列情况应当视为从出口方向进口方直接运输：

（一）货物运输未经非缔约方境内；

（二）货物运输途中经过一个或多个非缔约方境内，不论是否在这些非缔约方转换运输工具或临时储存不超过 6 个月，只要：

1. 货物在其境内未进入其贸易或消费领域；并且

2. 除装卸、重新包装或使货物保持良好状态所需的其他处理外，货物在其境内未经任何处理。

二、为符合上述第一款第（二）项的规定，应当向进口方海关提交非缔约方海关文件或任何其他文件加以证明。

第二十六条 运输用包装及容器

在确定货物原产地时，用于货物运输的容器及包装材料应当不予考虑。

第二十七条 零售用包装材料及容器

对于应当适用附件五所列税则归类改变标准的货物，如果零售用包装材料及容器与该货物一并归类，则在确定该货物的原产地时，零售用包装材料及容器应当不予考虑。但是，对于必须满足 RVC 要求的货物，在确定该货物原产地时，零售用包装材料及容器的价值应当视具体情况作为原产材料或非原产材料予以考虑。

第二十八条 附件、备件及工具

一、对于附件五规定的税则归类改变的原产地要求，如果进口时与货物一同报验的附件、备件、工具及说明书或其他信息材料与该货物一并归类，且不单独开具发票，则在确定货物原产地时，这些附件、备件、工具等应当不予考虑。

二、对于适用 RVC 要求的货物，则在计算该货物的 RVC 时，附件、备件、工具及说明书或其他信息材料的价值，应当视具体情况作为原产材料或非原产材料予以考虑。

三、本条仅适用于上述附件、备件、工具及说明书或其他信息材料的数量及价值习惯性用于该货物的情况。

第二十九条 中性成分

一、在确定货物是否为原产货物时，本条第二款所指的任何中性成分的原产地应当不予考虑。

二、中性成分是指在另一货物的生产、测试或检验过程中使用，但物理上不构成该货物组成成分的货品，或在该货物生产过程中用于维护厂房建筑或运行设备的货品。其中包括：

（一）燃料、能源、催化剂及溶剂；

（二）用于测试或检验货物的设备、装置及用品；

（三）手套、眼镜、鞋靴、衣服、安全设备及用品；

（四）工具、模具及型模；

（五）用于维护设备和建筑的备件及材料；

（六）在生产中使用或用于运行设备和维护厂房建筑的润滑剂、油（滑）脂、合成材料及其他材料；

（七）在货物生产过程中使用，未构成该货物组成成分，但能够合理表明为该货物生产过程一部分的任何其他货物。

第三十条 可互换材料

一、在确定货物是否为原产货物时，任何可互换材料应当通过下列方法加以区分：

（一）货物的物理分离；或者

（二）出口方公认会计原则承认的库存管理方法。

二、可互换材料是指为商业目的可互换的货物或材料，其性质实质相同，仅靠视觉观察无法加以区分。

第三十一条 微小含量

在下述情况下，货物虽不满足附件五规定的税则归类改变要求，但仍应当视为原产货物，如果：

（一）不满足税则归类改变要求的全部非原产材料（包括原产地不明的材料），按照第二十二条确定的价值不超过该货物离岸价格的百分之十；并且

（二）该货物满足其所适用的本节所有其他规定。

第三十二条 合规

确定是否符合本节要求，应当依据第二节适用条款。

第三节 原产地规则的操作程序

为实施中国—新西兰自由贸易区原产地规则，《中国—新西兰自由贸易协定》第四章第二节专门制定原产地证书的签发、核查操作程序。具体规定如下：

第三十三条 定义

就本节而言：

授权机构是指一方国内立法授权签发原产地证书的任何政府机构或其他实体。

原产地证书是指出口方授权机构签发的一种表格，用以确认双方之间运送的货物，并证明按照本章第一节规定，证书所述货物原产于一方。

主管机构是指各方通知另一方的，按照本节第四十一条规定负责开展核查活动的政府机构。

原产地声明是指货物的制造商、生产商、供应商、出口商或其他具有资格的人就货物原产地做出的声明。

原产地文件是指原产地证书、原产地声明或其他原产地证明文件。

其他原产地证明文件是指能充分证明货物原产地的任何其他文件。

第三十四条 给予优惠

只有货物进口时，要求享受优惠关税待遇的进口商，根据本章规定向进口方海关提交原产地证书、原产地声明或进口方指定的其他原产地证明文件，进口方应给予自另一方进口货物优惠关税待遇。

第三十五条 进口税或保证金的退还

一、如果货物从一方进口时无法按照第三十四条规定提交原产地证书或原产地声明（视具体情况而定），进口方可视情对该货物征收非优惠进口实施关税或要求交纳保证金。在此情况下，进口商可自货物进口之日起1年内申请退还多征的进口关税或已交纳的保证金，只要：

（一）在货物进口时，向进口方海关提交了报验货物具备原产货物资格的书面声明；并且

（二）根据具体情况，提交了与进口货物相关的有效原产地证书或原产地声明。

二、第一款第（一）项的要求在本协定生效后的最初12个月内不予适用。

第三十六条 原产地证书

一、原产地证书应当采用附件六所列格式，并应当：

（一）具有不重复的原产地证书编号；

（二）涵括的货物应当在一份进口报关单上；

（三）注明货物具备本章第一节所称原产资格的依据；

（四）含有诸如出口方通知进口方的签名或印章样本等安全特征；并且

（五）以英文填制。

二、原产地证书应当自签发之日起12个月内有效。

三、只有加盖"正本"字样的原产地证书正本才应在上述期限内向进口方海关提交。

四、原产地证书被盗、遗失或损毁时，如果出口商或制造商确信此前签发的原产地证书正本未被使用，则可向出口方授权机构书面申请签发经核准的原产地证书副本。经核准的原产地证书副本应当注明"原产地证书正本（编号_____日期_____）经核准的真实副本"字样。如果进口方海关查明原产地证书正本已被使用，则经核准的原产地证书副本无效，反之亦然。

五、附件六所列格式和任何要求，可通过双方之间的换文共同决定予以修改或改变。

第三十七条 原产地声明

一、原产地声明应当采用附件七所列格式。在下列情况下，原产地声明应当代替原产地证书被接受：

（一）货物完税价格总值不超过一千美元或进口方币值等额，或进口方所确定的更高金额；

（二）根据第五十二条做出的预裁定，认定货物具备原产资格，只要做出该裁定所依据的事实和情况未发生变化，且该裁定仍具法律效力；或者

（三）进口方基于其他理由决定，某一批货物或总体上无须提交原产地证书。

二、尽管有第一款规定，但如果有理由认为进口货物是为规避本节规定而实施或安排的一系列进口的一部分，则进口方仍可拒绝给予优惠关税待遇。

三、原产地声明涵括的货物应当在一份进口报关单上，且自签发之日起12个月内有效。

四、附件七所列格式和任何要求，可通过双方之间的换文共同决定予以修改或改变。

第三十八条 原产地文件的修改

一、任何原产地文件不得涂改或叠印。任何更正必须先将错误信息划去，然后做必要的增补。此类更正应当由更正人员签注。

二、任何未填空白处应予划去，以防发证后添加内容。

第三十九条 原产地文件的保存

一、各方应当要求生产商和进出口商在其国内立法规定的期限内保存原产地文件。

二、各方应当要求其授权机构在其国内立法规定的期限内保存原产地证书及其他原产地证明文件的副本。

第四十条 授权机构

一、原产地证书应当仅由出口方的授权机构签发。

二、各方应当将各自授权机构名称及相关的联系细节通知另一方海关，并应当在各自授权机构签发原产地证书之前，将该机构相关表格和文件上使用的安全特征提供给另一方海关。上述信息的变化应当立即通知另一方海关。

第四十一条 原产地核查

一、为确定从另一方境内向一方境内进口的货物是否具备原产货物资格，进口方海关可通过以下方式对关税优惠申请进行核实：

（一）书面要求进口商提供补充信息；

（二）书面要求出口方境内的出口商或生产商提供补充信息；

（三）要求出口方主管机关对货物原产地进行核查；或者

（四）双方海关共同商定的其他程序。

二、只有在有理由怀疑原产地文件、有关货物的原产地资格或满足本节任何其他要求方面的准确性和真实性，且所涉关税金额值得提出要求的情况下，方可启动第一款项下的核查程序。

三、向出口方主管机关提出的核查要求应当说明原因，并将已获得的，证明核查行为合理性的任何文件及信息，提供给被要求方的主管机关。

四、双方应当按共同确定的方式和时限开发电子核查系统，以确保本节规定得以有效和高效实施。

第四十二条 优惠关税待遇的拒绝给予

一、在下述情况下，一方可拒绝给予货物优惠关税待遇：

（一）未将相关授权机关的名称、授权机关使用的相关表格和文件所用的安全特征或上述信息的任何变化通知另一方海关。

（二）自提出核查要求之日起 6 个月内，进出口商、制造商或生产商（视具体情况而定）无法提供该方根据第四十一条开展核查过程中要求提供的信息，或者被要求的主管机关基于任何理由，未能就进口方海关的要求给予满意的答复。或者

（三）货物不符合本章的其他规定，包括：

1. 原产地证书未正确填写或签章；

2. 货物的原产地不符合第一节的规定；

3. 原产地证书中的信息与所提交的证明文件不相符；或者

4. 所列货品名称、数量及重量、包装唛头及号码、包装件数及种类与进口货物不相符。

二、在拒绝给予优惠关税待遇时，进口方应当确保其海关向进出口商或生产商（视具体情况而定）书面说明该决定的理由。

第四十三条 审议

双方的主管机关应当在共同认为必要时，对本节的程序进行审议。

第四节　海关程序与合作

对于原产地的海关管理与合作等事项，中国—新西兰自由贸易区与之前的自由贸易区不同，单独在第五章中制定了具体规则。这与之前将证书签发、审核以及管理统一置于"原产地规则操作程序"一并规定的做法不同，体现了对海关这一重要职能部门在原产地管理中的重视。

第四十四条 定义

就本章而言：

海关当局是指：

（一）就中方而言，中华人民共和国海关总署；以及

（二）就新方而言，新西兰海关总署。

海关法是指海关当局实施、适用或执行的立法。

海关程序是指海关当局对受海关监管的货物和运输工具采取的措施。

《海关估价协定》是指作为《WTO 协定》组成部分的《关于实施 1994 年

关税与贸易总协定第七条的协定》。

运输工具是指用以载运人员、货物、物品进出境的各种船舶、车辆、航空器和驮畜。

第四十五条　范围与目标

一、本章应当根据双方各自的国际义务及国内海关法规定，适用于对双边贸易的货物和双方之间运行的运输工具实施的海关程序。

二、本章旨在：

（一）简化和协调双方的海关程序；

（二）确保双方海关法及行政程序实施的可预见性、一致性和透明度；

（三）确保货物和运输工具的高效快捷通关；

（四）便利双边贸易；以及

（五）促进双方海关当局在本章范围内的合作。

第四十六条　主管机构

负责本章管理的主管机构为：

（一）就中方而言，中华人民共和国海关总署；以及

（二）就新方而言，新西兰海关总署。

第四十七条　便利化

一、各方应当确保其海关程序和实践具有可预见性、一致性、透明度，并便利贸易。

二、各方的海关程序应当在可能且其海关法允许的范围内，与包括《关于简化和协调海关程序的国际公约》（《京都公约》修订版）在内的，其参加的WCO有关贸易条约相一致。

三、双方海关当局应当实施便利货物通关的海关程序。

四、双方海关当局应当尽力设置电子或者其他方式的集中受理点，使贸易商可借此提交货物通关所需的法规要求的全部信息。

第四十八条　海关估价

双方对双边货物贸易海关估价应当适用GATT 1994第七条及《海关估价协定》。

第四十九条　税则归类

双方对双边货物贸易税则归类应当适用《商品名称及编码协调制度国际公约》。

第五十条　海关合作

双方海关当局应当在其国内法允许的范围内，在下列方面相互给予协助：

（一）本章的实施与执行；以及

（二）双方共同决定的其他事项。

第五十一条　复议诉讼

一、各方的立法应当赋予进口商、出口商或任何受海关行政裁定、裁决或决定影响的人，对海关做出的行政裁定、裁决或决定申请复议而不受处罚的权利。

二、第一款规定的初始复议诉讼权包括向海关内部机构或独立机构申请复议，但各方立法还应当规定其有权向司法机关提起诉讼而不受处罚。

三、关于复议诉讼结果的通知应当送达当事人，并应当以书面形式表明其理由。

第五十二条　预裁定

一、海关当局应当以书面形式向第二款第（一）项提及的当事方提供关于货物税则归类和原产地的裁定。

二、海关当局采取或维持的程序应当：

（一）规定有正当理由的出口商、进口商或其他人，在所涉货物进口至少3个月前，可以以将做出裁定的海关当局官方语言申请裁定。向中国海关申请归类预裁定的申请人，须在中国海关注册。

（二）要求裁定的申请人提供货物的具体描述以及做出裁定所需的全部相关信息。

（三）规定在裁定过程中，海关当局可随时要求申请人在规定的时间内补充信息。

（四）规定任何裁定应当依据申请人提交的事实和情形以及决定者所掌握的任何其他相关信息做出。以及

（五）规定在获取全部必需的信息后，尽速以签发海关当局的官方语言向申请人提供裁定结果，或在任何情况下：

1. 60日内做出商品归类裁定；

2. 90日内做出原产地裁定。

三、如果申请人没有在规定的时间内，提供一方根据第二款第（三）项要求补充的信息，该方可拒绝此裁定申请。

四、除第五款规定的情况外，各方应当对自裁定做出之日起3年内或在各自国内立法规定的其他时限内，经由任何口岸入境的裁定所涉货物的所有进口适用此裁定。

五、在下列情况下，一方可修改或废止裁定：

（一）裁定是基于错误的事实或法律、虚假或不准确的信息做出的；

（二）在与本协定相一致的情况下，国内法发生变化；或者

（三）裁定所依据的重要事实或情况发生改变。

六、除非国内法有保密要求，各方应当公布其裁定。

七、如进口商要求依据相关裁定给予进口货物优惠待遇，海关当局可评估进口的事实和情况是否与做出裁定所依据的事实和情况相一致。

第五十三条　无纸贸易环境下自动化系统的应用

双方海关当局应当在海关操作中，应用低成本、高效率的信息技术，特别应当在无纸贸易环境下，重视 WCO 在此领域的发展。

第五十四条　风险管理

双方海关当局应当将资源集中于高风险货物，并在实施海关程序时便利低风险货物通关。

第五十五条　公布和咨询点

一、双方海关当局应当公布其实施或执行的全部海关法及行政程序。

二、双方海关当局应当指定一个或多个咨询点，处理一方利益相关人就与本章实施有关的海关事务提出的咨询，并向另一方海关当局提供咨询点的详细信息。

三、如果一方海关当局监管货物和运输工具的海关法或程序出现重大修改，且该修改可能对本章的实施产生实质性影响，则应当及时通知另一方海关当局。

第五十六条　快件

双方海关当局应当采取措施加速快件的通关。

第五十七条　货物放行

除下列情况外，各方应当采取程序，使得货物在抵达后 48 小时内放行：

（一）进口商无法在初次进口时提交进口方要求的信息；

（二）进口方主管当局适用风险管理技术，选取该货物做进一步查验；

（三）货物将接受进口方国内立法授权的、除主管当局以外的机构的检查；或者

（四）未完成所有必要的海关手续或因不可抗力原因延误了货物放行。

第五十八条　海关程序的审议

一、双方海关当局应当本着进一步简化海关程序、制定互惠安排和便利双边贸易流通的目的，定期审议其海关程序。

二、双方海关当局应当定期审议其在海关监管中应用的风险管理方法的效果、有效性及效率。

第五十九条　磋商

一、一方海关当局可随时要求与另一方海关当局，就在本章执行或实施中发生的问题进行磋商。除非双方海关当局另行商定，磋商应当通过相关联系点，在要求提出后 30 日内举行。

二、如果磋商无法解决问题，要求磋商的一方可将该问题提请货物贸易

委员会考虑。

三、为本章之目的，双方海关当局应当指定一个或多个联系点，并向另一方提供联系点的详细信息。双方海关当局应当将联系点的信息变更情况及时通知对方。

四、双方海关当局可针对为保障双边贸易或运输工具运行安全采取的海关程序而引发的贸易便利化问题举行磋商。

第五节 原产地证书与原产地声明

一、原产地证书样本（中文）

正本（中文）

1. 出口商的名称、地址、国家：			证书号：				
2. 生产商的名称、地址，在已知情况下：			**中华人民共和国政府和新西兰政府自由贸易协定 原产地证书** 签发国＿＿＿＿＿＿ （填制方法详见证书背页说明）				
3. 收货人的名称、地址、国家：							
4. 运输方式及路线（就所知而言） 离港日期 船只/飞机/火车/货车编号 装货口岸 到货口岸			5. 供官方使用 ☐ 可以享受＿＿＿＿自由贸易协定优惠待遇 ☐ 不能享受＿＿＿＿自由贸易协定优惠待遇 理由： ．．．．．．．．．．．．．．．．．．．．．．．．．．．．．．． 进口国官方机构的授权人签字				
			6. 备注：				
7. 项目号（最多 20 项）	8. 唛头及包装号	9. 包装数量及种类；商品名称	10. HS 编码（以六位数编码为准）	11. 原产地标准	12. 毛重、数量（数量单位）或其它计量单位（升、立方米等）		13. 发票号、发票日期及发票价格
14. 出口商申明 下列签字人证明上述资料及申明正确无误，所有货物产自 （国家） 且符合自由贸易协定原产地规则的相关规定。该货物出口至 （进口国） 申报地点、日期及授权签字人的签字			15. 证明 根据所实施的监管，兹证明上述信息正确无误，且所述货物符合《中华人民共和国政府和新西兰政府自由贸易协定》原产地要求。 地点、日期、签字及授权机构印章				

背页说明

第1栏：填写出口商详细的依法登记的名称、地址（包括国家）。

第2栏：填写生产商详细的依法登记的名称、地址（包括国家）。如果证书包含一家以上生产商的商品，应列出其他生产商的详细名称、地址（包括国家）。如果出口商或生产商希望对信息予以保密，可以填写"应要求提供给授权机构"。如果生产商和出口商相同，应填写"同上"。如果不知道生产商，可填写"不知道"。

第3栏：填写收货人详细的依法登记的名称、地址（包括国家）。

第4栏：填写运输方式及路线，详细说明离港日期、运输工具的编号、装货口岸和卸货口岸。

第5栏：不论是否给予优惠待遇，进口国海关当局必须在相应栏目标注(√)。

第6栏：可以填写顾客订货单号、信用证号等其他信息。

第7栏：填写项目号，但不得超过20项。

第8栏：填写唛头及包装号。

第9栏：详细列明包装数量及种类。详列每种货物的货品名称，以便于海关关员查验时加以识别。货品名称应与发票上的描述及货物的《协调制度》编码相符。如果是散装货，应注明"散装"。当商品描述结束时，加上"***"（三颗星）或"\"（结束斜线符号）。

第10栏：对应第9栏中的每种货物填写协调制度税则归类编码，以六位数编码 为准。

第11栏：若货物符合原产地规则，出口商必须按照下表所示方式，在本证书第11栏中标明 其货物申明享受优惠待遇所依据的原产地标准。

出口商申明其货物享受优惠待遇所根据的原产地标准	填入第11栏
该货物符合第二十条规定（包括附件五所列规定），在一方境内完全获得或生产。	WO
该货物是在一方或双方境内，完全由其原产地符合第四章第一节规定的材料生产。	WP
该货物是在一方或双方境内生产，所使用的非原产材料满足附件五所规定的税则归类改变、区域价值成分、工序要求或其他要求，且该货物符合其所适用的第四章第一节的其他规定。	PSR[1]

第12栏：毛重应填写"千克"。可依照惯例，采用其他计量单位（例如体积、件数等）来精确地反映数量。

第13栏：应填写发票号、发票日期及发票价格。

第14栏：填写签字的地点及日期。对于中国出口的货物，本栏必须由货物出口商填写、签字并填写日期，对于新西兰出口至中国的货物，不必填写此栏。

第15栏：本栏必须由授权机构的授权人员填写、签字、填写签证日期并盖章。

---

[1] 如果货物适用附件五所规定的区域价值成分（RVC）要求，应注明百分比。

二、 原产地证书样本（英文）

CERTIFICATE OF ORIGIN

ORIGINAL

1.Exporter's name, address, country:	Certificate No.:
2. Producer's name and address, if known:	**CERTIFICATE OF ORIGIN** **Form for the Free Trade Agreement between the Government of the People's Republic of China and the Government of New Zealand**
3.Consignee's name, address, country:	Issued in _____ (see Instruction overleaf)
4.Means of transport and route (as far as known) Departure date Vessel /Flight/Train/Vehicle No. Port of loading Port of discharge	5. For official use only ☐ Preferential Tariff Treatment Given Under _____ ☐ Preferential Treatment Not Given (Please state reasons) …....………………………………… Signature of Authorized Signatory of the Importing Country
	6. Remarks

7.Item number (Max 20)	8. Marks and numbers on packages	9. Number and kind of packages; description of goods	10. HS code (Six digit code)	11. Origin criterion	12. Gross weight, quantity (quantity unit) or other measures (litres,m³,etc)	13. Number, date of invoice and invoiced value

14. Declaration by the exporter	15. Certification
The undersigned hereby declares that the above details and statement are correct, that all the goods were produced in (Country) and that they comply with the origin requirements specified in the FTA for the goods exported to (Importing country) Place and date, signature of authorized signatory	*On the basis of control carried out, it is hereby certified that the information herein is correct and that the goods described comply with the origin requirements specified in the Free Trade Agreement between the Government of the People's Republic of China and the Government of New Zealand.* Place and date, signature and stamp of authorized body

Overleaf Instruction

Box 1: State the full legal name, address (including country) of the exporter.

Box 2: State the full legal name, address (including country) of the producer. If more than one producer's good is included in the certificate, list the additional producers, including name, address (including country). If the exporter or the producer wishes the information to be confidential, it is acceptable to state "Available to the authorized body upon request". If the producer and the exporter are the same, please complete field with "SAME". If the producer is unknown, it is acceptable to state "UNKNOWN".

Box 3: State the full legal name, address (including country) of the consignee.

Box 4: Complete the means of transport and route and specify the departure date, transport vehicle No., port of loading and discharge.

Box 5: The customs administration of the importing country must indicate (√) in the relevant boxes whether or not preferential tariff treatment is accorded.

Box 6: Any additional information such as Customer's Order Number, Letter of Credit Number, etc. may be included.

Box 7: State the item number, and item number should not exceed 20.

Box 8: State the shipping marks and numbers on the packages.

Box 9: Number and kind of package shall be specified. Provide a full description of each good. The description should be sufficiently detailed to enable the products to be identified by the Customs Officers examining them and relate it to the invoice description and to the HS description of the good. If goods are not packed, state "in bulk". When the description of the goods is finished, add "***" (three stars) or " \ " (finishing slash).

Box 10: For each good described in Box 9, identify the HS tariff classification to six digits.

Box 11: If the goods qualify under the Rules of Origin, the exporter must indicate in Box 11 of this form the origin criteria on the basis of which he claims that his goods qualify for preferential tariff treatment, in the manner shown in the following table:

The origin criteria on the basis of which the exporter claims that his goods qualify for preferential tariff treatment	Insert in Box 11
The good is wholly obtained or produced in the territory of a Party as set out and defined in Article 20, including where required to be so under Annex 5	WO
The good is produced entirely in the territory of one or both Parties, exclusively from materials whose origin conforms to the provisions of Section 1 of Chapter 4.	WP
The good is produced in the territory of one or both Parties, using non-originating materials that conform to a change in tariff classification, a regional value content, a process requirement or other requirements specified in Annex 5, and the good meets the other applicable provisions of Section 1 of Chapter 4.	PSR[1]

Box 12: Gross weight in kilograms should be shown here. Other units of measurement e.g. volume or number of items which would indicate exact quantities may be used when customary.

Box 13: Invoice number, date of invoices and invoiced value should be shown here.

Box 14: The field must be completed, signed and dated by the exporter for exports from China. It is not required for New Zealand exports to China. Insert the place, date of signature.

Box 15: The field must be completed, signed, dated and stamped by the authorized person of the authorized body.

---

[1] When the good is subject to a regional value content (RVC) requirement stipulated in Annex 5, indicate the percentage

三、 原产地声明（中文）

中华人民共和国政府和新西兰政府自由贸易协定

原产地声明

本人＿＿＿＿＿＿＿＿＿＿＿＿＿＿＿＿＿＿＿＿＿＿＿＿＿＿＿＿＿为

（打印姓名及职务）

出口商/生产商/出口商及生产商

（不适用的部分请划去）

兹声明发票＿＿＿＿＿＿＿＿＿（填写发票号）所列货物原产自

中国 / 新西兰

（不适用的部分请划去）

且货物符合《中华人民共和国政府和新西兰政府自由贸易协定》原产地规则的要求。

> 如适用：
>
> 根据《中华人民共和国政府和新西兰政府自由贸易协定》原产地规则，上述货物经预裁定＿＿＿＿＿＿＿＿＿（填写裁定编号）视为具备原产资格。

签名：＿＿＿＿＿＿＿＿＿＿＿＿＿＿＿＿＿＿＿＿＿＿＿

日期：＿＿＿＿＿＿＿＿＿＿＿＿＿＿＿＿＿＿＿＿＿＿＿

注：该声明必须打印，并以商业发票随附的单独文件提交。本声明所涉货物最多不得超过二十项。

四、 原产地声明（英文）

ANNEX 7: Declaration of Origin

DECLARATION OF ORIGIN

Free Trade Agreement between the Government of the People's Republic of China and the Government of New Zealand

I _____ being the
(print name and position)

EXPORTER / PRODUCER / EXPORTER AND PRODUCER
(strike out that which does not apply)

hereby declare that the goods enumerated on this invoice
_____ *(insert invoice number)* are originating from

CHINA / NEW ZEALAND
(strike out that which does not apply)

in that they comply with the rules of origin requirements of the Free Trade Agreement between the Government of the People's Republic of China and the Government of New Zealand.

If applicable:

These goods are covered by advance ruling _____ *(insert reference number)* that deems the goods to qualify as originating in accordance with the rules of origin under the Free Trade Agreement between the Government of the People's Republic of China and the Government of New Zealand

---

Signed: _____

Date: _____

Note: This declaration must be printed and presented as a separate document accompanying the commercial invoice. The maximum number of items covered by this declaration should not exceed 20.

第十一章 《中国—新加坡自由贸易协定》原产地规则及操作程序

【本章导读】《中国—新加坡自由贸易协定》于2009年1月1日实施。2015年11月，中新启动升级谈判，2018年11月12日双方签署升级成果《关于升级中国-新加坡自由贸易协定的议定书》，升级议定书已于2019年10月16日生效，其中涉及的原产地规则调整已于2020年1月1日起实施。

《中国—新加坡自由贸易协定》自实施起至2019年11月底，我国累计享惠进口1187.3亿元人民币，税款减让104.2亿元人民币，签证金额16.1亿美元，累计签发《中国—新加坡自由贸易协定》原产地证书3.7万份。

升级后的原产地规则对"原产货物"定义进行了升级。升级前定义是"完全获得产品"和"非完全获得或生产的产品"，升级后为"完全获得产品"、"原产材料生产产品"和"非原产材料生产产品"。具体体现为以下4项原产地标准：

P标准，与升级前一致；PE标准，为升级版新增标准，一般用于工业品及加工制成品，如塑料制品、纺织制品等；RVC标准与升级前一致；PSR标准，适用于含有非原产材料且符合产品特定原产地标准的产品，其中石化产品为协定主要享惠产品，根据双方需求，升级版PSR标准主要修订部分石化产品原产地规则，主要是对42个6位税号的石化产品在RVC标准基础上，增加税则改变标准和化学反应标准，原产地规则的适用更加灵活。

第一节　概　述

一、　成员国

成员国包括中国和新加坡。

新加坡是东盟的成员之一。中国是新加坡第二大贸易伙伴；新加坡是中国第八大贸易伙伴、第七大外资来源国、第二大劳务市场。

二、　谈判过程

2006 年 8 月举行的第三次双边合作联合委员会会上，时任中国副总理吴仪和新加坡副总理黄根成宣布启动中新自由贸易协定谈判。

2008 年 10 月 23 日，在中国总理温家宝和新加坡总理李显龙见证下，商务部长陈德铭与新加坡贸工部长林勋强代表各自政府在北京人民大会堂签署了《中国—新加坡自由贸易协定》。该协定在中国—东盟自由贸易区的基础上，进一步加快了贸易自由化进程，拓展了双边自由贸易关系与经贸合作的深度与广度。

2009 年 1 月 1 日，协定生效并正式进入实施。

2009 年 6 月 1 日，协定项下产品特定原产地规则由海关总署公布实施。产品特定原产地规则清单共包括 2007 版《协调制度》的 527 个六位子目。

中国与新加坡自由贸易协定升级谈判于 2015 年 11 月正式启动，经过七轮谈判，2018 年 11 月 5 日，商务部国际贸易谈判代表兼副部长傅自应与新加坡贸工部长陈振声，共同宣布结束中国与新加坡自由贸易协定升级谈判。

2019 年 10 月 15 日，中国国务院副总理韩正与新加坡副总理王瑞杰在中国—新加坡双边合作机制会议上共同宣布，《中华人民共和国政府与新加坡共和国政府关于升级〈自由贸易协定〉的议定书》（以下简称《议定书》）将于 2019 年 10 月 16 日生效。

《议定书》对原中新自由贸易协定原产地规则、海关程序与贸易便利化、贸易救济、服务贸易、投资、经济合作等 6 个领域进行了升级，并新增了电子商务、竞争政策和环境等 3 个领域。双方商定，《议定书》涉及的原产地规则调整将于 2020 年 1 月 1 日起实施。

三、　降税安排

（一）实施步骤

根据协定规定，新加坡从 2009 年 1 月 1 日起，取消所有自中国进口产品的关税；中国在 2012 年 1 月 1 日前取消占税目 97.1% 的进口产品关税，其中 87.5% 的产品从协定生效之日起即实现零关税。

2. 中国—新加坡自由贸易区降税模式与中国—东盟自由贸易区降税模式的比较

新加坡同为中国—新加坡自由贸易区和中国—东盟自由贸易区的成员国，弄清两个自由贸易区降税模式和原产地规则的关系，有利于企业做出正确的经济决策。中国—新加坡自由贸易区在中国—东盟自由贸易区的基础上实施了加速降税，将部分中国—东盟自由贸易区中本应于 2010 年 1 月 1 日起实施零关税的一轨产品提前到 2009 年 1 月 1 日起实施零关税；将部分中国—东盟自由贸易区中本应于 2012 年 1 月 1 日起实施零关税的二轨产品提前到 2010 年 1 月 1 日起实施零关税。

四、 成员国主要进出口产品

（一）成员国的主要出口产品

中国：纺织品、机械产品、电子零部件、车辆及其零附件商品等。

新加坡：电子产品、化学与化学产品、机械设备、交通设备、石油产品、炼油产品等。

（二）成员国的主要进口产品

中国：电力机械器具及其电气零件、办公用机械及自动数据处理设备、石油和石油产品及其有关原料、初级形状的塑料等。

新加坡：农产品、粮食等。

五、 原产地标准

除累计条款外，中国—新加坡自由贸易区基本沿用了中国—东盟自由贸易区的原产地规则。但中国—新加坡自由贸易区与原产地规则相关的操作程序则与中国—东盟自由贸易区有较大的差别。

中国—新加坡自由贸易区采用双边累计，而中国—东盟自由贸易区采用完全累计。累计规则的不同，对产品原产地规则的适用及企业的经济决策均会产生重要影响。

六、 签证机构

在我国，目前中国—新加坡自由贸易区的优惠原产地证书由海关和中国贸促会签发，在中国境内生产且符合原产地规则的货物可申领优惠原产地证书，并凭此证书在出口到新加坡时享受中国—新加坡自由贸易区的优惠关税。

第二节　原产地规则

根据《议定书》附录 1 新第四章，可享受优惠关税减让的产品原产地应遵循下列规则确定：

第四章　原产地规则

第一条　定义

就本章而言：

（一）水产养殖是指对从卵、鱼苗、鱼虫和鱼卵等胚胎开始，对包括鱼、软体动物、甲壳动物、其他水生无脊椎动物及水生植物在内的水生生物的养殖。通过有序畜养、喂养或防止食肉动物掠食等方式，对饲养或生长过程加以干预，以提高产量；

（二）可互换材料是指为商业目的可互换的货物或材料，其性质实质相同，仅靠视觉检查无法加以区分；

（三）公认的会计原则是指一方在记录收入、支出、成本、资产及负债、信息披露以及编制财务报表方面公认的会计准则。上述准则既包括普遍适用的概括性指导原则，也包括详细的标准、惯例及程序；

（四）材料是指组成成分、零件、部件、半组装件和/或实际上已构成另一货物一部分或已用于另一货物生产过程的货物；

（五）非原产材料是指未满足本章规定的材料；

（六）原产材料或原产货物是指根据本章规定具备原产资格的货物；

（七）生产商是指从事货物生产的人；

（八）产品特定原产地规则是指明确规定材料经过税则归类改变或特定的制造或加工工序，或者满足从价百分比标准或上述标准的混合规则；

（九）生产是指获得货物的方法，包括货物的种植、开采、收获、饲养、养殖、提取、采集、收集、捕获、捕捞、诱捕、狩猎、制造、生产、加工或装配；

（十）使用的是指在产品的生产过程中花费的或消耗的。

第二条　原产地标准

就本协定而言，从一方进口的符合以下任何一项原产地要求的产品，应视为原产货物，并应享受优惠关税减让待遇：

（一）第三条（完全获得产品）明确规定的完全获得或生产的产品；

（二）完全在一方或双方内仅由原产材料生产的产品；或者

（三）使用非原产材料生产的，符合第四条（区域价值成分）或第六条

（产品特定原产地规则）规定的产品。

并且符合本章其他可适用条款的规定。

第三条 完全获得产品

就本协定而言，下列产品应视为在一方完全获得或生产：

（一）在其境内收获、采摘或收集的植物及植物产品；

（二）在其境内出生并饲养的活动物；

（三）在其境内从上述第（二）项活动物中获得的产品；

（四）在其境内狩猎、诱捕、捕捞、水产养殖、收集或捕获所得的产品；

（五）从其领陆、领水、海床或海床底土开采或提取的除上述第（一）至（四）项以外的矿物或其他天然生成物质；

（六）在该方领水以外的水域、海床或海床底土获得的产品，只要该方根据国际法的规定有权开发上述水域、海床及海床底土；

（七）用该方注册或有权悬挂该方国旗的船只在公海捕捞获得的鱼类及其他海产品；

（八）在一方注册或有权悬挂方国旗的加工船上完全采用上述第七项的产品进行加工和/或生产所得的产品；

（九）在该方收集的既不能用于原用途，也不能恢复或修复，仅适于弃置或回收原材料，或者仅适于再生用途的物品；

（十）完全采用上述第（一）项至第（九）项所列产品在一方生产或获得的货物。

第四条 区域价值成分

一、货物的区域价值成分应当依据下列方法计算：

$$RVC = \frac{V - VNM}{V} \times 100\%$$

其中：

RVC 是指以百分比表示的区域价值成分；

V 是指按照《关于实施 1994 年关税与贸易总协定第七条的协定》规定，在离岸价格（FOB）基础上调整的货物价格；以及

VNM 应为：

1. 材料进口时的到岸价格（CIF）；或者

2. 最早确定的在进行制造或加工的一方境内为不明原产地材料支付的价格。

二、除附件二（产品特定原产地规则）所列的货物应当符合第六条（产品特定原产地规则）规定的产品特定规则外，该区域价值成分比例不得少于 40%。

三、在根据本条第一款计算货物的区域价值成分时，在货物的生产过程

213

中生产商所使用的非原产材料的价值，不应包括随后在该货物生产过程中为生产原产材料而使用的非原产材料的价值。

四、如货物的生产商在其所在一方境内获得非原产材料，该材料的价格不应包括将其从供应商的仓库运抵生产商厂址的过程中所产生的运费、保险费、包装费及任何其他费用。

第五条　原产地累积规则

如一方的原产货物或原产材料在另一方境内构成另一货物一部分，则所构成的货物或材料应当视为原产于后一方境内。

第六条　产品特定原产地规则

在一方经过实质性改变的产品，应当视为该方的原产货物。符合附件二（产品特定原产地规则）所列产品特定规则的产品，应当视为在一方经过实质性改变的货物。

第七条　微小含量

根据附件二（产品特定原产地规则）的规定，一项货物虽未满足税则归类改变要求，但仍应视为原产货物，只要：

（一）在该产品生产过程中使用的、未满足附件二（产品特定原产地规则）所列的税则归类改变或任何其他条件的所有非原产材料的价值，不超过该产品离岸价格（FOB）的10%；并且

（二）该产品满足本章中所规定的作为原产产品的所有其他可适用要求。

但是，在计算该产品所适用的任何价值成分的非原产材料价值时，应把上述非原产材料的价值包括在内。

第八条　微小加工和处理

一、下列操作本身不足以构成能够赋予产品原产资格的加工或处理：

（一）为确保货物在运输或贮藏过程中处于良好状态而进行的保藏处理；

（二）包装的拆解和组装；

（三）洗涤、清洁、除尘、除去氧化物、除油、除漆或去除其他涂层；

（四）纺织品的熨烫或压平；

（五）简单的上漆及磨光处理；

（六）谷物和大米的去壳、部分或完全漂白、抛光及上光；

（七）食糖上色或加工成糖块的工序；

（八）水果、坚果及蔬菜的去皮、去核及去壳；

（九）削尖、简单研磨或简单切割；

（十）过滤、筛选、挑选、分类、分级、匹配（包括成套物品的组合）；

（十一）简单的装瓶、装罐、装袋、装箱、装盒、固定于纸板或木板及其他任何简单的包装处理；

（十二）在产品或其包装上粘贴或印刷标志、标签、标识及其他类似的用于区别的标记；

（十三）对同类或不同类产品进行简单混合；

（十四）简单地把物品零部件组装成完整品或将产品拆解成零部件；

（十五）仅为方便港口装卸所进行的处理；

（十六）第（一）至（十五）项中的两项或两项以上处理的组合；以及

（十七）动物屠宰。

二、就本条而言：

（一）简单通常形容既不需要专门技能也不需要专门生产或装配的机械、仪器或设备的行为；

（二）简单混合通常形容既不需要专门技能也不需要专门生产或装配的机械、仪器或设备的行为。但是，简单混合不包括化学反应。

第九条　直接运输

一、本协定中规定的优惠关税待遇，应适用于满足本章要求、并在双方之间直接运输的货物。

二、就第一款而言，下列情况应视为从出口一方向进口一方直接运输：

（一）货物的运输未经非缔约方境内；

（二）货物运输途中经过一个或多个非缔约方境内，不论是否在这些非缔约方转换运输工具或进行未超过 3 个月的临时贮藏，前提为：

1. 货物在其境内未进入贸易或商业领域；

2. 除装卸或使货物保持良好状态所需的其他处理外，货物在其境内未经任何处理；并且

3. 过境运输是由于地理原因或仅基于运输需要。

三、为符合上述第二款第二项的规定，进口商应向进口一方海关报验非缔约方海关文件或任何其他文件加以证明。

第十条　包装处理

一、一方对产品及其包装分别计征关税时，也可针对从另一方进口的产品，单独确定该包装的原产地。

二、在第一款不适用的情况下，应把包装与产品视为一个整体。在确定产品原产地时，应把运输或贮藏所需的包装与产品一并考虑，而不应将其视为从非缔约方进口。

第十一条　附件、备件及工具

与货物一同报验的附件、备件、工具及指导性或其他介绍说明性材料，如进口缔约方将其与货物一并归类和征收关税，在确定该货物的原产地时，应忽略不计。

第十二条 可互换材料

在确定货物是否为原产货物时，任何可互换材料应通过下列方法加以区分：

（一）货物或材料的物理分离；或者

（二）出口一方公认会计原则承认的库存管理方法。

第十三条 中性成分

除非另有规定，在确定货物的原产地时，不应考虑在产品制造过程中使用的动力及燃料、厂房及设备、机器及工具的原产地，或未留在货物中或未构成货物一部分的材料的原产地。

第十四条 原产地电子数据交换系统

为确保有效和高效实施本章，双方将在双方共同决定下建设原产地电子数据交换系统。

第十五条 原产地证书

一、为在另一方获得优惠关税待遇，应由出口一方授权机构签发原产地证书。

二、各方应将签发原产地证书的授权机构的名称、地址通知另一方海关，并提供签证机构所使用的印章样本。上述名称、地址或印章的变化应立即通知另一方海关。

三、当出口货物根据本章规定可被视为原产于一方时，原产地证书应在货物出口前或出口时签发。出口商或生产商应提交签发原产地证书的书面申请，并随附相关证明文件，以证明出口产品符合原产地证书的签发要求。

四、根据附件三（原产地证书格式）规定的格式，原产地证书应当用英文填制并正确署名和盖章，可涵盖同一批货物的一项或多项商品。一份原产地证书适用于进入一方境内的单批进口货物，原产地证书应自签发之日起12个月内有效。

五、由于非主观故意的差错、疏忽或其他合理原因，没有在货物出口前或出口时或在货物装运后3天内签发原产地证书的，原产地证书可在货物装运之日起1年内补发，并注明"补发"字样。

六、原产地证书被盗、遗失或损毁时，如果出口商或生产商确信此前签发的原产地证书正本未被使用，则出口商或生产商可以在原证书的有效期内，向出口缔约方授权机构书面申请签发经核准的原产地证书副本。经核准的原产地证书副本上，应当注明"原产地证书正本（编号）（日期）经核准的真实副本"字样。

第十六条 申请优惠待遇

一、除非本章另有规定，各方海关均应要求申请享受优惠关税待遇的进口商：

（一）根据其法律、法规，在进口前或进口时书面声明货物符合原产资格；

（二）持有原产地证书；

（三）应进口一方海关要求，提交原产地证书正本及与货物进口相关的其他文件；并且

（四）当进口商有理由相信作为申报依据的原产地证书上含有不准确的信息时，立即更正申报并支付应缴纳的税款。

二、若进口商未遵守本章的任何规定，一方可以拒绝给予进口货物本协定项下的优惠关税待遇。

三、各方应规定：

（一）若产品原产地不存在疑问，当发现原产地证书上的陈述与为办理产品进口手续而向进口缔约方海关报验的单证上的陈述有微小差异时，只要原产地证书与所报验的货物相符，原产地证书仍应有效；以及

（二）对于多项货物使用同一份原产地证书进行申报的情况，如果发现其中一项货物有问题，不应影响或延误该原产地证书所列的其他货物享受优惠关税待遇和通关。

四、进口时不能提供原产地证书的，应进口商请求，进口一方可以对货物征收非优惠关税或收取与税收等额的保证金。在此情况下，只要满足第一款的规定，进口商可自货物进口之日起1年内要求退还多征收税款或已收取的保证金。

第十七条 原产地核查

一、原产地证书是自出口一方进口的货物享受优惠关税待遇的基础。必要时，进口一方海关可以通过以下方式进行核查：

（一）书面要求进口商提供补充信息；

（二）书面要求出口一方境内的出口商或生产商提供补充信息；

（三）要求出口一方海关对货物原产地进行核查；或者

（四）双方海关共同商定的其他程序。

二、只有在有合理理由怀疑有关货物原产资格的准确性或真实性，且所涉关税金额足够大而值得提出要求的情况下，方可启动第一款项下的核查程序。

三、向出口一方海关提出的核查请求应当说明原因，并应将已获得的证明核查活动正当性的任何文件及信息提供给被请求方海关。

四、出口一方海关在其国内法律和惯例允许的范围内，应在任何核查行动中全力予以配合。

五、进行核查的海关应尽快将核查结果通知另一方海关。

第十八条 原产地证书免除

各方应规定，在下列情况下，无须提交原产地证书：

（一）商业进口货物价值不超过 600 美元或该方币值等额，或者一方规定的更高货值，但可以要求其进口时所随附的发票上含有该货物符合原产货物条件的声明；或者

（二）非商业进口货物价值不超过 600 美元或该方币值等额，或者缔约一方规定的更高货值；

只要该项进口不属于为规避原产地证书要求而实施或者安排的一次或多次进口的一部分。

第十九条　记录保存要求

一、各方应要求生产商、进口商和出口商保存原产地文件至少 3 年。

二、各方应要求其授权机构保存原产地证书的副本及其他证明文件至少 3 年。

三、所保存的记录可包括电子记录，且应根据各方国内法律及惯例保存。

第二十条　保密

一、本协定的任何规定不得解释为要求一方提供或允许获得一经披露就会妨碍法律实施、违背公众利益，或者损害特定企业、公众或私人的合法商业利益的机密信息。

二、各方应依据其国内法，对依据本章所收集的信息予以保密，包括原产地证书核查时获得的信息，并且应保护可能损害信息提供人的竞争地位的信息不得披露。

三、根据第十九条（记录保存要求）的规定，双方互相交换的信息应予保密，且只能用于对原产地证书的确认。

第二十一条　第三方发票

由驻在非缔约方的公司或者在出口一方为该公司代销的出口商开具发票的，只要产品符合本章的要求，进口一方对原产地证书应当予以接受。

第二十二条　原产地规则委员会

一、双方应在自由贸易区联合委员会下建立原产地规则委员会，由双方政府代表组成。

二、除双方另行商定，原产地规则委员会应至少每年举行一次定期会晤，可与根据协定第一百一十一条（执行和审议）第四款设立的自由贸易区联合委员会会议同时举行，以审议本章下出现的任何问题，从而确保本章得到有效、统一实施，并与本协定的精神和目标相一致。双方应就本章实施进行合作，包括但不限于以下内容：

（一）确保本章附件根据世界海关组织拟订的《商品名称及编码协调制度的国际公约》转版保持更新；

（二）考虑技术发展、产品生产或其他相关情况，磋商讨论对本章的可能

修改或修订，并报自由贸易区联合委员会批准；

（三）处理与本章及其附件实施相关的技术问题，如税号改变、区域价值成分计算等，以及；

（四）处理原产地电子数据交换系统的技术或实施问题。

第三节　原产地证书

一、 中国签发的原产地证书样本

中国签发的原产地证书样本 （中文）

1. 货物启运自 (出口商的名称、地址、国家) 2. 货物运输至 (收货人的名称、地址、国家)	证书号： 中国—新加坡自由贸易区 优惠税率 原产地证书 (申请表格和证书合一) 签发国_____ （填制方法详见证书背面说明）			
3. 运输方式及路线（就所知而言） 离港日期 船舶/飞机等的名称 卸货口岸	4. 供官方使用 ☐ 可享受中国—新加坡自由贸易区 优惠关税待遇 ☐ 不能享受优惠待遇（须说明理由）： .... 进口国官方机构的授权人签名			
5.项目号码	6.唛头及包装号码	7. 包装数量及种类、商品描述(包括数量以及进口国的 HS 编码)	8. 原产地标准（详见背页说明）	9. 毛重或其他计量单位及 FOB 价格	10.发票号码及日期
11. 由出口商申报 　兹申明上述填报资料及说明正确无误，所有货物产自 _____ （××国家） 且符合中国—新加坡自贸区原产地规则的相关规定，该货物出口至 _____ （××进口国） 地点、日期及签名	12. 证明 根据实际监管，兹证明出口商的申报正确。 _____ 地点、日期、签名及签证机构印章			

填制说明

第 1 栏：应填写中国出口商的法人全称、地址（包括国家）。

第 2 栏：应填写新加坡收货人的法人全称、地址（包括国家）。

第 3 栏：应填写运输方式、路线，并详细说明离港日期、运输工具的编号及卸货口岸。

第 4 栏：不论是否给予优惠关税待遇，进口方海关必须在相应栏目标注（√）。

第 5 栏：应填写项目号码。

第 6 栏：应填写唛头及包装号码。

第 7 栏：应详细列明包装数量及种类。详细列明每种货物的商品描述，以便于海关关员查验时识别。商品描述应与发票所述及《协调制度》的商品描述相符。如果是散装货，应注明"散装"。在商品描述末尾加上"＊＊＊"（三颗星）或"＼"（斜杠结束号）。

第 8 栏的每种货物应填写《协调制度》六位数编码。

第 9 栏：若货物符合原产地规则，出口商必须按照下列表格中规定的格式，在第八栏中标明其货物享受优惠关税待遇所依据的原产地标准。

出口商申明其货物享受优惠关税待遇所依据的原产地标准	填入第 8 栏
（1）中国—新加坡自由贸易区原产地规则规定在出口方完全获得的产品	"P"
（2）区域价值成分≥40%的产品	"RVC"
（3）符合产品特定原产地规则的产品	"PSR"

第 9 栏：毛重应填写"千克"。可依惯例填写其他计量单位，例如体积、数量等，以准确反映其数量。FOB 价格应在此栏中注明。

第 10 栏：应填写发票号码及开发票的日期。

第 11 栏：本栏必须由出口商填写、签名并填写日期。应填写签名的地点及日期。

第 12 栏：本栏必须由签证机构的授权人员填写、签名、填写签证日期并盖章。

中国签发的原产地证书样本（英文）
Original（Copies）

1. Goods consigned from (Exporter's business name, address, country)	Reference No. CHINA-SINGAPORE FREE TRADE AREA PREFERENTIAL TARIFF CERTIFICATE OF ORIGIN (Combined Declaration and Certificate)
2. Goods consigned to (Consignee's name, address, country)	Issued in _____ (Country) See Notes Overleaf

| 3. Means of transport and route (as far as known)

Departure date

Vessel's name/Aircraft etc.

Port of Discharge | 4. For Official Use

☐ Preferential Treatment Given Under CHINA-SINGAPORE Free Trade Area Preferential Tariff

☐ Preferential Treatment Not Given (Please state reason/s)

....
Signature of Authorised Signatory of the Importing Country |

5. Item number	6. Marks and numbers on packages	7. Number and type of packages, description of goods (including quantity where appropriate and HS number of the importing country)	8. Origin criterion (see Notes overleaf)	9. Gross weight or other quantity and value (FOB)	10. Number and date of invoices

11. Declaration by the exporter	12. Certification
The undersigned hereby declares that the above details and statement are correct; that all the goods were produced in .... (Country) and that they comply with the origin requirements specified for these goods in the China-Singapore Free Trade Area Preferential Tariff for the goods exported to .... (Importing Country) .... Place and date, signature of authorised signatory	It is hereby certified, on the basis of control carried out, that the declaration by the exporter is correct. .... Place and date, signature and stamp of certifying authority

OVERLEAF INSTRUCTION

Box 1: State the full legal name, address (including country) of the exporter in China.

Box 2: State the full legal name, address (including country) of the consignee in Singapore.

Box 3: Complete the means of transport and route and specify the departure date, transport vehicle, port of discharge.

Box 4: The customs authorities of the importing country must indicate ($\vee$) in the relevant boxes whether or not preferential tariff treatment is accorded.

Box 5: State the item number.

Box 6: State the shipping marks and numbers on the packages.

Box 7: Number and type of packages shall be specified. Provide a full description of each good. The description should be sufficiently detailed to enable the products to be identified by the Customs Officers examining them and relate it to the invoice description and to the HS description of the good. If goods are not packed, state "in bulk". When the description of the goods is finished, add " * * * " (three stars) or " \ " (finishing slash). For each good described in Box 7, identify the HS tariff classification to six digits.

Box 8: If the goods qualify under the Rules of Origin, the exporter must indicate in Box 8 of this form the origin criteria on the basis of which he claims that his goods qualify for preferential tariff treatment, in the manner shown in the following table.

The origin criteria on the basis of which the exporter claims that his goods qualify for preferential tariff treatment	Insert in Box 8
(a) Products wholly obtained in the exporting Party as defined in China-Singapore FTA Rules of Origin	"P"
(b) Region value content ≥ 40%	"RVC"
(c) Products satisfied the Products Specific Rules	"PSR"

Box 9: Gross weight in Kilos should be shown here. Other units of measurement e. g. volume or number of items which would indicate exact quantities may be used when customary; the FOB value shall be indicated here.

Box 10: Invoice number and date of invoices should be shown here.

Box 11: The field must be completed, signed and dated by the exporter. Insert the place, date of signature.

Box 12: The field must be completed, signed, dated and stamped by the authorised person of the certifying authority.

二、 新加坡签发的原产地证书样本

新加坡签发的原产地证书样本（中文）

1.出口商(名称及地址) 2.收货人(名称、地址及国家)	新加坡共和国 优惠原产地证书 证书号码： 未经授权不得对本证书内容进行增改
3. 启运日期	8. 出口商声明 兹申明本证书上的内容及说明正确无误。 签名：
4. 船舶名称/飞机航班号码	姓名：
5. 卸货口岸	职称：
6. 最终目的地国	日期： 签章
7. 货物原产国	

9.唛头及编号	10. 包装号码及种类 商品描述 (必要时包括品牌)	11. 数量及单位

12. 主管机构证明

兹证明，上述资料足以证明上述货物原产于第 7 栏所述的国家。

新加坡签发优惠原产地证书的填制说明

序号	描述	所需信息
1	出口商	新加坡出口商的中央注册号、姓名和地址。中央注册号是新加坡海关向进出口企业签发的唯一编号。
2	收货人	中国收货人的姓名和地址。
3	启运日期	船舶或飞机的离港日期。
4	船舶名称/飞机航班号	船舶的名称或飞机的航班号码。
5	卸货口岸	货物卸载的最终目的港。如货物经过转运，航线的其他详细信息应在第 10 栏中列出，或作为本证书的附页。
6	最终目的国	中国应为货物的最终目的国。
7	货物的原产国	货物的原产国应为新加坡。
8	出口商声明	出口商应在此栏中签名。
9	唛头及编号	货物的唛头及编号，必要时可作为附页。
10	货物包装号码及种类；商品描述	应在此栏中报明以下信息： • 出口货物的商品描述，应和发票所列产品的商品描述相一致。准确的商品描述将有助于最终目的国海关加快货物通关。 • 每项货物的《协调制度》六位数子目。 • 每项货物的相应原产地标准。 • 发票的编号和日期。根据第五章（海关程序）第 36 条（第三方发票）的规定，由驻在非缔约方的公司或者在出口方为该公司代销的出口商开具。
11	数量及单位	货物的数量及其计量单位（如件、公斤等）。
12	主管机构证明	出口方授权机构的签章。
	证书编号	出口方授权机构对所签发的每一份证书的唯一编号。

新加坡签发的原产地证书样本（英文）

1 Exporter (Name & Address)	**REPUBLIC OF SINGAPORE**
2 Consignee (Name, Full Address & Country)	**PREFERENTIAL CERTIFICATE OF ORIGIN** **No.** NO UNAUTHORISED ADDITION/ALTERATION MAY BE MADE TO THIS CERTIFICATE

3 Departure Date	8 DECLARATION BY THE EXPORTER
4 Vessel's Name/Flight No.	We hereby declare that the details and statements provided in this Certificate are true and correct.
5 Port of Discharge	
6 Country of Final Destination	Signature: Name:
7 Country of Origin of Goods	Designation: Stamp Date:

9 Marks & Numbers	10 No. & Kind of Packages Description of Goods (include brand names if necessary)	11 Quantity & Unit

12 CERTIFICATION BY THE COMPETENT AUTHORITY

We hereby certify that evidence has been produced to satisfy us that the goods specified above originate in the country shown in box 7.

EXPLANATORY NOTES TO THE FORMAT OF PREFERENTIAL CERTIFICATE OF ORIGIN ISSUED BY SINGAPORE

Box No.	Description	Type of Information Required
1	Exporter	The Central Registration Number, name and address of the exporter in Singapore. The Central Registration Number is a unique number issued by Singapore Customs to companies which intend to import or export.
2	Consignee	The name and address of the importer in China.
3	Departure Date	The departure date when the vessel/aircraft left port/airport.
4	Vessel's Name/Flight No.	The vessel's name or the aircraft flight number.
5	Port of Discharge	The final port in which the goods will be discharged. Where goods are transshipped, the additional details of the route may be declared in box 10 or in a separate attachment to this Certificate.
6	Country of Final Destination	The country of final destination will be China.
7	Country of Origin of Goods	The country of origin must be Singapore.
8	Declaration by the Exporter	The exporter will sign in this box.
9	Marks & Numbers	The marks and numbers of the goods, to be attached in separate sheet, where necessary.
10	Number & Kind of Packages; Description of Goods	The following information will be declared in this box: • The description of the products exported. This should be identical to the description of the products contained in the invoice. An accurate description will help the Customs Authority of the country of destination to clear your products quickly. • The 6-digit HS subheading for each product. • The relevant origin criterion for each product. • Number and date of invoices, issued either by a company located in a non-Party or by an exporter in the exporting Party for the account of the said company, as referred to in Article 36 (Third Party Invoicing) in Chapter 5 (Customs Procedures).
11	Quantity & Unit	The quantity and its unit of measurement (such as pieces, kg) of the goods.

Box No.	Description	Type of Information Required
12	Certification by the Competent Authority	Seal or stamp of the authorised body of the exporting Party.
	Certificate Reference Number	A unique number will be assigned to each Certificate issued by the authorised body of the exporting Party.

第十二章 《中国—秘鲁自由贸易协定》原产地规则及操作程序

【本章导读】《中国—秘鲁自由贸易协定》于 2009 年 4 月签署，2010 年 3 月生效。自协定生效以来，我国连续多年位居秘鲁贸易伙伴首位，秘鲁已成为我在拉丁美洲地区第四大贸易伙伴和重要投资目的地。据统计，2019 年 1~5 月，中秘双边货物贸易总额为 96.4 亿美元，同比增长 7.48%。2019 年，1~6 月，我国对秘鲁全行业投资 1077 万美元，新签合同额 8.6 亿美元，完成营业额 6.4 亿美元；秘在中国设立企业 13 家，实际投资金额 120 万美元（不含银行、证券、保险领域）。

2016 年 11 月，中秘两国领导人就开展《中国—秘鲁自由贸易协定》升级联合研究达成重要共识。2018 年 11 月，双方宣布启动升级谈判，并一致同意加快谈判进程，力争早日结束。2019 年 8 月 23 日，《中国—秘鲁自由贸易协定》升级第三轮谈判顺利完成。

第一节 概 述

一、 成员国

成员国包括中国和秘鲁。

秘鲁是南美洲的发展中国家，《中国—秘鲁自由贸易协定》是我国与拉美国家达成的第一个一揽子的自由贸易协定。据中国海关统计，2018 年中秘双边贸易总额为 231.1 亿美元，同比增长 14.7%。其中，中国出口 80.7 亿美元，进口 150.4 亿美元，同比分别增长 15.9% 和 14.0%。

二、 谈判过程

2007 年 3 月 31 日，李长春同志访问秘鲁期间，与秘总统加西亚共同宣布年内启动中秘自由贸易区联合可行性研究。

2007 年 8 月，联合研究结束。结论表明，中、秘两国经济互补性强，建立自由贸易区将产生双赢结果。

2007 年 9 月 7 日，在悉尼 APEC 领导人非正式会议期间，胡锦涛主席与加西亚总统共同宣布启动中秘自由贸易区谈判。

2008 年 11 月 19 日，经过八轮谈判和一次工作组会议，胡锦涛主席在对秘鲁进行国事访问期间，与秘鲁总统加西亚共同宣布《中国—秘鲁自由贸易协定》谈判成功结束。

2009 年 4 月 28 日，在习近平副主席和秘鲁副总统路易斯·詹彼德里·罗哈斯共同见证下，双方在北京签署自由贸易协定。

2010 年 3 月 1 日，协定生效并正式实施。

2016 年 11 月 21 日，中国商务部部长高虎城和秘鲁外贸旅游部部长费列罗斯在秘鲁利马共同签署《中华人民共和国商务部和秘鲁共和国外贸旅游部关于中国—秘鲁自由贸易协定升级的谅解备忘录》，宣布启动双边自由贸易协定升级联合研究。在联合研究中，双方一致认为，开展中秘自由贸易协定升级谈判有助于深入挖掘中秘自由贸易协定给两国带来的潜在利益，进一步密切双边关系，共同维护自由贸易，发展开放型世界经济。

2018 年 11 月 17 日，商务部部长钟山与秘鲁外贸旅游部部长瓦伦西亚签署谅解备忘录，宣布启动《中国—秘鲁自由贸易协定》升级谈判。截至 2019 年 8 月，双方共开展了三轮自由贸易协定升级谈判，取得积极进展。

三、 降税安排

在货物贸易方面，中秘双方对各自占税目 90% 以上的产品分阶段实施零关税。中秘两国的全部货物产品分为五类实施关税减让。

第一类产品在协定实施后当年实施零关税，分别约占中、秘税目总数的 61.19% 和 62.71%。

第二类产品在协定生效 5 年内逐步降为零，分别约占中、秘税目总数的 11.70% 和 12.94%。

第三类产品在协定生效 10 年内关税逐步降为零，分别约占中、秘税目总数的 20.68% 和 14.35%。

第四类产品为例外产品，不作关税减让，分别约占中、秘税目总数的 5.44% 和 8.05%。

第五类产品分别通过 8 年、12 年、15 年、16 年、17 年使关税逐步降为零，分别约占中、秘税目总数的 0.99% 和 1.95%。

四、 成员国主要进出口产品

（一）主要出口产品

中国：轻工、电子、家电、机械、汽车、化工、蔬菜、水果。

秘鲁：鱼粉、矿产品、水果、鱼类。

（二）主要进口产品

中国：铜、原油、鱼粉、铁矿砂。

秘鲁：轻工、电子、家电、机械、汽车、化工、蔬菜、水果。

五、 原产地标准

原产地标准包括完全获得和实质性改变标准。实质性改变标准以税则归类改变标准为主，以区域价值成分和加工工序为辅，并采用列表方式对《协调制度》中的全部产品逐一制定产品特定原产地规则。

六、 签证机构

在我国，目前除海关可签发中国—秘鲁自由贸易区项下的优惠原产地证书外，中国贸促会及其各地分会也参与签发优惠原产地证书。

第二节　原产地规则

根据《中国—秘鲁自由贸易区协议》（以下简称《协议》）第三章内容，可享受优惠关税减让的产品原产地应遵循下列规则确定：

第二十二条　定义

就本章而言：

水产养殖是指对从卵、鱼苗、鱼虫和鱼卵等胚胎开始，对包括鱼、软体动物、甲壳动物、其他水生无脊椎动物及水生植物在内的水生生物的养殖。通过有序畜养、喂养或防止食肉动物掠食等方式，对饲养或生长过程加以干预，以提高产量。

授权机构是指一缔约方国内立法授权签发原产地证书的任何实体。

离岸价格（FOB）是指包括无论以何种运输方式将货物运至最终输出口岸或地点的运输费用在内的货物船上交货价格。

到岸价格（CIF）是指包括运抵进口国输入口岸或地点的保险费及运费在内的进口货物价格。

主管机构是指：

（一）就中国而言，本协定项下原产地规则的应用和管理应当由海关总署

组织实施；以及

（二）就秘鲁而言，外贸旅游部或者其继任部门。

可互换货物或材料是指为商业目的可互换的、其性质实质相同的货物或材料。

公认会计原则是指在一缔约方境内有关记录收入、支出、成本、资产及负债、信息披露以及编制财务报表方面的公认的一致意见或实质性权威支持。公认会计原则既包括普遍适用的概括性指导原则，也包括详细的标准、惯例及程序。

相同货物是指《海关估价协定》规定的"相同货物"。

材料是指在生产另一货物的过程中所使用的货物，包括任何组分、成分、原材料、零件或部件。

生产是指货物的种植、饲养、提取、采摘、采集、开采、收获、捕捞、诱捕、狩猎、制造、加工或装配。

生产商是指从事货物的种植、饲养、提取、采摘、采集、开采、收获、捕捞、诱捕、狩猎、制造、加工或装配的人。

第二十三条　原产货物

除非本章另有规定，并且在货物满足其所适用的本章所有其他规定的情况下，符合下列条件的货物应当视为原产于一缔约方：

（一）该货物是根据第二十四条（完全获得货物）及产品特定原产地规则的相关规定，在一缔约方或缔约双方境内完全获得或生产的；

（二）该货物是在一缔约方或缔约双方境内，完全由其原产地符合本节规定的材料生产的；或者

（三）该货物是在一缔约方或缔约双方境内，使用符合产品特定原产地规则所规定的税则归类改变、区域价值成分、工序要求或其他要求的非原产材料生产的。

第二十四条　完全获得货物

就第二十三条（原产货物）第（一）项而言，下列货物应当视为在一缔约方境内完全获得或生产：

（一）在中国或秘鲁出生并饲养的活动物。

（二）从中国或秘鲁饲养的活动物中获得的货物。

（三）在中国或秘鲁通过狩猎、诱捕、捕捞或水产养殖获得的货物。

（四）悬挂中国或秘鲁国旗的船只，在一缔约方境外的海域获得的鱼类、甲壳类动物及其他海洋生物。

（五）在悬挂中国或秘鲁国旗的加工船上，完全用上述第（四）项所述货物加工所得的产品。

231

（六）在中国或秘鲁收获、采摘或收集的植物及植物产品。

（七）从中国或秘鲁的土地、水域、海床或海床底土提取的矿物质及其他天然生成物质。

（八）从中国或秘鲁境外的水域、海床或海床底土得到或提取的除鱼类、甲壳类动物及其他海洋生物以外的货物，只要该缔约方有权对上述水域、海床或海床底土进行开采。

（九）从以下方面得到的废碎料：

1. 在中国或秘鲁的制造过程中得到；或者

2. 在中国或秘鲁收集的旧货；

只要该废碎料仅适用于原材料回收。以及

（十）在中国或秘鲁完全从上述第（一）项至第（九）项所列货物生产的货物。

第二十五条 税则归类改变

税则归类改变要求在一缔约方或双方境内经过加工后，货物生产过程中使用的非原产材料发生了产品特定原产地规则所规定的税则归类改变。

第二十六条 区域价值成分（RVC）

一、货物的区域价值成分应当依据下列方法计算：

$$RVC = \frac{FOB - VNM}{FOB} \times 100\%$$

其中：

RVC 为区域价值成分，以百分比表示；

FOB 为货物的离岸价格；

VNM 为非原产材料的价值。

二、非原产材料的价值应为：

（一）材料进口时的到岸价格（CIF）；或者

（二）在进行制造或加工的一方境内最早确定的非原产材料的实付或应付价格。如果非原产材料是由货物的生产商在该方境内获得的，则该材料的价格不应包括将其从供应商仓库运抵生产商所在地的运费、保险费、包装费及任何其他费用。

三、上述价格应当依据《WTO 海关估价协定》确定。

第二十七条 微小加工或处理

对货物的基本特征影响轻微的加工或处理，无论是单独的还是相互结合的，尽管该货物或材料满足本章的相关规定，仍应视为微小加工或处理而不赋予原产资格。其中包括：

（一）为确保货物在运输或贮存期间的保藏处于良好状态而进行的操作；

（二）托运货物的拆解或组装；

（三）以零售为目的的包装、拆包或重新打包的操作；或者

（四）动物屠宰。

第二十八条 累积

一、一缔约方的原产货物或材料在另一缔约方境内构成另一货物的组成部分时，该货物或材料应当视为原产于后一方境内。

二、如果货物是由一缔约方境内的一家或多家生产商生产，在该缔约方境内生产该货物所用材料的过程，应当视为该货物生产过程的一部分，只要该货物满足第二十三条（原产货物）和其所适用的本章所有其他规定，该货物应当视为原产货物。

第二十九条 微小含量

一、按附件产品特定原产地规则的规定未满足税则归类改变要求的货物，如果在该货物生产过程中使用的未满足税则归类改变要求的非原产材料，其按照第二十六条（区域价值成分）确定的价值不超过该货物价格的10%，则该货物仍应视为原产货物。此外，该货物应当满足其所适用的本章所有其他规定。

二、上述第一款所述货物同时符合区域价值成分要求时，其非原产材料的价值应当计入货物的区域价值成分当中。此外，该货物应当满足其所适用的本章所有其他规定。

第三十条 可互换货物或材料

一、在确定货物是否为原产货物时，任何可互换货物或材料应当通过下列方法加以区分：

（一）货物或材料的物理分离；或者

（二）出口方公认会计原则承认的库存管理方法。

二、按第一款选择的特定可互换货物或材料的库存管理方法，应当由选用该方法的人在其整个财政年度内，连续使用该方法对上述货物或材料进行管理。

第三十一条 成套货物

《协调制度》归类总规则三所定义的成套货物，如果其所有部件是原产的，则该成套货物应当视为原产。当该成套货物是由原产及非原产货物组成时，如果按照第二十六条（区域价值成分）确定的非原产货物的价值不超过该成套货物总值的15%，则该成套货品仍应视为原产。

第三十二条 附件、备件及工具

一、对于产品特定原产地规则规定的原产地所需税则归类改变要求，在货物进口时，与货物一同报验的附件、备件、工具、说明书及信息材料如与

233

该货物一并归类，且不单独开具发票，则在确定该货物原产地时，这些附件、备件、工具、说明书及信息材料等应当不予考虑。

二、对于必须满足区域价值成分要求的货物，如果附件、备件、工具、说明书及信息材料与该货物一并归类，且不单独开具发票，则在计算该货物的区域价值成分时，这些附件、备件、工具、说明书及信息材料的价值应当作为原产材料或非原产材料予以考虑。

三、本条仅适用于上述附件、备件、工具、说明书及信息材料的数量和价值习惯上为该货物所需的情况。

第三十三条　零售用包装材料及容器

一、如果包装材料及容器与货物一并归类，在确定该货物原产地时，该货物零售用包装材料及容器的原产地应当不予考虑，只要：

（一）该货物是根据第二十三条（原产货物）第（一）项的规定完全获得或生产的；

（二）该货物完全由第二十三条（原产货物）第（二）项所规定的原产材料生产；或者

（三）货物满足产品特定原产地规则所列的税则归类改变要求。

二、如果货物必须满足区域价值成分要求，在确定货物原产地时，零售用包装材料及容器的价值应当予以考虑。

第三十四条　运输用包装材料及容器

在货物运输期间用于保护该货物的包装材料及容器，在确定该货物原产地时应当不予考虑。

第三十五条　中性成分

一、在确定货物是否原产时，本条第（二）款所指的中性成分的原产地应当不予考虑。

二、中性成分是指货物生产中使用的，既不构成该货物物质成分，也未成为该货物组成成分的物品，其中包括：

（一）燃料、能源、催化剂及溶剂；

（二）用于测试或检验货物的设备、装置及用品；

（三）手套、眼镜、鞋靴、衣服、安全设备及用品；

（四）工具、模具及型模；

（五）用于维护设备和建筑的备件及材料；

（六）在生产中使用或用于运行设备和维护厂房建筑的润滑剂、油（滑）脂、合成材料及其他材料；

（七）在货物生产过程中使用，未构成该货物组成成分，但能够合理表明为该货物生产过程一部分的任何其他货物。

第三十六条 直接运输

一、为保持原产货物的原产资格，货物应当在缔约双方之间直接运输。

二、尽管有第一款的规定，下列情况仍应视为从出口方向进口方直接运输：

（一）货物运输未经非缔约方境内的。

（二）货物运输途中经过一个或多个非缔约方境内，不论是否在这些非缔约方转换运输工具或临时储存不超过三个月，只要：

1. 货物在其境内未进入其贸易或商业领域；并且

2. 除装卸、重新包装或使货物保持良好状态所需的其他处理外，货物在非缔约方境内未经任何处理。

三、为遵守上述第一款及第二款的规定，应当向进口方主管机构提交非缔约方海关文件或者满足进口方主管机构要求的任何其他文件，以兹证明。

第三十七条 展览

一、运送非缔约方展览并于展览后售往中国或秘鲁的原产货物，在进口时应当准予本协定规定的优惠关税待遇，但必须满足进口方海关要求的下列条件：

（一）出口商已将该货物从中国或秘鲁运送实际举办展览会的非缔约方；

（二）出口商已将该货物售予或用其他方式给予在中国或秘鲁的人；

（三）货物已于展览期间或展览结束后，以送展时的状态立即发运；

（四）货物送展后，除用于展览会展示外，未移作他用；以及

（五）货物在展览期间处于海关监管之下。

二、在适用本条第一款时，应当根据本章的规定签发，并且向进口方海关提交原产地证书，同时必须在该证书上注明展览的名称及地点。必要时，可以要求提供与展览相关的其他证明文件。

三、本条第一款适用于任何贸易、工业、农业或手工艺展览、交易会或类似公共展出或展示，但在商店或商业场所组织的以私售外国货物为目的的活动不在适用范围之内。

第三节 操作程序

为实施中国—秘鲁自由贸易区原产地规则，协定第三章第二节特制定原产地证书的签发、核查操作程序的规定。具体如下：

第三十八条 原产地证书

一、为了使原产货物获得优惠关税待遇，进口商应当根据进口方海关法律规定，在进口时持有或者提交按附件五（原产地证书和原产地声明）中第

一节（原产地证书）所列格式书面签发的原始和有效的原产地证书。

二、货物的出口商或最终生产商应当向出口方的授权机构书面申请签发原产地证书。原产地证书应当于出口前或出口时签发。

三、原产地证书必须按规定以英文填具，可涵括同一批次进口的一项或多项货物。

四、货物的出口商或最终生产商申领原产地证书时，应当提供商业发票、包含各自国内法律规定的最低限度信息资料的原产地申请表，以及主管机构或授权机构所需的用以证明货物原产资格的所有文件，并且应当满足本章的其他要求。

五、第一款所述的原产地证书应当自签发之日起一年内有效。

六、原产地证书被盗、遗失或损毁时，出口商可根据其持有的出口文件，向授权机构书面申请签发原产地证书副本。据此签发的原产地证书副本应当在备注栏注明"原产地证书正本（编号_____日期_____）经核准的真实副本"字样，其有效期按正本签发日期计算。

尽管有第二款的规定，在特殊情况下，原产地证书仍可在货物出口后予以补发，如果：

（一）由于非主观故意的错误、疏忽或缔约各方法律认定合理的任何其他情形，没有在出口时签发原产地证书的，只要出口商提供所有必需的商业单证和由出口方海关签注的出口报关单；或者

（二）授权机构确信已签发原产地证书，但由于技术原因，原产地证书在进口时未被接受的。补发证书的有效期应当与原证书的有效期一致。

第三十九条　原产地证书的免除

一、任何货物的完税价格不超过600美元或进口方币值等额，或者该缔约方所规定的更高货值的，出口商或生产商可以填具附件五（原产地证书和原产地声明）中第二节（原产地声明）所列格式的原产地声明，用以代替原产地证书而被接受。

二、一份原产地声明应当涵括一份进口报关单上报验的货物，并且应当自签发之日起一年内有效。

三、尽管有第一款的规定，如果有理由认为进口货物属于为规避本节规定而实施或安排的一系列进口的一部分，进口方仍可拒绝给予优惠关税待遇。

第四十条　授权机构

一、原产地证书只能由出口方的授权机构签发。

二、缔约双方应当将各自授权机构名称及相关的联系细节通知另一缔约方主管机构，并且应当在各自授权机构签发原产地证书之前，将该机构相关表格和文件上使用的安全特征的细节提供给另一缔约方主管机构。上述信息

的任何变化应当立即通知另一缔约方主管机构。

三、授权机构有责任确保原产地证书上的信息与原产地证书所含货物相符，并且确保依据本章规定确定的该货物的原产资格无误。

第四十一条 与进口有关的义务

一、除非本章另有规定，缔约各方应当要求其境内的进口商在申明优惠关税待遇时：

（一）根据有效的原产地证书，在报关时提交书面声明，指明所进货物为原产货物；

（二）在作出第（一）项所述声明时持有原产地证书；

（三）视情持有证明货物符合直接运输要求的文件；以及

（四）应海关当局要求，提交有效的原产地证书以及第（三）项所述文件。

二、当进口商有理由相信声明所依据的原产地证书上含有不正确的信息时，在核查程序启动前，该进口商应当作出更正声明，并且支付所欠税款。

三、如果进口商不遵守本条的有关规定以及本章的任何其他规定，可以拒绝给予从出口方输入的货物优惠关税待遇。

第四十二条 关税或保证金的退还

一、如果符合原产资格的货物在输入一缔约方境内时，无法按本协定规定提交有效的原产地证书，只要进口商在进口时提交书面声明，指明所报验的货物符合原产资格，则进口商可以在货物进口后，在缴税后一年内，或者在交纳保证金后的3个月或进口方法律规定的不超过一年的更长期限内，视情申请退还多征的关税或已交纳的保证金。进口商必须提交：

（一）符合第三十八条（原产地证书）条规定的有效原产地证书；以及

（二）进口方海关要求的与货物进口相关的其他文件。

二、进口商在进口时未向进口方海关报明所进货物为本协定项下的原产货物的，即使其在事后向海关提交有效的原产地证书，已缴税款或保证金不予退还。

第四十三条 证明文件

用于证明原产地证书所列货物为原产货物，并且符合本章其他要求的文件应当包括但不限于：

（一）出口商或供应商加工获得有关货物的直接证据，例如，其账目或内部簿记；

（二）所用原料原产资格的证明文件，但这些文件必须依照国内的法律规定使用；

（三）原料生产和加工的证明文件，但这些文件必须依照国内的法律规定使用；

（四）能够证明所用原料原产资格的原产地证书。

第四十四条 原产地证书及证明文件的保存

一、申请签发原产地证书的出口商应当自原产地证书签发之日起，保存第四十三条（证明文件）所述文件至少3年。

二、出口方签发原产地证书的授权机构应当自原产地证书签发之日起，保存原产地证书副本至少3年。

第四十五条 核查程序

一、为了确定从另一方进口的货物是否具备原产货物资格，进口方主管机构可以通过下列方式进行核查：

（一）书面要求进口商提供补充信息；

（二）通过出口方主管机构，书面要求出口商或生产商提供补充信息；

（三）要求出口方主管机构协助对货物原产地进行核查；

（四）或者，如果第（一）项、第（二）项或第（三）项的要求未能消除进口方的关注，进口方主管机构可派员访问出口方境内的出口商或生产商所在地，对出口方主管机构的核查程序进行实地考察。

二、就第一款第（二）项及第（三）项而言，进口方主管机构请求获得或者出口方主管机构回复的所有信息，均应使用英语进行传送。

三、就第一款第（一）项及第（二）项而言，如果进口商、出口商或生产商在收到进口方书面请求后90天内未能提供补充信息，进口方可以拒绝给予优惠关税待遇。

四、就第一款第（三）项而言，进口方主管机构应当向出口方主管机构提供：

（一）请求协助核查的理由；

（二）货物原产地证书或其复印件；以及

（三）请求协助核查所必需的任何信息及文件。

出口方主管机构应当向进口方主管机构提供核查所涉货物原产地的英文书面声明，其中应当包含下列信息：

（一）货物生产工序的描述；

（二）指明供应商的原产及非原产材料的商品描述及税则归类；以及

（三）货物获得原产货物资格的详细说明。

如果出口方主管机构在提出请求后150天内未能提供书面声明，或者所提供的书面声明没有包含充分信息，进口方应当依据当时掌握的信息确定货物的原产地。

五、就第一款第（四）项而言，进口方应当在实地核查访问30天前，将核查访问的请求书面通知出口方主管机构。

如果出口方主管机构在收到通知 30 天内对该项请求未作出书面同意，进口方可以拒绝给予相关货物优惠关税待遇。

六、进口方应当在核查程序启动后 300 天内，将认定货物原产地的结果及其法律依据和事实书面通知出口方。

七、货物进口申报时依原产地证书证明其原产资格，但进口方海关有理由怀疑货物的原产地的，可以在交纳保证金或税款后放行货物，等待原产地核查结果。经原产地核查确认该货物符合原产资格后，上述已交纳的保证金或关税应当予以退还。

八、一缔约方的主管机构认定某项货物不符合优惠关税待遇的条件时，可以暂停给予进口商随后进口的任何相同货物优惠关税待遇，直到其证明这些货物符合本章的规定为止。

第四十六条 电子发证及核查系统的开发

本协定生效 6 个月后，缔约双方应当按照双方主管机构共同商定的方式，启动电子发证及核查系统的开发工作，以便该系统在本协定生效后 3 年内予以实施，以确保本节规定的有效和高效实施。

第四十七条 处罚

对于违反本章规定的行为，应当依照缔约各方的国内法律规定予以处罚。

第四十八条 保密

一、应另一缔约方请求，一缔约方对于另一方基于本章规定提供的信息应当予以保密。任何泄密行为应当依照缔约各方的国内法律规定予以处理。

二、未经提供此类信息的个人或政府特别许可，上述信息不得披露，在司法程序中视情要求予以披露的除外。

第四十九条 原产地规则委员会

本协定下的原产地规则委员会的职责包括：

（一）确保对本章的有效、统一及一贯管理，并在这方面加强合作；

（二）以《协调制度》的最新转换版本为基础，对附件四（产品特定原产地规则）进行维护；

（三）向自由贸易委员会提出下列议题的解决方案：

1. 本章的解释、实施及管理；

2. 区域价值成分的计算；以及

3. 因任一缔约方采用与本章规定不符的操作程序而引起的对双方贸易流通产生负面影响的问题；

（四）在缔约双方达成一致意见的情况下，提请自由贸易委员会通过根据第五十条（修正）提交的修订建议；

（五）开发电子发证及核查系统；

（六）将与确定原产地有关的税则归类及海关估价问题提交贸易便利化分委会解决；以及

（七）对货物贸易委员会交办的其他任何原产地相关事务进行研究。

第五十条　修正

一、一缔约方认为需要对附件四（产品特定原产地规则）进行修改时，可向另一缔约方提交修改建议，并随附修改理由说明及研究材料。

二、另一缔约方应当在修改建议提交后的180天内就请求一方所提建议的结果作出回应。

第四节　海关程序及贸易便利化

对于原产地的海关管理与合作等事项，中国—秘鲁自由贸易区与中国—新西兰自由贸易区模式一样，单独在第四章中制定了具体规则。同样体现了秘鲁政府对海关这一重要职能部门在原产地管理中的重视。

第五十一条　定义

就本章而言：

海关当局是指：

（一）就中方而言，中华人民共和国海关总署；以及

（二）就秘方而言，国家税务总局或其后继机构。

海关法是指任一缔约方的海关当局实施、适用或执行的任何立法。

海关程序是指海关当局对受海关监管的货物和运输工具采取的措施。

运输工具是指用以载运人员、货物、物品进出境的各种船舶、车辆、航空器和驮畜。

第五十二条　范围与目标

一、本章应当根据双方各自的国际义务及国内海关法规定，适用于对双边贸易的货物和双方之间往来的运输工具实施的海关程序。

二、本章旨在：

（一）简化和协调双方的海关程序；

（二）确保双方海关法及行政程序实施的可预见性、一致性和透明度；

（三）确保货物通关和运输工具往来的高效快捷；

（四）便利双边贸易；以及

（五）促进缔约双方海关当局在本章范围内的合作。

第五十三条　主管机构

负责本章管理的主管机构为：

（一）就中方而言，中华人民共和国海关总署；以及

（二）就秘方而言，外贸旅游部。

第五十四条 便利化

一、缔约双方应当确保其海关程序和实践具有可预见性、一致性、透明度，并便利贸易。

二、缔约双方的海关程序应当尽可能并且在其海关法允许的范围内，与包括《关于简化和协调海关程序的国际公约》（经修订）即《京都公约》在内的，其参加的世界海关组织（WCO）的与贸易有关的条约相一致。

三、缔约双方海关当局应当实施便利货物通关放行的海关程序。

四、缔约双方海关当局应当尽力设置电子或者其他方式的集中受理点，使贸易商可借此提交货物通关放行所需的法规要求的全部信息。

第五十五条 海关估价

缔约双方对双边贸易货物的海关估价应当适用 GATT 1994 第七条及《海关估价协定》。

第五十六条 税则归类

缔约双方对双边贸易货物的税则归类应当适用《商品名称及编码协调制度国际公约》。

第五十七条 贸易便利化委员会

缔约双方应当建立贸易便利化委员会，并具有下列职能：

（一）根据国际标准采用相关海关程序与标准，以便利双方间的商业来往；

（二）解决关于本章的解释、适用以及实施的任何争端，其中包括税则归类。如果委员会未就税则归类达成决定，该分委会应有权向 WCO 作恰当的协商。WCO 的决定，双方应当尽最大可能执行。

（三）解决贸易便利化委员会其他问题，包括本协定下与原产地确定相关的税则归类以及海关估价问题。

第五十八条 海关合作

缔约双方海关当局应当在其国内法允许的范围内，在下列方面相互给予协助：

（一）本章和《中华人民共和国政府和秘鲁共和国政府关于海关合作与互助的协定》的实施与执行；以及

（二）缔约双方共同决定的其他事项。

第五十九条 复议诉讼

各缔约方应当确保其境内的进口商，在尊重海关行政行为的前提下，有权：

（一）向做出行政行为的人员或部门以外的独立部门提出行政复议的申请；

（二）就行政行为提起行政诉讼。

第六十条　预裁定

一、应本方境内的进口商或另一缔约方境内的出口商（对于中国，归类预裁定的申请人应当在中国海关注册）在货物进口前提出的书面申请，缔约双方海关当局应当根据申请人提供的事实和情况说明，包括处理预裁定申请所需的详细情况说明，就下列事项做出书面预确定：

（一）税则归类；或者

（二）根据本协定的规定，货物是否具有原产资格。

二、如果申请人已提交所有必需的信息，缔约双方海关当局应当在收到书面申请后作出预裁定。货物原产地的预确定应当在 150 天内作出。

三、各缔约方应当规定，如果做出预裁定所依据的事实和情况未改变，预裁定自做出之日起或预裁定中所确定的其他日期起至少一年内有效。

四、如果事实或情况证明预裁定所依据的信息是虚假或错误的，做出预裁定的海关当局可以修改或废除该预裁定。

五、如果进口商依据已有预裁定提出进口货物享受相应待遇的要求，缔约双方海关当局可就进口的事实和情况与预裁定所依据的事实和情况是否一致做出判定。

六、为了促进其他货物适用预裁定时的一致性，各缔约方应当在不违反各自国内法律有关保密规定的前提下公布其预裁定。

七、申请人在申请预裁定时，如果提供虚假信息，或遗漏相关事实或情况，或未遵守申请预裁定的规定，进口方可以按照其国内法律采取适当的措施，包括民事、刑事及行政措施、处罚或其他制裁。

第六十一条　无纸贸易环境下自动化系统的应用

一、缔约双方海关当局应当在海关操作中，应用低成本、高效率的信息技术，特别应当在无纸贸易环境下，重视 WCO 在此领域的发展。

二、缔约双方海关当局应尽力使用信息技术加快货物放行程序，包括信息数据在货物到港前的提交和处理，以及用于风险分析和布控电子或自动化系统。

第六十二条　风险管理

各海关当局应当将资源集中于高风险货物，并在实施海关程序时便利低风险货物通关放行。此外，双方海关当局应交换与应用的风险管理技术相关的信息，并确保对此类信息保密。

第六十三条　公布和咨询点

一、各海关当局应当公布其实施或执行的全部海关法及行政程序。

二、各海关当局应当指定一个或多个咨询点，处理一方利益相关人就与本章实施有关的海关事务提出的咨询，并向另一方海关当局提供咨询点的详细信息。提出此咨询的程序相关的信息应易于被公众了解。

三、如果一缔约方海关当局监管货物和运输工具的海关法或程序出现重大修改，且该修改可能对本章的实施产生实质性影响，则应当尽力及时通知另一缔约方海关当局。

第六十四条 快件

各海关当局在保持海关适当的监管和选择权的同时，应当采用或沿用对于快件的单独和快速的海关程序。在所有必需的海关文件提交后，快件货物应在通常情况下采用前述程序办理清关，而且这种程序不应对重量或海关价格作出限制。

第六十五条 货物放行

一、除下列情况外，各方应当采用或沿用高效快捷的程序，使得货物在抵达后48小时内放行：

（一）进口商无法在初次进口时提交进口方要求的信息；

（二）进口方主管当局应用风险管理技术，选择该货物做进一步查验；

（三）货物将接受进口方国内立法授权的、除主管当局以外的机构的检查；或者

（四）未完成所有必要的海关手续或因不可抗力原因延误了货物放行。

二、在各自国内法律法规允许的情况下，如果已向海关当局提交了足够的担保，各方应允许进口商在海关当局做出适用的关税和其他税、费的最终决定之前，从海关提取货物。

第六十六条 海关程序的审议

一、各海关当局应当本着进一步简化海关程序、制定互利安排和便利双边贸易流通的目的，定期审议其海关程序。

二、各海关当局应当定期审议其在海关监管中应用的风险管理方法的效果、有效性及效率。

第六十七条 磋商

一、各海关当局可随时要求与另一方海关当局，就在本章执行或实施中发生的问题进行磋商，此磋商并不影响贸易便利化委员会的执行。除非缔约双方海关当局另行商定，磋商应当通过相关联系点，在要求提出后30日内举行。

二、如果磋商无法解决问题，要求磋商的一缔约方可将该问题提请货物贸易委员会考虑。

三、为本章之目的，各海关当局应当指定一个或多个联系点，并向另一缔约方提供联系点的详细信息。缔约双方海关当局应当将联系点的信息变更情况及时通知对方。

四、缔约双方海关当局可针对为保障双边贸易或运输工具往来安全采取的海关程序而出现的贸易便利化问题举行磋商。

第六十八条 实施

缔约双方在此章节中规定的义务依照以下内容生效：

（一）第六十条（预裁定）应自本协定生效之日3年后生效；

（二）第六十五条（货物放行）应自本协定生效之日1年后生效。

第五节 原产地证书与原产地声明

一、原产地证书样本（中文）

证书样本（中文）

	证书编号：
1.出口商的名称、地址：	**中华人民共和国政府和秘鲁共和国政府自由贸易协定**
2.生产商的名称、地址（在已知情况下）：	**原产地证书**
3.收货人的名称、地址：	签发国 ───────── （填制方法详见证书背页说明）

4.运输方式及路线（就所知而言） 离港日期 船舶/飞机/火车/车辆编号 装货口岸 卸货口岸	供官方使用：
	5.备注：

6.项目号（最多20项）	7.包装数量及种类；商品描述	8.HS编码（6位数编码）	9.原产地标准	10.毛重、数量（数量单位）或其他计量单位（升、立方米等）	11.发票号码及发票日期	12.发票价格

13.出口商申明	14.证明
下列签字人证明上述资料及声明正确无误，所有货物产自 （国家） 且符合自由贸易协定原产地规则的相关规定。 该货物出口至 （进口国） 地点、日期及授权人签名	根据所实施的监管，兹证明上述信息正确无误，且所述货物符合《中华人民共和国政府和秘鲁共和国政府自由贸易协定》原产地要求。 地点、日期、签名及授权机构印章

填制说明

证书编号：授权机构签发原产地证书的序列号。

第1栏：详细填写出口商依法登记的名称、地址（包括国家）。

第2栏：详细填写生产商依法登记的名称、地址（包括国家）。如果证书包含一家以上生产商的商品，应详细列出其他生产商依法登记的名称、地址（包括国家）。如果出口商或生产商希望对信息予以保密，可以填写"应要求提供给授权机构"。如果生产商和出口商相同，应填写"同上"。如果不知道生产商，可填写"不知道"。

第3栏：详细填写居住在中国或秘鲁的收货人依法登记的名称、地址（包括国家）。

第4栏：填写运输方式及路线，详细说明离港日期、运输工具编号、装货口岸和卸货口岸。

第5栏：可以填写顾客订货单号码、信用证号码等其他信息。如果发票是由非缔约方经营者开具的，则应在此栏详细注明非缔约方经营者和货物生产商依法登记的名称。

第6栏：填写项目号，但项目号不得超过20项。

第7栏：详细列明包装数量及种类。详列每种货物的货品名称，以便于海关关员查验时加以识别。货品名称应与发票及《协调制度》上的商品描述相符。如果是散装货，应注明"散装"。在商品描述末尾加上"＊＊＊"（三颗星）或"＼"（结束斜线符号）。

第8栏：对应第7栏中的每种货物填写《协调制度》六位数税则归类编码。

第9栏：若货物符合原产地规则，出口商必须按照下表所示方式，在本证书第9栏中申明其货物享受优惠待遇所依据的原产地标准。

原产地标准	填入第9栏
该货物是根据第三条（完全获得货物）及附件四（产品特定原产地规则）的相关规定，在缔约方境内完全获得或生产	WO
该货物是在缔约方境内，完全由符合第三章（原产地规则及与原产地相关的操作程序）第一节（原产地规则）规定的原产材料生产的	WP
该货物是在缔约方境内，使用符合附件四（产品特定原产地规则）所规定的税则归类改变、区域价值成分、工序要求或其他要求的非原产材料生产的，同时该货物还满足第三章（原产地规则及与原产地相关的操作程序）第一节（原产地规则）的其他规定	PSR①

第10栏：毛重应填写"千克"。可依照惯例，采用其他计量单位（例如体积、件数等）来精确地反映数量。

第11栏：应填写发票号码、开发票日期。如果发票是由非缔约方经营者开具且不知道该商业发票号码及开发票日期，则出口方签发的原始商业发票的号码及开发票日期应在

---

① 如果货物适用附件四（产品特定原产地规则）所规定的区域价值成分（RVC）要求，应注明货物制造所达到的百分比。

本栏注明。

第 12 栏：应填写发票价格。如果发票是由非缔约方经营者开具且不知道该商业发票价格，则原始商业发票的价格应在本栏注明。

第 13 栏：本栏目必须由出口商填写、签名并填写日期。

第 14 栏：本栏必须由授权机构的授权人员填写、签名、填写签证日期并盖章。

二、 原产地证书样本（英文）

Certificate of Origin （英文）
Original

1. Exporter's name and address:	Certificate No.:
2. Producer's name and address, if known:	**CERTIFICATE OF ORIGIN** **Form for China-Peru FTA** Issued in _____ (see Overleaf Instruction)
3. Consignee's name and address:	

4. Means of transport and route (as far as known): Departure Date: Vessel/Flight/Train/Vehicle No.: Port of loading: Port of discharge:	For Official Use Only:
	5. Remarks:

6. Item number (Max 20)	7. Number and kind of packages; description of goods	8. HS code (Six digit code)	9. Origin criterion	10. Gross weight, quantity (Quantity Unit) or other measures (liters, m^3, etc.)	11. Number and date of invoice	12. Invoiced value

13. Declaration by the exporter: The undersigned hereby declares that the above details and statement are correct, that all the goods were produced in _____ (Country) and that they comply with the origin requirements specified in the FTA for the goods exported to _____ (Importing country) _____ Place and date, signature of authorized signatory	14. Certification: *On the basis of control carried out, it is hereby certified that the information herein is correct and that the goods described comply with the origin requirements specified in the China – Peru FTA.* Place and date, signature and stamp of authorized body

OVERLEAF INSTRUCTION

Certificate No. : Serial number of Certificate of Origin assigned by the authorized body.

Box 1: State the full legal name and address (including country) of the exporter.

Box 2: State the full legal name and address (including country) of the producer. If goods from more than one producer are included in the certificate, list the additional producers, including their full legal name and address (including country). If the exporter or the producer wishes to maintain this information as confidential, it is acceptable to state "Available to the authorized body upon request". If the producer and the exporter are the same, please complete field with "SAME". If the producer is unknown, it is acceptable to state "UNKNOWN".

Box 3: State the full legal name and address (including country) of the consignee resident in China or Peru.

Box 4: Complete the means of transport and route and specify the departure date, transport vehicle No. , port of loading and port of discharge.

Box 5: Any additional information such as Customer's Order Number, Letter of Credit Number, etc. may be included. In the case where a good is invoiced by a non-Party operator, the full legal name of the non-Party operator and the producer of the goods shall be indicated in this box.

Box 6: State the item number, and the number of items should not exceed 20.

Box 7: The number and kind of packages shall be specified. Provide a full description of each good. The description should be sufficiently detailed to enable the goods to be identified by the Customs Officers examining them and relate it to the invoice description and to the HS description of the goods. If goods are not packed, state "In bulk". When the description of the goods is finished, add " * * * " (three stars) or " \ " (finishing slash).

Box 8: For each good described in Box 7, identify the HS tariff classification to six digits.

Box 9: The exporter must indicate in Box 9 the origin criteria on the basis of which he claims that the goods qualify for preferential tariff treatment, in the manner shown in the following table.

Origin Criteria	Insert in Box 9
The good is wholly obtained or produced in the territory of the Parties as set out and defined in Article 3 (Wholly Obtained Goods), including where required to be so under Annex 4 (Product Specific Rules of Origin).	WO
The good is produced entirely in the territory of the Parties, exclusively from materials whose origin conforms to the provisions of Section A (Rules of Origin) of Chapter 3 (Rules of Origin and Operational Procedures Related to Origin).	WP

续表

Origin Criteria	Insert in Box 9
The good is produced in the territory of the Parties, using non-originating materials that conform to a change in tariff classification, a regional value content, a process requirement or other requirements specified in Annex 4 (Product Specific Rules of Origin), and the good meets the other applicable provisions of Section A (Rules of Origin) of Chapter 3 (Rules of Origin and Operational Procedures Related to Origin).	PSR①

Box 10: Gross weight in kilos should be shown here. Other units of measurement e. g. volume or number of items which would indicate exact quantities may be used when customary.

Box 11: Invoice number and date of invoice should be shown here. In the case where a good is invoiced by a non-Party operator and the number and date of the commercial invoice is unknown, the number and date of the original commercial invoice, issued in the exporting Party, shall be indicated in this box.

Box 12: Invoiced value should be shown here. In the case where a good is invoiced by a non-Party operator and the invoiced value is unknown, the invoiced value of the original commercial invoice shall be indicated in this box.

Box 13: This box shall be completed, signed and dated by the exporter.

Box 14: This box shall be completed, signed, dated and stamped by the authorized person of the authorized body.

三、 原产地声明（中文）

原产地声明

本人为_____

（打印姓名、职务及企业依法登记的名称、地址）

出口商/生产商/出口商及生产商

（不适用的部分请予勾销）

兹声明发票_____ （填写发票号码）所列货物原产自

中国/秘鲁

（不适用的部分请予勾销）

---

① When the good is subject to a regional value content (RVC) requirement stipulated in Annex 4 (Product Specific Rules of Origin), indicate the RVC percentage reached in the production of the good.

且上述货物符合《中华人民共和国政府与秘鲁共和国政府自由贸易协定》原产地规则的要求。

签名：_____

日期：_____

出口商注册号码或纳税登记编号：_____

备注：该声明必须打印，并以上述商业发票随附的单独文件提交。本声明所涉货物不得超过 20 项。

四、 原产地声明（英文）

Declaration of Origin

I, _____ being the

(print name, position, and legal name and address of enterprise)

EXPORTER / PRODUCER / EXPORTER AND PRODUCER

(strike out those which do not apply)

hereby declare that the goods enumerated on this invoice _____ (insert invoice number) are originating from

CHINA / PERU

(strike out that which does not apply)

in that they comply with the rules of origin requirements of the China-Peru Free Trade Agreement.

Signed：_____

Date：_____

Exporter's Registration Number or Tax Identification Number：_____

Note：This declaration must be printed and presented as a separate document accompanying the commercial invoice mentioned above. The number of items covered by this declaration should not exceed 20.

第十三章　《中国—哥斯达黎加自由贸易协定》原产地规则及操作程序

【本章导读】《中国—哥斯达黎加自由贸易协定》谈判于 2009 年 1 月正式启动。经过一年多时间的密集磋商，中哥双方于 2010 年 4 月正式签署协定。《中国—哥斯达黎加自由贸易协定》于 2011 年 8 月 1 日起正式生效，成为中国达成并实施的第 10 个自由贸易协定。

根据协定，在货物贸易领域，中哥双方将对各自 90% 以上的产品分阶段实施零关税，共同迈进"零关税时代"。中方的纺织原料及制品、轻工、机械、电器设备、蔬菜、水果、汽车、化工、生毛皮及皮革等产品和哥方的咖啡、牛肉、猪肉、菠萝汁、冷冻橙汁、果酱、鱼粉、矿产品、生皮等产品将从降税安排中获益。

第一节　概　述

一、成员国

成员国包括中国和哥斯达黎加。

哥斯达黎加是第一个与我国签署自由贸易协定的中美洲国家。

二、谈判过程

2007 年 6 月，中国与哥斯达黎加正式建立外交关系。

2008 年 11 月，在胡锦涛主席出访哥斯达黎加期间，胡主席与哥斯达黎加总统阿里亚斯共同宣布正式启动中国—哥斯达黎加自由贸易区谈判。

2009 年 1 月至 2010 年 2 月，总共经历了六轮谈判。第一轮正式谈判于 2009 年 1 月在哥斯达黎加首都圣何塞举行。同年 4 月 14 日 ~17 日，第二轮谈判在上海举行。6 月 15 日 ~17 日，第三轮谈判在圣何塞举行。2009 年 9 月 7 日，第四轮谈判在北京举行。2009 年 11 月 2 日 ~6 日，第五轮谈判在北京举行，该轮谈判取得了实质性成果，为后续谈判奠定了坚实基础。

最后一轮谈判始于 2010 年 2 月 10 日举行，双方就结束自由贸易协定谈判进入最后冲刺。经双方的艰苦努力，双方就剩余议题做出妥协并达成一揽子协议，为长达一年多的自由贸易谈判画上圆满句号。截至 2010 年年底，自由贸易协定文本进入各成员国的国内报批程序。

《中国—哥斯达黎加自由贸易协定》经中哥双方友好协商并书面确认，自 2011 年 8 月 1 日起正式生效，成为中国达成并实施的第 10 个自由贸易协定。

三、 降税安排

《中国—哥斯达黎加自由贸易协定》的关税减让主要有三种类型：第一种是零关税产品，在自由贸易协定生效当年或规定时间内，产品进口关税降到零；第二种是优惠关税产品，在自由贸易协定生效后，产品进口关税分阶段降到一定水平；第三种是例外产品，进口关税仍然适用最惠国关税。

中哥两国的全部货物产品共分为六类分别实施关税减让：

第一类产品分别约占中、哥税目总数的 65.3% 和 62.9%；

第二类产品分别占中、哥税目总数的 28.7% 和 4.0%，在协定生效后 5 年内线性降税至零；

第三类产品分别占中、哥税目总数的 1.8% 和 21.5%，在协定生效后 10 年内线性降税至零；

第四类产品分别占中、哥税目总数的 0.9% 和 2.5%，在协定生效后 15 年内线性降税至零；

第五类为例外产品，不作关税减让，保持最惠国关税，分别约占中、哥税目总数的 3.3% 和 8.9%；

第六类为关税配额产品，配额内实施零关税，哥斯达黎加实施配额管理的产品共四个，中国无关税配额产品。

四、 成员国主要进出口产品

（一）主要进口产品

中国：咖啡、果汁、果酱、鱼粉、矿产品等。

哥斯达黎加：纺织原料、机械、电器、汽车、轻工及化工产品。

（二）主要出口产品

中国：纺织原料及制品、轻工、机械、电器设备、蔬菜、水果、汽车、化工、生毛皮及皮革等产品。

哥斯达黎加：咖啡、香蕉等农产品，电子零部件。

五、 原产地标准

原产地标准包括完全获得与实质性改变标准。实质性改变标准包括税则归类改变、区域价值成分和加工工序等具体标准。同时，采用列表方式对《协调制度》中的全部产品逐一制定产品特定原产地规则。

六、 签证机构

原产地证书由授权机构签发，根据协定规定，"授权机构指经缔约一方的国内法或其政府机构指定签发原产地证书的任何机构"。

第二节 原产地规则

根据《中国—哥斯达黎加自由贸易协定》第四章第一节的规定内容，可享受优惠关税减让的产品原产地应遵循下列规则确定：

第二十条 定义

在本节中：

水产养殖指对从卵、鱼苗、鱼虫和鱼卵等胚胎开始，对包括鱼、软体动物、甲壳动物、其他水生无脊椎动物及水生植物在内的水生生物的养殖。通过有序畜养、喂养或防止食肉动物掠食等方式，对饲养或生长过程加以干预，以提高产量。

到岸价格（CIF）指包括运抵进口国输入口岸或地点的保险费及运费在内的进口货物价格。

离岸价格（FOB）指包括无论以何种运输方式将货物运至最终输出口岸或地点的运输费用在内的货物船上交货价格。

可互换材料或货物指其性质实质相同、在商业上可以互换的货物或材料。

公认的会计原则指在缔约一方境内有关记录收入、支出、成本、资产及负债、信息披露以及编制财务报表方面的公认的一致意见或实质性权威支持。公认会计原则既包括普遍适用的概括性指导原则，也包括详细的标准、惯例及程序。

货物指任何商品、产品、物品或材料。

材料指在生产另一货物过程中所使用的货物，包括任何组分、成分、组件、原材料、零件或部件。

中性成分指在另一货物的生产、测试或检验过程中使用，但本身不构成该货物组成部分的货物。

非原产材料或非原产货物指根据本章规定具备原产地资格的材料或货物

以外的材料或货物，包括原产地不明的材料或货物。

原产材料或原产货物指根据本章规定具备原产地资格的材料或货物。

运输用包装材料及容器指货物运输或储藏期间用于保护货物的货品，但零售用容器或包装材料除外。

生产商指从事货物生产的人。

产品特定规则指生产过程中所使用的非原产材料，在缔约一方或双方经过制造加工后，所得货品必须满足的税则归类改变、从价百分比或特定加工工序，或者上述标准的组合规则。以及

生产指获得货物的方法，包括但不仅限于货物的种植、饲养、开采、收获、捕捞、耕种、诱捕、狩猎、捕获、采集、收集、养殖、提取、制造、加工或装配。

第二十一条 原产货物

除本章另有规定外，符合下列情况的货物应当视为原产于缔约一方：

（一）该货物是根据第二十二条（完全获得货物）的规定，在缔约一方或双方境内完全获得或者生产；

（二）该货物完全是在缔约一方或双方境内，仅由符合本章规定的原产材料生产；或者

（三）该货物是在缔约一方或双方境内使用非原产材料生产，符合产品特定规则及其所适用的本章其他规定。

第二十二条 完全获得货物

就第二十一条（原产货物）第（一）项而言，下列货物应当视为在缔约一方或双方境内完全获得或生产：

（一）在缔约一方或双方境内出生并饲养的活动物；

（二）在缔约一方或双方境内从活动物中获得的产品[①]；

（三）在缔约一方或双方境内收获、采摘或采集的植物及植物产品；

（四）在缔约一方或双方境内狩猎、诱捕、捕捞、水产养殖、耕种或捕获获得的货物；

（五）从缔约一方领土、水域、海床或底土提取或得到的矿物质及不包括在上述第（一）项至第（四）项内的其他天然资源；

（六）在缔约一方领海以外的水域、海床或底土提取的产品，只要该方根据符合其缔结的相关国际协定可适用的国内法，有权开发上述水域、海床或底土；

[①] 上述产品包括从活动物中获得、但未经进一步加工的产品，其中包括乳、蛋、天然蜂蜜、毛发、羊毛、精液及粪便。

（七）在缔约一方的领海或专属经济区捕捞获得的鱼类及其他产品；

（八）在缔约一方注册或登记并悬挂或有权悬挂其国旗的船舶在公海捕捞获得的鱼类及其他产品；

（九）在缔约一方注册或登记并悬挂或有权悬挂其国旗的加工船上，完全用上述第（七）项、第（八）项所述货物加工及/或制造的货物；

（十）在中方或哥方境内加工过程中产生的，仅适用于原材料回收的废碎料；或者在中方或哥方境内收集的仅适用于原材料回收的旧货；以及

（十一）在缔约一方或双方境内完全从上述第（一）项至第（十）项所述货物获得或生产的货物。

第二十三条　产品特定规则

除本章另有规定外，在缔约一方或双方境内使用非原产材料生产的货物，在确定其原产地资格时应当符合所规定的相应原产地标准，如产品特定原产地规则所列的税则归类改变、区域价值成分、加工工序规则、上述规则的组合或其他要求。

第二十四条　税则归类改变

在适用第二十三条（产品特定规则）所规定的税则归类改变标准时，非原产材料在缔约一方或双方境内经过制造加工后，所得货物必须发生产品特定原产地规则所规定的税则归类改变，才能赋予原产地资格。为此，《协调制度》应当作为货物归类的依据。

第二十五条　区域价值成分

一、在适用第二十三条（产品特定规则）所规定的货物区域价值成分（RVC）标准时，其 RVC 应按下列公式计算：

$$RVC = \frac{V-VNM}{V} \times 100\%$$

其中：

RVC 为区域价值成分，以百分比表示；

V 为按照海关估价协定规定，在 FOB 价格基础上经过调整的货物价格；以及

VNM 为根据本条第二款确定的非原产材料（包括原产地不明的材料）的价格。

二、非原产材料的价值应为：

（一）按照海关估价协定规定，在 CIF 价格基础上经过调整的货物价格；或者

（二）在进行制造或加工的缔约一方境内最早可以确定的非原产材料的实付或应付价格。如果非原产材料是由货物的生产商在该缔约方境内获得的，

则该材料的价格不应包括将其从供应商仓库运抵生产商所在地的运费、保险费、包装费及任何其他费用。

三、在根据本条第一款计算货物的区域价值成分时，在缔约一方境内进行货物生产的过程中所使用的非原产材料的价值，不应包括为生产随后用于该货物生产的原产材料而使用的非原产材料的价值。

第二十六条　加工工序

在适用第二十三条（产品特定规则）所规定的加工工序标准时，货物只有在缔约一方或双方境内经过产品特定原产地规则所规定的加工工序后，才能赋予原产地资格。

第二十七条　累积规则

一、缔约一方的原产货物或材料在另一方境内构成另一货物的组成部分时，该货物或材料应当视为原产于后一方境内。

二、如果货物是由缔约一方境内的一家或多家生产商生产，在该缔约方境内生产该货物所用材料的过程，应当视为该货物生产过程的一部分。只要该货物满足第二十一条（原产货物）和其所适用的本章所有其他规定，该货物应当视为原产货物。

第二十八条　不得赋予原产地的微小加工或处理

以下加工或处理，无论是单独的还是相互结合的，均应视为微小加工或处理，不得赋予原产地资格。其中包括：

（一）为确保货物在运输或储藏期间处于良好状态而进行的处理；

（二）货物的拆解和简单组装；

（三）以销售或展示为目的的包装、拆包或重新打包等处理；或者

（四）动物屠宰。

第二十九条　微小含量

在下列情况下，货物虽不满足产品特定原产地规则规定的税则归类改变要求，仍应视为原产货物，只要：

（一）按照第二十五条（区域价值成分）规定所确定的所有不满足税则归类改变要求的非原产材料的价值不超过该货物离岸价格（FOB）的10%；并且

（二）该货物满足其所适用的本章所有其他规定。

第三十条　可互换材料和货物

在确定货物是否为原产货物时，任何可互换材料或货物应当通过下列方法加以区分：

（一）可互换货物或材料的物理分离；或者

（二）出口方公认会计原则承认的库存管理方法。

按第（一）项的规定选定的可互换材料或货物库存管理方法应当在整个财政年度内连续使用。

第三十一条　中性成分

在确定货物是否为原产货物时，下列中性成分的原产地不予考虑：

（一）燃料、能源、催化剂及溶剂；

（二）用于测试或检验货物的设备、装置及用品；

（三）手套、眼镜、鞋靴、衣服、安全设备及用品；

（四）工具、模具及型模；

（五）用于维护设备和建筑的备件及材料；

（六）在生产中使用或用于运行设备和维护厂房建筑的润滑剂、油（滑）脂、合成材料及其他材料；以及

（七）在货物生产过程中使用，虽未构成该货物组成成分，但能合理表明为该货物生产过程一部分的任何其他货物。

第三十二条　成套货品

《协调制度》归类总规则三所定义的成套货品，如果各组成货品均原产于缔约一方，则该成套货品应当视为原产于该缔约方；如果部分组成货品非原产于缔约一方，只要按照第二十五条（区域价值成分）所确定的非原产材料的价值不超过该成套货品价值的15%，该成套货品仍应视为原产于该缔约方。

第三十三条　包装及容器

一、在确定货物原产地时，用于货物运输的容器及包装材料不予考虑。

二、对于应当适用产品特定原产地规则所列税则归类改变标准的货物，如果零售用包装材料及容器与该货物一并归类，则在确定该货物的原产地时，零售用包装材料及容器不予考虑。但是，对于必须满足区域价值成分要求的货物，在确定该货物的原产地时，零售用包装材料及容器的价值应当视情作为原产材料或非原产材料予以考虑。

第三十四条　附件、备件及工具

一、进口时作为货物一部分的附件、备件或工具，在确定货物原产地的过程中应当不予考虑，只要：

（一）附件、备件或工具与该货物一并归类，并且不单独开具发票；以及

（二）按商业习惯，上述附件、备件或工具在数量及价值上是为该货物正常配备的。

二、对于必须满足区域价值成分要求的货物，在计算该货物的区域价值成分时，附件、备件或工具的价值，应当视情作为原产材料或非原产材料予以考虑。

第三十五条　直接运输

一、缔约双方申明享受优惠关税待遇的原产货物，应当在缔约双方之间直接运输。

二、原产货物运经一个或多个非缔约方境内，处于该非缔约方海关的监管之下，不论是否在这些非缔约方转换运输工具或临时储存，只要同时满足下列条件，仍应视为在缔约方之间直接运输：

（一）基于地理原因或者仅仅基于国际运输需要；

（二）货物在其境内未进入贸易或消费领域；

（三）除装卸、重新包装或者为使货物保持良好状态而进行的处理外，货物在其境内未经任何处理；

（四）在本条第二款规定的情形下，货物在非缔约方境内临时储存的，其在该非缔约方停留的时间，自其入境之日起不得超过 3 个月。

如上述第（一）项、第（二）项、第（三）项和第（四）项的规定得不到满足，该货物不得视为原产货物。

三、对于本条第二款所述货物，在货物申报进口时，应当向进口方海关提交下列单证：

（一）货物在非缔约方转换运输工具的，应当提交联运提单及其他证明文件；以及

（二）货物在非缔约方境内临时储存的，还应提交该非缔约方海关出具的证明文件。

第三节　原产地规则的操作程序

为实施中国—哥斯达黎加自由贸易区原产地规则，协定第四章第二节特制定原产地证书的签发、核查操作程序的规定。具体如下：

第三十六条　定义

在本节中：

授权机构指经缔约一方的国内法或其政府机构指定签发原产地证书的任何机构。

管理机构指：

（一）对于中方，海关总署依法负责本协定项下原产地规则有关的组织实施工作，质检总局依法负责原产地证签证管理；以及

（二）对于哥方，指国家海关署。

第三十七条　原产地证书

一、为使原产货物获得关税优惠待遇，应当由出口方授权机构签发附件

四（原产地证书）所列的原产地证书。出口商应当提出书面申请，并随附证明文件。原产地证书应当在进口时提交进口方海关。原产地证书应当：

（一）具有不重复的原产地证书编号；

（二）涵括同一批进口货物的一项或多项货物；

（三）注明货物具备本章第一节所称原产地资格的依据；

（四）含有诸如出口方通知进口方的签名或印章样本等安全特征；并且

（五）以英文打印填制。

二、原产地证书应当自签发之日起12个月内有效。

三、原则上，原产地证书应在出口前或出口时签发。但在例外的情况下，如果出口商提交了所有必需的商业单证和出口方海关出具的出口报关单，原产地证书仍可在出口后予以补发，只要：

（一）由于不可抗力、非主观故意的错误、疏忽，或者依照可适用的缔约各方法律认为合理的其他特殊情形，未在出口前签发原产地证书的；或者

（二）授权机构确信原产地证书已经签发，由于技术原因，原产地证书在进口时未被接受的。补发证书的有效期应当与原证书的有效期相一致。

四、在适用第三款规定的情形下，原产地证书应当在出口之日起12个月内予以补发，并且必须注明"补发"字样。

五、原产地证书被盗、遗失或损毁时，经核实，此前签发的原产地证书正本未被使用的，出口商或生产商可以向出口方授权机构书面申请签发经核准的原产地证书副本。经核准的原产地证书副本上应当注明"原产地证书正本（编号日期）经核准的真实副本"字样。

第三十八条　授权机构

一、原产地证书仅应由出口方的授权机构签发。

二、出口方的管理机构应当将各个授权机构的名称及相关联络方式通知进口方管理机构，并在各个授权机构签发原产地证书前，提供该机构签发原产地证书时所使用的任何安全特征详情（包括印章样本）。上述信息的任何变化应当立即通知另一方管理机构。

第三十九条　证明文件

用于证明原产地证书所列货物为原产货物，并且符合本章其他要求的文件应当包括但不限于：

（一）出口商或供应商加工获得有关货物的直接证据，例如，其账目或内部簿记；

（二）所使用材料原产地资格的证明文件，但这些文件必须依照各自国内法律的规定使用；

（三）证明材料生产和加工过程的文件，但这些文件必须依照各自国内法

律的规定使用；或者

（四）证明所用材料原产地资格的原产地证书。

第四十条 原产地证书及证明文件的保存

一、申请签发原产地证书的出口商应当自原产地证书签发之日起，保存第三十九条（证明文件）所述文件至少3年。

二、出口方签发原产地证书的授权机构应当自原产地证书签发之日起，保存原产地证书副本至少3年。

第四十一条 与进口有关的义务

除本章另有规定外，申明进口货物享受优惠关税待遇的进口商应当：

（一）在进口报关时作出书面声明，指明进口货物为原产货物；

（二）在按第（一）项进口报关时，持有有效的原产地证书；以及

（三）应进口方海关要求，提交原产地证书正本以及与进口货物相关的其他证明文件。

第四十二条 关税或保证金的退还

一、货物在输入缔约一方境内时，无法按本协定的规定提交原产地证书的，进口方海关可以视情对该货物征收现行非优惠进口关税或者收取与之等额的保证金或担保。进口商可以视情在货物进口后缴税之日起1年内，申请退还多征的进口关税；或者在货物交纳保证金之日起的3个月内或进口方法律规定的更长期限内，申请退还已经交纳的保证金或所提供的担保。进口商必须提交下列单证：

（一）符合第三十七条（原产地证书）规定签发的有效原产地证书；以及

（二）进口方海关要求的与进口货物相关的其他证明文件。只要进口商在报关时以书面形式向海关主动申报，指明所报验的货物具备原产资格。

二、货物进口时，进口商未按本条第一款规定向海关主动申报，事后补交原产地证书的，已缴纳的关税或已收取的保证金不予退还。

第四十三条 提交原产地证书义务的免除

一、缔约各方应当规定，在下列情况下，无须提交原产地证书：

（一）商业进口货物价值不超过600美元或该缔约方币值等额。但缔约一方可以要求其进口时提交证明该货物为原产货物的声明。

（二）非商业进口货物价值不超过600美元或该缔约方币值等额。或者

（三）依照其国内法律规定，无须提交原产地证书的其他情形。

二、经核实，该项进口实属为规避第三十七条（原产地证书）规定而实施或安排的一次或多次进口的一部分，则本条第一款的规定不予适用。

第四十四条 原产地核查

一、为确定输入缔约一方境内的货物是否具备本章所规定的原产货物资

格,进口方海关在有理由怀疑原产地证书的准确性和真实性的情况下,或者在进行监管时,可以通过以下方式对货物的原产地进行核实:

(一)书面要求进口商提供补充信息;

(二)书面要求出口方境内的出口商或生产商提供补充信息;

(三)书面请求出口方授权机构对货物原产地进行核实,并应将上述核查请求的副本同时抄送出口方管理机构;或者

(四)双方管理机构共同商定的其他程序,包括核查访问。

二、进口方海关根据第一款第(三)项提出的书面核查请求应当说明原因,并提供证明核查请求合理性的任何文件、信息及其副本。

三、就第一款第(一)项、第(二)项而言,进口商、出口商或生产商应当在收到书面核查请求后60天(不可延期)内,按请求一方的要求反馈核查结果详情。就第一款第(三)项而言,出口方授权机构应当在收到书面核查请求后6个月内,按请求一方的要求,将核查结果详情反馈进口方管理机构,同时将核查结果抄送出口方管理机构。

四、进口方管理机构应当将确定货物原产地的结果,以及确定原产地的有关事实及其法律依据书面通知出口方管理机构。

第四十五条 拒绝给予优惠关税待遇

在下列情况下,缔约一方可以拒绝给予货物优惠关税待遇:

(一)按照本章规定,进口货物不具备原产货物资格;

(二)进口货物不符合本章原产地规则中第三十五条(直接运输)的直接运输规则;

(三)出口方管理机构未依照第三十八条(授权机构)的规定将授权机构的名称、原产地证书的任何安全特征或者上述信息的任何变化通知进口方管理机构;

(四)进口商、出口商、生产商或授权机构(视具体情况而定)未能遵守第四十四条(原产地核查)第三款的规定;

(五)未依照本章的规定正确填制原产地证书、签名或签章;

(六)原产地证书上所列信息与所提交的证明文件上所列信息不相符;

(七)原产地证书所列货物名称、数量及重量、包装唛头及号码、包装件数及种类与所报验的货物不相符。

二、拒绝给予优惠关税待遇的,进口方管理机构应当将拒绝给惠的决定及其理由通知进口商。

第四十六条 原产地规则委员会

一、缔约双方设立一个原产地规则委员会,该委员会的成员,中方为海关总署和质检总局、商务部;哥方为对外贸易部和国家海关署。

二、应缔约一方或者自由贸易委员会的要求，原产地规则委员会将举行会议，对本章实施中引起的任何事项进行研究。

三、原产地规则委员会的职责应当包括：

（一）确保对本章有效、统一和一贯的管理，并且在这方面加强合作。

（二）依据《协调制度》的最新转换版本，对附件三（产品特定规则）进行更新。

（三）向自由贸易委员会提出与下列议题有关的解决方案的建议：

1. 本章的解释、实施及管理；

2. 区域价值成分的计算；以及

3. 因缔约任一方采用与本章规定不符的操作程序而引起的、对双方贸易流通产生负面影响的问题。

第四节　海关手续

对于原产地的海关管理与合作等事项，《中国—哥斯达黎加自由贸易协定》在第五章中制定了具体规则。

第四十七条　定义

就本章而言，海关当局指：

（一）就中国而言，中华人民共和国海关总署；以及

（二）就哥斯达黎加而言，国家海关署。

第四十八条　公开透明

一、双方当局应当以包括互联网在内的形式公布其海关法律、法规和规章。

二、双方当局应当指定或沿用一个联络点，处理利益相关人就海关事务提出的咨询，并且在互联网上公布关于提出此类咨询的程序有关的信息。

第四十九条　货物放行

一、根据国内法，双方应建立或保持简化的海关手续，以提高货物放行效率，便利双方之间的贸易往来。

二、双方应致力于采取措施确保货物在可能的情况下，就哥斯达黎加而言，"规章"应理解为普遍适用的行政规定。

第五十条　自动化系统应用

一、双方海关当局应当在海关操作中应用信息技术，特别是通过为货物到港之前传递信息提供便利，以使货物到港后在尽可能最短的时间内放行。

二、双方海关当局应尽力使用信息技术加快货物放行、实施风险管理和目标确定。

第五十一条 合作

一、为便利本协定的有效执行，双方应尽力提前通知对方，包括任何关于行政政策的重大修改，以及可能对本协定执行产生实质影响的进出口法律法规的类似进展变动情况。

二、双方通过其海关当局，应就保证遵守各自与进出口相关的法律法规进行合作，包括：

（一）本协定的实施和执行，包括其第四章（原产地规则和相关操作程序）；

（二）海关估价协定的实施和执行；

（三）各类进出口限制和禁止的规定；以及

（四）双方同意的其他海关事务。

三、根据国内法，双方应当通过其海关当局尽力为另一方提供有关信息，这些信息将可以协助该方决定进出口是否符合另一方关于进口的法律法规，特别是那些与防止任何形式的财政瞒骗有关的法律法规。

四、为了更加便利双方之间的贸易往来，双方应当尽力为另一方提供技术经验和支持，目的在于改进风险评估技术，简化、加快海关通关手续，提高人员技术水平，以及加强使用技术的能力，以提高遵守与进口有关的法律法规的水平。

五、双方海关当局应在自贸区协定生效后3个月内谈判海关行政互助协定。该海关行政互助协定应符合双方各自国内法的相关规定。

第五十二条 风险管理

各方应尽力采取或沿用风险管理制度，使得其海关当局将查验重点集中于高风险商品，以简化低风险货物的通关放行。

第五十三条 快件

各海关当局应当在沿用适当风险管理制度的同时，采用或沿用对于快件的单独和快速的海关手续。这些手续应保证在通常情况下，在提交了所有必要的海关文件后能够快速或加快办理货物清关手续。

第五十四条 复议和诉讼

各方应赋予其境内的进口商，对海关事务的决定享有以下权利：

（一）向做出决定的人员或者部门以外的独立部门提出行政复议的申请；以及

（二）就行政决定提起行政诉讼。

第五十五条 处罚

各方应采用或沿用有关措施，以对违反包括有关税则归类、海关估价、原产地，以及本协定项下优惠待遇的核查的海关法律法规的行为给予行政处罚，必要时给予刑事处罚。

第五十六条 预裁定

一、应本方境内的进口商或另一缔约方境内的出口商在货物进口前提出的书面申请，缔约双方海关当局应当根据申请人提供的事实和情况说明，包括处理预裁定申请所需的详细情况说明，就下列事项做出预裁定：

（一）税则归类；或者对于中国，申请对税则归类进行预裁定的进出口商需在中国海关注册。

（二）本协定项下原产地的确定。

二、如果申请人已提交有关部门要求的所有必要信息，海关当局应当在收到申请的 90 天之内做出预裁定。如果做出预裁定所依据的事实和情况未改变，预裁定自做出之日起有效。

三、有下列情形之一的，做出预裁定的当局可以主动将已生效的预裁定废止、修订或撤销：

（一）如果事实或情况证明预裁定所依据的信息是虚假或错误的，做出预裁定的海关当局可以修改或废除该预裁定。同时，海关当局可以按照其国内法律相关规定对提供虚假信息的申请人采取适当的措施，包括民事、刑事及行政措施、处罚和其他制裁。

（二）海关当局认为对于最初做出裁定所依据的事实和情况应当适用不同的标准。在这种情况下，修订或撤销应当自变更之日起执行，且在任何情况下均不得与已生效的决议相抵触。或者

（三）海关作出行政裁定所依据的法律、行政法规及规章中的相关规定发生变更，影响行政裁定效力的，原行政裁定自该变更公布之日起自动失效。在以上（二）项、（三）项所描述的情况下，各海关当局应当使利益相关人知晓上述信息，并在修改生效之前给予足够的时间，以使利益相关人能够考虑这些修改因素，除非无法将有关信息提前对外公布。

第五节　原产地证书

一、 原产地证书样本（中文）

原产地证书

1. 出口商的名称、地址、国家：	证书编号： **中国——哥斯达黎加自由贸易协定** **原产地证书** 签发国 — — — — — — — — — — — （填制方法详见证书背页说明）
2. 生产商的名称、地址（在已知情况下）：	
3. 进口商的名称、地址、国家：	
4. 运输方式及路线（就所知而言） 离港日期 船舶/飞机/火车/车辆编号 装货口岸 卸货口岸	供官方使用：
	5. 备注：

6. 项目号（最多 20 项）	7、唛头和包装号	8. 包装数量及种类；商品描述	9. HS 编码(6 位数编码)	10. 原产地标准	11. 毛重或其他计量单位（如数量、升、立方米等）	12. 发票号码、开具发票日期及发票价格

13. 出口商申明 下列签字人证明上述资料及声明正确无误，所有货物产自 ———————— （国家） 且符合自由贸易协定原产地规则的相关规定。 该货物出口至 ———————— （进口国） ———————— 地点、日期及授权人签名	14. 证明 根据所实施的监管，兹证明上述信息正确无误，且所述货物符合《中国——哥斯达黎加自由贸易协定》原产地要求。 ———————————— 地点、日期、签名及授权机构印章 电话：　　　　　　传真： 地址：

背页说明

第1栏：详细填写中国或哥斯达黎加的出口商依法登记的名称、地址。

第2栏：详细填写生产商依法登记的名称、地址（包括国家）。如果证书包含一家以上生产商的商品，应详细列出其他生产商依法登记的名称、地址（包括国家）。

如果出口商或生产商希望对信息予以保密，可以填写"应要求提供给主管机构或授权机构"。如果生产商和出口商相同，应填写"同上"。如果不知道生产商，可填写"不知道"。

第3栏：详细填写中国或哥斯达黎加的进口商（收货人）依法登记的名称、地址。

第4栏：应据所知填写运输方式及路线，详细说明离港日期、运输工具编号、装货口岸和卸货口岸。

第5栏：可以填写顾客订货单号码、信用证号码等其他信息。如果发票是由非缔约方经营者开具的，则应在此栏详细注明货物原产国生产商依法登记的名称、地址和国家。

第6栏：填写项目号，项目号不得超过20项。

第7栏：应填写唛头及包装号。

第8栏：详细列明包装数量及种类。详列每种货物的货品名称，以便于海关关员查验时加以识别。货品名称应与发票及《协调制度》上的商品描述相符。如果是散装货，应注明"散装"。在商品描述末尾加上"＊＊＊"（三颗星）或"＼"（结束斜线符号）。

第9栏：对应第8栏中的每种货物填写《协调制度》六位数税则归类编码。

第10栏：若第8栏中的货物符合原产地规则，出口商必须按照下表所示方式申明货物享受优惠待遇所依据的原产地标准。原产地标准在第四章（原产地规则及相关操作程序）和附件3（产品特定规则）中予以明确。

原产地标准	填入第 10 栏
该货物是根据第二十二条完全获得货物的相关规定，在缔约一方或双方境内完全获得或生产。	WO
该货物是在缔约一方或双方境内，完全由符合第四章（原产地规则及相关操作程序）规定的原产材料生产的。	WP
该货物是在缔约一方或双方境内，使用符合第四章（原产地规则及相关操作程序）所规定的产品特定原产地规则及其他要求的非原产材料生产的。	PSR

第11栏：对第8栏中的每种货物应填写毛重（用"千克"衡量）或用其他计量单位衡量的数量。可依照惯例，采用其他计量单位（例如，体积、件数等）来精确地反映数量。

第12栏：应填写第8栏中货物所对应的发票号码、发票日期及发票价格。

第13栏：本栏目必须由出口商填写、签字并填写日期。应包括货物的生产国和进口国，以及授权签字人的签名。

第14栏：本栏必须由授权机构的授权人员填写、签名、填写签证日期并盖章，并应注明授权机构的电话、传真和地址。

二、 原产地证书样本（英文）

1. Exporter's name, address, country:	Certificate No.:
	CERTIFICATE OF ORIGIN
2. Producer's name and address, if known:	**Form for China-Costa Rica Free Trade Agreement**
	Issued in _____
	(see Overleaf Instruction)
3. Importer's name, address, country:	For Official Use Only:
4. Means of transport and route (as far as known)	5. Remarks:
Departure Date:	
Vessel /Flight/Train/Vehicle No.:	
Port of loading:	
Port of discharge:	

6. Item number (Max. 20)	7. Marks and Numbers on packages	8. Number and kind of packages; Description of goods	9. HS code (6 digit code)	10. Origin criterion	11. Gross weight or other quantity (e.g. Quantity Unit, liters, m³.)	12. Number, date of invoice and Invoiced value

13. Declaration by the exporter	14. Certification
The undersigned hereby declares that the above stated information is correct, and that all the goods are produced in	On the basis of the carried out control, it is hereby certified that the information herein is correct and that the described goods comply with the origin requirements of the China -Costa Rica Free Trade Agreement.
_____ (Country) and that they comply with the origin requirements specified in the Free Trade Agreement for the goods exported to	
_____ (Importing country)	Place and date*, signature and stamp of the Authorized Body
	Tel: Fax:
Place, date and signature of authorized person	Address:

---

* A Certificate of Origin issued under China-Costa Rica Free Trade Agreement shall be valid for one year from the date of issuance in the exporting country.

Overleaf Instruction

Box 1: State the full legal name, address of the exporter in China or Costa Rica.

Box 2: State the full legal name, address (including country) of the producer. If more than one producer's good is included in the certificate, list the additional producers, including name, address (including country). If the exporter or the producer wish the information to be confidential, it is acceptable to state "Available to the competent authority or authorized body upon request". If the producer and the exporter are the same, please complete the box with "SAME". If the producer is unknown, it is acceptable to state "UNKNOWN".

Box 3: State the full legal name, address of the importer in China or Costa Rica.

Box 4: Complete the means of transport and route and specify the departure date, transport vehicle No., port of loading and discharge, as far as known.

Box 5: Customer's Order Number, Letter of Credit Number, among others, may be included if required. If the invoice is issued by a non-Party operator, the name, address of the producer in the originating Party shall be stated herein.

Box 6: State the item number, and item number should not exceed 20.

Box 7: State the shipping marks and numbers on packages, as applicable.

Box 8: Number and kind of packages shall be specified. Provide a full description of each good. The description should be sufficiently detailed to enable the products to be identified by the Customs Officers examining them and relate it to the invoice description and to the HS description of the good. If goods are not packed, state "in bulk". When the description of the goods is finished, add "***" (three stars) or " \ " (finishing slash).

Box 9: For each good described in Box 8, identify the HS tariff classification to 6 digit code.

Box 10: For each good described in Box 8, state which criterion is applicable, according to the following instructions. The rules of origin are contained in Chapter 4 (Rules of Origin and Related Operational Procedures) and Annex 3 (Product Specific Rules of Origin).

Origin Criterion	Insert in Box 10
The good is "wholly obtained" in the territory of one or both Parties, as referred to in Article 22 (Wholly Obtained Goods).	WO
The good is produced entirely in the territory of one or both Parties, exclusively from materials whose origin conforms to the provisions of Chapter 4 (Rules of Origin and Related Operational Procedures).	WP
The good is produced in the territory of one or both Parties, using non-originating materials that comply with the Product Specific Rules and other applicable provisions of Chapter 4 (Rules of Origin and Related Operational Procedures).	PSR

Box 11: State gross weight in kilos or other units of measurement for each good described in Box 8. Other units of measurement e.g. volume or number of items which would indicate exact quantities may be used when customary.

Box 12: Register the invoice number, date of invoice and the invoiced value, for each good described in Box 8.

Box 13: The box must be completed, signed and dated by the exporter. Insert the place (including the country where the goods are produced and imported), date and signature of authorized person.

Box 14: The box must be completed, signed, dated and stamped by the authorized person of the authorized body. The telephone number, fax and address of the authorized body should be given.

第十四章 《亚太贸易协定》
原产地规则及操作程序

> **【本章导读】**《亚太贸易协定》前身为签订于 1975 年的《曼谷协定》,是在联合国亚太经济社会委员会主持下,为促进南南合作,在发展中国家之间达成的一项优惠贸易安排。我国于 2001 年正式加入协定。目前,协定成员包括孟加拉国、中国、印度、老挝、韩国、蒙古国和斯里兰卡。2017 年 1 月,协定各成员签署第四轮关税减让谈判成果文件《亚太贸易协定第二修正案》,并于 2018 年 7 月 1 日正式实施。
>
> 2020 年 10 月 23 日,《亚太贸易协定》秘书处通知各成员方,蒙古国已向亚太经社会交存接受书,完成协定加入程序,并拟于 2021 年 1 月 1 日与有关成员相互实施关税减让安排。

第一节 概　述

一、 成员国

成员国包括中国、韩国、印度、斯里兰卡、孟加拉国、老挝等亚洲国家。

《亚太贸易协定》的前身为《曼谷协定》。《曼谷协定》签订于 1975 年,是在联合国亚太经济社会委员会(简称亚太经社会)主持下,在发展中国家之间达成的一项优惠贸易安排。

二、 谈判过程

1963 年,联合国亚洲及远东经济委员会召开第一届亚洲经济合作部长理事会,开始探讨在亚洲开展区域经济合作的问题。

1970 年 12 月,第四届亚洲经济合作部长理事会通过了《喀布尔宣言》,建议联合国亚洲及远东经济委员会采取切实措施,扩大本区域内贸易,加强经济合作。自此,联合国亚洲及远东经济委员会秘书处开始着手研究在本区域内开展贸易自由化的可能性，并建议成立贸易谈判小组进行实质性谈判。

1975 年 7 月 31 日，由孟加拉国、印度、韩国、斯里兰卡、老挝、菲律宾和泰国 7 个国家共同在泰国首都曼谷签订协定，故简称为《曼谷协定》。

为进一步参与区域经济合作，中国开始启动加入《曼谷协定》的工作。1994 年，我国正式宣布将申请加入《曼谷协定》。随后，我国建立了由外经贸部负责牵头加入《曼谷协定》的谈判。自 1997 年年初开始，我国分别与孟加拉国、印度、斯里兰卡和韩国举行了多次磋商和数轮的双边谈判。

经过艰苦的磋商，2000 年 4 月在泰国曼谷举行的《曼谷协定》第 16 次常委会会议上，正式通过了关于中国加入《曼谷协定》的决定。决定规定，中国在完成国内必要的核准和生效程序后即正式成为《曼谷协定》成员国。《曼谷协定》是中国参加的第一个区域性多边贸易组织。我国第一次根据协定给予其他国家低于最惠国税率的优惠税率。同时，我国也是第一次通过关税谈判从其他国家获得特别关税优惠。

2005 年 11 月 2 日，在北京举行的《曼谷协定》第一届部长级理事会上，各成员国代表通过新协定文本，决定将《曼谷协定》更名为《亚太贸易协定》，并在各成员国完成国内法律审批程序后，实施第三轮关税减让谈判结果。

2007 年 10 月，协定各成员国启动第四轮关税减让谈判。经过九年磋商，各成员国于 2016 年 8 月正式结束谈判，于 2017 年 1 月签署第四轮关税减让谈判成果文件《亚太贸易协定第二修正案》，并于 2018 年 7 月 1 日正式实施。

目前，协定成员包括孟加拉国、中国、印度、老挝、韩国、蒙古国和斯里兰卡。

三、 降税安排

自 2006 年 9 月 1 日起，我国已向其他成员国的 1717 项 8 位税目产品提供优惠关税，平均减让幅度 27%。另外，我国还向最不发达成员国孟加拉国和老挝的 162 项 8 位税目产品提供特别优惠，平均减让幅度 77%。同时，根据 2005 年税则计算，我国可享受印度 570 项 6 位税目、韩国 1367 项 10 位税目、斯里兰卡 427 项 6 位税目和孟加拉国 209 项 8 位税目产品的优惠关税。

2010 年，我国对原产于韩国、印度、斯里兰卡、孟加拉国和老挝的 1767 个税目商品实施《亚太贸易协定》协定税率。

2018 年 7 月 1 日，《亚太贸易协定》第四轮关税减让成果文件——《亚太贸易协定第二修正案》（以下简称《修正案》）正式生效实施。协定 6 个成员国——中国、印度、韩国、斯里兰卡、孟加拉国和老挝对共计 10312 个税目的产品削减关税，平均降税幅度为 33%。此外，中、韩、印、斯四国还给予协定内最不发达国家孟加拉国共 1259 个产品特惠税率安排，给予老挝

1251 个产品特惠税率安排，平均降税幅度均为 86%。

四、 成员国主要进出口产品

（一）成员国的主要出口产品

中国：纺织品、机电产品及零部件、汽车等。

其他成员国：韩国、印度，电子产品、汽车；老挝、斯里兰卡、孟加拉国，农产品、水产品、矿产品等。

（二）成员国的主要进口产品

中国：农产品、水产品、矿产品、电子产品、汽车等。

其他成员：纺织品、机电产品等。

五、 原产地标准

《亚太贸易协定》采用的原产地标准主要是完全获得和区域价值成分标准。《亚太贸易协定第二修正案》增加了产品特定原产地规则。

六、 签证机构

在我国，目前海关可签发《亚太贸易协定》项下原产地证书，中国贸促会及其各地的分会也参与签发优惠原产地证书。

第二节　原产地规则

《亚太贸易协定》并未专门设置一章来规定原产地规则。其原产地规则在协定的第八条做了原则性规定，产品的原产地规则由附件二确定。根据附件二，享受关税减让优惠的货物原产地应遵循下列规则确定：

第一条　原产货物

按照下述第五条的要求，从一参加国直接运输进口到另一参加国的《协定》项下优惠贸易货物，符合下列条件之一的，应当享受关税减让优惠：

（一） 符合第一条规定，在出口参加国完全获得或者生产的；

（二） 符合第三条或者第四条，在出口参加国非完全获得或者生产的。

第二条　完全获得或者生产

第一条第（一）项所称的"在出口成员国完全获得或者生产"是指：

（一） 在该国的领土、领水或者海床中开采或者提取的原材料或者矿产品①；

---

① 包括矿物燃料、润滑剂和相关材料，以及矿砂和金属矿石。

（二）在该国收获的农产品①；

（三）在该国出生并饲养的动物；

（四）在该国从上述第（三）项所指的动物获得的产品；

（五）在该国狩猎或者捕捞所获得的产品；

（六）由该国船只②③在公海捕捞获得的渔产品和其他海产品；

（七）在该国的加工船④⑤上仅由上述第（六）项的产品加工和（或者）制造所得的产品；

（八）在该国从既不具有原用途也不能再使用的旧物品回收的零件或者原材料；

（九）在该国收集的既不能用于原用途，也不能修复或修理，仅适用于弃置或者回收零件或者原材料的旧物品；

（十）在该国生产制造过程中产生的废碎料；

（十一）在该国仅由上述第（一）至第（十）项所列产品加工获得的产品。

第三条 非完全获得或者生产

（一）第一条第（二）项所指应当享受关税减让优惠的非完全获得或者生产货物是指，在生产过程中所使用的非参加国原产的或者不明原产地的材料、零件或产物（以下简称材料）的总价值不超过该货物船上交货价格的55%，且最后生产工序在该出口参加国境内完成，同时符合本规则第（三）、（四）、（五）项规定的；

（二）部门协议⑥；

（三）用于计算非原产材料成分，符合第三条第（一）项要求的原产资格的公式如下：

---

① 包括林业产品。

② "船只"是指从事商业捕捞作业的渔船，其在一参加国注册并由本协定各参加国的一个或多个公民和（或者）政府部门经营，或由在该参加国注册的合伙人、企业、社团经营。该参加国的公民和（或者）政府部门应当至少拥有该船只60%的资产净值，或者本协定各参加国的公民和（或者）政府部门应当至少拥有该船只75%的资产净值。但是在参加国间按照双边协议租借船只和（或者）分享捕捞产品时，从商业捕捞船只上获得的产品也应当享受关税减让优惠。

③ 由政府机构经营的船只或加工船不受悬挂参加国国旗要求限制。

④ 由政府机构经营的船只或加工船不受悬挂参加国国旗要求限制。

⑤ 本协定中，"加工船"是指在船上仅对第（六）项中的产品进行加工和（或者）生产的船只。

⑥ 按照本协定项下部门协议进行贸易的产品，可制定特定的原产地标准。其具体标准将在部门协议谈判时确定。

$$\frac{进口非原产材料价值+不明原产地材料价值}{船上交货价格（FOB）}\times100\%\leqslant55\%$$

（四）非原产材料价值应为：

1. 能够证实的原材料、零件或产物进口时的成本、运费和保险费（CIF价格）；

2. 最早可以确定的在生产或加工的成员国境内为不明原产地材料支付的价格。

（五）无论是否满足第一条第（二）项的要求，下列加工或处理不能够赋予货物原产资格：

1. 为运输或贮存货物使其保持良好状态而作的处理（通风、摊开、干燥、冷冻、盐渍、硫化或其他水溶液处理、去除坏损部分等类似处理）；

2. 除尘、筛选、分类、分级、匹配（包括部件的组拼）的简单处理，洗涤、油漆和切碎；

3. 包装改换、拆解和包裹；

4. 简单的切片、剪切和再包装，或者装瓶、装袋、装盒、固定于纸板或者木板等；

5. 在产品或者其包装上粘贴标志、标签或其他类似的用于区别的标记；

6. 简单混合；

7. 将产品的各部件简单组装成一个完整品；

8. 屠宰动物；

9. 去皮、皮革粒面处理、去骨；

10. 上述各项中两项或多项加工或者处理的组合。

第四条　累积原产地规则

符合第一条要求的原产货物，在一参加国境内用作生产享受关税减让优惠的制成品的原材料，如果各参加国材料的累积成分①在该最终产品中不低于其船上

---

① 第四条中的"累积成分"，应当按作为投入品的原产材料价值（VOM1）和加工最终产品的参加国所增加的原产材料价值（VOM2）之和计算。

VOM1指在前一个参加国所使用的原产材料价值，该价值应当按照《海关估价协议》第1条至第8条，第15条及其相应的解释性说明，以所核定的海关价格为基础进行计算。

VOM2指在加工最终产品的参加国境内获得的原产材料价值，以及在该国作为加工最终产品投入品而使用的价值，包括生产最终产品而付出的直接劳动成本、直接管理费用、运输成本及利润。

基于上述解释，如上述VOM1和VOM2之和不低于最终产品FOB价的60%，则该产品应视为加工最终产品参加国的原产产品。

交货价格的60%，则可视为制造或加工该最终产品的参加国的原产货物①。

第五条　直接运输

下列情况应视为从出口成员国至进口成员国的直接运输：

（一）货物运输未经任何非参加国境内；

（二）货物运输经过一个或多个非参加国，无论是否在这些国家转换运输工具或作临时储存，如果：

1. 可以证明过境运输是由于地理原因或仅出于运输需要的考虑；

2. 产品未在这些国家进入贸易或消费领域②；

3. 除装卸或其他为了保持产品良好状态的处理外，产品在这些国家未经其他任何加工。

第六条　包装

在确定货物的原产地时，包装与其所装产品应当视为一个整体。参加国国内法律有另外规定时，可以单独确定包装的原产地。

第七条　原产地证书

享受关税减让优惠的货物应当提交出口参加国政府授权机关按附表所附原产地证书样本以及背页填制说明签发的原产地证书③，该机构应事先通知其他参加国。

第八条　禁止和合作

（一）任何参加国可以禁止进口使用了与其无经济和商业关系的其他国家的原产材料生产的货物；

（二）各参加国间应当尽力协作以明确原产地证书填制所需的各项原材料的原产地。

第九条　审议

本原产地规则可在必要时，应三分之一参加国的要求进行审议。经同意后可以进行修订。

---

① 第四条中的"部分"累计是指在一参加国境内已获得原产资格的产品，当其按照第三条第（五）项的规定作为另一参加国境内享受关税减让优惠的制成品的原材料时，可予考虑。

② 第五条（二）2中关于"产品未进入贸易或消费领域"的规定，应当解释为：如果该产品是处于非参加国海关监管之下，且未办理任何进口通关手续的，则该产品应当视为从出口参加国直接运抵进口参加国。

所称"进入贸易或消费领域"应当理解为：产品的进口申报已被接受，且产品已由保税区放行，进入中间方的国内市场用于消费，或者随后按另一合同出口。因此，凡是在保税区内处于海关监管下，且除第五条（二）3所列处理外，未进行任何加工或处理的货物，应当理解为未进入贸易或消费领域。

③ 经过各参加国同意并适用于各参加国的标准原产地证书为本协议的附表。

第十条　特殊比例标准

在适用第三条和第四条规定的百分比时，最不发达参加国的原产货物可享受 10 个百分点的优惠。因此，适用第三条时，百分比为不超过 65%；适用第四条时，百分比为不低于 50%。

第三节　原产地证书签发与核查操作程序

2007 年 10 月，中国、孟加拉国、印度、韩国、老挝、斯里兰卡等《亚太贸易协定》成员国通过了《〈亚太贸易协定〉原产地证书签发与核查操作程序》，并自 2008 年 1 月 1 日起实施。2018 年 7 月 1 日以修正案形式对《亚太贸易协定》原产地规则进行修订，修订后的原产地签发与核查操作程序如下：

第十一条　签证机构

（一）原产地证书应由出口参加国政府指定的一家或多家机构（以下简称"签证机构"）签发。

（二）各参加国应将其签发机构的名称和地址，以及证明原产地证书有效的签证印章印模通知其他各参加国。上述资料的任何变化应尽快通知其他参加国。

第十二条　申请原产地证书

（一）符合享受优惠待遇条件的产品，其出口商及/或生产商应书面（以手工或电子方式）向有关签证机构申请出口前的产品原产地核查或登记。对核查或登记结果应定期或者适时进行复查，并将此作为核定该待出口产品原产地的相关证明文件。上述出口前核查可不适用于根据其性质即可容易确定原产地的产品。

（二）出口商或其授权的代理人在办理享受优惠待遇产品出口手续时，应书面（以手工或电子方式）向签证机构申请原产地证书，并提交正确填制的原产地证书以及用于证明待出口产品符合原产地证书签发要求的相关随附证明文件。

（三）在审核原产地证书申请时，签证机构应有权要求申请人提供任何证明文件，以便确定货物符合《协定》项下原产地规则以及相关程序的规定。

（四）签证机构应详细审查每一份原产地证书的申请，以确保：

1. 申请及原产地证书正确填制，并且经出口商或授权人签名，或者以电子方式提交；

2. 货物的原产地符合《协定》项下原产地规则；

3. 原产地证书中的其他陈述或者条目与所提交的证明文件相符；

4. 所列明的税则号列、货物名称、数量及重量、唛头及件号、包装件数和种类与待出口货物相符。

第十三条 原产地证书

（一）原产地证书应依据附表中所列样本格式用国际标准 A4 纸印制，所用文字为英语。

（二）原产地证书应包括一份正本和由签证机构留存的一份副本。原产地证书的颜色应由各参加国自行确定并通知其他参加国和秘书处。

（三）每份原产地证书应注明由各地签证机构单独编排的唯一编号。

（四）原产地证书正本应由出口商递交给进口商，以便呈交给进口地海关当局。

第十四条 原产地证书的签发

（一）只要根据《协定》项下原产地规则，待出口产品可视为该出口参加国原产，出口参加国的签证机构即应在出口时或者装运后三个工作日内，以手工或者电子形式签发原产地证书。原产地证书自签发之日起 1 年内有效。

（二）原产地证书不得涂改和叠印。所有未填空白之处应予划去，以防事后填写。

（三）根据第二条、第三条及第四条的规定，出口参加国的签证机构应在原产地证书第 8 栏内注明相关的原产地标准以及所适用的区域成分百分比。

（四）如果原产地证书被盗、遗失或毁坏，出口商可以向原签证机构书面申请经证实的原证书正本的真实复制本。该复制本应根据签证机构存档的相关文件制发，并在原产地证书第 3 栏中注明"经证实的真实复制本"以及原正本的签发日期。经证实的原产地证书真实复制本应在其正本的有效期内签发。

第十五条 原产地证书的提交

（一）有关产品申报进口时，应向海关当局提交原产地证书正本，以享受优惠待遇。

（二）原产地证书应在其有效期内向进口国海关当局提交。

（三）如果因不可抗力或者出口商无法控制的其他合理原因致使不能按期提交原产地证书，有关进口国海关当局仍应接受逾期提交的原产地证书。

（四）在任何情况下，如果产品在原产地证书有效期限内已经进口，有关进口国海关当局可以接受该原产地证书。

（五）如果对产品原产地无疑问，但发现原产地证书内容与为办理产品进口手续而提交给进口参加国海关当局的单证略有不符，不应据此认定原产地证书无效。

第十六条 原产地核查

（一）进口参加国海关当局可以随机请求出口参加国签证机构进行追溯性

核查，也可以在有理由怀疑有关文件的真实性或者有关货物原产地的准确性时，提出追溯性核查请求。

（二）核查请求应随附相关原产地证书，说明请求核查的原因，并列明该原产地证书可能存在不实之处的其他详细情况。

（三）在等待核查结果期间，进口参加国海关当局可以暂缓给予优惠待遇。如果货物不属于禁止或者限制进口的货物，且无瞒骗嫌疑，海关可以在履行必要的行政手续后将货物放行。

（四）收到核查请求的签证机构应尽快作出回应，并在收到请求后3个月内作出答复。核查期间，应实施上述第三款。如果进口参加国海关当局在发出核查请求后的4个月内没有收到答复，该海关当局可以拒绝给予优惠关税待遇。核查过程，包括实质性程序和确定相关货物是否原产等，应当在6个月内完成并向签证机构通报。如果答复结果未包含确定有关文件的真实性或货物的原产地的充足信息，相关机构应当在3个月内通过双边协商来解决问题。如果协商无法解决，进口参加国海关当局可以拒绝给予优惠关税待遇。

第十七条　记录保存要求

（一）原产地证书的申请书及其所有相关文件应由签证机构自签发之日起至少保留2年。

（二）应进口参加国的请求，签证机构应提供与原产地证书准确性有关的资料。

（三）有关参加国之间交流的任何资料应予以保密，只能用于原产地证书的核查。

第十八条　特殊情况

如果出口到某参加国指定口岸的全部或者部分货物的目的地发生变化，在货物到达该参加国之前或之后，应按下列规则办理：

（一）如果产品已经向指定进口参加国的海关当局报验，进口商应向该海关提出书面申请，由海关当局将全部或者部分产品改变目的地的情况在原产地证书上签注认可，然后将证书正本交还进口商。

（二）如果在运往原产地证书所指定的进口参加国途中目的地改变，出口商应提出书面申请，并随附已签发的原产地证书，要求对全部或部分产品重新发证。

第十九条　直接运输的相关单证

为实施第五条（二）的规定，对经过非参加国境内运输的货物，应向进口参加国海关当局提交下列单证：

（一）在出口参加国签发的联运提单；

（二）出口参加国签证机构签发的原产地证书；

（三）货物的原始商业发票；以及

（四）符合第五条（二）所规定条件的证明文件。

第二十条 成员国之间的合作

（一）当怀疑存在与原产地证书相关的瞒骗行为时，有关参加国政府机构应相互合作，对涉嫌人员采取行动，并依各自国内法律规定实施法律制裁。

（二）如果在原产地确定、商品归类、货物或其他方面发生争议，进出口参加国的有关政府机构应本着解决争议的愿望进行协商，并将协商结果通报其他参加国。

（三）各参加国应指定一个或多个联络点，以确保有效并高效地实施《协定》原产地规则。

第二十一条 展览品

（一）由一参加国运至另一参加国展览并在展览期间或展览后销售的产品，如其符合《协定》原产地规则的要求，应享受《协定》项下优惠关税待遇，但应满足进口参加国有关政府机构的下列要求：

1. 出口商已将产品从出口参加国境内运送到展览会举办国并已在该国展出；

2. 出口商已将货物出售或者转让给进口参加国的收货人；以及

3. 产品已经以送展时的状态在展览期间或者展览后立即出售给进口参加国。

（二）为实施以上规定，必须向进口参加国有关政府机构提交原产地证书。

（三）上述第一款规定适用于展览期间产品处于海关监管之下的展览会、交易会或类似展览或展示。

第四节 原产地证书

《亚太贸易协定》原产地证书样本及背页说明如下：

ORIGINAL

1.Goods consigned from : (Exporter's business name, address, country)	Serial No. Certificate No.
	CERTIFICATE OF ORIGIN Asia-Pacific Trade Agreement (Combined Declaration and Certificate) Issued in ———— the People's Republic of China (Country)
2. Goods consigned to: (Consignee's name, address, country)	3. For Official use
4. Means of transport and route:	

5.Tariff item number:	6. Marks and number of Packages:	7. Number and kind of packages/description of goods:	8. Origin criterion (see notes overleaf)	9. Gross weight or other quantity:	10.Number and date of invoices:

11.Declaration by the exporter:	12.Certificate
The undersigned hereby declares that the above details and statements are correct: that all the goods were produced in CHINA ———————————— (Country) and that they comply with the origin requirements specified for these goods in the Asia-Pacific Trade Agreement for goods exported to ———————————— (Importing Country)	It is hereby certified on the basis of control carried out, that the declaration by the exporter is correct.
Place and date, signature of authorized Signatory	Place and date, signature and Stamp of Certifying Authority

Notes for completing Certificate of Origin

I. General Conditions:

To qualify for preference, products must:

a) fall within a description of products eligible for preference in the list of concessions of an Asia-Pacific Trade Agreement country of destination;

b) comply with Asia-Pacific Trade Agreement rules of origin. Each article in a consignment must qualify separately in its own right; and

c) comply with the consignment conditions specified by the Asia-Pacific Trade Agreement rules of origin. In general, products must be consigned directly within the meaning of Rule 5 hereof from the country of exportation to the country of destination.

II. Entries to be made in the boxes:

Box 1 Goods Consigned from

Type the name, address and country of the exporter. The name must be the same as the exporter described in the invoice.

Box 2 Goods Consigned to

Type the name, address and country of the importer. The name must be the same as the importer described in the invoice. For third party trade, the words "To Order" may be typed.

Box 3 For Official Use

Reserved for use by certifying authority.

Box 4 Means of Transport and Route

State in detail the means of transport and route for the products exported. If the L/C terms etc. do not require such details, type "By Air" or "By Sea". If the products are transported through a third country this can be indicated as follows:

e.g. "By Air"

"Laos to India via Bangkok"

Box 5 Tariff Item Number

Type the 6-digit HS heading of the individual items.

Box 6 Marks and Number of Packages

Type the marks and number of the packages covered by the Certificate. This information should be identical to the marks and number on the packages.

Box 7 Number and Kind of Packages; Description of Goods

Type clearly the description of the products exported. This should be identical to the description of the products contained in the invoice. An accurate description will help the Customs Authority of the country of destination to clear the products quickly.

Box 8 Origin Criterion

Preference products must be wholly produced or obtained in the exporting Participating State in accordance with Rule 2 of the Asia-Pacific Trade Agreement Rules of Origin, or where not wholly produced or obtained in the exporting Participating State must be eligible under Rule 3 or Rule 4.

a)Products wholly produced or obtained: enter the letter "A" in Box 8.

b)Products not wholly produced or obtained: the entry in Box 8 should be as follows:

1.Enter letter "B" in Box 8, for products which meet the origin criteria according to Rule 3. Entry of letter "B" would be followed by the sum of the value of materials, parts or produce originating from non-Participating States, or undetermined origin used, expressed as a percentage of the f.o.b. value of the products; (example "B" 50 per cent);

2.Enter letter "C" in Box 8 for products which meet the origin criteria according to Rule 4. Entry of letter "C" would be followed by the sum of the aggregate content originating in the territory of the exporting Participating State expressed as a percentage of the f.o.b. value of the exported product; (example "C" 60 per cent);

3.Enter letter "D" in Box 8 for products which meet the special origin criteria according to Rule 10.

4."Enter letter "E" in Box 8 for products which meet the origin criteria according to Rule 3 (b). Entry of letter "E" would be followed by the criteria of the RoO (example "E" CTH)"

Box 9 Gross Weight or Other Quantity

Type the gross weight or other quantity (such as pieces, kg) of the products covered by the Certificate.

Box 10 Number and Date of Invoices

State number and date of the invoice in question. The date of the invoice attached to the Application should not be later than the date of approval on the Certificate.

Box 11 Declaration by the Exporter

The term "Exporter" refers to the shipper who can either be a trader or a manufacturer. Type the name of the producing country and the importing country and the place and date when the declaration is made. This box must be signed by the Company's authorized signatory.

Box 12 Certification

The certifying authority will certify in this Box.

背页填制说明

一、总原则

享受关税减让优惠的货物必须符合以下条件：

1. 属于《亚太贸易协定》进口参加国关税减让优惠产品清单的范围。

2. 符合《亚太贸易协定》原产地规则。同批货物中的每项商品均要符合该规则。

3. 符合《亚太贸易协定》原产地规则中的直接运输条款规定。一般情况下，货物必须按照规则五的规定从出口国直接运输到进口国。

二、表格各栏应填写的内容

第1栏：货物出口人。注明出口人的全称、地址和国家。须与发票上的出口人名称一致。

第2栏：货物收货人。注明收货人的全称、地址和国家。该收货人名称必须与发票上的进口商名称一致。如果属于第三方贸易，应该注明"凭背书"字样。

第3栏：官方使用。由签发证书机构填写。

第4栏：运输工具和线路。详细注明出口货物的运输工具和路线。如果信用证等单证未详细列明时，应注明"空运"或"海运"字样；如果货物运输途中经过第三国时，应当按照下列方式注明：

例如："空运""从老挝至印度途经曼谷"。

第5栏：税则号列。注明各项商品的6位《协调制度》编码。

第6栏：包装唛头及编号。注明包装上的唛头及编号。应当与货物包装上的唛头及编号相一致。

第7栏：包装件数及种类；货物名称。注明出口货物名称。应当与发票上的名称相符。准确的货物名称有助于进口国海关快速清关。

第8栏：原产地标准。享受关税减让优惠的货物必须符合《亚太贸易协定》原产地规则规定，是在出口参加国完全获得或者生产的；或者在出口参加国非完全获得或者生产的符合原产地规则第三条、第四条规定的。

1. 完全获得或者生产的：在第8栏中填写字母"A"。

2. 非完全获得或者生产的：在第8栏中应当按照下列方式填写：

（1）如果符合第三条规定的原产地标准，则在第8栏中填写字母"B"。在字母"B"的后面填上使用非参加国原产或不明原产地的材料、零件或产物的总价值，以在出口货物船上交货价格（FOB价格）中所占的百分比表示（如"B"50%）；

（2）如果符合第四条规定的原产地标准，则在第8栏中填写字母"C"。在字母"C"的后面填上在出口参加国原产成分的累计总和，以在出口货物船上交货价格（FOB价格）中所占的百分比表示（如"C"60%）；

（3）如果符合原产地规则第十条规定的特殊比例标准，则第8栏中填写字母"D"；

（4）如果符合原产地规则第三条（二）规定的原产地标准，则在第8栏中填写字母"E"。在字母"E"的后面填上原产地标准（如"E"CTH）。

第9栏：毛重或者其他数量。注明货物毛重或其他数量（如件数、公斤）。

第10栏：发票编号及日期。注明发票编号及日期。随附发票上的日期不应当迟于原产地证书格式正式启用的日期。

第11栏：出口人声明。"出口人"是指发货人，该发货人可以是贸易商也可以是制造商。声明中应当注明原产国、进口国、地址和日期。且该栏目应当由公司授权人员签名。

第12栏：证明。本栏目由签证机构签章确认。

第十五章 《中国—澳大利亚自由贸易协定》原产地规则及操作程序

【本章导读】《中国—澳大利亚自由贸易协定》是我国首次与经济总量较大的主要发达经济体谈判达成的自由贸易协定，也是我国与其他国家迄今已商签的贸易投资自由化整体水平最高的自由贸易协定之一。

《中国—澳大利亚自由贸易协定》原产地规则主要包括货物原产地判定标准、直接运输规则和原产地证书及声明等内容。关于原产地判定标准，"完全获得"货物的判定标准采用了国际上普遍通用的原则，强调货物必须完全在缔约一方获得或者生产。"非完全获得"货物的判定标准则考虑了货物国际化生产的客观现实，具体采用税则归类改变、区域价值成分和加工工序等标准。关于直接运输规则，为适应现代物流发展的需求，协定允许货物出于运输需要在第三方进行物流分拆。关于原产地证书和声明，对于进口方海关已作出原产地预确定的货物，进口商可提交原产地声明以代替原产地证书申请享受优惠关税待遇。对于完税价格不超过6000元人民币的同一批次澳大利亚原产货物，企业在进口时可免于提交原产地证书或原产地声明。

第一节 概　述

一、 成员国

成员国为中国和澳大利亚。

澳大利亚是我国重要的贸易投资伙伴国，是西方发达经济体，经合组织和二十国集团的重要成员，目前，我国是澳大利亚第一大货物贸易伙伴、第一大进口来源地和第一大出口目的地。澳大利亚是我国海外投资的第二大目的地。

二、 谈判过程

中澳自由贸易协定谈判于 2005 年 4 月启动，从 2005 年 4 月至 2014 年 9 月，其间共进行了 21 轮谈判。中澳自由贸易协定谈判是继中韩自贸协定后，我国与亚太地区重要经济体结束的另一个全面、高水平的自由贸易协定谈判。

2014 年 11 月，中国国家主席习近平与澳大利亚总理阿博特在澳大利亚首都堪培拉举行会谈，双方共同确认实质性结束中澳自由贸易协定谈判。会晤后，在两国领导人见证下，中国商务部部长高虎城和澳大利亚贸易与投资部长安德鲁·罗布，分别代表两国政府签署了实质性结束中澳自由贸易协定谈判的意向声明。

2015 年 6 月，中国商务部部长高虎城与澳大利亚贸易与投资部长安德鲁·罗布在澳大利亚堪培拉分别代表两国政府正式签署《中国—澳大利亚自由贸易协定》。澳大利亚总理阿博特出席签字仪式。

《中国—澳大利亚自由贸易协定》在内容上涵盖货物、服务、投资等十几个领域，实现了"全面、高质量和利益平衡"的目标，是我国与其他国家和地区迄今已商签的贸易投资自由化整体水平最高的自由贸易协定之一。

2015 年 12 月 9 日下午，我国驻澳大利亚大使马朝旭与澳大利亚候任驻华大使亚当斯分别代表两国政府在悉尼就《中国—澳大利亚自由贸易协定》生效互换两国外交照会，双方共同确认《中国—澳大利亚自由贸易协定》于 2015 年 12 月 20 日正式生效并第一次降税，2016 年 1 月 1 日第二次降税。

三、 降税安排

澳大利亚降税方式分 3 种：一是在协定生效时关税已经为零或立即降为零；二是在协定生后第 3 年关税降为零；三是在协定生效后第 5 年关税降为零。3 种降税方式所涉税目数占澳大利亚总税目数的比重分别为 91.6%、6.9% 和 1.5%，相关产品澳大利亚自中国进口额占自中国进口总额的比重分别为 81.5%、16.9% 和 1.6%。

中国降税方式可以分为 5 类：一是在协定生效时关税已经为零或立即为零，这部分产品税目占比为 29.2%，自澳大利亚进口额占自澳大利亚进口总额的比重（下称进口额占比）为 85.3%；二是通过降税期将关税降为零，降税期分为 3 年、5 年、6 年、8 年、9 年、10 年、12 年和 15 年，这部分产品税目占比为 67.6%，进口额占比为 8.7%；三是通过降税期将关税降为零，同时实施特殊保障措施，这部分产品税目数占比为 0.1%，进口额占比为 0.9%；四是实施国别关税配额产品，这部分产品税目数占比为 0.1%，进口额占比为 2.1%；五是例外产品，即不参与关税减让，这部分产品税目数占比为 3.1%，进口额占比为 3%。

中国 96.8% 的税目将实现自由化，且均采用线性降税这一简单直接的降税方式，其中 5 年内完成降税的税目比重为 95%，剩余产品降税过渡期最长不超过 15 年。

澳大利亚所有产品均对中国完全降税，自由化水平达到 100%，其中 91.6% 的税目关税在协定生效时即降为零，6.9% 的税目在协定生效第 3 年降为零，最后 1.5% 的税目关税在协定生效第 5 年降为零。

从贸易额角度看，中国实现自由化的产品自澳大利亚进口额占自澳进口总额的 97%，其中协定生效时关税即降为零的产品进口额占比为 85.4%，5 年内关税降为零的产品进口额占比为 92.8%；澳大利亚协定生效时关税即降为零的产品进口额占自中国进口的总额也是 85.4%，3 年内关税降为零的产品进口额占比为 98.4%，5 年内所有产品关税均将降为零。

四、 成员国主要进出口产品

（一）成员国主要进口产品

中国的主要进口产品为矿产品、贵金属及制品、纺织品及原料等。

澳大利亚的主要进口产品为机电产品、纺织品和家具玩具制品等。

（二）成员国主要出口产品

中国主要出口产品为机电产品、纺织品和家具玩具制品等。

澳大利亚的主要出口产品为矿产品、贵金属及制品、纺织品及原料等。

五、 原产地标准

中国—澳大利亚自由贸易区原产地规则采用完全获得和实质性改变标准。实质性改变标准包括税则归类改变、区域价值成分和加工工序等。协定以全税则列表方式对所有产品逐一制定原产地标准。

六、 签证机构

目前在我国，海关可签发中国—澳大利亚自由贸易协定项下优惠原产地证书，中国贸促会及其各地的分会也参与签发优惠原产地证书。

第二节　原产地规则

根据《中国—澳大利亚自由贸易协定》第三章，可享受优惠关税减让的产品原产地按下列规则确定：

第一条 定义

（一）授权机构是指一方法律法规授权或由一方认可有权签发原产地证书的任何政府机构或其他实体。

（二）原产地证书是指由出口方授权机构签发的表格，用于确认双方之间运送的货物并证明相关货物符合本章规定原产于一方。

（三）到岸价（CIF）是指包括成本、运抵进口国进境口岸或地点的保险费和运费在内的进口货物价格。

（四）《海关估价协定》是指《世贸组织协定》附件1A中的《关于实施〈1994年关税与贸易总协定〉第7条的协定》。

（五）原产地声明是指货物的出口商或生产商就货物原产地做出的声明，用以确认双方之间运送的货物，并申明原产地声明所述货物为原产货物。

（六）离岸价（FOB）是指包括货物运抵最终出境口岸或地点的运输费用（含保险费）在内的船上交货价格。

（七）公认会计原则是指一方认可的或有实质性官方支持的，有关记录收入、支出、成本、资产及负债、信息披露以及编制财务报表的会计原则。上述原则既包括普遍适用的广泛性指导原则，也可以包括详细的标准、惯例及程序。

（八）材料是指在生产货物的过程中所使用的，且以物理形式构成货物组成部分的任何物体或物质。

（九）原产材料是指根据本章规定具备原产资格的材料。

（十）生产商是指从事货物生产的人。

（十一）生产是指获得货物的方法，包括货物的种植、饲养、开采、收获、捕捞、耕种、诱捕、狩猎、抓捕、采集、收集、养殖、提取、制造、加工或装配。

第二条 原产货物

除非本章另有规定，符合下列条件的货物应视为原产于一方：

（一）该货物是根据本章第三条的规定在一方领土内完全获得或者生产；

（二）该货物是完全在一方或双方领土内，仅由原产材料生产；或者

（三）该货物是在一方或双方领土内使用非原产材料生产，符合本协定产品特定原产地规则所列产品特定规则以及其所适用的本章其他条款的规定。

第三条 完全获得货物

就本章第二条（一）项而言，下列货物应当视为在一方领土内完全获得或生产：

（一）在一方领土内出生并饲养的活动物；

（二）在一方领土内从本条第（一）项所述的活动物获得的货物；

（三）在一方领土内通过狩猎、诱捕、捕捞、耕种、采集或抓捕直接获得的货物；

（四）在一方领土内收获、采摘或采集的植物及植物产品[①]；

（五）在一方领土内提取或得到的未包括在上述本条第（一）至（四）项的矿物质及其他天然生成物质；

（六）在该方领海以外的水域、海床或底土提取的，除鱼类、甲壳类动物、植物及其他海洋生物以外的货物，只要该方根据国际法及国内法有权开发上述水域、海床或底土；

（七）由在一方注册并悬挂该方国旗的船只在公海得到的货物（鱼类、甲壳类动物、植物及其他海洋生物）；

（八）在一方注册并悬挂该方国旗的加工船上从上述本条第（七）项所述货物获得或生产的货物；

（九）由以下途径取得的废碎料：

1. 在一方领土内的生产过程中；或者

2. 在一方领土内收集的仅适用于原材料回收的旧货；

（十）在一方领土内完全从上述本条第（一）至（九）项所指货物生产的货物。

第四条 税则归类改变

本协定产品特定原产地规则所列的税则归类改变标准，要求货物生产中所使用的非原产材料在一方或双方领土内经过加工后发生税则归类改变。

第五条 区域价值成分

一、本协定产品特定原产地规则提及区域价值成分（RVC）时，其区域价值成分应按照下列公式计算：

$$RVC = \frac{V - VNM}{V} \times 100\%$$

其中：

RVC 为区域价值成分，以百分比表示；

V 为按照《海关估价协定》规定，在离岸价基础上调整的货物价格；以及

VNM 为根据本条第二款确定的非原产材料包括不明原产地材料的价格。

二、非原产材料的价值应为：

（一）按照《海关估价协定》确定的进口材料的到岸价；或者

[①] 缔约双方对于本条第（四）项"植物"的理解是指包括菌类和藻类在内的所有植物。

（二） 当非原产材料是在该方领土内获得时，按照《海关估价协定》确定的价值，但不包括将非原产材料在该方领土内运抵生产商所在地的过程中产生的运费、保险费、包装费及任何其他费用。

三、就根据本条第一款计算货物的区域价值成分而言，不应考虑用于生产原产材料的非原产材料的价格，如该原产材料用于生产货物。

第六条 累积

来自一方领土的原产材料在另一方领土内用于货物的生产时，应视为原产于后一方领土内。

第七条 微小含量

一、在下述情况下，货物虽不满足本协定产品特定原产地规则规定的税则归类改变要求，仍应视为原产货物：

（一） 货物生产中所使用的、没有发生所规定的税则归类改变的所有非原产材料的价值，不超过按照本章第五条规定确定的该货物价格的10%；并且

（二） 该货物满足其所适用的本章所有其他规定。

二、当申请适用区域价值成分标准的货物包含有非原产材料时，上述非原产材料的价格应予考虑并计算在货物的区域价值成分中。

第八条 附件、备件及工具

一、与原产货物一并报验和归类、构成该货物的标准附件、备件或工具一部分的附件、备件及工具，应视为原产货物，在确定该货物生产过程中所用的非原产材料是否发生适当的税则归类改变时，不予考虑，只要：

（一） 附件、备件或工具与该货物一并归类，且其价格包含在该货物价格内；

（二） 附件、备件或工具在数量及价值上是为该原产货物定制的；以及

（三） 对于适用区域价值成分标准的货物，在计算该货物的区域价值成分时，附件、备件及工具的价值应视情作为原产材料或非原产材料予以考虑。

二、本条第一款不适用于仅为故意提高货物区域价值成分而增加附件、备件及工具的情况。

第九条 可互换材料

一、在确定可互换材料是否为原产材料时，应通过对每项货物进行物理分离，或者运用出口方公认会计原则所承认的库存管理方法加以判定。

二、可互换材料是指商业上可互换的材料，其性质实质相同，仅靠表观检查无法加以区分。

第十条 包装及容器

一、在确定货物原产地时，用于货物运输或储藏的容器及包装材料不予考虑。

二、对于应当适用本协定产品特定原产地规则所列税则归类改变标准的货物，如果零售用包装材料及容器与该货物一并归类，则在确定该货物的原产地时，零售用包装材料及容器不予考虑。

三、如果货物适用区域价值成分要求，在确定该货物原产地时，零售用包装材料及容器的价值应视情况作为原产材料或非原产材料予以考虑。

第十一条　中性成分

一、在确定货物是否为原产货物时，本条第二款所指的任何中性成分应视为原产。

二、中性成分是指在另一货物的生产过程中使用，但物理上不构成该货物组成成分的货物，或在该货物生产过程中用于维护运行设备的货物，包括：

（一）燃料、能源；

（二）工具、模具及型模；

（三）用于维护设备和建筑的备件及材料；

（四）在生产中使用或用于设备运行和建筑维护的润滑剂、油（滑）脂、合成材料及其他材料；

（五）手套、眼镜、鞋靴、衣服、安全设备及用品；

（六）用于测试或检验货物的设备、装置及用品；

（七）催化剂及溶剂；以及

（八）在货物生产过程中使用，未构成该货物组成成分，但能够合理表明构成生产过程的任何其他货物。

第十二条　微小加工或处理

一、如果一货物仅经过一项或多项以下所列的操作或处理，该货物不应视为原产：

（一）为确保货物在运输或储存期间处于良好状态而进行的加工或处理；

（二）包装和重新包装；

（三）过滤、筛选、挑选、分类、分级、匹配（包括成套物品的组合）；

（四）装瓶、装罐、装袋、装箱、装盒、固定于纸板或木板及其他简单的包装工序；或者

（五）在产品或其包装上粘贴或印刷标志、标签、标识及其他类似的用于区别的标记；

（六）货物的拆卸。

二、本条第一款的适用应优先于本协定产品特定原产地规则所规定的产品特定原产地规则的适用。

第十三条　直接运输

一、原产货物如果途中未经过非缔约方，直接运输到进口方，应保持其

原产资格。

二、尽管有本条第一款规定，经过一个或多个非缔约方运输的原产货物，无论在非缔约方是否转换运输工具或临时储存，只要同时满足下列条件，应保持其原产资格：

（一）货物处于非缔约方海关监管之下；

（二）除装卸、重新包装、为满足进口方要求重贴标签、临时储存以及为保持货物良好状态的处理外，货物未经过其他处理；

（三）如果货物在非缔约方发生本条第二款规定的临时储存，其停留时间自货物进入该非缔约方起不得超过 12 个月。

三、在满足本条第二款要求的前提下，原产货物出于运输需要可以在非缔约方进行物流分拆。

四、进口方海关可以要求进口商提交满足本条第二款要求的证明文件。

第三节　原产地证书签发与实施程序

中国—澳大利亚自由贸易区原产地证书签发与实施程序按下列规定执行：

第十四条　原产地证书

一、为在另一方获得优惠关税待遇，原产地证书应由出口方的授权机构签发。

二、一方应将授权签发原产地证书机构的名称、地址通知另一方海关，并提供授权机构使用的印章样本。上述名称、地址或印章发生变化，应立即通知另一方海关。

三、根据本章规定，货物在出口国被判定为原产货物时，原产地证书应在货物出口前或出口时签发。出口商或生产商应提交签发原产地证书的申请，并随附相关的证明文件，以证明货物具备原产资格。

四、原产地证书格式如本章附件一所示，应用英文填制并正确署名和盖章。除非双方另行商定，一份原产地证书应涵盖同一批次发运的一项或多项货物。原产地证书应自签发之日起 12 个月内有效。

五、尽管有本条第三款的规定，在特殊情况下，如因不可抗力，非故意的错误、疏忽，或者其他合理原因导致原产地证书未能在货物出口前或出口时签发的，原产地证书可以在货物装船之日起 12 个月内补发。补发的原产地证书应注明"补发"字样，有效期为货物装船之日起 12 个月。

六、原产地证书被盗、遗失或损毁时，如果出口商或生产商确认原产地证书正本未被使用，可以在原证书的有效期内，向授权机构书面申请签发经核准的原产地证书副本。经核准的原产地证书副本上应注明"原产地证书正本（编号日期）经核准的真实副本"字样。经核准的原产地证书副本的有效期同原产地证书正本相同。

第十五条　原产地声明

一、进口方根据第四章（海关程序与贸易便利化）第九条（预裁定），认定货物具备原产资格，只要作出该预裁定所依据的事实和情况未发生变化，且该裁定仍然具有效力，该预裁定下任何批次的货物在进口时，进口商可以提交原产地声明代替原产地证书。

二、原产地声明应采用基于本章附件二范本的格式，用英文填制并由出口商或生产商正确签名。原产地声明应涵盖在一份进口报关单上验报的货物，且自签发之日起 12 个月内有效。

第十六条　申请享受优惠关税待遇

一、除本章第二十二条另行规定以外，一方应对出口方符合原产资格的货物给予优惠关税待遇，进口商应：

（一）在进口前或进口时，以书面或电子形式申请享受优惠关税待遇，或者根据进口方有关法律法规，申明有关货物具有原产资格；

（二）持有进口货物的有效原产地证书或原产地声明；

（三）应进口方海关要求，提交原产地证书或原产地声明的正本或副本以及与进口货物相关的其他文件；并且

（四）应进口方海关要求，提交证明货物符合本章第十三条规定的运输标准的证明文件。

二、如果货物在进口时，未能提交原产地证书或原产地声明，进口方海关可以对该货物征收非优惠进口关税或者收取与之等额的保证金。在此情况下，只要满足上述本条第一款所列要求，进口商可在货物进口之日起 1 年内或者进口方法律法规规定的更长时间内申请退还多征的进口关税或保证金。

第十七条　微小差异和错误

如果对进口货物原产地无存疑，在原产地证书与实际货物相符的情况下，原产地证书上的微小印刷错误或文件的细微差异，或者原产地证书缺少背页说明不会导致原产地证书失效。但是进口方海关仍可以根据本章第二十一条启动核查程序。

第十八条　免予提交原产地证书或原产地声明

一、为在本章项下给予优惠关税待遇，一方应对下列产品免除提交原产地证书或者原产地声明的要求，并给予优惠关税待遇：

（一）一批次原产货物，在澳大利亚，完税价格不超过 1000 澳元或澳大利亚规定的更高金额；在中国，完税价格不超过 6000 元人民币或中国规定的更高金额；或者一方法律法规规定的其他原产货物。

二、如进口方海关确认该项进口可以合理视为是为规避原产地证书或原产地声明的提交要求而实施或安排的多次进口的一部分，则本条第一款的规定不予适用。

第十九条 原产地证书或原产地声明的修改

一、任何原产地证书或原产地声明不得涂改或叠印。任何对原产地证书或原产地声明的更正应先将错误信息划去，然后做必要的增补。此类更正应由更正人员签注，对于原产地证书，应当并经签发原产地证书的授权机构证实。

二、原产地证书或原产地声明上任何未填写的空白处应予划去或另外注明，以防之后添加内容。

第二十条 原产地文件的保存

双方应根据其国内法律法规要求，要求生产商、出口商和进口商按照本章有关规定在 3 年或者更长的期限内，保存原产地证书、原产地声明及能充分证明货物原产地的任何其他文件。

双方应确保其授权机构保存原产地证书副本及能充分证明货物原产地的任何其他文件。

第二十一条 原产地核查

一、为确定从另一方领土进口到一方领土的货物是否具备原产资格，进口方海关可以依次通过下列方式对货物的原产地进行核查：

（一）请求出口方海关协助；

（二）书面要求出口方领土内的出口商和生产商提供信息；

（三）书面要求出口方签发原产地证书的授权机构核查证书的有效性；

（四）双方海关共同商定的其他程序。

二、只有在有理由怀疑原产地证书或原产地声明以及有关货物原产资格的准确性和真实性，或者对本章任何其他要求的满足存疑，才能启动本条第一款所列的核查程序。

三、根据本条第一款（一）项开展核查时，进口方海关应：

（一）向出口方海关说明核查原因，并提供获得的相关文件及信息；

（二）通过风险管理方法控制核查请求次数；

（三）尽可能在核查开始后 6 个月内完成核查，并在核查完成后迅速将核查结果以书面形式提供给相关方。

四、根据本条第一款（一）项开展核查时，出口方海关应：

（一）在符合本条第四款（二）项的情况下，及时做出回应，并在收到请求之日起 3 个月内作出答复；

（二）在其国内法律法规和政策允许的情况下，尽可能提供协助，但由于资源限制的原因可仅提供有限协助或拒绝协助。

五、如果本条第一款提到的核查方式未能解决进口方海关的关注，经出口方海关同意且在其协助下，可以根据双方海关共同商定的程序对出口商或生产商进行实地核查访问。

六、本条不影响双方海关根据其国内法律法规在其领土内开展核查以及其他执法行为的权力。

第二十二条　拒绝给予优惠关税

一、在下列情况下，一方可以拒绝给予货物优惠关税待遇：

（一）根据进口方法律法规，进口商在进口前或进口时未申请享受优惠关税待遇；

（二）出口方未将相关授权机构的名称、该授权机构使用的官方印章的印章样本备案或上述信息的任何变化通知进口方海关；

（三）本章第二十一条规定所采取的核查措施未能证明货物具备享受优惠关税待遇的资格，包括：

1. 出口方海关未能就进口方海关核查请求给予满意答复；或者

2. 出口商或生产商未能在进口方海关提出核查要求3个月内提供相关信息；

（四）尽管有本章第十八条的规定，进口货物有理由被认为是为了规避本章规定而安排的多次进口的一部分；

（五）货物不符合本章规定的其他要求，包括：

1. 原产地证书或原产地声明未正确填写或签章；

2. 货物不具备原产资格；或者

3. 原产地证书或原产地声明中的信息与所提交的证明文件不相符。

二、在拒绝给予优惠关税待遇时，进口方海关应向进出口商或生产商书面说明该决定的理由。

第二十三条　已出口的在途货物

一、进口方海关应对在本协定生效之日处于从出口方到进口方运输途中的出口方原产货物给予优惠关税待遇。

二、对于本条第一款规定的情形，进口商应在本协定生效之日起6个月内按照本章第十六条相关规定申请享受优惠关税待遇。

第二十四条　审议

双方应于本协定生效后3年内对原产地文件要求进行联合审议。为确保本章的有效实施，审议内容还将包括考虑开发原产地电子数据交换系统以及扩大原产地声明使用范围等贸易便利化措施。

第四节 海关程序与贸易便利化

中国—澳大利亚自由贸易区制定了海关合作章节，对自由贸易区项下的海关管理事项作出规定，包括贸易便利化、原产地预裁定等内容，体现了海关在自由贸易区政策实施中的重要作用。

第二十五条 *适用范围*

本章适用于对双方间贸易的货物和双方间往来的运输工具实施的海关程序。

第二十六条 *定义*

就本章而言：

（一）海关当局是指：

1. 对澳大利亚而言，澳大利亚海关与边境保卫署或继任机构；以及

2. 对中国而言，中华人民共和国海关总署。

（二）海关法是指与货物的进口、出口、移动或储存相关的，其管理或执行明确由一方海关当局负责的法律、制度及行政规定，以及由海关当局依其职权制定的任何规章。以及

（三）海关程序是指各方海关当局实施的措施。

第二十七条 *海关程序与便利化*

一、各方应确保其海关程序在该方法律、法规以及所适用的规章或程序允许范围内，尽可能地与世界海关组织确立的国际标准和推荐做法一致。

二、各方应确保其海关程序：

（一）以公平、统一及合理的方式实施；并且

（二）避免随意和无根据的手续障碍。

三、各方海关当局应定期审议各自的海关程序，以寻求简化方案和加强双方互利安排，从而便利国际贸易。

四、各方应确保货物的放行时间不超过保证海关法实施所需要的时间。

第二十八条 *合作*

一、在其法律法规允许的范围内，双方海关当局应致力于在以下方面相互协助：

（一）本章的实施与操作；以及

（二）双方共同决定的其他事宜。

二、各方对于可能对本协定实施产生实质影响的海关法或海关程序的重大修改应尽可能及时通知另一方。

第二十九条 *风险管理*

各方在其海关程序实施中应进一步加强风险管理技术的应用，以便利低风险货物通关，并使资源集中于高风险货物。

第三十条 信息技术的应用

一、各方应在海关作业中应用低成本、高效率的信息技术，特别是在无纸贸易环境下，并考虑包括世界海关组织在内的相关国际组织在该领域的发展。

二、各方海关当局应努力尽快建立海关和其他贸易有关的相关部门要求的以电子方式进行信息交换的渠道，以便利货物和运输工具的国际移动。

三、在引入和加强信息技术时，应尽可能征求有关方面的意见，包括受到直接影响的商界的意见。

第三十一条 透明度

一、各方应尽快公布其与双方间货物贸易相关的普遍适用的法律、法规以及适用的规章或程序，包括通过互联网。

二、各方应指定一个或多个咨询点，处理利益相关方对海关事务的咨询，并应通过互联网提供上述咨询程序有关的信息。

三、在可行并符合其法律法规的情况下，各方应通过在互联网提前公布与双方间贸易相关的普遍适用的法律法规草案，以给予公众特别是利益相关方进行评论的机会。

四、各方应在可能的情况下确保有关双方间贸易的普遍适用的新的法律法规或其修订时，在公布与生效之间有合理间隔。

五、各方应以统一、公正及合理的方式实施其与双方间贸易相关的普遍适用的法律法规。

第三十二条 复议与诉讼

各方应确保建立对其海关当局所做决定进行行政复议和司法诉讼的制度。这种复议或诉讼应独立于做出决定的官员或机构。

第三十三条 预裁定

一、各方应以书面形式向本条第二款（一）项中描述的申请人就税则归类、货物是否根据本协定属于原产以及双方同意的其他事宜做出预裁定。

二、各方在做出书面预裁定时应采用或维持以下程序：

（一）应规定出口商、进口商或有正当理由的人员或其代表可申请预裁定。一方可以要求申请人在其领土内有法定代表或进行注册。

（二）应详细说明申请预裁定需要提交的信息。

（三）应允许其海关当局在审查预裁定申请过程中可以随时要求申请人提供审查预裁定申请必需的补充信息。

（四）应确保预裁定系根据申请人提供的事实和情形以及决定者所掌握的

其他相关信息做出。以及

（五）应规定在收到所需全部信息后，在60日内以签发海关当局的官方语言向申请人迅速签发裁定。

三、一方拒绝做出预裁定的，应立即书面通知申请人，并说明决定拒绝做出预裁定的理由。

四、申请人未在指定期限内提交本条第二款（三）项所要求的补充信息的，一方可以拒绝该预裁定请求。

五、在考虑机密信息保护需要的情况下，各方应尽力公布对其他贸易商可能有重大利益影响的预裁定信息。

六、除本条第七款规定情形外，各方应自预裁定做出之日起或裁定指定的其他日期起3年内或在该方决定的更长时间内，对通过任何口岸进口至其领土内的货物适用预裁定。该方应确保在有效期限内，在各方面事实与情形都完全相同的情况下，对预裁定涉及货物的所有进口给予同样待遇，不论涉及的进口商、出口商是否相同。

七、在符合本协定的情况下，对于有下列情形，一方可以修改或撤销做出的预裁定：

（一）法律法规发生变化；

（二）提供信息不真实或相关信息被隐瞒；

（三）基本事实发生了改变；或者

（四）据以做出裁定的情况发生变化。

第三十四条 货物放行

一、各方应建立或沿用简化的海关程序提高货物放行效率，以便利双方间贸易。本款不得要求一方对未满足放行要求的货物予以放行。

二、根据本条第一款，各方应建立或维持下列程序：

（一）规定在所有其他监管要求都已满足的情况下，货物到达后尽快予以放行；以及

（二）在适当情况下，规定在货物实际到达前可以提前以电子方式提交信息并进行处理，以加快货物放行。

三、各方应努力建立或维持有关制度，在货物有紧急通关需要时可以获得海关快速通关服务。

第三十五条 易腐货物

一、为防止易腐货物发生本可避免的损失或变质，在满足所有监管要求的前提下，各方应：

（一）规定通常情况下对易腐货物在可能的最短时间内予以放行；以及

（二）规定作为例外情况，在适当时，允许易腐货物在海关当局和其他相

关主管机关工作时间之外予以放行。

二、各方在安排可能要求的查验时，应优先安排易腐货物。

三、各方应安排或者允许进口商安排易腐货物放行前的适当储存。各方可以要求进口商安排的任何储存设施需由相关主管部门批准或指定。将货物运到此类储存设施，包括对货物承运人的授权，可以要求获得相关主管机关的批准。该方应在可行并与国内法相一致的情况下，应进口商请求，规定从此类储存设施放行的任何必要程序。

第三十六条　暂准进口货物

一、各方应根据其法律法规规定，允许运入领土内的货物有条件地免除支付全部或部分进口税和其他税收，前提是此类货物满足以下条件：

（一）因特定目的运入领土内；

（二）将在特定期限内重新出口；以及

（三）除因使用产生的正常折旧和损耗外没有发生任何改变。

二、一方不得对货物运输所使用的集装箱、托盘或包装材料征收进口税或其他税收。

第三十七条　接受副本

一、各方在适当情况下应努力接受进口货物随附单证的纸质或电子副本。

二、一方不得在进口时要求提供已向出口方海关当局提交的出口报关单正本或副本。

第三十八条　磋商

一、一方海关当局可随时要求与另一方海关当局就本章执行或实施中发生的问题进行磋商。除非双方海关当局另行商定，磋商应在要求提出后30日内通过相关联系点进行。

二、就本章而言，各方海关当局应指定一个或多个联系点，并向另一方提供联系点的详细信息。双方海关当局应将联系点的信息变更情况及时通知对方。

三、双方海关当局可就为保障双方间贸易或运输工具往来安全而实施的海关程序所产生的贸易便利化问题举行磋商。

第五节 原产地证书与原产地声明

一、 原产地证书样本

原产地证书

（仅为样本，原件由授权机构提供）

1. 出口商名称，地址，国家： 2. 生产商名称，地址（如已知：）			证书号码 No.： 中国—澳大利亚自由 贸易协定原产地证书 签发于：			
3. 进口商名称，地址，国家（如已知：）			仅供官方使用：			
4. 运输方式及路线（如已知） 离港日期：船只/飞机/ 火车/运输工具编号： 装货口岸： 卸货口岸：			5. 备注：			
6. 项目号 （最多 20 项）	7. 包装上 唛头及编 号（可选）	8. 包装数 量及种 类；商品 描述	9. HS 编码 （6 位）	10. 原 产地标 准	11. 毛重/净 重或其他计 量单位 （如公升、 立方米）	12. 发票 编号及 日期
13. 出口商或生产商申明 兹申明上述填报资料正确无误，该货物 出口至 _____ （进口方） 符合中国—澳大利亚自由贸易协定原 产地规则的相关规定 _____ 地点、日期及授权人签名			14. 证明 根据所实施的监管，兹证明所列信息 正确无误，所述货物符合中国—澳大 利亚自由贸易协定原产地规则的相关 规定。 地点、日期、签名及授权机构印章 电话号码： 传真号码： 地址：			

背页说明

第1栏：注明中国或澳大利亚出口商详细的依法登记的名称和地址。

第2栏：注明生产商（如已知）详细的依法登记的名称和地址（包括国家）。如证书中包含不止一个生产商的货物，应列出其他生产商的详细名称和地址（包括国家）。如出口商或生产商希望其信息保密，可注明"应主管部门或授权机构要求可提供"。如生产商即为出口商，请在栏中填写"同上"字样。如生产商未知，可在栏中注明"未知"。

第3栏：注明中国或澳大利亚进口商（如已知）详细的依法登记的名称和地址。

第4栏：填写运输方式及路线（如已知），详细说明离港日期、运输工具编号以及装货和卸货口岸。

第5栏：本栏可填写客户订单编号或者信用证编号，以及其他可能涉及的事项。如发票由非缔约方经营者开具，应在本栏注明开具发票的经营者名称、地址及国家等信息。

第6栏：注明商品项号，项号应不超过20项。

第7栏：如有唛头及编号，则注明包装上的唛头及编号。

第8栏：详细列明包装数量及种类。详列每种货物的货品名称，以便于海关关员查验时加以识别。货品名称应与发票上的描述及货物的协调制度描述相符。如果是散装货，应注明"散装"。当商品描述结束时，加上"＊＊＊"（三颗星）或"\"（结束斜线符号）。

第9栏：对应第8栏中的每种货物，填写《协调制度》税则归类编码（6位）。

第10栏：对应第8栏中的每种货物，根据下表的指示填写其适用的原产地标准。有关原产地标准在《中国—澳大利亚自由贸易协定》第三章（原产地规则和实施程序）及其附件二（产品特定原产地规则）中予以规定。

原产地标准	填入第10栏
该货物根据第三章三条（完全获得货物）在缔约一方"完全获得"。	WO
该货物完全在缔约一方或双方领土内由符合第三章（原产地规则和实施程序）规定的原产材料生产。	WP
该货物在缔约一方或双方领土内使用符合产品特定原产地规则及第三章（原产地规则和实施程序）其他有关要求的非原产材料生产。	PSR

第11栏：对应第8栏中的每种货物，以千克为单位或者以其他计量单位分别注明其毛重或净重。可依照惯例采用其他计量单位（例如体积、件数等）来精确地反映数量。

第12栏：本栏应填写发票的编号和日期。

第13栏：本栏必须由出口商或生产商填写，填写内容为地点、日期以及出口商或生产商授权人员的签名。

第14栏：本栏必须填写授权机构授权人员的签名、印章和日期。授权机构的电话、传真和地址应当注明。

二、 原产地声明

原产地声明
《中华人民共和国政府和澳大利亚政府自由贸易协定》

谨代表

_____

_____

（工整填写出口商或生产商的名称和地址）
作为出口商/生产商/出口商兼生产商
（划去不适用选项）
本人特此声明下述货物的原产地为
澳大利亚/中国
（划去不适用选项）

符合《中华人民共和国政府和澳大利亚政府自由贸易协定》关于货物原产地的相关规定。

本人对本声明内容的真实性承担法律责任。

商品项号	商品描述	HS 编码（6 位）	发票（编号和日期）	预裁定编号	原产地标准

签名：_____

姓名：_____

职位：_____

日期：_____

注意事项：本声明必须工整填写，并作为一份独立文件与商业发票一并提交。本声明涉及商品应不超过 20 项。

第十六章 《中国—冰岛自由贸易协定》原产地规则及操作程序

【本章导读】中国—冰岛自由贸易区谈判于 2006 年 12 月启动。2013 年 4 月 15 日，双方在北京签署《中国—冰岛自由贸易协定》，并于 2014 年 7 月 1 日正式生效。该协定是我国与欧洲国家签署的第一个自由贸易协定，涵盖货物贸易、服务贸易、投资等诸多领域。根据协定的关税减让方案，中冰双方将共同对近 96% 的税目逐步实施零关税。

第一节 概 述

一、 成员国

成员国为中国和冰岛。

中冰两国贸易额不大。中国为冰岛在亚洲的最大贸易伙伴。以 2018 年为例，当年中冰贸易额为 4.2 亿美元，同比增长 89.9%。其中，中国出口额为 2.6 亿美元，同比增长 128.6%；进口额为 1.6 亿美元，同比增长 50.6%。2013 年 4 月，中冰签署自由贸易协定，这是中国同欧洲国家签署的首个自由贸易协定。

二、 谈判过程

2008 年 4 月 11 日至 12 日，中国、冰岛自由贸易协定第一轮谈判在北京举行。来自中冰两国政府的 40 名代表就中冰自由贸易区涉及的降税模式、原产地规则、卫生和植物卫生措施/技术性贸易壁垒、服务贸易等有关内容交换了意见，谈判取得积极进展。

2007 年 6 月 22 日至 23 日，中国、冰岛自由贸易协定第二轮谈判在冰岛首都雷克雅未克举行。我国由商务部、发展改革委、财政部、农业部、海关总署和国家质检总局组成的代表团与冰岛就货物贸易、服务贸易、投资、经济合作等问题进行了广泛、深入的磋商，谈判取得了实质性进展。

2007 年 10 月 17 日至 18 日，中国、冰岛自由贸易协定第三轮谈判在北京举行。我国由商务部、发展改革委、财政部、农业部、海关总署和国家质检总局组成的代表团与冰岛就协定文本广泛交换了意见，并就货物贸易、服务贸易、投资等问题进行了深入磋商。谈判取得一定进展。

2008 年 4 月 28 日至 30 日，中国、冰岛自由贸易协定第四轮谈判在冰岛举行。冰岛商业部部长西古尔德松先生会见了中国代表团。我国由商务部、财政部、农业部、海关总署和国家质检总局组成的代表团与冰岛就货物贸易、服务贸易、投资、经济合作及协议文本等问题进行了深入磋商，谈判取得积极进展。

2012 年 12 月 18 日至 20 日，中国、冰岛自由贸易协定第五轮谈判在冰岛雷克雅未克举行。中冰双方就货物贸易、服务贸易、投资、原产地规则、海关程序、贸易便利化、卫生和植物卫生措施、技术性贸易壁垒、法律事项、知识产权、竞争政策、贸易救济、政府采购等议题充分交换了意见，并达成了一系列共识，谈判取得了较大进展。

2013 年 1 月 22 日，中国、冰岛自由贸易协定第六轮谈判在北京举行。该轮谈判为期 3 天，中冰双方在第五轮谈判的基础上，就货物贸易、服务贸易、投资及其他领域的遗留问题进行磋商。

2013 年 4 月 15 日，在中国总理李克强和冰岛总理西于尔扎多蒂共同见证下，中国商务部部长高虎城与冰岛外交外贸部长奥叙尔·斯卡费丁松代表各自政府在北京人民大会堂签署了《中国—冰岛自由贸易协定》。该协定是我国与欧洲国家签署的第一个自由贸易协定，涵盖货物贸易、服务贸易、投资等诸多领域。

2014 年 5 月 20 日，中国商务部与冰岛外交外贸部官员在北京互换了《中国—冰岛自由贸易协定》的生效照会。按照协定生效条款有关规定，协定于 2014 年 7 月 1 日正式生效。

三、 降税安排

根据《中国—冰岛自由贸易协定》规定，冰岛自协定生效之日起，对从中国进口的所有工业品和水产品实施零关税，这些产品占中国向冰岛出口总额的 99.77%。与此同时，中国对从冰岛进口的 7830 个税号产品实施零关税，这些产品占中国自冰岛进口总额的 81.56%，其中包括冰岛盛产的水产品。中冰自由贸易区建成后，双方最终实现零关税的产品，按税目数衡量均接近 96%，按贸易量衡量均接近 100%。

此外，双方还就服务贸易做出了高于 WTO 的承诺，并对投资、自然人移

动、卫生与植物卫生措施、技术性贸易壁垒、原产地规则、海关程序、竞争
政策、知识产权等问题做出了具体规定。

四、 成员国主要进出口产品

（一）成员国主要进口产品

中国的主要进口产品为活动物、动物产品、贱金属及制品和动植物油脂
等。

冰岛的主要进口产品为贱金属及制品和动植物油脂等。

（二）成员国主要出口产品

中国主要出口产品为贱金属及制品和动植物油脂等。

冰岛的主要出口产品为活动物、动物产品、贱金属及制品和动植物油脂
等。

五、 原产地标准

中国—冰岛自由贸易区原产地规则采用完全获得和实质性改变标准。实
质性改变标准包括税则归类改变、区域价值成分和加工工序等。协定以全税
则列表方式对所有产品逐一制定原产地标准。

六、 签证机构

目前在我国，海关可签发中国—冰岛自由贸易协定项下优惠原产地证书，
中国贸促会及其各地的分会也参与签发优惠原产地证书。

第二节　原产地规则

根据《中国—冰岛自由贸易协定》第三章，可享受优惠关税的产品原产
地按下列规则确定：

第二十一条　定义

在本章中：

"海关估价协定"是指作为《WTO 协定》组成部分的《关于实施 1994 年
关税与贸易总协定第七条的协定》。

成本、保险费加运费价格（CIF）是指包括运抵进口国进境口岸或地点的
保险费和运费在内经过调整的进口货物价格。

船上交货价格（FOB）指无论货物以何种运输方式在最终离境的口岸或
地点的货物价格。

材料指用于生产或转变成另一货物所使用的货物，包括零部件或成分。

生产指货物的种植、饲养、开采、收获、捕捞、诱捕、狩猎、制造、加工或装配。

生产者指种植、饲养、开采、收获、捕捞、诱捕、狩猎、制造、加工或装配货物的人。

第二十二条　原产货物

本协定中,货物在满足下列条件时应当被视为原产于一方:

一、货物按照第二十三条的规定在一方境内完全获得或生产;

二、货物完全在一方或双方的境内生产,且仅使用符合本章规定的原产材料;或者

三、该货物是在一方或双方境内生产的,所使用的非原产材料符合附件4规定的税则归类改变、区域价值成分、工序要求或其他要求,且该货物符合本节其他可适用的规定。

第二十三条　完全获得货物

根据第二十二条第一款,下列货物应当视为在一方境内完全获得:

(一)在一方境内的领土或者海床提取的矿产品;

(二)在一方收获的植物和植物产品;

(三)在一方出生并饲养的活动物;

(四)从上述第(三)项所述活动物中获得的产品;

(五)在一方狩猎、诱捕或者在内陆水域捕捞所获得的产品;

(六)在一方的领海捕捞获得的鱼类和其他产品;

(七)在一方登记注册且悬挂该方国旗的船只在一方的领海以外,包括在该方的专属经济区内,捕捞获得的鱼类及其他产品;

(八)在一方登记注册且悬挂该方国旗的加工船上仅由第(六)项和第(七)项的产品加工所得的产品;

(九)在一方的领海以外,该方独享开发权的海床或海床底土提取的产品;

(十)在一方收集的仅适用于原材料回收的旧货;

(十一)在一方生产加工过程中产生且仅适用于原材料回收的废碎料;以及

(十二)在一方由第(一)项至第(十一)项所列产品加工获得的产品。

第二十四条　税则归类改变

附件4所规定的税则归类改变,指货物生产过程中使用的非原产材料在一方或双方境内经过加工后,发生了税则归类的改变。

第二十五条　区域价值成分

一、根据第二十二条的第三款,货物的区域价值成分应当依据下列方法

计算：

$$RVC = \frac{V-VNM}{V} \times 100\%$$

在上述公式中：

RVC 指以百分比表示的区域价值成分；

V 指按照海关估价协定规定，在船上交货价格（FOB）基础上调整的货物价值；

VNM 指按照海关估价协定规定，在成本、保险费加运费价格（CIF）基础上调整的非原产材料的价值。

二、在根据本条第一款计算货物的区域价值成分时，货物生产过程中所使用的非原产材料价值，不应当包括为生产原产材料而使用的非原产材料价值。

第二十六条　累积规则

一方的原产货物或材料在另一方境内构成另一货物的组成部分时，该货物或材料应当视为原产于后一方境内。

第二十七条　不赋予原产资格的微小加工

一、下列操作或加工工序不得赋予货物原产资格：

（一）为确保货物在运输或储存过程中完好无损而进行的保存工序；

（二）包装的拆解和组装；

（三）洗涤、清洁、除尘，去除氧化物、油、漆以及其他涂层；

（四）纺织品的熨烫或压平；

（五）简单的上漆及磨光工序；

（六）谷物及大米的去壳、部分或完全的漂白、抛光及上光；

（七）食糖上色或加工成糖块的工序；

（八）水果、坚果及蔬菜的去皮、去核及去壳；

（九）削尖、简单研磨或简单切割；

（十）过滤、筛选、挑选、分类、分级、匹配（包括成套物品的组合）；

（十一）简单的装瓶、装罐、装袋、装箱、装盒，固定于纸板或木板以及其他任何简单的包装工序；

（十二）在产品或其包装上粘贴或印刷标志、标签、标识及其他类似的用于区别的标记；

（十三）对无论是否为不同种类的产品进行的简单混合；

（十四）把物品零部件装配成完整品或将产品拆成零部件的简单装配或拆卸；

（十五）仅为方便港口装卸所进行的工序；

（十六）屠宰动物；以及

（十七）第（一）至（十六）项中的两项或多项工序的组合。

二、在本条中：

（一）简单，通常用来描述既不需要专门的技能也不需要专门生产或装配机械、仪器或装备的行为。

（二）简单混合，通常指既不需要专门的技能也不需要专门生产或装配机械、仪器或装备的行为。但是，简单混合不包括化学反应。

第二十八条　微小含量

在下述情况下，货物虽不满足附件 4 规定的税则归类改变要求，但仍应当视为原产货物，如果：

（一）不满足税则归类改变要求的全部非原产材料（包括原产地不明的材料），按照第二十五条确定的价值不超过该货物船上交货价格（FOB）的百分之十；并且

（二）该货物满足其所适用的本节所有其他规定。

第二十九条　附件、备件和工具

在货物原产地的确定过程中，与货物一同报验的附件、备件或工具在进口时，如符合下述条件，应当不予考虑：

一、附件、备件或工具与产品一并归类且不单独开具发票；以及

二、上述附件、备件或工具的数量及价值在正常范围之内。

第三十条　运输用包装材料和容器

在确定货物原产地时，运输用的包装材料和容器应当不予考虑。

第三十一条　零售用包装材料和容器

对于应当适用附件 4 所列税则归类改变标准的货物，如果零售用包装材料及容器与该货物一并归类，则在确定该货物的原产地时，零售用包装材料及容器应该不予考虑。但是，对于必须满足区域价值成分标准要求的货物，在确定该货物的原产地时，零售用包装材料及容器的价值应当视情作为原产材料或非原产材料予以考虑。

第三十二条　中性成分

一、在确定产品的原产地时，本条第二款所指的中性成分的原产地应当不予考虑。

二、中性成分是指货物生产中使用的物品，该物品既不构成该货物物质成分，也不成为该货物组成成分，其范围包括：

（一）燃料、能源、催化剂和溶剂；

（二）用于测试或检验货物的设备、装置和用品；

（三）手套、眼镜、鞋靴、衣服、安全设备和用品；

305

（四）工具、模具及型模；

（五）用于维护设备和厂房建筑的备件和材料；

（六）在生产中使用的，或者用于运行设备或设施的润滑剂、油（滑）脂、合成材料和其他材料；以及

（七）在货物生产过程中使用，虽不构成该货物组成成分，但能合理地表明为该货物生产过程中一部分的其他任何货物。

第三十三条　直接运输

一、本协定的优惠关税税率应适用于符合本章规定并在双方之间直接运输的货物。

二、依照第一款，如下情形应当视为在出口方与进口方之间直接运输：

（一）货物运输途中未经过任何非缔约方。

（二）货物经由一个或多个非缔约方境内转运，不论是否在这些非缔约方转换运输工具或临时储存，但须同时满足下列要求：

1. 转运理由须出于地理原因，或者由于运输需要；

2. 货物在其境内不得进入贸易或消费领域；以及

3. 除卸载、换载、物流分拆或者为使货物保持良好状态而进行的必要处理外，货物不得在其境内进行加工或其他处理，且货物在其境内转运中须置于海关监管之下。

三、在货物申报进口时，应当向进口方海关提交上述非缔约方海关所出具的证明文件，或者其他进口方海关认可的证明文件，以证明货物符合上述第二款的规定。

第三节　原产地规则的操作程序

为实施中国—冰岛自由贸易区原产地规则，协定第三章第二节特制定原产地证书的签发、核查等规定。具体如下：

第三十四条　定义

在本节中：授权机构是指经缔约一方的国内法或其政府机构指定

签发原产地证书的任何机构；主管机构是指：

（一）对于中方，海关总署依法负责本协定项下原产地规则有关的组织实施工作，质检总局依法负责原产地证签证管理；以及

（二）对于冰方，指海关局。

第三十五条　原产地证据文件

为申请享受本协定项下的优惠关税待遇，应在进口时向进口方海关提交下列文件之一：

（一）本章第三十六条所述的原产地证书；

（二）本章第三十七条所述的原产地声明。

第三十六条　原产地证书签发程序

一、如所涉货物符合本章的各项规定，应出口商申请，一方授权机构可签发附件 5 所示的原产地证书。

二、原产地证书应当：

（一）具有不重复的证书编号；

（二）涵括同一批进口货物的一项或多项货物；

（三）注明货物具备本章所规定的原产资格的依据；

（四）含有诸如出口方通知进口方的签名或印章样本等安全特征；并且

（五）以英文打印填制。

三、原产地证书应在货物出口前或出口时签发，并自出口方签发之日起一年内有效。

四、各方应当将授权机构的名称及相关的联系信息通知另一方海关。同时，一方应当在其授权机构签发原产地证书之前，将该机构在相关表格和文件上所使用的安全特征提供给另一方海关。上述信息的变化应当立即通知另一方海关。

五、如因不可抗力，或者非故意的错误、疏忽，或者其他合理原因，导致原产地证书未能在货物出口前或出口时签发的，原产地证书可以在货物装运之日起 1 年内补发。补发的原产地证书应当在原产地证书的"备注"栏注明"补发"字样。

六、原产地证书被盗、遗失或损毁时，如果出口商或制造商确信此前签发的原产地证书正本未被使用，则可向出口方授权机构书面申请签发经核准的原产地证书副本。经核准的原产地证书副本应当在"备注"栏注明"原产地证书正本（编号日期）经核准的真实副本"字样。如果进口方海关查明原产地证书正本已被使用，则经核准的原产地证书副本无效，反之亦然。

第三十七条　原产地声明

一、第三十八条规定的一方的经核准出口商可按照附件 6 所列格式填具原产地声明，以享受另一方的优惠关税待遇。

二、原产地声明应仅由第三十八条规定的经核准出口商填具。

三、有关货物根据本章规定被认定为一方的原产货物时，才能填具原产地声明。

四、在出口方关境内的经核准出口商不是货物生产商的情况下，该经核准出口商可依据出口方的有关法规填具该货物的原产地声明。

五、原产地声明应于货物在进口方进口前填具。

六、原产地声明应自填具之日起 12 个月内有效。

第三十八条　经核准出口商

一、进口方应对出口方经核准出口商填具的原产地声明所涵盖的货物给予优惠关税待遇。原产地声明格式由附件 6 作出规定。

二、出口方应对可填具原产地声明的经核准出口商核发唯一的授权号码，该号码应在原产地声明上予以标注。出口方应对该号码的使用实施严密管控。

三、各方应在货物实际出口前将本方经核准出口商的名称、授权号码、联系细节和印章样本通知另一方。上述信息的任何变化应及时通知另一方。

四、在每年 3 月 31 日前，一方应将上一年经核准出口商的名称、授权号码、签发的全部原产地声明的序列号提供给另一方。一方如发现存在与另一方所提供信息不符的情形，应提请另一方予以协查。

第三十九条　免予提交原产地证书和原产地声明的情形

一、一方可对如下货物免予要求提交原产地证书和原产地声明，并给予优惠关税待遇：

（一）一批次原产货物的价值不超过 600 美元或该方币值等额；

（二）该方国内法规规定的其他具有原产资格的货物。

二、如进口方海关确认该项进口是为规避原产地证书或原产地声明的提交要求而实施的一次或多次进口的一部分，则本条第一款的规定不予适用。

第四十条　相关进口义务

申请享受本协定优惠关税待遇的进口商应当：

（一）主动在进口报关单上明示该进口货物为原产货物。

（二）在填制第（一）项所述的进口报关单时，持有有效的原产地证书或者原产地声明；以及

（三）应进口方海关要求，提交原产地证书正本、原产地声明，以及与进口货物相关的其他证明文件。

第四十一条　进口税或保证金的退还

一、进口商在货物进口时虽未能提供本协定规定的原产地证书或原产地声明，但在报关时向海关主动申明所报验的货物具备原产资格，进口方海关可视情对该货物征收非优惠进口关税，或者收取与之等额的保证金或担保。

二、进口商可在进口方法规规定的时限内要求退还保证金或多征的关税税款。

第四十二条　文件保存

一、各方应当要求生产商、出口商和进口商保存证明货物原产资格以及货物符合本章其他规定的证明文件至少 3 年。

二、各方应当要求其授权机构保存原产地证书副本及其他原产地证明文

件至少3年。

第四十三条　原产地核查

一、为确定原产地证书或原产地声明的真实性和准确性，或者相关货物的原产资格，或者货物是否满足本章规定的其他要求，进口方海关可向出口方主管机构提出核查请求，或者按照双方海关共同商定的其他程序进行核查。

二、进口方海关向出口方主管机构提出核查请求时，应注明理由，并提供证明核查合理性的相关文件和信息。

三、出口方主管机构应当在收到第一款所述的核查请求后的6个月内反馈。

四、如未在上述规定的期限内收到答复，或者答复结果未包含足以确定有关文件真实性或货物真实原产地的信息，提出核查请求的海关可拒绝给予优惠关税待遇。

第四十四条　拒绝给予优惠关税待遇

除本章另有规定外，进口方可在下列情况下拒绝给予优惠关税待遇：

一、货物不符合本章的规定；

二、进口商、出口商或生产商未能遵守本章的规定；

三、原产地证书或者原产地声明不符合本章的规定。

第四十五条　联络点

双方应建立联络点，以确保本章的有效实施。

第四节　海关手续与贸易便利化

对于中国—冰岛自由贸易区项下的海关管理事项，协定第四章做了具体规定。

第四十六条　总则

双方认识到维护本国商界利益并为本国商界创造贸易环境使其通过本协定获得利益的共同目标。

二、双方同意将以下原则作为有关当局制订并管理的贸易便利化措施的基础：

（一）贸易手续的透明、高效、简化、协调及一致性；

（二）国际标准的推广使用；

（三）与有关多边协议保持一致；

（四）尽可能应用信息技术；

（五）为本国商界利益提供高标准的公共服务；

（六）以风险管理为基础的政府管理；

（七）双方各自海关与其他边境部门的合作；

（八）与各自商界的沟通；以及

（九）保障贸易安全与便利。

第四十七条　合作

认识到在多边论坛加强合作的必要性，以及采用双方均已加入条约中贸易便利化相关手续的必要性，双方承诺在双边贸易中采用旨在降低成本以及不必要拖延的高效贸易手续。

第四十八条　透明度

一、各方应迅速在互联网上公布普遍适用的所有与中国与冰岛双方货物贸易有关的法律、法规和规章，如有可能，尽量用英文公布。

二、各方应设立此章节项下海关及其他事务咨询点，尽可能使用英文通过互联网进行联络。

三、各方应在促进和实施贸易便利措施中考虑各自商界的需求，尤其是应关注中小企业的利益。

四、各方应提前特别是在互联网上公开与国际贸易有关的所有普遍适用的法律法规的草案，以便给予公众特别是利益相关人发表意见的机会。

五、各方应确保有关国际货物贸易的普遍适用的法律法规在公布与生效之间留出合理的时间。

六、各方应按统一、公平、合理的方式执行其普遍适用的与国际货物贸易相关的法律、法规和规章或行政决定。

第四十九条　预裁定

一、一方应在合理的时间范围内，根据各国国内法在本国海关注册的进出口商或生产商提出的包含所有必要信息的书面请求，在货物进口前，做出有约束力的书面预裁定，这些预裁定是关于：

（一）一项商品的税则归类；

（二）一项商品适用的原产地规则；以及

（三）双方商议同意的其他事务。

二、一方如拒绝做出预裁定应及时书面通知申请人，并阐明拒绝做出预裁定决定的依据。

三、各方应规定，在做出的裁定基于的事实或条件保持不变的情况下，预裁定自公布之日起生效，或自裁定中指定的日期起生效。

四、各方可以根据各自国内法规定限定预裁定的有效期。

五、各方应在保护涉密信息的同时，尽力将做出的预裁定中对其他贸易商有重要利益的信息公开。

第五十条 海关估价

各方应执行1994年关税与贸易总协定第七条及《海关估价协定》确定对双边贸易货物的完税价格。

第五十一条 税则归类

各方对双边货物贸易税则归类应当适用《商品名称及编码协调制度国际公约》。

第五十二条 简化海关手续

一、各方海关手续应简化、合理、客观以及公平。

二、各方应采用或保持简化的海关手续以提高货物通关速度，便利双边贸易。

三、各方应将双边货物贸易过程中检查、手续以及所需文件限定在必要、合理范围内，以确保符合法定要求，从而最大限度地简化各自相关手续。

四、根据本条第二款，各方应采用或保持以下措施：

（一）为加快通关速度，在满足一定条件的前提下，允许在货物实际进口前进行提前电子申报并做信息处理；

（二）允许进口商在提供足够、有效担保，且海关认定不需做进一步检查、查验，并满足法律规定的情况下，货物可以在满足进口全部要求之前放行。如未能满足一方合法的进口要求，货物可不被提前放行；同时

（三）规定当不再需要担保时及时办理担保退还手续。

五、各方应尽可能地在货物贸易及其相关服务中以各自施行的国际标准为基础进行实施，以减少在双边贸易中的贸易成本和不必要的延误，尤其是世界海关组织的标准与推荐做法，包括经修订的简化和协调海关制度的国际公约（经修订的京都公约）。

第五十三条 风险管理

一、为进行海关监管，双方应运用风险管理。各方应根据各自现行的风险评估手段决定包括运输工具在内的需要进行查验的人员、货物物品，以及需查验的程度。双方应采用企业守法评估策略以支持风险管理的应用。这并不排除有关方采用质量控制以及需要进行更加详细检查的企业守法评估措施。

二、各方应将海关监管措施集中于高风险货物，并在施行海关监管时便利低风险货物的通关。

三、各方包括单证检查、人工查验或稽查在内的海关手续应限定在合理范围不应过于烦琐，以避免引起第二款所述之风险。

第五十四条 信息技术的应用

各方应在海关操作，特别是无纸化贸易中，使用低成本、高效率的信息

技术，重视世界海关组织在此领域的发展。

第五十五条　经认证的经营者

一方在实施对国际贸易流动会产生影响的经认证的经营者制度或安全措施时，应当：

（一）向另一方提供就认证和安全措施互认进行商谈的可能性，以保证在有效进行海关监管的同时促进国际贸易的便利；同时

（二）借鉴相关的国际标准，特别是世界海关组织的标准框架的做法。

第五十六条　货物的暂时进口

一、各方应根据各自国内法以及各自施行的国际标准便利暂时进口的货物。

二、就本条款而言，"暂时进口"是指特定货物进入一方关境内在有条件的情况下免予支付关税的海关手续。这样的货物的进口应有明确目的，并应在一定时间段内复运出口，并且除了使用的正常损耗外货物没有发生改变。

第五十七条　复议与诉讼

根据各自国内法，各方应保证进出口商和生产商有向至少上一级独立部门提出行政复议和司法诉讼的权利。

第五十八条　边境部门合作

为便利贸易，各方应保证其边境执法及进出口监管部门就相关手续的沟通与协调。

第五十九条　保密

各方应对被提供的与进出口或其他相关事宜有关的信息当作秘密来对待，并依据双方各自法律使其受到与商业秘密同等的保护。未经信息提供人或机构明确同意，各方机构不得将这些信息对外公开。

第六十条　磋商

一、一方海关当局可要求就在本章执行或实施中发生的问题进行磋商。磋商应通过双方指定的相关联系人提出。联系人的有关信息及该信息的变更应及时向对方通报。

二、为在本协定下进一步便利双边贸易，各方应各自制定并向对方通报，合适时，双方应向联合委员会确认并提交可进一步促进双边贸易便利化的领域如下：

（一）便利贸易的基本措施；

（二）官方监管措施；

（三）运输措施；

（四）有关标准的推广及使用；

（五）计算机以及电子数据交换系统的使用；

（六）有关信息的实用性；

（七）海关通关基本措施；

（八）运输工具、包括集装箱在内的运输设备的海关及其他官方措施；

（九）进口货物管理措施；

（十）出口通关管理措施；

（十一）货物原产地管理措施；

（十二）转运货物的管理措施；

（十三）过境货物的管理措施；

（十四）商业贸易的有关做法；

（十五）预裁定制度的有关做法；

（十六）报关代理的有关做法；

（十七）支付手续的有关规定；以及

（十八）双方商议同意的其他事务。

三、联合委员会将对有关的便利贸易倡议进行评估，对需要采取联合行动达成共同目标的领域进行确认。

第五节 原产地证书

一、 原产地证书样本（中文）

原产地证书

1.出口商（名称，地址，国家）	No.000.000
2.收货人（名称，地址，国家）	中国—冰岛自由贸易区原产地证书 完成此表前请阅读背页的注意事项
3.运输细节（就所知而言） 离港日期 船只/飞机/火车/运输工具编码 装货口岸 卸货口岸	4.备注

5.项目号（最多20项）	6.唛头及编号	7.包装数量及种类;商品描述	8.HS 编码（6位）	9.原产地标准	10.毛重（公斤）或其他计量单位(公升、立方米 等)	11.发票（编号和日期）

12.授权机构审核 根据实际监管，兹证明出口商的申报正确无误。 .... 地点、日期、签名及授权机构印章	13.出口商申明 兹申明上述填报资料及说明正确无误，所有货物产自 ....（国家） 上述货物符合中国—冰岛自贸区原产地规则的相关规定。该货物出口至 ....（进口国） .... 地点、日期及授权人签名
14. 核查请求： 请求核查该份证书的真实性，以及证书上有关内容的准确性。 .... （地点和日期） 　　　　　　　　　　　印章 .... （签名）	15.核查结果 实际核查结果证明该证书[1] □确为授权机构所签发，且该证书上的相关信息准确无误 □不符合真实性和准确性要求（见附注） .... （地点和日期） 　　　　　　　　　　　印章 .... （签名） _____ （1）在对应的方框内划"×"。

注意事项

1. 证书不得涂改及叠印。

2. 证书项目之间不得留空，每项内容之前必须有项目编号。商品描述完毕后应加"＊"（星号）或"＼"（斜杠），或者在商品描述的下一行画横线，将剩余的空白划掉。

3. 商品描述必须符合商业实际。该描述应包含足够的细节以助于识别商品。

4. 填写项目不得超过 20 项。

5. 本证书应签发一份原件和两份复印件。

6. 若第 7 栏中货物符合原产地规则，出口商必须按照下表所示方式申明货物享受优惠待遇所依据的原产地标准。原产地标准在第三章（原产地规则）和附件四（产品特定原产地规则）中予以规定。

原产地标准	填入第 9 栏
该货物是根据第二十三条（完全获得货物）或者附件四的产品特定规则的规定，在缔约一方完全获得	WO
该货物是在缔约一方或双方境内，完全由符合第三章（原产地规则）规定的原产材料生产的	WP
该货物是在缔约一方或双方境内，使用符合第三章（原产地规则）所规定的产品特定原产地规则及其他要求的非原产材料生产的	PSR

二、 原产地证书样本（英文）

1. Exporter (Name, full address, country)	No. 000.000
	Certificate of Origin used in FTA between
2. Consignee (Name, full address, country)	**CHINA**
	and
	ICELAND
	See notes overleaf before completing this form

3. Transport details (as far as known) Departure Date Vessel / Flight/ Train/ Vehicle No. Port of loading Port of discharge	4. Remarks

5. Item number (Max 20)	6. Marks and numbers	7. Number and kind of packages ; Description of goods	8. HS code (Six digit code)	9. Origin criterion	10. Gross mass (kg) or other measure (liters, m³, etc.)	11. Invoices (Number and date)

12. ENDORSEMENT BY THE AUTHORIZED BODY

It is hereby certified, on the basis of control carried out, that the declaration of the exporter is correct

....

Place and date, signature and stamp of authorized body

13. DECLARATION BY THE EXPORTER

The undersigned hereby declares that the details and statement above are correct, that all the goods were produced in

.... (country)
and that they comply with the origin requirements specified in the FTA for the goods exported to

....(Importing country)

....

Place and date, signature of authorized signatory

14. REQUEST FOR VERIFICATION, to:

Verification of the authenticity and accuracy of this certificate is requested.

....

(Place and date)

Stamp

....

(Signature)

15. RESULT OF VERIFICATION

Verification carried out shows that this certificate [1]

☐ was issued by the authorized body indicated and that the information contained therein is accurate.

☐ does not meet the requirements as to authenticity and accuracy (see remarks appended)

....

(Place and date)

Stamp

....

(Signature)

(1) Insert X in the appropriate box.

NOTES

1. Certificate must not contain erasures or words written over one another.

2. No spaces shall be left between the items entered on the certificate and each item shall be preceded by an item number. If the space of the box is not completely filled, " * " (stars) or " \ " (finishing slash) should be added after the description of the goods, or a horizontal line should be drawn below the last line of the description, and the empty space crossed through.

3. Goods must be described in accordance with commercial practice and with sufficient detail to enable them to be identified.

4. The number of items listed should not exceed 20.

5. This certificate should be issued in one original and two copies

6. For each good described in Box 7, state which criterion is applicable, according to the following instructions. The rules of origin are contained in Chapter 3 (Rules of Origin) and Annex IV (Product Specific Rules of Origin).

Origin Criterion	Insert in Box 9
The good is "wholly obtained" in the territory of a Party, as referred to in Article 23 (Wholly Obtained Goods) or the Product Specific Rules of Annex IV.	WO
The good is produced entirely in the territory of one or both Parties, exclusively from materials whose origin conform to the provisions of Chapter 3 (Rules of Origin).	WP
The good is produced in the territory of one or both Parties, using non-originating materials that conform to the Product Specific Rules and other applicable provisions of Chapter 3 (Rules of Origin).	PSR

第十七章 《中国—格鲁吉亚自由贸易协定》 原产地规则及操作程序

> **【本章导读】**《中国—格鲁吉亚自由贸易协定》是我国与欧亚地区国家签署的第一个自由贸易协定，也是"一带一路"倡议提出后我国启动并达成的第一个自由贸易协定。
>
> 协定生效后，在货物贸易方面，格鲁吉亚对我国96.5%的产品立即实施零关税，覆盖格自中国进口总额的99.6%；我国对格鲁吉亚93.9%的产品实施零关税，覆盖我国自格鲁吉亚进口总额的93.8%，其中90.9%的产品（42.7%的进口额）立即实施零关税，其余3%的产品（51.1%进口额）5年内逐步降为零关税。在服务贸易方面，双方在各自世界贸易组织承诺基础上，进一步相互开放市场。此外，双方还在环境与贸易、竞争、知识产权、投资、电子商务等众多领域达成广泛共识。

第一节 概 述

一、 成员国

成员国为中国和格鲁吉亚。

《中国—格鲁吉亚自由贸易协定》是我国在欧亚地区完成的第一个自由贸易协定谈判。

二、 谈判过程

2015年3月9日，中国商务部和格鲁吉亚经济与可持续发展部在北京签署关于启动中国、格鲁吉亚自由贸易协定谈判可行性研究的联合声明，商定尽快成立联合专家组，启动自由贸易协定谈判可行性研究。双方同时签署关于加强共建"丝绸之路经济带"合作的备忘录，将在中格经贸合作委员会框架内，共同推进"丝绸之路经济带"建设的经贸合作，全面提升贸易、投资、经济技术合作和基础设施互联互通水平。

2015 年 4 月 24 日，中国、格鲁吉亚自由贸易区联合可行性研究第一次工作组会议召开。双方就联合可行性研究的工作机制和双方分工、研究报告的框架及主要内容、可研工作下一步安排等议题深入交换了意见。

2015 年 12 月 10 日，商务部国际贸易谈判代表兼副部长钟山与格鲁吉亚经济与可持续发展部部长库姆西什维利在中格政府间经贸合作委员会第七次会议会后，签署了《中华人民共和国商务部和格鲁吉亚经济与可持续发展部关于启动中格自由贸易协定谈判的谅解备忘录》，正式启动中格自由贸易协定谈判。

2016 年 2 月 22 日至 23 日，中国、格鲁吉亚自由贸易协定第一轮谈判在格鲁吉亚首都第比利斯举行，双方对谈判日程、谈判结构、各议题领域和原则等问题达成一致并签署模式文件。

2016 年 5 月 9 日至 13 日，中国、格鲁吉亚自由贸易协定第二轮谈判在北京举行。

2016 年 7 月 18 日至 22 日，中国、格鲁吉亚自由贸易协定第三轮谈判在格鲁吉首都第比利斯举行。

2016 年 10 月 5 日，中国商务部部长高虎城会见格鲁吉亚总理克维里卡什维利，与格鲁吉亚第一副总理兼经济与可持续发展部部长库姆西什维利分别代表两国政府签署了《关于实质性结束中国—格鲁吉亚自由贸易协定谈判的谅解备忘录》。

2017 年 5 月 13 日，中国商务部部长钟山会见来访的格鲁吉亚第一副总理兼财政部部长库姆西什维利，并同格鲁吉亚经济与可持续发展部部长加哈里亚分别代表两国政府签署了《中国—格鲁吉亚自由贸易协定》。协定于 2018 年 1 月 1 日生效并实施。

三、 降税安排

（一）中国关税减让说明

1. 与国家税则的关系。协定关于关税减让表中方说明的附件第二部分第二节中所列的品目是基于 2015 年 1 月 1 日生效的中华人民共和国进出口税则。对于该税则的后续修改，如果有，不影响优惠关税税率的适用。

2. 关税基础税率。减让表中关税基础税率是指 2015 年 1 月 1 日有效的中国最惠国（MFN）税率。

3. 实施期。中国根据第二章（货物贸易）第四条（关税取消）第一款取消关税，适用以下实施期类别：

（1）"A"类别：基础税率应自协定生效时起对原产自格鲁吉亚的产品取

消并约束在零。

（2）"B"类别：基础税率应自协定生效时起对原产自格鲁吉亚的产品分5次每年等比例削减至零并予以约束。

（3）"C"类别：对原产自格鲁吉亚的产品适用基础税率。

（二）格鲁吉亚减让说明

1. 与国家税则的关系。协定关于格方减让表说明的附件第三部分第二节中所列的品目是基于2016年7月22日整合版本的格鲁吉亚国家税则。对于该税则的后续修改，如果有，不影响优惠关税税率的适用。

2. 关税基础税率。减让表中关税基础税率是指2015年1月1日有效的格鲁吉亚最惠国（MFN）税率。

3. 实施期。格鲁吉亚根据第二章（货物贸易）第四条（关税取消）第一款取消关税，适用以下实施期类别：

（1）"A"类别：基础税率应自协定生效时起对原产自中国的产品取消并约束在零。

（2）"C"类别：对原产自中国的产品适用基础税率。

四、 成员国主要进出口产品

根据格鲁吉亚国家统计局的最新统计，格鲁吉亚对中国出口增长迅速，中国已成为格鲁吉亚最大的出口市场。从双边贸易商品类别看，2020年前9个月，格鲁吉亚对中国出口的主要商品为铜矿砂、贵金属矿石及葡萄酒，出口金额分别为2.98亿美元、2621万美元和956万美元。

五、 原产地标准

中国—格鲁吉亚自由贸易区原产地规则采用完全获得和实质性改变标准。实质性改变标准包括税则归类改变、区域价值成分和加工工序等。协定以全税则列表方式对所有产品逐一制定原产地标准。

六、 签证机构

目前在我国，海关可签发《中国—格鲁吉亚自由贸易协定》项下优惠原产地证书，中国贸促会及其各地的分会也参与签发优惠原产地证书。

第二节　原产地规则

根据《中国—格鲁吉亚自由贸易协定》第三章，可享受优惠关税减让的产品原产地按下列规则确定：

第一条 定义

就本章而言：

海关价格是指根据《关于实施〈1994 年关税与贸易总协定〉第七条的协定》（《海关估价协定》）所确定的价格。

出厂价格是指向在对产品进行最后生产或加工的一方生产商支付的出厂价，包括使用的所有材料的价值、工资、其他花费以及减去出口退税的利润。

可互换材料是指出于商业目的可以互换的材料，其性质实质相同，仅靠视觉观察无法加以区分。

公认会计原则是指一方公认的有关记录收入、支出、成本、资产及负债、信息披露以及编制财务报表方面的会计准则。这些准则既包括普遍适用的广泛性指导原则，也可以包括详细的标准、惯例及程序。

货物是指产品或材料。

产品是指被生产的产品，即使是为了在另一个生产操作后续使用。

材料是指组成成分、零件、部件、半组装件，和（或）以物理形式构成另一产品的组成部分或者用于生产另一产品的产品。

生产是指获得货物的任何方法，包括但不限于货物的种植、饲养、开采、收获、捕捞、水产养殖、耕种、诱捕、狩猎、捕获、采集、收集、养殖、提取、制造、加工或装配。

原产材料是指根据本章规定具备原产资格的材料。

协调制度是指 1983 年《协调商品名称和编码制度的国际公约》及之后的修正案。

第二条 原产货物

除本章另有规定外，符合下列条件的货物应被视为原产于一方：

（一）该货物根据本章第三条（完全获得或生产的货物）规定在一方完全获得或生产；

（二）该货物在一方生产，并全部使用原产材料；或者

（三）除附件二–A（产品特定原产地规则）中列出的必须符合规定要求的货物外，该货物在一方使用非原产材料生产且满足区域价值成分不低于40%标准。

第三条 完全获得或生产的货物

根据本章第二条（原产货物）第（一）项，下列货物应当视为在一方完全获得：

（一）在一方出生并饲养的活动物；

（二）从第（一）项所述活动物中获得的产品；

（三）在一方种植，并收获、采摘或采集的植物产品；

（四）在一方狩猎、诱捕、捕捞、水产养殖、采集或捕获获得的货物；

（五）从一方领土、领水及其海床或海床底土提取或得到的，未包括在上述第（一）项至第（四）项内的矿物质或其他天然资源；

（六）在一方领水以外的水域、海床或海床底土提取的货物，只要该缔约方根据相关国际协定有权开发上述水域、海床或海床底土；

（七）由一方注册并悬挂其国旗的船舶在其领水以外海域获得的鱼类及其他海洋产品；

（八）在一方注册并悬挂其国旗的加工船上，完全用上述第（七）项所述货物加工或制造的货物；

（九）在一方加工过程中产生的仅适用于原材料回收的废碎料；

（十）在一方收集的仅适用于原材料回收的旧货；或者

（十一）全部在一方完全从上述第（一）项至第（十）项所列货物生产的货物。

第四条 区域价值成分

一、区域价值成分（RVC）应当根据下列公式计算：

$$RVC = \frac{出厂价格 - 非原产材料价值（VNM）}{出厂价格} \times 100\%$$

这里，RVC 指区域价值成分，以百分比表示；以及

VNM 指非原产材料价值。

二、VNM 应根据非原产材料（包括原产地不明的材料）在进口时的海关完税价格确定。如果该价格未知或无法确定，应为在该方境内产品生产过程中最早确定的实付或应付价格。

三、根据第一款规定具备一方原产资格的产品，如果作为另一产品生产的材料在该方进行进一步加工，在确定最终产品的原产状态时可不考虑该原产材料的非原产成分。

第五条 累积

一方的原产材料在另一方用于货物生产时，该原产材料应当视为原产于后一方。

第六条 微小加工或处理

一、尽管有本章第二条第（三）项的规定，如果货物仅经过了一项或多项下列操作，不应赋予原产资格：

（一）为确保货物在运输或储存过程中保持良好状态而进行的保护性操作；

（二）把物品零部件装配成完整产品或将产品拆成零部件的简单装配或拆卸；

（三）为销售或展示目的进行的包装、拆除包装或再包装处理；

（四）动物屠宰；

（五）洗涤、清洁、除尘、除去氧化物、除油、去漆以及去除其他涂层；

（六）纺织品的熨烫或压平；

（七）简单的上漆及磨光；

（八）谷物及大米的去壳、部分或完全的漂白、抛光及上光；

（九）食糖上色或加工成糖块的工序；

（十）水果、坚果及蔬菜的去皮、去核及去壳；

（十一）削尖、简单研磨或简单切割；

（十二）过滤、筛选、挑选、分类、分级、匹配（包括成套物品的组合）；切割、纵切、弯曲、卷绕或展开；

（十三）简单的装瓶、装罐、装壶、装袋、装箱、装盒、固定于纸板或木板及其他类似的包装工序；

（十四）在产品或其包装上粘贴或印刷标志、标签、标识及其他类似的用于区别的标记；

（十五）对无论是否为不同种类的货物进行简单混合；

（十六）仅用水或其他物质稀释，未实质改变货物的性质；或者

（十七）以方便港口操作为唯一目的的工序。

二、在确定某项产品的生产或加工是否是第一款所述的微小加工或处理时，对该产品在一方进行的所有操作都应被考虑在内。

第七条 微小含量

尽管货物不满足附件二–A（产品特定原产地规则）的税则归类改变要求，但如果该货物生产中所使用的未发生规定税则归类改变的非原产材料的价值不超过该货物出厂价格的10%，那么该货物仍应视为原产货物。上述非原产材料的价值应根据第四条（区域价值成分）第二款的要求确定。

第八条 可互换材料

如果在货物生产过程中同时使用了原产和非原产的可互换材料，应采用以下方法确定所使用的材料是否为原产材料：

（一）材料的物理分离；或者

（二）出口方公认会计准则认可的库存管理方法，且其使用时间至少为一个财政年度。

第九条 中性成分

一、在确定货物是否为原产货物时，所有符合下述第二款定义的中性成分均应不予考虑。

二、中性成分是指在另一货物的生产、测试或检验过程中使用，但本身

不构成该货物组成成分的货品，包括：

（一）燃料、能源、催化剂及溶剂；

（二）用于测试或检验货物的设备、装置及用品；

（三）手套、眼镜、鞋靴、服装、安全设备及用品；

（四）工具、模具及型模；

（五）用于维护设备和建筑的备件及材料；

（六）在生产中使用或用于运行设备和维护厂房建筑的润滑剂、油（滑）脂、合成材料及其他材料；以及

（七）在货物生产过程中使用，虽未构成该货物组成成分，但能合理表明为该货物生产过程一部分的任何其他货物。

第十条　包装材料和容器

一、在确定货物原产地时，用于货物运输的包装材料及容器不予考虑。

二、在确定货物原产地时，只要零售用包装材料及容器与该货物一并归类，这些零售用包装材料与容器应不予考虑。

三、尽管有第二款规定，对于必须适用区域价值成分要求的货物，在计算该货物的区域价值成分时，零售用包装材料及容器的价值应当视情作为原产材料或非原产材料予以考虑。

第十一条　附件、备件及工具

一、与货物一并报验和归类的附件、备件或工具，同时符合下列条件的，应被视为该货物的一部分：

（一）与该货物一并开具发票；以及

（二）其数量和价值都是根据商业习惯为该货物正常配备的。

二、对于适用附件二-A（产品特定原产地规则）所列的税则归类改变标准的货物，在确定货物原产地时，第一款中所述的附件、备件及工具可不予考虑。

三、对于适用区域价值成分要求的货物，在计算该货物的区域价值成分时，第一款所述的附件、备件及工具的价值应当视情记入原产材料或非原产材料价值进行计算。

第十二条　成套货品

对于协调制度归类总规则三所定义的成套货品，如果成套货品中的所有组成产品均原产于一缔约方，则该成套货品应当视为原产于该缔约方。如果部分组成产品非原产于一缔约方，只要其中非原产产品价值未超过该成套货品出厂价格的15%，该成套货品仍应视为原产于该缔约方。

第十三条　直接运输

一、本协定项下的优惠关税待遇只能给予在缔约双方之间直接运输的原

产产品。

二、尽管有第一款的规定，如果货物转运经过一个或多个非缔约方，不论是否在这些非缔约方转换运输工具或临时储存不超过三个月，只要满足下列条件，仍应视为在缔约双方之间直接运输：

（一）货物的转运被证明是基于地理原因或仅出于运输需要考虑；

（二）货物未经过除装卸或保持货物良好状态的处理以外的任何其他操作；以及

（三）货物在非缔约方转运时始终处于海关监管之下。

三、为证明符合上述第二款各项要求，需向进口方海关提交非缔约方海关的文件或者满足进口方海关要求的其他任何证明文件。

第三节 原产地实施程序

中国—格鲁吉亚自由贸易区原产地实施程序按以下规则确定：

第十四条 原产地证书

一、只要货物符合本章各条款规定可视为原产货物，经出口商或生产商申请，附件二-B 所示的原产地证书应由一方的授权机构（中国是国家质量监督检验检疫总局所属的各地出入境检验检疫机构[①]，以及中国国际贸易促进委员会及其地方分会；格鲁吉亚是海关署）签发。

二、原产地证书应当：

（一）包括唯一的证书编号；

（二）涵盖同一批次发运的一项或多项货物；

（三）注明货物具备本章所规定的原产地资格的依据；

（四）含有样本签名或印章等安全特征，且应与出口方通知进口方的相符；以及

（五）用英文填制。

三、原产地证书应当在（货物）装运前装运时签发，并自出口方签发之日起一年内有效。

四、每一缔约方应当将授权机构的名称及相关的联系信息通知另一方海关。同时，每一缔约方应当在其授权机构签发原产地证书之前，将该机构在相关表格和文件上所使用安全特征的具体信息提供给另一方海关。上述信息的任何改变应当及时通知另一方海关。

五、原产地证书可以自（货物）装船之日起一年内补发。补发的原产地

---

① 在中国，目前由海关签发。

证书应注明"补发"字样并自装船之日起一年内有效，如果：

（一）因不可抗力、非故意的错误、疏忽或其他合理原因导致原产地证书未能在（货物）装船前或装船时签发；或者

（二）已签发的原产地证书在进口时未被进口方海关接受并被要求补发。

六、原产地证书被盗、遗失或损毁时，如果此前签发的原产地证书正本经核实未被使用，则出口商或生产商可以向出口方授权机构书面申请签发经核准的原产地证书副本。经核准的原产地证书副本上应注明"原产地证书正本（编号日期）的经核准真实副本"字样。经核准的原产地证书副本有效期与原产地证书正本相同。

第十五条　原产地文件的保存

一、每一缔约方应要求其生产商、出口商和进口商在3年或符合各自国内法规定的更长时间内，保存证明货物符合原产资格以及货物满足本章其他规定的证明文件。

二、每一缔约方应要求其授权机构在3年或符合各自国内法规定的更长时间内，保存原产地证书副本及其他相关证明文件。

第十六条　与进口相关的责任

除本章另有规定外，申明享受优惠关税待遇的进口商应当：

（一）在海关进口报关单上注明货物具备原产资格；

（二）在填制第（一）项所述的进口报关单时，持有有效的原产地证书；以及

（三）基于进口方海关要求，提交有效的原产地证书以及与进口货物相关的其他证明文件。

第十七条　进口关税或保证金退还

一、如果货物在进口时，未能按照本章第十六条（与进口相关的责任）的要求向进口方海关提交原产地证书，只要进口商在进口时向海关正式申明该货物具备原产资格，进口方海关可以应进口商要求，对该货物征收非优惠进口关税或要求缴纳与该货物关税等值的保证金。

二、只要进口商可以在进口方法律规定的期限内提交符合本章第十六条规定所需的所有必要文件，进口商可以申请退还多征的关税或保证金。

第十八条　免予提交原产地证书

一、尽管有本章第十六条（与进口相关的责任）的规定，一方可以对完税价格不超过600美元或缔约方币值等额的任一批次原产货物免予提交原产地证书。

二、如进口方海关确认该项进口实属为规避原产地证书的提交要求而实施或安排的一系列进口的一部分，则本条第一款的规定不予适用。

第十九条 原产地核查

一、进口方海关可以开展后续随机核查，也可以在有合理理由怀疑原产地证书、相关货物的原产资格或货物是否满足本章规定的其他要求的真实性时开展后续核查。进口方海关可通过以下方式对货物的原产地进行核查：

（一）要求进口商提供额外信息；

（二）要求出口方海关的行政协助；或者

（三）必要时，对出口方开展核查访问，核查访问的方式应由缔约双方共同确定。

二、进口方海关要求对出口方进行核查时，应列明原因，并提供证明核查正当性的文件和信息。

三、本条第一款所指的进口商或出口方收到核查请求时，应迅速予以回应并在提出核查请求之日起6个月内做出答复。

四、如果在上述规定期限内未收到答复，或者答复中未包含能够确定原产地文件或相关货物原产资格的真实性的充分信息，提出核查请求的海关可以拒绝给予优惠关税待遇。

第二十条 拒绝给予优惠关税待遇

除本章另有规定外，进口方可在下列情况下拒绝给予优惠关税待遇：

（一）货物不符合本章的规定；

（二）进口商、出口商或生产商未能遵守本章的相关规定；

（三）原产地证书不符合本章的规定；或者

（四）第十九条（原产地核查）第四款规定的情形。

第二十一条 原产地电子数据交换系统

双方应当建立原产地电子数据交换系统，确保海关之间能实时交换原产地相关信息，包括：

（一）唯一的原产地证书编号信息；

（二）出口方海关认可的应给予优惠关税待遇的出口货物相关数据；以及

（三）进口方实际给予的优惠关税待遇的相关信息。

第二十二条 联系点

每一缔约方应指定联系点以确保本章的有效和高效实施。所有信息应当只能通过联系点进行交换。

第四节 海关程序和贸易便利化

为实施中国—格鲁吉亚自由贸易区原产地规则，协定第四章特制定原产地证书签发、核查等规定。具体如下：

第二十三条　范围与目标

一、本章应依照每一缔约方各自国际义务及国内海关法，适用于缔约双方间贸易往来的货物及缔约双方间来往运输工具移动所适用的海关程序。

二、本章的目标是：

（一）简化与协调缔约双方的海关程序；

（二）促进缔约双方间贸易；以及

（三）在本章范围内促进双方海关当局合作。

第二十四条　定义

就本章而言：

（一）海关当局是指：

1. 对中国而言，中华人民共和国海关总署；以及

2. 对格鲁吉亚而言，税务局—财政部公法法人实体。

（二）海关法是指明确由海关负责执行的有关货物进口、出口、移动或储存的法律或法规的条款，以及由海关根据法定权力制定的任何规章。

（三）海关程序是指海关当局对受海关监管的货物和运输工具采取的措施。

（四）《海关估价协定》是指《马拉喀什建立世界贸易组织协定》附件1A 中的《关于实施〈1994 年关税与贸易总协定〉第七条》的协定。

（五）运输工具是指用以载运人员和（或）货物进入或离开一方关境的各类船舶、车辆和航空器。

第二十五条　便利化

一、每一缔约方应当确保其海关程序及做法可预测、一致及公开透明，以便利贸易。

二、每一缔约方应使用基于适当国际标准的高效的海关程序，以减少在双方贸易往来中的贸易成本和不必要的延误，尤其是世界海关组织的标准与推荐做法，包括《关于简化和协调海关制度的国际公约（修正本）》（《经修订的京都公约》）的原则。

三、每一缔约方应限制缔约双方间货物贸易过程中的检查、手续以及所需单证的数量，采用那些必要的、适当的方式来确保符合法律要求，从而最大限度地简化相关程序。

四、每一缔约方海关当局应定期审议各自的海关程序，以寻求简化方案和加强双方互利安排，从而便利国际贸易。

第二十六条　透明度

一、每一缔约方应尽快公布其与缔约双方间货物贸易相关的普遍适用的法律、法规以及适用的行政规章或程序，包括通过互联网公布。

二、每一缔约方应当指定一个或多个咨询点以处理利益相关人对海关事务的咨询，并且应当将与提出咨询程序相关的信息在互联网上公开。

三、在可行并符合其法律法规的情况下，每一缔约方应提前在互联网上公开与缔约双方间贸易有关的所有普遍适用的法律法规的草案，以便给予公众特别是利益相关人发表意见的机会。

四、每一缔约方应在可能的情况下确保有关缔约双方间贸易的普遍适用的新的法律法规或其修订时，在公布与生效之间有合理间隔。

五、每一缔约方应以统一、公正及合理的方式实施其与缔约双方间贸易相关的普遍适用的法律法规。

第二十七条　海关估价

缔约双方应根据《1994 年关税与贸易总协定》（GATT 1994）第七条以及《海关估价协定》的规定对双方贸易货物进行海关估价。

第二十八条　税则归类

缔约双方应当对双方贸易货物适用 1983 年《协调商品名称和编码制度的国际公约》及之后的修正案。

第二十九条　合作

一、在其（各自国内）法律法规允许的范围内，双方海关当局应致力于在以下方面相互协助：

（一）本章的实施与操作；

（二）《中华人民共和国海关总署与格鲁吉亚共和国海关委员会合作与互助协定》中条款的适用；以及

（三）缔约双方同意的其他事项。

二、每一缔约方对于可能对本协定实施产生实质影响的海关法律、法规或程序的重大修改应尽可能及时通知另一方。

第三十条　预裁定

一、每一缔约方应以合理的方式并在规定时限内向本条第二款（一）项中描述的申请人就税则归类、货物是否根据本协定属于原产的事项做出书面预裁定决定。

二、每一缔约方在做出书面预裁定决定时应采用或沿用以下程序：

（一）应规定出口商、进口商或有正当理由的人员或其代表可在申请预裁定的货物实际进口之日前申请预裁定。一方可以要求申请人在其领土内有法定代表或进行注册；

（二）应详细说明申请预裁定需要提交的信息；

（三）应允许其海关当局在审查预裁定申请过程中可以随时要求申请人提供审查预裁定申请必需的补充信息；

（四）应确保预裁定系根据申请人提供的事实和情形以及决定者所掌握的任何其他相关信息做出；以及

（五）应规定在收到所需全部信息后，在90日内以签发海关当局的官方语言向申请人迅速签发裁定。

三、一方拒绝做出预裁定的，应立即书面通知申请人，并说明决定拒绝做出预裁定的理由。

四、申请人未在指定期限内提交本条第二款（三）项所要求的补充信息的，一方可以拒绝该预裁定请求。

五、在考虑机密信息保护需要的情况下，每一缔约方应尽力公布对其他贸易商可能有重大利益影响的预裁定决定的有关信息。

六、除本条第七款规定情形外，每一缔约方应自预裁定决定做出之日起或裁定决定指定的其他日期起，对通过任何口岸进口至其领土内的货物适用该预裁定决定。该方应确保在该预裁定决定有效期限内，在各方面事实与情形都完全相同的情况下，对该预裁定涉及货物的所有进口给予同样待遇，不论涉及的进口商、出口商是否相同。

七、在符合本协定的情况下，对于有下列情形，一方可以修改或撤销做出的预裁定决定：

（一）法律法规发生变化；

（二）提供信息不真实或相关信息被隐瞒；

（三）基本事实发生了改变；或者

（四）据以做出裁定决定的情况发生变化。

第三十一条 复议与诉讼

根据其国内法律法规，每一缔约方应赋予进口商、出口商或任何受其海关事务行政决定影响的其他人，享有以下权利：

（一）向独立于做出原决定的海关官员或海关部门以外的另一海关部门提出行政复议；以及

（二）依据法律法规就行政决定提起司法诉讼。

第三十二条 信息技术的应用

每一缔约方应在海关操作中应用低成本、高效率的信息技术，特别是在无纸贸易环境下，并考虑包括世界海关组织在内的相关国际组织在该领域的发展。

第三十三条 风险管理

一、每一缔约方应当在海关监管中采用或沿用风险管理制度，并在此基础上，并运用风险分析手段来确定被查验的人员、货物和运输工具以及查验程度。

二、每一缔约方在其海关程序实施中应进一步加强风险管理技术的应用，以便利低风险货物通关，并使资源集中于高风险货物。

三、风险管理的应用，应以避免武断或同一条件下不公正的歧视的方式进行，或避免形成对国际贸易的变相限制。

第三十四条 货物放行

一、每一缔约方应当采用或沿用简化的海关程序，高效放行货物以便利缔约双方贸易。确切而言，本款不得要求一方在未能满足货物放行要求时放行货物。

二、根据本条第一款，每一缔约方应采用或沿用以下程序：

（一）规定在所有其他监管要求都已满足的情况下，货物到达后尽快予以放行；

（二）规定在适当的情况下，在货物实际到达前可预先以电子形式提交信息并进行处理，以使得货物到达后尽快放行；以及

（三）如进口商提交了足额和有效担保，且该货物已被海关当局决定无须进一步审核、查验或提交任何其他材料，可允许进口商在符合所有进口要求之前获得货物放行。

三、每一缔约方应努力采用或沿用有关制度，在货物有紧急通关需要时可以获得海关快速通关服务。

四、每一缔约方应确保货物放行的期限不超过执行海关法所必需的时间。

第三十五条 经认证经营者

一方在实施对国际贸易流动产生影响的经认证经营者制度或安全措施时，应当：

（一）向另一方提供就认证和安全措施互认进行谈判的可能性，以保证在有效进行海关监管的同时促进国际贸易的便利化；以及

（二）借鉴相关的国际标准，特别是世界海关组织（WCO）的全球贸易安全与便利标准框架（SAFE框架）的做法。

第三十六条 边境机构合作

一、为便利贸易，每一缔约方应保证其涉及货物的进口、出口或过境的边境监管机构和部门的合作与程序的协调。

二、每一缔约方应努力尽可能建立海关当局和其他相关边境部门要求的有关信息以电子方式交换的渠道，以便利货物和运输工具的国际移动。

第三十七条 磋商

一、在有请求方提供的合理根据或事实的情况下，每一缔约方海关当局可随时要求与另一方海关当局就有关本章内容执行或实施中出现的任何问题进行磋商。除非缔约双方海关当局另行商定，此类磋商应通过相关联系点，

在请求后 60 天内进行。

二、如果磋商无法解决问题，请求方可将该问题提请第十四章（机制条款）第一条第一款和第二款所指的联合委员会进一步考虑。

三、就本章而言，各方海关当局应指定一个或多个联系点。联系点的详细信息应向另一方提供，联系点的信息变更情况应及时通知对方。

第五节　原产地证书

一、原产地证书样本（中文）

原产地证书

（仅为样本）

1.出口商的名称、地址和国家：	证书编号： **原产地证书** 中国—格鲁吉亚自由贸易协定 <u>签发国</u>					
2.生产商的名称、地址和国家：						
3.进口商的名称、地址和国家：	仅供官方使用					
4.运输方式和路线（如已知） 离港日期： 船舶/飞机/火车/车辆编号： 装货口岸：　　卸货口岸：	5.备注					
6.项目号	7.唛头和包装号	8.包装数量及种类；商品描述	9.HS 编码（6 位数编码）	10.原产地标准	11.毛重、净重及其他计量单位（如数量单位升、立方米等）	12.发票编号和日期
13.出口商或生产商申明 兹证明上述信息正确无误，所有货物产自 　　　　　　**国家** 且符合自由贸易协定原产地规则的相关规定，该货物出口至 　　　　　　进口国 地点、日期及授权人签名	14.证明 根据所实施的监管，兹证明上述信息正确无误，且所述货物符合《中国—格鲁吉亚自由贸易协定》原产地要求。 地点和日期、授权机构的签名和印章					

背页填制说明

第 1 栏：填写中国或格鲁吉亚出口商详细的依法登记的名称和地址。

第 2 栏：填写生产商（如已知）详细的依法登记的名称和地址（包括国家）。如果证书包含一家以上生产商的产品，请列明其他生产商详细的依法登记的名称和地址（包括国家）。如果出口商或进口商希望对信息予以保密，可以填写"应主管机构或授权机构要求可提供"。如果生产商和出口商是相同的，可填写"同上"。

第 3 栏：填写中国或格鲁吉亚进口商（如已知）详细的依法登记的名称和地址。

第 4 栏：填写运输方式及路线（如已知），详细说明离港日期、运输工具编号以及装货和卸货口岸。

第 5 栏：本栏可填写客户订单编号或者信用证编号，以及其他可能涉及的事项。如发票由非缔约方经营者开具，应在本栏注明开具发票的经营者名称、地址及国家等信息。

第 6 栏：填写商品项号。

第 7 栏：若存在唛头和包装号，请填写唛头和包装号。如果唛头是图形或符号，填写"图形或符号（I/S）"。如果没有唛头及包装号，应填写"没有唛头和包装号（N/M）"。

第 8 栏：详细列明包装数量及种类。详列每种货物的货品名称，以便于海关关员查验时加以识别。货品名称应与发票上的描述及货物的《协调制度》描述相符。如果是散装货，应注明"散装"。当商品描述结束时，加上"＊＊＊"（三颗星）或"＼"（结束斜线符号）。

第 9 栏：对应第 8 栏中的每种货物，填写《协调制度》税则归类编码（6 位）。

第 10 栏：对应第 8 栏中的每种货物，根据下表的指示填写其适用的原产地标准。有关原产地标准在《中国—格鲁吉亚自由贸易协定》第三章（原产地规则及实施程序）及其附件二（产品特定原产地规则）中予以规定。

原产地标准	填入第 10 栏
该货物是根据第三章第三条（完全获得货物）在缔约一方境内完全获得或生产。	WO
该货物完全在缔约一方由符合第三章（原产地规则）规定的原产材料生产。	WP
该货物在缔约一方由非原产材料生产且区域价值成分不低于 40%。	中国—格鲁吉亚自由贸易协定价值成分的实际比重，例如"40%"
该货物在缔约一方或双方领土内使用符合产品特定原产地规则及第三章（原产地规则）其他有关要求的非原产材料生产。	PSR

第 11 栏：对应第 8 栏中的每种货物，填写以千克或者其他计量单位为单位的毛重或

净重。可依照惯例，采用其他计量单位（例如体积或件数等）来精确地反映数量。

第 12 栏：本栏应填写发票的编号和日期。

第 13 栏：本栏必须由出口商或生产商填写。填写内容为地点、日期以及出口商或生产商授权人员的签名。

第 14 栏：本栏必须填写授权机构授权人员的签名、印章和日期。

二、 原产地证书样本（英文）

CERTIFICATEOF ORIGIN
（SAMPLE ONLY）

1. Exporter's name, address and country:	Certificate No.:
2. Producer's name, address and country :	**CERTIFICATE OF ORIGIN** **Form for China-Georgia Free TradeAgreement** Issued in: _____
3. Importer's name, address and country:	For official use only:
4. Means of transport and route (if known) Departure date: Vessel/Flight/Train/Vehicle No.: Port of loading: Port of discharge:	5. Remarks:

6. Item number	7. Marks and numbers on packages	8. Number and kind of packages; description of goods	9. HS code (6-digit code)	10. Origin criterion	11.Gross or net weight or other quantity (e.g. Quantity Unit, litres, m³.)	12.Nmber and date of invoice

13. Declaration by the exporter or producer The undersigned hereby declares that the above stated information is correct, and that all the goods are produced in _____ (Country) and that they comply with the origin requirements specified in the Free Trade Agreement for the goods exported to _____ （Importing country） Place, date and signature of authorized person	14. Certification On the basis of the control carried out , it is hereby certified that the information herein is correct and that the described goods comply with the origin requirements of the China-Georgia Free TradeAgreement. Place and date, signature and stamp of the Authorized Body

Overleaf Instruction

Box 1：State the full legal name and address of the exporter in Georgia or China.

Box 2：State the full legal name and address of the producer (including country), if known. If more than one producer's good is included in the certificate, list the additional producers, including names and addresses (including country). If the exporter or the producer wish the information to be confidential, it is acceptable to state "Available to the competent authority or authorised body upon request". If the producer and the exporter are the same, please complete the box with "SAME".

Box 3：State the full legal name and address of the importer in Georgia or China.

Box 4：Complete the means of transport and route and specify the departure date, transport vehicle number, and port of loading and discharge, as far as known.

Box 5：The Customer's Order Number, Letter of Credit Number, among others, may be included. If the invoice is issued by a non-Party operator, information such as the name, address and country of the operator issuing the invoice shall be indicated herein.

Box 6：State the item number.

Box 7：State the shipping marks and numbers on packages when such marks and numbers exist. If the shipping marks are images or symbols, state "IMAGE OR SYMBOL (I/S)". Otherwise state "NO MARKS AND NUMBERS (N/M)".

Box 8：The number and kind of packages shall be specified. Provide a full description of each good. The description should be sufficiently detailed to enable the products to be identified by the Customs Officers examining them and relate it to the invoice description and to the HS description of the good. If the goods are not packed, state "in bulk". When the description of the goods is finished, add "＊＊＊" (three stars) or "＼" (finishing slash).

Box 9：For each good described in Box 8, identify the HS tariff classification (a six-digit code).

Box 10：For each good described in Box 8, state which criterion is applicable, according to the following instructions. The rules of origin are contained in Chapter 3 (Rules of Origin and Implementation Procedures) and Annex II-A (Product Specific Rules of Origin) of the China-Georgia Free Trade Agreement.

Origin Criterion	Insert in Box 10
The good is wholly obtained or produced in the territory of a Party in accordance with Article 3 (Goods Wholly Obtained or Produced) of Chapter 3 (Rules of Origin).	WO
The good is produced in a Party exclusively from materials whose origin conforms to the provisions of Chapter 3 (Rules of Origin).	WP

续表

Origin Criterion	Insert in Box 10
The good is produced from non-originating materials in aParty, provided that the goods conform to a regional value content of no less than 40%.	Actual percentage of CG-FTA value content, example "40%"
The good is produced in the territory of one or both Parties, using non-originating materials that comply with the applicable product specific rule; and meets the other applicable provisions of Chapter 3 (Rules of Origin).	PSR

Box 11: State gross or net weight in kilograms or other units of measurement for each good described in Box 8. Other units of measurement (e. g. volume or number of items) which would indicate exact quantities may be used where customary.

Box 12: The invoice number and date should be shown here.

Box 13: The box must be completed by the exporter or producer. Insert the place, date and the signature of a person authorised by the exporter or producer.

Box 14: The box must be completed, signed, dated and stamped by the authorised person of the authorised body.

第十八章 《中国—韩国自由贸易协定》原产地规则及操作程序

【本章导读】 中国—韩国自由贸易区谈判于 2012 年 5 月启动。2014 年 11 月，中韩两国元首在北京共同宣布结束实质性谈判。2015 年 2 月 25 日，中韩双方完成中韩自由贸易协定全部文本的草签，对协定内容进行了确认。至此，中韩自由贸易区谈判全部完成。

《中国—韩国自由贸易协定》是我国迄今为止对外签署的覆盖议题范围广、涉及国别贸易额大的自由贸易协定，对中韩双方而言是一个互利、双赢的协定，实现了"利益大体平衡、全面、高水平"的目标。根据协定，在开放水平方面，双方货物贸易自由化比例均超过税目 90%、贸易额 85%。协定范围涵盖货物贸易、服务贸易、投资和规则共 17 个领域。

从降税情况来看，协定于 2015 年 12 月 20 日正式生效并第一次降税。自协定实施以来，双方已进行六次关税削减，零关税贸易额覆盖率已达 55%以上，优惠关税利用率持续提升。

第一节 概　述

一、 成员国

成员国为中国和韩国。

中国为韩国最大贸易伙伴国、最大出口对象国和最大进口来源国，韩国为中国第一大进口来源国和最重要投资来源国之一。

二、 谈判过程

中韩自由贸易区官产学联合研究第一次会议于 2007 年 3 月 22 日至 23 日在北京举行。中国商务部国际司司长俞建华与韩国外交通商部部长助理金汉秀分别率团参加了会议。

2010 年 5 月 28 日，双方经过 5 次联合研究会议，正在韩国访问的温家宝总理与韩国总统李明博举行会谈。双方宣布结束中韩自由贸易区官产学联合研究，并由双方经贸部长签署谅解备忘录。

2012 年 5 月 2 日，中国商务部部长陈德铭与韩国外交通商部通商交涉本部长朴泰镐在北京举行中韩经贸部长会议。双方就中韩经贸关系发展深入交换了意见，并发表了《部长联合声明》，宣布正式启动中韩自由贸易协定谈判。

经过 14 轮谈判，2014 年 11 月 10 日，中国国家主席习近平与韩国总统朴槿惠在北京举行会晤，双方共同确认中韩自由贸易区结束实质性谈判。2015 年 2 月 25 日，中韩双方完成中韩自由贸易协定全部文本的草签，对协定内容进行了确认。至此，中韩自由贸易区谈判全部完成。

2015 年 6 月 1 日，中国商务部部长高虎城和韩国产业通商资源部长官尹相直在韩国首尔分别代表两国政府正式签署《中国—韩国自由贸易协定》，并于签署仪式后共同会见记者。《中国—韩国自由贸易协定》是我国迄今为止对外签署的覆盖议题范围最广、涉及国别贸易额最大的自由贸易协定，对中韩双方而言是一个互利、双赢的协定，实现了"利益大体平衡、全面、高水平"的目标。

2015 年 12 月 20 日，中国—韩国自由贸易协定正式生效并第一次降税。

2017 年 12 月 14 日，中韩两国签署《关于启动中韩自贸协定第二阶段谈判的谅解备忘录》，中韩自由贸易协定第二阶段谈判正式启动。中韩自由贸易协定第二阶段谈判是我国首次使用负面清单方式进行服务贸易和投资谈判的自由贸易协定谈判。

2018 年 3 月 22 日，中国—韩国自由贸易协定第二阶段首轮谈判在韩国首尔举行。目前，双方共进行了四轮谈判，就服务贸易和投资展开进一步磋商，推动谈判取得稳步进展。

三、 降税安排

除另有规定外，各缔约方应根据附件 2-A 中的减让表，对另一缔约方原产货物逐步减让或消除关税。

（一）缔约方减让表中降税分类"0"中的税目所规定的原产货物关税完全取消，该类货物应自在协定生效之日起免除关税。

（二）缔约方减让表中的降税分类"5"中的税目所规定的原产货物关税应自协定生效之日起 5 年内等比减让，该类货物应自第 5 年 1 月 1 日起免除关税。

（三）缔约方减让表中降税分类"10"中的税目所规定的原产货物的关

税应自协定生效之日起 10 年内等比削减，该类货物应自第 10 年 1 月 1 日起免除关税。

（四）缔约方减让表中降税分类"10-A"中的税目所规定的原产货物的关税在第 1 至 8 年保持基准税率，自第 9 年 1 月 1 日起 2 年内等比削减，该类货物应自第 10 年 1 月 1 日起免除关税。

（五）缔约方减让表中降税分类"15"中的税目所规定的原产货物的关税应自协定生效之日起 15 年内等比削减，该类货物应自第 15 年 1 月 1 日起免除关税。

（六）缔约方减让表中降税分类"20"中的税目所规定的原产货物关税应自协定生效之日起 20 年内等比削减，该类货物应自第 20 年 1 月 1 日起免除关税。

（七）缔约方减让表中降税分类"PR-10"中的税目所规定的原产货物关税应自协定生效之日起 5 年内等比削减基准税率 10%，该类货物应自第 5 年 1 月 1 日起保持基准税率的 90%。

（八）缔约方减让表中降税分类"PR-20"中的税目所规定的原产货物关税应自协定生效之日起 5 年内等比削减基准税率 20%，该类货物应自第 5 年 1 月 1 日起保持基准税率的 80%。

（九）缔约方减让表中降税分类"PR-30"中的税目所规定的原产货物关税应自协定生效之日起 5 年内等比削减基准税率 30%，该类货物应自第 5 年 1 月 1 日起保持基准税率的 70%。

（十）缔约方减让表中降税分类"E"中的税目所规定的原产货物关税应保持基准税率。

四、 成员国主要进出口产品

（一）成员国主要进口产品

中国的主要进口产品为机电产品、光学医疗设备和化工产品等。
韩国的主要进口产品为机电产品、贱金属及制品和化工产品等。

（二）成员国主要出口产品

中国的主要出口产品为机电产品、贱金属及制品和化工产品等。
韩国的主要出口产品为机电产品、光学医疗设备和化工产品等。

五、 原产地标准

中国—韩国自由贸易区原产地规则采用完全获得和实质性改变标准。实质性改变标准包括税则归类改变、区域价值成分和加工工序等。协定以全税则列表方式对所有产品逐一制定原产地标准

六、 签证机构

目前在我国，海关可签发中国—韩国自由贸易协定项下优惠原产地证书，中国贸促会及其各地的分会也参与签发优惠原产地证书。

第二节　原产地规则

根据《中国—韩国自由贸易协定》第三章第一节规定，可享受优惠关税的产品原产地按下列规则确定：

第一条　定义

就本章而言：

水产养殖是指对水生生物体的养殖，包括从卵、鱼苗、鱼虫和鱼卵等胚胎开始，养殖鱼类、软体类、甲壳类、其他水生无脊椎动物和水生植物等。养殖通过诸如规律的放养、喂养或防止捕食者侵袭等方式对饲养或生长过程进行干预，以提高蓄养群体的生产量。

授权机构是指根据出口方国内法律法规规定授权的原地证书签发机构。

CIF 是指包括运抵进口国进境口岸或地点的保险费和运费在内的进口货物价格。该价格应根据《海关估价协定》来确定。

FOB 是指包括无论以何种运输方式将货物运抵最终外运口岸或地点的运输费用在内的船上交货价格。该价格应根据《海关估价协定》来确定。

可互换材料是指在出于商业目的可以互换的材料，其性质实质相同，仅靠视觉观察无法加以区分。

公认的会计原则是指一缔约方有关记录收入、支出、成本、资产及负债、信息披露以及编制财务报表方面所认可的会计准则、共识，或者权威标准。上述准则既包括普遍适用的概括性指导原则，也包括详细的标准、惯例及程序。

货物是指任何商品、产品、物件，或者材料。

协调制度（HS）是指世界海关组织编制的《商品名称及编码协调制度》，包括总则、类注、章注。

材料是指组成成分、零件、部件、半组装件，以及（或）以物理形式构成另一货物的组成部分或者用于生产另一货物的货物。

中性成分是指在另一货物的生产、测试或检验过程中使用，本身不构成该货物组成成分的货品。

非原产货物或者材料是指根据本章规定不具备原产资格的货物或者材料，包括原产地不明的货物或者材料。

原产货物或者材料是指根据本章规定具备原产资格的货物或材料。

运输用包装材料及容器是指运输期间用于保护货物的货品，零售所用的容器或包装材料除外。

生产商是指在一缔约方境内从事货物生产的人。

生产是指任意形式的作业或加工，包括货物的种植、饲养、开采、收获、捕捞、水产养殖、耕种、诱捕、狩猎、捕获、采集、收集、养殖、提取、制造、装配。

第二条 原产货物

除本章另有规定外，符合下列情况的货物应当视为原产于一缔约方：

（一）该货物是根据本章第四条的规定，在一缔约方完全获得或者生产；

（二）该货物在生产中全部使用原产材料，并完全在一缔约方生产；或者

（三）该货物在生产中使用了非原产材料，并完全在一缔约方生产，且货物符合附件 3-A。并且货物满足本章其他适用的规定。

第三条 特定货物处理

一、尽管有第二条的规定，对于附件 3-B 所列货物使用一缔约方的出口材料在缔约方领土之外的地域（以下简称"境外加工区"）上完成加工，并在完成加工后再复出口至该缔约方用于向另一缔约方出口的货物①，如符合下列条件应被视为该缔约方原产：

（一）非原产材料的总价值不超过申明获得原产资格最终货物 FOB 价格的 40%；以及

（二）货物生产中使用的一缔约方出口的原产材料价值不低于全部材料价值的 60%。

二、缔约双方应在联合委员会下建立境外加工区委员会，以完成下述职责：

（一）监控本条第一款的实施；

（二）向联合委员会汇报工作情况并在必要时提供建议；

（三）审议和指定现有境外加工区的扩大及其他的境外加工区②；以及讨论联合委员会指定的其他议题。

三、为进一步说明，除本条款另有规定外，本章的其他相关条款应适用于本条第一款所指的货物。

第四条 完全获得或者生产的货物

---

① 就本章而言，缔约双方同意，本条所述的货物加工区域仅限于本协定签署前在朝鲜半岛上的已运行的工业区。

② 就本款而言，境外加工区应指位于朝鲜半岛的工业区。缔约双方主管当局应讨论并就指定其他境外加工区及境外加工区的扩大事宜达成一致。

就第二条第（一）项而言，下列货物应当视为在一缔约方完全获得或生产：

（一）在一缔约方出生并饲养的活动物；

（二）从上述第（一）项所述活动物中获得的产品；

（三）在一缔约方种植，并收获、采摘或采集的植物及植物产品；

（四）在一缔约方的陆地领土、内水或领海内狩猎、诱捕、捕捞、水产养殖、采集或捕捉获得的货物；

（五）从一缔约方陆地领土、领水及其海床或底土提取或得到的，未包括在上述第（一）项至第（四）项的矿物质及其他天然资源；

（六）在一缔约方领海以外的水域、海床或底土得到的货物，只要该缔约方有权开发上述水域海床或底土；

（七）由一缔约方注册或登记并悬挂其国旗的船舶在一缔约方领海以外的水域、海床或底土捕捞获得的鱼类及其他海洋产品；

（八）由一缔约方注册或登记并悬挂其国旗的加工船上，完全用上述第（七）项所述货物制造或加工的货物；

（九）在一缔约方制造或者加工过程中产生的，仅用于原材料回收或可用做另一货物生产材料的废碎料；或者在一缔约方收集的仅用于原材料回收的消费过的旧货；以及

（十）在一缔约方完全从上述第（一）项至第（九）项所指货物获得或生产的货物。

第五条　区域价值成分

一、在适用附件 3-A 所规定的区域价值成分（以下简称"RVC"）标准时，其 RVC 应当根据下列公式计算：

$$RVC = \frac{FOB - VNM}{FOB} \times 100\%$$

其中：

RVC 为区域价值成分，以百分比表示；以及

VNM 为非原产材料的价值。

二、VNM 应当根据下列情况加以确定：

（一）对于进口的非原产材料，VNM 应为在货物进口时的 CIF 价格；以及

（二）对于在一缔约方获得的非原产材料，VNM 应为在该缔约方货物生产过程中最早确定的非原产材料的实付或应付价格。该非原产材料的价格不应包括将其从供应商仓库运抵生产商所在地的运费、保险费、包装费及任何其他费用。

三、具备一缔约方原产资格的产品在该缔约方被用作另一产品生产的原产材料，则在确定后一产品的原产地时，该原产材料中包含的非原产成分不应被计入后一产品的非原产成分中。

第六条 累积规则

一缔约方的原产货物或材料在另一缔约方用于生产另一货物时，该货物或材料应当视为原产于后一缔约方。

第七条 微小加工或者处理

一、对货物的本质特征影响轻微的加工或处理，无论是单独的还是相互结合完成的，不管货物是否满足附件 3-A 所列的产品特定原产地规则，均不得赋予原产资格：

（一）为确保货物在运输或储藏期间处于良好状态而进行的处理；

（二）把物品零部件装配成完整品，或将产品拆成零部件的简单装配或拆卸；

（三）更换包装、分拆和组合包装；

（四）洗涤、清洁；除尘、除去氧化物、除油、去漆以及去除其他涂层；

（五）纺织品的熨烫或压平；

（六）简单的上漆及磨光工序；

（七）谷物及大米的去壳、部分或完全的漂白、抛光及上光；

（八）食糖上色或加味，或形成糖块的操作；部分或全部将晶糖磨粉；

（九）水果、坚果及蔬菜的去皮、去核及去壳；

（十）削尖、简单研磨或简单切割；

（十一）过滤、筛选、挑选、分类、分级、匹配（包括成套物品的组合）、纵切、弯曲、卷绕或展开；

（十二）简单装瓶、装罐、装壶、装袋、装箱或装盒、固定于纸板或木板及其他简单的包装工序；

（十三）在产品或其包装上粘贴或印刷标志、标签、标识及其他类似的区别标记；

（十四）同类或不同类产品的简单混合；糖与其他材料的混合；

（十五）测试或校准；

（十六）仅用水或其他物质稀释，未实质改变货物的性质；

（十七）干燥、加盐（或盐渍）、冷藏、冷冻；

（十八）动物屠宰；或者

（十九）第（一）项至第（十八）项中两项或多项工序的组合。

二、在确定某项产品的生产或加工是否是第一款所述的微小加工或者处理时，对该产品在一缔约方进行的所有操作都应被考虑在内。

三、双方可就其他应视为微小加工的加工工序达成一致。

第八条　微小含量

货物不满足附件 3-A 规定的税则归类改变要求，但同时符合下列条件的，仍应视为原产货物：

（一）1. 对于协调制度第 15 至 24 章、50 至 63 章以外的货物，在货物生产中所使用的未发生规定税则归类改变的全部非原产材料的价值不超过该货物 FOB 价格的 10%；

2. 对于协调制度第 15 至 24 章的货物，在货物生产中所使用的未发生规定税则归类改变的全部非原产材料的价值不超过该货物 FOB 价格的 10%，且所使用的上述非原产材料的子目不同于最终货物的子目号；或者

3. 对于协调制度第 50 至 63 章的货物，在货物生产中使用了未发生规定税则归类改变的非原产材料，只要全部上述非原产材料的重量不超过该货物总重量的 10%，或者全部上述非原产材料的价值不超过该货物 FOB 价格的 10%。以及

（二）货物符合本章的所有其他规定。

第九条　可互换材料

一、在确定用于生产的材料是否具备原产资格时，任何可互换材料应当通过下列方法之一加以区分：

（一）可互换材料在保存中是物理分离的；或者

（二）使用了货物生产方公认会计原则承认的库存管理方法。

二、如根据第一款的规定，对于某一项可互换材料选用了一种库存管理方法，则该方法应在一个财务年度内持续使用。

第十条　中性成分

在确定货物是否为原产货物时，下列中性成分的原产地不予考虑：

（一）燃料、能源、催化剂及溶剂；

（二）用于测试或检验货物的设备、装路及用品；

（三）手套、眼镜、鞋靴、衣服、安全设备及用品；

（四）工具、模具及型模；

（五）用于设备和建筑维护的备件和材料；

（六）在生产中使用或用于运行设备和维护厂房建筑的润滑剂、油（滑）脂、合成材料及其他材料；以及

（七）在货物生产过程中使用，虽未构成该货物组成成分，但能合理表明为该货物生产过程一部分的任何其他货物。

第十一条　成套货品

一、对于协调制度归类总第三条所定义的成套货品，如果各组件均原产

于一缔约方，则该成套货品应当视为原产于该缔约方。

二、尽管有上述规定，如果部分组件非原产于一缔约方，只要按照第五条所确定的非原产货物价值不超过该成套货品 FOB 价格的 15%，该成套货品仍应视为原产于该缔约方。

第十二条　包装材料及容器

一、在确定货物原产地时，用于货物运输的包装材料及容器不予考虑。

二、如果零售用包装材料及容器与该货物一并归类，在决定生产过程中所使用的非原产材料是否发生了产品特定规则规定的税则归类改变时，这些零售用包装材料及容器应不予考虑。但是，对于必须适用区域价值成分要求的货物，在确定该货物原产地时，零售用包装材料及容器的价值应当视情作为原产材料或非原产材料予以考虑。

第十三条　附件、备件及工具

一、在确定货物的原产地时，与货物一同运输并报验进口的附件、备件或工具，同时符合下述条件的，应当不予考虑：

（一）附件、备件或工具与该货物一并归类，且不单独开具发票；以及

（二）上述附件、备件或工具在数量及价值上都是根据习惯为该货物正常配备的。

对于适用区域价值成分要求的货物，在计算该货物的区域值成分时，第一款中所述的附件、备件或工具的价值应当视情记入原产材料或非原产材料价值进行计算。

第十四条　直接运输

一、申明享受优惠关税待遇的缔约方原产货物，应当在缔约双方之间直接运输。

二、货物运经一个或多个非缔约方，不论是否在这些非缔约方转换运输工具或临时储存，只要满足下列条件，仍应视为在成员方之间直接运输：

（一）货物的转运被证明是基于地理原因或者仅出于运输需要考虑；

（二）货物在非缔约方未进入贸易或消费领域；以及

（三）除装卸、因运输原因而分装，或使货物保持良好状态所需的处理外，货物在非缔约方未经任何其他处理。

依据本条规定货物在非缔约方临时储存的，货物在储存期间必须处于非缔约方海关监管之下。货物在非缔约方停留时间自其进入该非缔约方之日起不得超过 3 个月。如果因不可抗力原因导致货物停留时间超过 3 个月的，则停留时间最多不得超过 6 个月。

三、就本条第二款而言，在申报进口货物时，应当向进口方海关提交下列单证：

（一）对于在非缔约方转运或者转换运输工具的，应提交如航空运单、提单或涵盖出口方至进口方的多式联运提单等运输单证；以及

（二）对于在非缔约方存储或者改换运输用集装箱的，应提交如航空运单、提单或涵盖出口方至进口方的多式联运提单等运输单证，以及该非缔约方海关出具的证明文件。进口方海关可指定非缔约方的其他有资质的机构签发证明文件，并应将该信息通知出口方海关。

第三节　原产地规则的操作程序

中国—韩国自由贸易区原产地规则的操作程序按如下规则确定：

第十五条　*原产地证书*

一、如货物符合本章的各项规定，应出口商依据国内法授权的代理人、出口商或生产商的申请，附件3-C所示的原产地证书可由出口方授权机构签发。

二、原产地证书应当：

（一）具有不重复的证书编号；

（二）注明货物具备本章所规定的原产地资格的依据；

（三）含有签名或印章样本等安全特征，并且印章应与出口方通知进口方的印章样本相符合；

（四）以英文填制；以及

（五）为打印格式，即原产地证书的签名和盖章由授权机构手工完成，或者原产地证书的签名和盖章为授权机构使用的电子格式。一份原产地证书正本仅能打印一次。

三、原产地证书应在货物装运前、装运时或装运后7个工作日内签发，并自出口方签发之日起一年内有效。

四、如因不可抗力，非故意的错误、疏忽，或者其他合理原因，导致原产地证书未能在货物装运前、装运时或装运后7个工作日内签发的，原产地证书可以在货物装船之日起1年内补发。补发的原产地证书应当注明"补发"字样。

五、原产地证书被盗、遗失或损毁时，如果此前签发的原产地证书正本经核实未被使用，则出口商或生产商可以向出口方授权机构书面申请签发经核准的原产地证书副本。经核准的原产地证书副本上应注明"原产地证书正本（编号日期）经核准的真实副本"字样。

第十六条　*授权机构*

一、各缔约方应当将授权机构的名称及相关的联系信息通知另一缔约方

海关。同时，一缔约方应当在其授权机构签发原产地证书之前，将该机构在相关表格和文件上所使用印章样本的具体信息提供给另一缔约方海关。

二、上述信息的变化应当立即通知另一缔约方海关，且应当在通知对方 7 个工作日之后，或者在通知里注明的具体日期之日起生效执行。

第十七条　申明享受优惠关税待遇

一、除本章另有规定外，申明享受优惠关税待遇的进口商应当：

（一）在进口报关单上做出书面申明，注明该进口货物为原产货物；

（二）在填制第（一）项所述的进口报关单时，持有有效的原产地证书；以及

（三）根据各自国内法律法规的规定，提交原产地证书正本以及与进口货物相关的其他证明文件①。

二、当进口商有理由相信申报所依据的原产地证书上含有不正确的信息时，应当立即做出更正申报，并且缴纳所欠税款。

第十八条　货物进口后享受优惠关税待遇的处理

一、各缔约方应规定，当原产货物进口后，进口商可以在进口之日起一年内申请退还该货物未享受优惠关税待遇而多付的税款、保证金。进口商应向进口方海关提交下列文件：

（一）一份有效的原产地证书，证实货物在进口时为原产货物；以及

（二）进口方要求提供的与进口该货物相关的其他文件。

二、在不违背第一款规定的情况下，各方可根据各自法律法规要求进口商在进口时向海关正式申报以此作为享受优惠关税待遇的前提条件，否则进口商不得享受优惠。

第十九条　提交原产地证书义务的免除

一、一缔约方应对完税价格不超过 700 美元或该缔约方币值等额的一批次原产货物免予要求提交原产地证书，并给予本章规定的优惠关税待遇。

二、如进口方海关确认该项进口实属为规避原产地证书的提交要求而实施或安排的一系列进口的一部分，则第一款的规定不予适用。

第二十条　文件保存要求

一、各缔约方应规定，生产商或出口商自原产地证书签发之日起 3 年内保存原产地相关文件。这些文件包括但不限于如下记录：

（一）货物的购买记录、成本及价值组成，或者支付记录；

---

① 如果原产地证书的所有信息根据第 3.27 条（原产地电子数据交换系统）实现了在各缔约方海关之间的直接传输，各缔约方海关可能不要求进口商在进口时提交原产地证书。尽管如此，各缔约方海关仍保留必要时要求进口商提交原产地证书的权力。本脚注不影响本章其他规定的实施。

（二）用于生产货物的所有材料（包括中性成分）的购买记录、成本及价值组成，或者支付记录；

（三）形成货物出口时状态的生产记录；以及

（四）各缔约方法律法规要求的其他记录。

二、各缔约方应要求进口商根据各自的法律法规保存与进口相关的文件。

各缔约方应当要求其授权机构保存原产地证书的副本及能充分证明货物原产地的任何其他文件至少3年。

为确保迅速检索，出口商、生产商、进口商或授权机构可以根据各成员方国内法规的规定选择任意媒体介质保存第一款至第三款所述的记录，媒体介质包括但不限于数字、电子、光学、磁性或者书面等形式。

第二十一条　微小差异和错误

尽管有第二十三条的规定，如进口方海关认定一份原产地证书存在微小差异和错误，例如难以辨认，存在瑕疵，或者原产地证书信息和向海关书面申报的信息不一致等，进口方海关应给予进口商自要求之日起5到30个工作日的期限重新提交符合要求的原产地证书。

第二十二条　第三方发票

在满足本章要求的前提下，进口方不得仅因为发票由第三方签发而拒绝原产地证书。

第二十三条　原产地核查

一、为确定从一缔约方输入另一缔约方的货物是否具备原产货物资格，进口方海关可以按以下顺序进行核查：

（一）要求进口商提供进口货物原产地相关的信息；

（二）要求出口方海关核查货物的原产资格；

（三）向出口方海关提出对出口方的出口商或者生产商开展核查访问；或者

（四）缔约双方海关共同商定的其他程序。

二、就第一款第（二）项而言：

（一）进口方海关应向出口方海关提供：

1. 提出该核查的原因；

2. 货物的原产地证书或者证书的副本；以及

3. 提出该核查请求的其他必要信息或者文件。

（二）出口方海关应自收到核查请求之日起6个月之内，向进口方海关反馈核查结果，并应尽可能包括事实及认定情况，以及出口商或生产商提供的相关证明文件。

（三）进口方海关应自接到出口海关反馈核查结果之日起3个月内，将所核查货物是否具备原产资格的决定通知出口方海关。

三、就第一款第（三）项而言，如果进口方海关对出口方海关反馈的核查结果不满意，在出口方海关同意的前提下，进口方海关可对出口商或者生产商的工作场所开展核查访问。核查访问期间，出口方海关全程陪同。

（一）在开展核查访问之前，进口方海关应在预定核查访问日的30天前向出口方海关提交进行核查访问的书面请求。出口方海关应在收到该请求之日起的30天内决定是否接受该请求并回复进口方海关。

（二）如出口方海关同意上述核查访问的请求，但需要推迟上述核查访问的时间，出口方海关应通知进口方海关其同意开展核查访问并需要予以推迟。推迟时间自进口方提出的预定核查访问之日起不超过60天。

（三）如果出口方海关同意上述核查访问的请求，进口方海关应在出口方海关官员的陪同下对出口商或者生产商开展核查访问。

（四）在开展核查访问之前，核查访问相关的事务应由双方海关商定一致。在核查访问过程中，进口方海关应通过出口方海关提出具体请求。

（五）进口方海关应将货物是否具备原产资格的决定及核查访问结果书面通知出口方海关，并应尽可能包含法律依据和事实认定。

（六）出口商或者生产商可以书面形式向出口方海关提交与货物享受优惠关税相关的意见或者文件。

（七）进口方海关自收到出口方海关依据第三款第（六）项提供的意见或者文件之日起30天内，将货物是否具备原产资格的最终决定以书面形式通知出口方海关和进口商。

（八）整个核查访问过程，从实际的核查访问开始到依据第三款第（七）项做出最终决定，应在6个月内完成。

（九）核查访问的具体细节应由缔约双方海关提前共同商定一致。

四、在等待核查结果期间，进口方海关可以暂缓给予优惠关税待遇。但是，只要有关产品不属于禁止或限制进口产品且不涉嫌瞒骗，在采取相应的行政管理措施后，货物可予以放行。

五、进口方海关可在下述情况下拒绝给予优惠关税待遇：

（一）进口商自收到补充提交信息的要求之日起1个月内未根据第一款第（一）项的要求予以反馈；

（二）自收到进口方海关核查请求之日起6个月内出口方海关未能依据第二款第（二）项的要求反馈核查结果；

（三）进口方海关收到的核查结果或者核查访问的结果未能包含确认所核查货物真实原产资格的必要信息；

（四）出口方海关对进口方海关提出的核查访问要求予以拒绝；或者

（五）出口方海关未根据第三款第（一）项的要求自收到进口方海关提出的核查访问请求之日起 30 天内予以反馈。

六、本条所述的沟通应以英文完成。

第二十四条　保密

一、一缔约方对于另一缔约方根据本章规定提供的信息应予以保密，并保护该信息不被公开以侵害信息提供人的竞争地位。任何泄密行为应当依照各缔约方的法律规定予以处理。

二、如未经提供该信息的人或政府明确许可，第一款所指信息不得公开。

第二十五条　拒绝给予优惠关税待遇

在下列情况下，一方可以拒绝给予货物优惠关税待遇：

一、货物不符合本章的规定；

二、进口商、出口商或生产商未能遵守本章的相关规定；

三、原产地证书不符合本章的规定；

四、第二十五条第五款所列情况。

第二十六条　关于运输或存储货物的过渡性条款

本章的规定可以适用于自本协定生效之日起处于运输过程中、在缔约方、或在海关仓库暂存的货物。进口商应当在本协定生效之日起的 3 个月内，向进口方海关提交补发的原产地证书，并同时提交证明货物符合第十四条规定直接运输的有关文件。

第二十七条　原产地电子数据交换系统

根据《中华人民共和国海关总署与大韩民国关税厅战略合作安排》，缔约双方致力于按照共同确定的方式在本协定生效之前建立原产地电子数据交换系统，以确保本章的有效和高效实施。

第二十八条　原产地规则分委员会

一、缔约双方特此设立一个原产地规则分委员会（以下简称"分委员会"），该分委员会由缔约双方海关组成并应向第 19.4 条（委员会和其他机构）定义的海关委员会报告。

二、各缔约方海关可对本章实施中引起的任何事项提出磋商请求。被请求的海关应在 10 日内确认接收请求并在 60 日内回复。为此，各方海关应指定联络点。

三、分委员会应至少每年召开一次，或在缔约双方协商同意时召开。

四、分委员会的职责包括：

（一）依据《协调制度》的转换版本，对附件 3-A 进行更新；

（二）确保对本章有效、统一和一贯的管理，并且在这方面加强合作；

（三）解决任何与本章实施和附件 3-A 相关的技术问题，例如税则归类

改变、区域价值成分计算等；以及

（四）在协定生效之日后的第四年举行磋商，对本协定的第四条、第五条，以及原产地证据文件进行审议。

第四节 海关程序与贸易便利化

对于中国—韩国自由贸易区项下的海关管理事项，协定做了具体规定。

第二十九条　定义

就本章而言：

海关法指与货物的进口、出口、移动或储存相关，特别由海关当局进行管理或执行的法律及管理规定，以及任何由海关当局依其职权制定的任何规章。

海关程序指由各海关当局根据海关法对货物及运输工具实施的措施。以及

运输工具指进入或离开一缔约方关境的载有人员、货物或物品的各类船舶、车辆、航空器及驮畜。

第三十条　范围与目标

本章应依照缔约双方各自国际义务及国内海关法，适用于缔约双方间贸易往来的货物及缔约双方间来往运输工具移动所适用的海关程序。

本章的目标是：

（一）简化与协调缔约双方的海关程序；

（二）促进缔约双方间贸易；以及

（三）在本章范围内促进双方海关当局合作。

第三十一条　便利化

一、各缔约方应当确保其海关程序及做法可预测、一致及公开透明，以便利贸易。

二、各缔约方的海关程序应当，在可能的情况下并在其海关法允许的范围内，遵循其作为缔约方的世界海关组织的与贸易相关的文件，包括经修订的《简化及协调海关制度的国际公约》，即经修订的京都公约中的文件。

三、双方海关当局应当在其程序实施中便利通关，包括货物放行。

四、各缔约方应当尽力提供电子或其他形式的联系点，贸易商可以通过它提交所有法定要求的信息以便通关，包括货物放行。

第三十二条　一致性

在可能的情况下，各缔约方应当确保在全国范围内海关法律法规实施的一致性，并应建立并采取适当措施以尽力阻止其地方海关在实施法律法规过

程中可能出现的不一致情况发生。

第三十三条 透明度

一、各缔约方应当确保其海关法及其他与贸易相关的法律、法规和一般行政程序及其他要求，包括费用与规费，通过包括官方网站在内的官方指定媒介，对所有利益相关方公开。各海关当局应当通过包括官方网站在内的官方指定媒介，公布所有其适用或实施的海关法律及任何行政程序。

二、各海关当局应当指定或沿用一个或多个咨询点以接受来自各缔约方与本协定实施相关的海关事务的利益相关人的咨询，并且应当将与提出咨询程序相关的信息在官方网站上公开。

三、在可能情况下，各海关当局应当提前公布其将要实施的关于海关事务的新制定或修订的普遍适用的法规，并在实施之前给予利益相关人提供评论的机会。

四、各海关当局应当就可能对本章实施有实质性影响的关于货物及运输工具移动的海关法律或程序的重大修改及时向另一海关当局进行通报。

第三十四条 海关估价

缔约双方应根据关税及贸易总协定（GATT）1994 第七条以及《海关估价协定》的规定对双方贸易货物进行海关估价。

第三十五条 税则归类

缔约双方应当对双方货物贸易适用《商品名称及编码协调制度的国际公约》。

第三十六条 海关合作

一、缔约双方确认其承诺，将便利双方合法的货物移动，并交流提高海关技术与程序及自动化系统应用的专业技术。

二、在各自国内法律允许范围内，各方海关当局应在以下方面相互协助：

（一）本章的实施与操作；以及

（二）双方同意的其他事项。

第三十七条 复议与诉讼

一、根据其国内法律法规，各缔约方应赋予进口商、出口商或任何受其决定影响的其他人，享有以下权利：

（一）向独立于或高于做出原决定的人员或部门以外的另一海关部门提出行政复议；以及

（二）依据法律法规就行政决定提起司法诉讼。

二、一方生产商或出口商应复议当局请求，可以直接向做出行政复议一方提供信息，并可以请求该方根据该方适用的规定对其所提供的信息进行保密。此类信息应当根据各方规定提供。

第三十八条 预裁定

一、各缔约方海关当局应当在货物进境之前，根据该方境内的进口商、出口商或任何其他申请人的书面申请①，基于申请人提供的事实和情况，包括提出预裁定所要求信息的详细描述，做出书面预裁定。预裁定可就下列事项做出：

（一）税则归类；

（二）根据本协议货物的原产地；以及

（三）缔约双方可能同意的其他事项。

二、在申请人已提交了国内法律、法规和规章要求的全部信息情况下，海关当局应当在申请提交 90 天内做出预裁定。做出预裁定所依据的事实或情形没有发生变化的，预裁定应当自发布之日起生效。

三、有下列情形的，已生效的预裁定可以被废止、修改或撤销：

（一）事实和情形证明预裁定所依据的信息是虚假或不准确的。在此情况下，海关当局可以根据其国内法对申请人采取适当措施，包括民事、刑事及行政措施、罚款或其他制裁；

（二）由于海关当局存在明显错误海关当局认为对原裁定的相同事实和情形采取不同标准是适当的。在此情形下，修改或撤销应当自变更之日起适用；或者

（三）作为依据的法律、法规和规章发生改变对行政决定产生影响的。在此情形下，预裁定应当自改变公布之日起自动失效。

在第三款第（三）项所述情形下，海关当局应当在修订生效前足够时间内将审议的信息向利益相关人公开，以便其进行考虑，除非不可能提前公开。

四、在遵守其法律法规规章的任何保密要求的前提下，缔约各方应当公布其预裁定。

五、如果预裁定所依据的事实和情形正在进行复议或诉讼，一缔约方可以拒绝做出预裁定。

第三十九条 处罚

各缔约方应当采用或沿用措施，允许对违反海关法律法规的行为，包括在税则归类、海关估价、原产地、享受本协定规定的优惠关税待遇等方面的违法行为，进行行政处罚，必要时追究刑事责任。

第四十条 自动化系统的应用

各海关当局应当应用低成本、高效率的信息技术，以支持海关操作，特别是在无纸贸易环境下，重视世界海关组织在此领域的发展。

第四十一条 风险管理

---

① 于中国而言，预裁定申请人须向中国海关注册。

一、各海关当局应当将海关监管措施集中于高风险货物，并在实施海关程序时便利低风险货物通关。

二、缔约双方应当以避免武断或不公正歧视、避免在国际贸易中变相限制的方式，设计及应用风险管理。

第四十二条　货物放行

各缔约方应当采用或应用简化的海关程序，高效放行货物以便利双方贸易。确切而言，本款不得要求一缔约方在未能满足货物放行要求时放行货物。

根据第一款，各方应采用或沿用以下程序：

（一）规定在满足特定条件或要求的情况下，在货物实际到达前可预先以电子形式提交信息并进行处理，以使得货物到达后尽快放行；

（二）如进口商提交了足额和有效担保，且货物已被决定无须进一步审核、查验或提交任何其他材料，可允许进口商在符合所有进口要求之前获得货物放行；

（三）规定货物放行的期限不超过执行海关法及其他贸易相关法律及手续所必需的时间，并且尽可能在货物到达后 48 小时内放行；以及

（四）允许除禁止、限制、或管制以外的货物在海关监管地点予以放行自由流转，无须临时转入仓库或其他设施。

第四十三条　快件

一、各缔约方应当在保持适当的海关监管与选择的情况下，为快件采用或沿用单独和快速的海关程序。

二、这些程序应当：

（一）允许提交的一份单独舱单中包含一票快件中所有货物，并尽可能通过电子形式；

（二）在可能的情况下，允许特定货物以最少文件通关；以及

（三）适用时不考虑快件的重量或海关价值，除非其国内法律、法规和规章另有规定。

第四十四条　后续稽查

各缔约方应当允许贸易商有机会适用高效的后续稽查。后续稽查的实施不应当给贸易商造成无根据的、或不公正的要求或负担。

第四十五条　保密

一、一缔约方应当对另一缔约方根据本章提供的信息予以保密，防止因其泄露而损害信息提供者的竞争地位。任何违反保密义务的行为应当根据各缔约方的立法进行处理。

二、未经提供信息的个人或政府的明确许可，第一款所列信息不得披露。

第四十六条　磋商

一、在有请求方提供的合理根据或事实的情况下，各缔约方海关当局可请求就有关本章内容执行或实施中出现的任何问题进行磋商。除非缔约双方海关当局另外同意，此类磋商应通过相关联络人员，在被请求方收到请求10个工作日内进行确认，并在请求后60天内进行。

二、若此类磋商未能协调解决有关问题，请求方可将问题提请本章第四十七条所述海关委员会考虑。

三、各方海关当局应当为本章之目的指定一个或多个联络人，并向另一缔约方提供联络人的联系方式信息。联络人及联系方式的信息如发生改变，双方海关当局应及时向对方通报。

第四十七条　海关委员会

一、为本章及第三章（原产地规则与实施程序）的有效实施与操作，在中韩自贸区联合委员会下成立海关委员会（以下简称"委员会"），由海关程序与贸易便利化分委会和原产地规则分委会组成。

二、海关程序与贸易便利化分委会的职责应当包括：

（一）确保本章的合理实施并解决实施中发生的所有问题；

（二）对本章节解释与实施进行评估，同时酌情对本章进行修订；

（三）确认与本章有关的便利双方贸易的有关改进完善领域；以及

（四）向委员会报告。

三、海关程序与贸易便利化分委会应当由双方海关当局代表组成。分委会应当在双方同意的时间、地点会面。

第五节　原产地证书

一、 原产地证书样本（中文）

原产地证书正本

<table>
<tr><td colspan="3">1. 出口商的名称、地址、国家：</td><td colspan="4" rowspan="3">证书号：

中国—韩国自由贸易协定
原产地证书

签发国 _____
（填制方法详见证书背面说明）</td></tr>
<tr><td colspan="3">2. 生产商的名称、地址、国家：</td></tr>
<tr><td colspan="3">3. 收货人的名称、地址、国家：</td></tr>
<tr><td colspan="3">4. 运输方式及路线(尽其所知)：

离港日期：

船舶/飞机/火车/车辆编号：

装货口岸：

到货口岸：</td><td colspan="4">5. 备注：</td></tr>
<tr><td>6. 项目号（最多20项）</td><td>7. 唛头及包装号</td><td>8.包装数量及种类；商品描述</td><td>9. HS码（6位数编码）</td><td>10. 原产地标准</td><td>11.毛重、数量（数量单位）或其他计量单位（升、立方米等）</td><td>12. 发票号发票日期</td></tr>
<tr><td></td><td></td><td></td><td></td><td></td><td></td><td></td></tr>
<tr><td colspan="3">13. 出口商申明：

下列签字人证明上述资料及申明正确无误，所有货物产自
_____
（国家）
且符合自由贸易协定原产地规则的相关规定。该货物出口至
_____
（进口国）
_____
地点、日期及授权人签名</td><td colspan="4">14.证明：

根据所实施的监管，兹证明上述信息正确无误，且所述货物符合中国—韩国自由贸易协定的原产地要求。

_____
地点、日期、签字及授权机构印章</td></tr>
</table>

背页填制说明

证书号：授权机构编制的原产地证书的序列号。

第1栏：填写中国或韩国出口商详细的依法登记的名称、地址（包括国家）。

第2栏：填写生产商详细的依法登记的名称、地址（包括国家）。如果证书包含一家以上生产商的商品，应列出其他生产商详细的依法登记的名称、地址（包括国家）。如果出口商或生产商希望对信息予以保密，可以填写"应要求提供"。如果生产商和出口商相同，应填写"同上"。

第3栏：填写常驻中国或韩国的收货人详细的依法登记的名称、地址（包括国家）。

第4栏：填写运输方式及路线，详细说明离港日期、运输工具的编号、装货口岸和到货口岸。

第5栏：如果发票是由非缔约方经营者开具的，则应在此栏详细注明非缔约方经营者依法登记的名称和所在国家。如果原产地证书是后补发的，则应注明"补发"字样。如果原产地证书是经核准的副本，则应注明"原产地证书正本（编号日期）经核准的真实副本"字样。

第6栏：填写项目号，但不得超过20项。

第7栏：若存在唛头和包装号，填写唛头及包装号。如果唛头是图形或者符号而非字母或者数字，应填写"图形或符号（I/S）"。如果没有唛头及包装号，应填写"没有唛头及包装号"（N/M）。

第8栏：详细列明包装数量及种类。详列每种货物的货品名称，以便于海关关员查验时加以识别。货品名称应与发票上的描述及货物的协调制度编码相符。如果是散装货物，应注明"散装"。

第9栏：对应第8栏中的每种货物填写协调制度税则归类编码，以六位数编码为准。

第10栏：出口商必须按照下表所示方式，在第10栏中标明其货物申明享受优惠关税待遇所依据的原产地标准。

原产地标准	填入第10栏
该货物根据第3.4条（完全获得或生产的货物）或者附件3-A（产品原产地特定规则）的规定，在一缔约方完全获得或生产。	WO
该货物完全由符合第3章（原产地规则和原产地实施程序）规定的原产材料在一缔约方生产。	WP
该货物在一缔约方生产，所使用的非原产材料符合附件3-A（产品特定原产地规则）所规定的税则归类改变、区域价值成分、工序要求或其他要求。	PSR
该货物适用第3.3条（特定货物处理）的规定。	OP

第11栏：毛重应填写"千克"。可依照惯例，采用其他计量单位（例如体积、件数等）来精确地反映数量。

第 12 栏：应填写发票号码和发票日期。如果发票是由非缔约方经营者开具且该商业发票号码和发票日期均不知晓，则出口方签发的原始商业发票的号码和发票日期应在本栏注明。

第 13 栏：本栏应由出口商填写、签字并填写日期。

第 14 栏：本栏应由授权机构的授权人员填写、签字、注明签证日期并盖章。

说明：该填制说明仅用作填制原产地证书的参考，因此不强制要求复制或打印在证书背面。填制说明可以用缔约方的官方语言打印或复制。

二、 原产地证书样本（英文）

CERTIFICATE OF ORIGIN
ORIGINAL

1. Exporter's name and address, country:			Certificate No.:				
2. Producer's name and address, country:			**CERTIFICATE OF ORIGIN** **Form for China-Korea FTA** Issued in _____ (see Overleaf Instruction)				
3. Consignee's name and address, country:							
4. Means of transport and route (as far as known): Departure Date: Vessel/Flight/Train/Vehicle No.: Port of loading: Port of discharge:			5. Remarks:				
6. Item number (Max 20)	7. Marks and Numbers on packages	8. Number and kind of packages; description of goods	9. HS code (Six-digit code)	10. Origin criterion	11. Gross weight, quantity (Quantity Unit) or other measures (liters, m^3, etc.)	12. Number and date of invoice	
13. Declaration by the exporter: The undersigned hereby declares that the above details and statement are correct, that all the goods were produced in (Country) and that they comply with the origin requirements specified in the FTA for the goods exported to (Importing country) Place and date, signature of authorized signatory			14. Certification: On the basis of control carried out, it is hereby certified that the information herein is correct and that the goods described comply with the origin requirements specified in the China-Korea FTA. Place and date, signature and stamp of authorized body				

Overleaf Instruction

Certificate No. : Serial number of Certificate of Origin assigned by the authorized body.

Box 1: State the full legal name and address (including country) of the exporter in either China or Korea.

Box 2: State the full legal name and address (including country) of the producer. If goods from more than one producer are included in the certificate, list the additional producers, including their full legal name and address (including country). If the exporter or the producer wishes to maintain this information as confidential, it is acceptable to state "AVAILABLE UPON REQUEST." If the producer and the exporter are the same, please complete field with "SAME".

Box 3: State the full legal name and address (including country) of the consignee resident in either China or Korea.

Box 4: Complete the means of transport and route and specify the departure date, transport vehicle No. , port of loading, and port of discharge.

Box 5: In case where a good is invoiced by a non-Party operator, the full legal name, country of the non-Party operator shall be indicated in this box. In case of issuance of certificates retroactively, should bear the words "ISSUED RETROACTIVELY", and in case of a certified true copy, should bear the words "CERTIFIED TRUE COPY of the original Certificate of Origin number dated".

Box 6: State the item number, and the number of items should not exceed 20.

Box7: State the shipping marks and numbers on packages, when such marks and numbers exist, if the shipping marks are images or symbols, other than letter or numerical number, shall state "IMAGE OR SYMBOL (I/S) ", otherwise shall state "NO MARKSAND NUMBERS (N/M) ".

Box 8: The number and kind of packages shall be specified. Provide a full description of each good. The description should be sufficiently detailed to enable the goods to be identified by the Customs Officers examining them and relate them to the invoice description and to the HS description of the good. If the goods are not packed, state "IN BULK".

Box 9: For each good described in Box 8, identify the HS tariff classification to six-digit.

Box 10: The exporter must indicate in Box 10 the origin criteria on the basis of which he claims that the goods qualify for preferential tariff treatment, in the manner shown in the following table.

Origin Criteria	Insert in Box 10
The good is wholly obtained or produced entirely in a Party, as set out and defined in Article 3. 4 (Goods Wholly Obtained or Produced) or required so in Annex 3-A (Product Specific Rules of Origin).	WO
The good is produced entirely in a Party, exclusively from materials whose origin conforms to Chapter 3 (Rules of Origin and Origin Implementation Procedures).	WP

Origin Criteria	Insert in Box 10
The good is produced in a Party, using non-originating materials that conform to a change in tariff classification, a regional value content, a process requirement or other requirements specified in Annex 3 – A (Product Specific Rules of Origin).	PSR
The good is subject to Article 3. 3 (Treatment of Certain goods).	OP

Box 11: Gross weight in Kilos should be shown here. Other units of measurement e. g. volume or number of items which would indicate exact quantities may be used when customary.

Box 12: Invoice number and date of invoice should be shown here. In case where a good is invoiced by a non-Party operator and the number and date of the commercial invoice is unknown, the number and date of the original commercial invoice, issued in the exporting Party, shall be indicated in this box.

Box 13: This box shall be completed, signed and, dated by the exporter.

Box 14: This box shall be completed, signed, dated, and stamped by the authorized person of the authorized body.

Note: The instructions hereon are only used for the purposes of reference to complete the Certificateof Origin, and thus do not have to be reproduced or printed in the overleaf page. The instruction hereon can be printed or reproduced in the official language of a Party.

第十九章 《中国—瑞士自由贸易协定》原产地规则及操作程序

【本章导读】《中国—瑞士自由贸易协定》于 2013 年 7 月签署，2014 年 7 月开始实施，是一个高质量、内涵丰富、互利共赢的协定，也是我国与欧洲大陆国家签署的第一个自由贸易协定。该协定是近年来中国对外达成的水平高且全面的自由贸易协定之一。

自协定生效之日，瑞士对中国 99.7% 的出口产品立即实施零关税，中国将对瑞士 84.2% 的出口产品最终实施零关税。如果加上部分降税的产品，瑞士参与降税的产品比重是 99.99%，中国是 96.5%。

在原产地实施程序方面，双方同意采用企业自主声明模式，并同意放宽原产地声明格式和签章有关要求。这是中国首次在自由贸易协定采用企业自主声明模式，将大幅提高贸易便利化水平，降低企业成本。同时，双方同意建立原产地声明电子信息交换系统，并同意相互提供声明序列号，以加强风险管理。

第一节 概 述

一、 成员国

成员国为中国和瑞士。

中国目前是瑞士在亚洲的最大贸易伙伴，瑞士是中国在欧洲的第七大贸易伙伴和第六大外资来源国。

二、 谈判过程

2009 年 1 月，温家宝总理访问瑞士期间，与瑞士联邦主席默茨共同宣布开始双边自由贸易区联合可行性研究，为正式启动有关谈判做好准备。2009年 4 月 27 日，中国—瑞士自由贸易区产业交流研讨会在北京举行。

2010 年 2 月 4 日，中国—瑞士自由贸易区联合可行性研究第一次会议在北京召开。中国商务部副部长易小准、瑞士驻华大使顾博礼出席会议。

2011 年 4 月 7 日至 8 日，中国—瑞士自由贸易区第一轮谈判在伯尔尼举行。经过深入磋商，中瑞双方确定了谈判大纲，设立了谈判工作机制，并分组就货物贸易、服务贸易、知识产权、贸易救济、原产地规则等问题广泛交换了意见。

2011 年至 2013 年期间，双方经过 9 轮谈判，已就实质性问题达成一致。

2014 年 4 月 29 日，中国和瑞士双方在北京互换了《中国—瑞士自由贸易协定》的生效照会。按照协定生效条款有关规定，协定于 2014 年 7 月 1 日正式生效。

2017 年 1 月 16 日，在习近平主席对瑞士进行国事访问期间，在两国领导人的共同见证下，中国商务部部长高虎城与瑞士联邦经济、教育和科研部长施奈德·阿曼共同签署《中华人民共和国商务部和瑞士联邦经济、教育和科研部关于中国—瑞士自由贸易协定升级的谅解备忘录》，宣布启动中瑞自由贸易协定升级联合研究。

三、 降税安排

《中国—瑞士自由贸易协定》生效后，瑞士对中国 99.7% 的出口货物立即实施零关税，中国对瑞士 84.2% 的出口货物最终实施零关税。如果加上部分降税的产品，瑞士参与降税的产品比重是 99.99%，中国是 96.5%。这大大超过一般自由贸易协定中 90% 的降税水平。

我国则根据瑞士产业的竞争水平和国内产业的承受能力，对部分竞争力较弱的国内产业通过规定过渡期、部分降税安排及保留 457 项工业品（如机床、纺织机械、化工品、汽车、乳制品及医药产品等）作为自由贸易协定的例外产品处理 3 种方式予以保护。也就是说，奶粉不在零关税的范围内。

根据《中国—瑞士自由贸易协定》内容，瑞士对中国出口的 99.7% 的贸易量都同意实行零关税，而且没有任何过渡期，同意在协定生效之日起实行，另外，其余 0.3% 中有 0.29% 是部分降税，还有 0.01% 作为例外。而消费者比较关心的瑞士手表，在这 0.29% 中。而且，手表将在 10 年内降低 60% 关税，第一年先降低 18%。

目前，在中国内地销售的瑞士手表征收的税种，包括 11% 以上的进口关税、17% 的增值税，1 万元以上的手表还需要征收 20% 的奢侈品消费税。相比较而言，增值税和消费税的税率比关税更高。中瑞签署自由贸易协定之后，进口关税能大幅削减，但其他税种一般不受自由贸易协定的影响。

四、 成员国主要进出口产品

（一）成员国主要进口产品

中国的主要进口产品为贵金属及制品、化工产品、机电产品等。

瑞士的主要进口产品为机电产品、纺织品及原料、光学、钟表及医疗设备等。

（二）成员国主要出口产品

中国的主要出口产品为机电产品、纺织品及原料、光学、钟表及医疗设备等。

瑞士的主要出口产品为贵金属及制品、化工产品、机电产品等。

五、 原产地标准

中国—瑞士自由贸易区原产地规则采用完全获得和实质性改变标准。实质性改变标准包括税则归类改变、区域价值成分标准。其中，税则归类改变包括"章改变"、"品目改变" 和"子目改变"。协定以全税则列表方式对所有产品逐一制定原产地标准。

六、 签证机构

目前在我国，海关可签发中国—瑞士自由贸易协定项下优惠原产地证书，中国贸促会及其各地的分会也参与签发优惠原产地证书。

第二节　原产地规则

根据《中国—瑞士自由贸易协定》第三章，可享受优惠关税的产品原产地按下列规则确定：

第一条 定义

在本章中：

（一）"缔约一方"是指中国或瑞士。本章适用本协定第17条的第一款定义的中国关境和瑞士关境；

（二）"生产"是指获得产品的方法，包括但不仅限于产品的种植、开采、收获、捕捞、诱捕、狩猎、制造、加工或装配；

（三）"材料"包括组成成分、零件、部件、半组装件及（或）以物理形式构成另一产品部分或已用于另一产品生产过程的产品；

（四）"非原产产品"或"非原产材料"是指根据本章规定不具备原产资格的产品或材料；

（五）"原产产品"或"原产材料"是指根据本章规定具备原产资格的产品或材料；

（六）"海关价格"是指根据《关于实施 GATT 1994 第七条的协定》（海关估价协定）所确定的价格；

（七）"出厂价格"是指向在对产品进行最后生产或加工的缔约一方生产商支付的出厂价，包括使用的所有材料的价值、工资、其他花费以及减去出口退税的利润；

（八）"协调制度"或"HS"是指商品名称及编码协调制度；

（九）"章""品目""子目"是指协调制度中的章（2 位数编码），品目（4 位数编码），子目（6 位数编码）；

（十）"授权机构"是指经缔约一方的国内法或其政府机构指定签发原产地证书的任何机构。

第二条　原产产品

本协定中，除本章另有规定外，符合下列条件之一的产品应当视为原产于缔约一方：

（一）根据本章第三条规定在缔约一方境内完全获得；

（二）根据协定第四条规定，在生产和加工该产品过程中使用的非原产材料在缔约一方经过实质性改变，同时符合本章其他条款的要求；或者

（三）完全由缔约一方或缔约双方的原产材料在缔约一方生产。

第三条　完全获得产品

根据协定第二条第（一）项，下列产品应当视为在缔约一方境内完全获得：

（一）从缔约一方领土、内水、领海、海床或底土提取或得到的矿物产品或其他无生命的天然生成物质；

（二）在缔约一方境内收获、采摘或采集的植物产品；

（三）在缔约一方出生并饲养的活动物及其产品；

（四）在缔约一方狩猎、诱捕、捕捞、采集、捕获或水产养殖获得的产品；

（五）在缔约一方的领海或专属经济区内由在该方注册并悬挂其国旗的船舶捕捞获得的鱼类和其他产品；

（六）在缔约一方注册并悬挂其国旗的船舶在公海捕捞获得的鱼类及其他产品；

（七）在缔约一方注册并悬挂其国旗的加工船上，完全用上述第（五）项及第（六）项所述产品加工、制造的产品；

（八）在缔约一方领海以外根据该方依照国际法制定的国内法拥有开发权

的海床或底土提取的产品；

（九）在缔约一方制造过程中产生的仅适用于原材料回收的废碎料；

（十）在缔约一方收集的仅适于原材料回收的旧货；

（十一）完全用上述第（一）至（十）项所列产品在缔约一方加工获得的产品。

第四条 实质性改变

一、使用非原产材料获得的产品，在满足附件二特定要求的情况下可视为经过了实质性改变。

二、按照第一款的规定，本协定第六条所列操作不足以赋予原产资格。

三、附件二中提到的非原产材料价值（VNM）百分比是指，允许使用的非原产材料占产品出厂价的最大百分比。该百分比应当依据下列公式计算：

$$VNM\% = \frac{非原产材料价值}{产品出厂价} \times 100\%$$

四、VNM 应根据非原产材料（包括原产地不明的材料）在进口时的海关完税价格确定。如果该价格未知或无法确定，应为在该方境内产品生产过程中最早确定的实付或应付价格。

五、根据第一款规定具备缔约一方原产资格的产品，如果作为另一产品生产的材料进行进一步加工，在确定最终产品的原产状态时不考虑该原产材料的非原产成分。

第五条 微小含量

一、尽管有本协定第四条的第一款，只要总价值不超过产品出厂价的10%，非原产材料无须满足附件二的规定。

二、本条款不适用于附件二中规定的增值标准。

第六条 微小加工或处理

一、尽管有本协定第四条的规定，如果产品仅经过了一项或多项下列操作，不应赋予原产资格：

（一）为确保产品在运输或储存过程中完好无损地保存而进行的操作；

（二）冷冻或解冻；

（三）包装和再包装；

（四）洗涤、清洁、除尘、除去氧化物、除油、去漆以及去除其他涂层；

（五）纺织品或纺织产品的熨烫或压平；

（六）简单的上漆及磨光；

（七）谷物及大米的去壳、部分或完全的漂白、抛光及上光；

（八）食糖上色或加工成糖块的工序；

（九）水果、坚果及蔬菜的去皮、去核及去壳；

（十） 削尖、简单研磨或简单切割；

（十一） 过滤、筛选、挑选、分类、分级、匹配；

（十二） 简单的装瓶，装罐，装袋，装箱，装盒，固定于纸板或木板及其他简单的包装工序；

（十三） 在产品或其包装上粘贴或印刷标志、标签、标识及其他类似的用于区别的标记；

（十四） 对无论是否为不同种类的产品进行的简单混合；

（十五） 把零部件装配成完整产品或将产品拆成零部件的简单装配或拆卸；

（十六） 屠宰动物。

二、就第一款而言，"简单"通常用来描述既不需要专门的技能也不需要专门生产或装配机械、仪器或装备的行为。

三、在确定某项产品的生产或加工是否是第一款所述的微小加工或处理时，对该产品在缔约一方进行的所有操作都应被考虑在内。

第七条 累积

一、在不违背本协定第二条的情况下，如原产于缔约一方的产品在另一缔约方境内用作生产产品的材料，只要在该方进行的最后加工工序超出本协定第四条第一款的范畴，则应视为原产于该方。

二、原产于缔约一方的产品出口到另一缔约方后，如果没有经过本协定第四条第一款所规定以外的生产或加工，其原产地应保持不变。

第八条 标准单元

一、产品或材料的标准单元应根据协调制度的规定来确定，作为确定原产地的基本单元。

二、根据第一款，

（一） 根据协调制度的归类总规则三可归到一个单一品目或子目项下的成套货品应视作一个标准单元；

（二） 如果同一批运输中包括大量的可归于同一品目或子目的相同产品，应分别确定每个产品是否具备缔约一方原产资格；

（三） 包含在产品内、根据协调制度的归类总规则五可产品一并归类的包装应和产品一并考虑。在计算产品生产过程中所使用的非原产材料价值时，零售用包装材料应视为材料。

三、在确定产品原产地时，用于在运输途中保护产品的包装材料及容器不予考虑。

第九条 附件、备件及工具

一、与产品一同报验、一并归类的附件、备件、工具及说明书和其他信息材料，同时符合下列条件的，应被视为该产品的一部分：

（一）一并开具发票的；以及

（二）数量被视为与该产品匹配正常的。

二、在计算生产该产品所使用的非原产材料价值时，附件、备件、工具及说明书和其他信息材料应被视作该产品的材料。

第十条　中性成分

在确定货物是否为原产货物时，在该货物生产、测试或检验过程中使用，本身不构成该货物组成成分的中性成分的原产地应当不予考虑。上述中性成分包括但不仅限于：

（一）燃料、能源、催化剂及溶剂；

（二）用于测试或检验产品的设备、装置及用品；

（三）手套、眼镜、鞋靴、衣服、安全设备及用品；

（四）工具、模具及型模；

（五）用于维护设备和建筑的备件及材料；

（六）在生产中使用或用于运行设备和维护厂房建筑的润滑剂、油（滑）脂、合成材料及其他材料。

第十一条　可互换材料

一、如果在产品的生产或加工过程中同时使用了原产和非原产的可互换材料，可依据库存管理制度确定所使用的材料是否为原产材料。

二、在第一款中，"可互换材料"是指相同种类或商业品质相同的可以互相替换的材料，这些材料一旦构成最终产品的一部分，彼此无法加以区分。

三、库存管理制度应当基于在生产产品的缔约一方适用的公认会计准则，应当确保获得原产资格的产品数量不会超过对材料进行物理隔离时获得原产资格的产品数量。采用库存管理制度的生产商应当保存该制度的运营记录，以便核查其是否符合本章规定。

四、就本条而言，缔约一方可以根据其国内法的规定要求建立库存管理制度。

第十二条　属地原则

本协定第四条至第十二条所规定的获取原产资格的条件应在缔约一方境内满足而不被中断。

第十三条　直接运输

一、本协定项下的优惠关税待遇只能给予在缔约双方之间直接运输的原产产品。

二、尽管有第一款的规定，只要满足下列条件，经过非缔约方运输的原产产品仍可视为直接运输：

（一）未经过除装卸或任何保持产品良好状态的处理以外的操作；并且

（二）在非缔约方处于海关的监管之下。在满足上述两项要求的前提下，一批原产产品可以在非缔约方进行物流分拆。

三、就第一款而言，原产产品可以通过管道经非缔约方输送。

四、进口方海关可以要求上述产品的进口商提交充分证据，以证明第二款与第三款要求已被满足。

第三节　原产地规则实施程序

为实施中国—瑞士自由贸易原产地规则，协定对原产地证书的签发、核查等进行了规定。具体如下：

第十四条　原产地证据文件

为申请享受本协定项下的优惠关税待遇，应向进口方海关提交下列原产地证据文件之一：

（一）本协定第十五条所述的原产地证书；或者

（二）本协定第十六条所述的经核准出口商出具的原产地声明。

第十五条　原产地证书

一、原产地证书应由出口方授权机构签发。

二、出口产品可根据本章规定视为原产于缔约一方时，原产地证书应在产品出口前或出口时签发。出口商或其根据国内法确定的授权代表应当提交原产地证书的书面申请，并随附相关证明文件以证明出口产品符合原产地证书签发要求。

三、在特殊情况下未能在出口前或出口时签发原产地证书的，可以补发原产地证书并注明"补发"字样。

四、原产地证书应当依照附件三所示格式，用英文填制并正确署名和盖章，自签发之日起 12 个月内有效。

五、原产地证书被盗、遗失或损毁时，如果此前签发的原产地证书正本经核实未被使用，则出口商或生产商可以向出口方授权机构书面申请签发经核准的原产地证书副本。经核准的原产地证书副本上应注明"原产地证书正本的经核准真实副本（编号日期）"或加盖"副本"字样并注明之前的原产地证书编号及签发日期。经核准的副本在原产地证书正本有效期内有效。

六、在因不可抗力或其他进出口商不可控制的合理原因而导致证书超过有效期的情况下，进口方海关可自行决定是否接受超过有效期的原产地证书。

第十六条　经核准出口商出具的原产地声明

一、缔约一方可在本协定项下实施经核准出口商制度，允许经核准出口商出具原产地声明。出口方依照国内法核准并管理该方的经核准出口商。

二、经核准出口商应按照附件四所示的文字出具原产地声明。原产地声明应当包含经核准出口商的注册号码和原产地声明序列号。原产地声明应当按照出口方的法律规定，由经核准出口商打印、加盖或印刷在发票或进口方海关认可的其他商业单证上，确保其包含足够详尽的信息以便于辨认相关产品。

三、原产地声明有效期应自在发票或进口方海关认为有效的其他商业单证开具之日起 12 个月内有效。

四、在每年 3 月 31 日前，出口方应当向进口方提供上一年出具原产地声明的每个经核准出口商的名称、注册号码、原产地声明序列号等信息。缔约一方如发现存在与另一缔约方所提供信息不符的情形，应提请另一缔约方对该差错开展调查或澄清。为便利上述信息的交换，缔约双方应致力于建立电子信息交换系统。

第十七条 原产地文件的保存

一、每一缔约方应当要求生产商、出口商和进口商保存证明产品原产资格以及产品符合本章其他规定的证明文件至少 3 年。

二、每一缔约方应当要求其授权机构保存原产地证书副本及其他原产地证明文件至少 3 年。

三、在本协定框架下，享受优惠待遇的进口商、出口商应分别遵守进口方、出口方的国内法规定，并应其要求提交证明其符合本章要求的相关文件。

第十八条 与进口相关的要求

一、根据本协定，每一缔约方应基于本协定第十四条定义的原产地证据文件对进口自另一缔约方的原产产品给予关税优惠待遇。

二、为获得优惠关税待遇，进口商应根据进口方规定的程序，在原产产品进口时申请享受优惠关税待遇，并提交本协定第十四条规定的原产地证据文件以及进口方海关要求的其他证明文件。

三、第二款所指的原产地证据文件应在签发之日起 1 个月内向进口方海关提交。

如果进口商在产品进口时未持有原产地证据文件，该进口商可以根据进口方国内法在进口时声明享受关税优惠待遇，并在进口方法律规定的期限内提交原产地证据文件以及要求提交的与进口相关的其他文件。进口方海关应按照其国内法规定办理相关进口手续。

第十九条 免予提交原产地证据文件的情形

一、为在本章项下给予优惠关税待遇，缔约一方可对下列产品免予要求提交原产地证据文件 并给予优惠关税待遇：

（一）一批次原产产品的价值不超过 600 美元或该方币值等额；

（二）该方国内法规规定的其他原产产品。

二、如进口方海关确认该项进口是为规避原产地证书或原产地声明的提交要求而实施的一次或多次进口的一部分，则本条第一款的规定不予适用。

第二十条　原产地核查

一、为确保本章的有效实施，缔约双方应相互协助开展对原产地证据文件真实性、所提供信息准确性、相关产品原产资格以及产品是否满足本章规定的其他要求的核查。

二、出口方主管政府机构应根据进口方海关的核查请求开展第一款所述的核查。

三、进口方应在原产地证据文件签发后 36 个月内向出口方提出核查请求。出口方对在此期限之后收到的核查请求不承担核查义务。

四、核查请求应包括原产地证据文件复印件，并在必要时提供其他能够说明原产地证据文件无效的文件或信息，并注明核查原因。

五、进口方海关可根据其国内法，在核查程序完成前暂缓给予关税优惠，或要求支付该原产地证据文件涉及产品全额关税的等值保证金。

六、出口方的主管政府机构可要求提交相关证明，检查出口商或生产商的生产场所，核对出口商和生产商的账簿，以及采取其他核实产品是否符合本章规定的适当措施。

七、接到核查请求的缔约一方应在提出核查请求之日起 6 个月内将核查结果及认定告知核查请求方，除非缔约双方基于合理理由另行商定新的反馈期限。如果在 6 个月或者缔约双方商定的期限内未收到答复，或者答复结果中未清晰说明原产地证据文件是否有效或者产品是否具备原产资格，核查请求方可对所核查原产地证据文件所涉及的产品拒绝给予优惠关税待遇。

第二十一条　拒绝给予优惠关税待遇

除本章另有规定外，进口方可在下列情况下拒绝给予优惠关税待遇：

（一）原产地证据文件不符合本章规定；

（二）无法证明产品符合本协定第十三条的规定；

（三）根据出口方核查结果，原产地证据文件不真实或不准确的；

（四）本协定第二十条第七款的相关情形；或者

（五）产品不符合本章的其他规定。

第二十二条　通知

在本协定生效之前，缔约一方应向另一缔约方提供：

（一）就本协定第十五条而言，签发原产地证书的授权机构的名称、地址及其使用的官方印章样本。名称、地址以及官方印章的任何变动都应及时通知进口方海关。

（二）就本协定第十六条而言，经核准出口商的名称、注册号码、联络方式，上述信息的任何变动都应及时通知另一缔约方。

（三）就本协定第二十条而言，缔约双方负责核查的主管政府机构的地址以及其他与本章实施相关的问题。

（四）对本章的解释、适用及管理的有关信息。

第二十三条 保密

根据每一缔约方的国内法，所有由缔约一方明确提出需保密或经秘密提供的信息，除非有信息提供人或机构的明确允许，上述信息不得公开。

第二十四条 原产地事务实施分委会

一、原产地事务实施分委会（本条中以下简称"分委会"）在联合委员会下由缔约双方代表组成。

二、分委会应负责处理下列事项：

（一）监管与评估各方承诺的实施情况与采取的具体措施；

（二）交换信息，评估发展情况；

（三）缔约双方商定的其他事项；

（四）联合委员会交予分委会的其他事项；以及

（五）必要时向联合委员会报告并提供建议。

三、分委会应由缔约双方海关代表共同主持，由主办方作为主席。每一次分委会会议前，主席应与另一缔约方协商准备日程并提交给另一缔约方。

四、分委会应在联合委员会的指令下或缔约双方协商认为必要时召开。会议应由缔约双方商定在中国或瑞士举行。

五、分委会应将每次会议结果形成书面报告。

第二十五条 已出口的在途产品

本章的规定可以适用于在本协定生效之日时已经出口，尚未抵达另一缔约方的在途以及中转产品。上述产品在符合本章尤其是本协定第十三条规定的情况下，可在本协定生效之日起的六个月内补发原产地证据文件。

第四节　海关手续和贸易便利化

在《中国—瑞士自由贸易协定》中，第四章专门规定了海关手续和贸易便利化。具体如下：

第二十六条 范围

本章适用于本协定第 2.1 条所界定的中国关境和瑞士关境。

第二十七条 定义

就本章而言：

（一）海关当局是指：

1. 就中方而言，中华人民共和国海关总署；以及

2. 就瑞方而言，瑞士联邦海关署。

（二）海关法是指明确由海关负责执行的有关货物进口、出口、移动或储存的法律或法规的条款，以及由海关根据法定权力制定的任何规章；

（三）海关手续是指海关当局对受海关监管的货物和运输工具采取的措施；

（四）《海关估价协定》是指作为《世贸组织协定》组成部分的《关于实施 GATT 1994 第七条的协定》；以及

（五）运输工具是指用以载运人员、货物、物品进出境的各种船舶、道路车辆、航空器、铁路车辆和驮畜。

第二十八条 总则

为维护本国企业界的利益并通过此协定为企业界创造良好的贸易环境，缔约双方同意将以下原则作为有关部门制定和管理贸易便利化措施的基础：

（一）贸易程序的透明、高效、简化、协调及一致；

（二）国际标准的推广使用；

（三）与多边协议保持一致；

（四）信息技术的最大应用；

（五）高标准的公共服务；

（六）以风险管理为基础的政府管制措施；

（七）每一缔约方内部海关与其他边境部门的合作；

（八）两国之间以及与各自企业界的沟通；以及

（九）保障贸易安全。

第二十九条 透明度

一、每一缔约方应迅速在互联网上公布普遍适用的所有与中瑞双方货物贸易有关的法律、法规和规章，如有可能，尽量使用英文公布。

二、每一缔约方应设立此章节项下海关及其他事务咨询点，可尽可能使用英文通过互联网进行联络。

三、每一缔约方应在促进和实施贸易化便利措施中考虑各自企业界的需求，特别是应当关注中小企业的利益。

四、每一缔约方应提前特别是在互联网上公开与国际贸易有关的所有普遍适用的法律法规的草案，以便给予公众特别是利益相关人发表意见的机会。

五、每一缔约方应确保有关国际货物贸易的普遍适用的法律法规在公布

与生效之间留出合理的时间。

六、每一缔约方应按统一、公平、合理的方式执行其普遍适用的与国际货物贸易有关的法律、法规和规章。

第三十条 合作

一、缔约双方之间为了便利贸易采取的进一步适当的措施，可以由缔约双方确认并提交联合委员会考虑。

二、缔约双方应在相关多边论坛的场合加强贸易便利化的国际合作。缔约双方应评估相关贸易。

三、便利化的国际倡议，以便进一步确认联合行动对双方共同目标有帮助的领域，并提交联合委员会考虑。

第三十一条 预裁定

一、缔约一方应在合理的时间限制内，向提出包含所有必要信息的书面请求的进出口商、生产商做出有约束力的书面的预裁定，这些预裁定是关于：

（一）一项商品的税则归类；

（二）基于一系列特定事实，成交价格方法是否适用一项商品；

（三）一项商品适用的原产地规则；以及

（四）缔约双方可同意的其他类似事项。

二、缔约一方如拒绝做出预裁定应及时书面通知申请人，并阐明拒绝做出预裁定决定的依据。

三、每一缔约方应规定，在做出的裁定基于的事实或条件保持不变的情况下，预裁定自公布之日起生效，或自裁定中指定的日期起生效。

四、缔约双方可以根据各自国内法规定限定预裁定的有效期。

五、每一缔约方应尽力使做出的预裁定中对其他贸易商有重要利益的信息公开，同时需保护涉密信息。

第三十二条 国际贸易手续简化

一、每一缔约方与海关监管和国际贸易有关的手续应简化、合理、客观以及公平。

二、缔约双方应限制相互间货物贸易过程中的检查、手续以及所需文件的数量，采用那些必要的、适当的方式来确保符合法律要求，从而最大限度地简化相关手续。

三、进口方不应要求进口商提供出口报关单的原件及其复印件。

四、缔约双方应使用基于适当国际标准的高效的贸易手续，以减少在双方贸易往来中的贸易成本和不必要的延误，尤其是世界海关组织（以下简称WCO）的标准与推荐做法，包括经修订的简化和协调海关制度的国际公约

（经修订的京都公约）。

五、每一缔约方应采用或保持以下手续：

（一）允许在货物实际进口前提前进行电子申报并做信息处理以加快通关；

（二）允许进口商在提供足够、有效担保，同时海关认定不需进一步检查、查验，并满足法律规定的其他条件的情况下，货物可以在满足进口全部要求之前放行；

（三）规定当不再需要担保时及时办理担保退还手续。

第三十三条　海关估价

缔约双方应执行 GATT 1994 第七条及《海关估价协定》确定对双边贸易货物的完税价格。

第三十四条　税则归类

缔约双方对双边货物贸易税则归类应当适用《商品名称及编码协调制度国际公约》。

第三十五条　主管的海关办公机构

一、缔约双方应指定办理物品申报或办理通关手续的海关办公机构。在确定这些海关办公机构的职权、地点以及工作时间时，应将贸易需求作为主要考虑因素。

二、经贸易商请求并理由合理，每一缔约方应在允许的资源内，延长工作时间或在海关机构之外进行海关监管。海关所收取的任何费用应大致以海关所提供劳务的成本为限。

第三十六条　风险管理

一、每一缔约方在风险管理的基础上，确定被查验的人员、货物和运输工具以及查验程度。

二、在鉴别和注明缔约一方和另一缔约方关境间移动的与进口、出口、转运、转关或使用终结有关货物的风险，或不在自由流通中货物的情况，各方应系统地采用客观的风险管理制度与做法。

三、风险管理应这样应用，在国际贸易同一条件下或变相限制下，风险管理不会导致武断、随意或不公正的歧视。

四、每一缔约方的包括单证检查、人工查验或稽查在内的与海关监管和国际贸易有关的手续不应过于烦琐，以便缩小受这些风险的影响。

五、缔约双方应实施有效及高效的海关监管来加速货物的放行。

第三十七条　海关稽查

一、海关稽查是指在货物放行之后的一段特定时间内，海关对货物进行检查、核查的过程。

二、海关应实施透明的稽查方式。缔约双方应将检查的结论、权利与义务、结论的理由和证据等通报相对人。

三、缔约双方应在可能的情况下，将海关稽查的结果运用到风险管理的应用以及经认证贸易商的确定等方面。

第三十八条 经认证经营者制度

一、缔约一方在实施对国际贸易流动产生影响的经认证经营者制度或安全措施时，应当：

（一）向另一缔约方提供就认证和安全措施互认进行谈判的可能性，以保证在有效进行海关监管的同时促进国际贸易的便利化；以及

（二）借鉴相关的国际标准，特别是 WCO 的标准框架的做法。

第三十九条 报关代理人

缔约双方应确保与报关代理人有关的法律是透明的。据各自国内法，各方应当允许法人使用自有报关代理人进行报关。

第四十条 费用与规费

一、每一缔约方均应依照 GATT 1994 第八条第一款，确保所有的在进口或出口时征收的或者与进口或出口有关的任何性质的费用与规费（除了海关关税、等同于国内税的收费或者其他符合 GATT 1994 第三条第二款规定的适用国内费用，以及反倾销和反补贴税）将被限制在所提供的服务的大概成本范围内，并且不能被作为国内货物的间接保护措施或者出于财政目的考虑而对进口或出口货物征收的一种税。

二、每一缔约方均应公布费用与规费的信息。如合适，缔约双方应尽量在互联网上以英文公布其信息。此类信息可以包括费用与规费的种类、应用以及计算方式。

三、经请求，缔约一方应提供货物进口至该方所应用的费用与规费的信息。

第四十一条 领事交易

缔约一方不得要求与另一缔约方任何货物的进口有关的领事交易，包括相关的费用与规费。

第四十二条 货物的暂时进口

一、每一缔约方均应对暂时进口的货物给予便利。

二、在本条款中，"暂时进口"是指特定货物进入一方关境内在有条件的情况下免予支付关税的海关手续。这样的货物的进口应有明确目的，并应在一定时间段内复运出口，且除了使用的正常损耗外货物没有产生改变。

第四十三条　进口和出口加工

一、依照国际标准和做法在国内法中明确的相关条款，每一缔约方应允许货物的进口和出口加工。

二、在本条款中，进口加工指一种海关制度。根据该制度，特定货物可有条件地免纳进口税进入关境，条件是该货物拟用于制造、加工或修理并随后出口。

三、在本条款中，出口加工指一种海关制度。根据该制度，在一关境内自由流通的特定货物可暂时出口进行制造、加工或修理，而后全部或部分免除进口税费复进口。

第四十四条　边境部门合作

为便利贸易，缔约一方应保证其涉及边境和其他进出口监管的机构和部门的合作与沟通。

第四十五条　复议与诉讼

根据其国内法，每一缔约方应保证进出口商和生产商有向至少上一级独立部门提出行政复议和司法诉讼的权利。

第四十六条　保密

缔约双方提供的所有与进口、出口、预裁定以及货物转运有关的信息应作为秘密来对待，并依据每一缔约方各自法律受到作为行业秘密的保护。未经信息提供人或机构明确同意，缔约一方机构不得公开。

第四十七条　磋商

任一缔约方可要求就在本章执行或实施中发生的问题进行磋商。此类磋商应通过缔约双方各自海关当局的相关联系人进行。联系人的有关信息及该信息的变更应及时向对方通报。

第四十八条　海关手续与贸易便利化事务分委会

一、在联合委员会框架下成立由缔约双方代表组成的海关手续与贸易便利化事务分委会（在本条款中以下简称"分委会"）。

二、分委会应负责以下事务：

（一）监督、评估采取的措施及条款的实施情况；

（二）交换信息以及评估进展情况；

（三）预做准备并协调缔约双方立场；

（四）为技术性修订预做准备并协助联合委员会事务；

（五）便利缔约双方间货物贸易的包括国内及国际标准在内的海关实践；

（六）对本章内容的解释、应用以及执行情况；

（七）与税则归类和海关估价有关的事务；

（八）可能对快速通关有影响的、缔约双方采取的与程序和做法有关的其他事务；

（九）其他缔约双方可同意的事务；

（十）其他由联合委员会指派给分委会的事务；以及

（十一）必要时向联合委员会提出建议并进行报告的事务。

三、分委会应当由缔约双方海关当局代表作主席。经缔约双方同意，双方可以邀请来自产业和商业协会或其他相关组织的人员参加分委会有关案件的讨论。

四、分委会应当由缔约双方共同主持。分委会应指定一个会议主席。分委会每次会议的日程由会议主席负责准备，并与另一缔约方商议后于会前发至另一缔约方。

五、分委会应当按需举行会议。分委会会议应由联合委员会、分委会主席召集或应缔约一方请求召开。会议应在中国和瑞士轮流召开，或由缔约双方商议决定。

六、分委会每次会议应当准备会议讨论情况的报告，应要求，分委会主席应当在联合委员会上进行报告。

第五节　原产地证书与原产地声明

一、 中国签发的原产地证书样本（中文）

中国签发的原产地证书样本（中文）

1.出口商（名称、详细地址、国家）	No. 000.000 中国—瑞士自由贸易区原产地证书 完成此表前请阅读背页的注意事项				
2.收货人（名称、详细地址、国家）					
3.运输细节（就所知而言） 离港日期 船舶/飞机/火车/运输工具编码 装货口岸 卸货口岸	4.备注				
5. 项目号（最多20项）	6.包装唛头及编号	7.包装数量及种类；商品描述	8.HS编码(6位)	9.原产地标准	10. 毛重（公斤）或其他计量单位（升、立方米等）	11.发票(编号和日期)
12.授权机构审核 根据实际监管，兹证明出口商的申报正确无误。 ．．．．．．．．．．．．．．．．．．．． 地点、日期、签名及授权机构印章	13.出口商申明 兹申明上述填报资料及说明正确无误，所有货物产自 ．．．．．．．．．．．．．．．（国家） 上述货物符合中国—瑞士自贸区原产地规则的相关规定。该货物出口至 ．．．．．．．．．．．．．．．（进口国） 地点、日期、签名及授权人签名				
14.核查要求至： 请求核查该份证书的真实性，以及证书上有关内容准确性。 ．．．．．．．．．．．．． （地点和日期）　　印章 ．．．．．．．．．．．．． （签名）	15. 核查结果 实际核查结果证明该证书[1] □确为授权机构所签发，且该证书上的相关准确无误 □不符合真实性和准确性要求（见附注） ．．．．．．．．．．．．． （地点和日期）　　印章 ．．．．．．．．．．．．． （签名） —————— (1)在对应的方框内划"×"。				

378

注意事项

1. 证书不得涂改及叠印。

2. 证书项目之间不得留空，每项内容之前必须有项目编号。商品描述完毕后应加"＊"（星号）或"＼"（斜杠），或者在商品描述的下一行画横线，将剩余的空白划掉。

3. 商品描述必须符合商业实际。该描述应包含足够的细节以助于识别商品。

4. 填写项目不得超过 20 项。

5. 本证书应签发一份原件和两份复印件。

6. 若第 7 栏中货物符合原产地规则，出口商必须按照下表所示方式申明货物享受优惠待遇所依据的原产地标准。原产地规则在第三章和附件二中予以规定。

原产地标准	填入第 9 栏
该产品是根据第三条或者附件二的产品特定规则的规定，在一方完全获得。	WO
该产品是在一方境内，完全由符合第三章规定的一方或双方的原产材料生产的。	WP
该产品是在一方或双方境内，使用符合第三章所规定的产品特定原产地规则及其他要求的非原产材料生产的。	PSR

二、 中国签发的原产地证书样本（英文）

中国签发的原产地证书（英文）

CERTIFICATE OF ORIGIN

1. Exporter (Name, full address, country)	**No.** 000.000
	Certificate of Origin used in FTA between
	CHINA
	and
2. Consignee (Name, full address, country)	**SWITZERLAND**
	See notes overleaf before completing this form

3. **Transport details** (as far as known)	4. **Remarks**
Departure Date	
Vessel / Flight/ Train/ Vehicle No.	
Port of loading	
Port of discharge	

5. Item number (Max 20)	6. Marks and numbers	7. Number and kind of packages; Description of goods	8. HS code (Six digit code)	9. Origin criterion	10. Gross mass (kg) or other measure (liters, m³, etc.)	11. Invoices (Number and date)

12. ENDORSEMENT BY THE AUTHORISED BODY	13. DECLARATION BY THE EXPORTER
It is hereby certified, on the basis of control carried out, that the declaration of the exporter is correct.	The undersigned hereby declares that the details and statement above are correct, that all the goods were produced in
	.... (country)
	and that they comply with the origin requirements specified in the FTA for the goods exported to
	....................................(Importing country).
....	....
Place and date, signature and stamp of authorised body	Place and date, signature of authorised signatory

14. REQUEST FOR VERIFICATION, to:	15. RESULT OF VERIFICATION
	Verification carried out shows that this certificate [(1)]
	☐ was issued by the authorised body indicated and that the information contained therein is accurate.
	☐ does not meet the requirements as to authenticity and accuracy (see remarks appended)
Verification of the authenticity and accuracy of this certificate is requested.	
....	....
(Place and date) Stamp	(Place and date) Stamp
....	....
(Signature)	(Signature)
	(1) Insert X in the appropriate box.

NOTES

1. Certificate must not contain erasuresor words written over one another.

2. No spaces shall be left between the items entered on the certificate and each item shall be preceded by an item number. If the spaceof the box is not completely filled, " * " (stars) or " \ " (finishing slash) should be added after the description of the goods, or a horizontal line should be drawn below the last line of the description, and the empty space crossed through.

3. Goods must be described in accordance with commercial practice and with sufficient detail to enable them to be identified.

4. The number of items listed should not exceed 20.

5. This certificate should be issued in one original and two copies.

6. Foreach good described in box 7, state which criterion is applicable, according to the following instructions. The rules of origin are contained in Chapter 3 and Annex II.

Origin Criterion	Insert in Box 9
The product is "wholly obtained" in the territory of a Party, as referred to in Article 3. 3 or the product specific rules of Annex II.	WO
The product was produced in a Party exclusively from materials originating from oneor both Parties conforming to the provisions of Chapter 3.	WP
The product is produced in the territoryof one or both Parties, using non-originating materials that conform to the Product Specific Rules and other applicable provisions of Chapter 3.	PSR

三、 瑞士签发的原产地证书样本（中文）

欧洲1号流动证明及欧洲1号流动证明申请表
印制说明

1. 每一份表格尺寸应为210×297mm；长度上最多允许短5mm或多8mm。所用纸张须为白色，留有书写空间，不含机械木浆且重量不少于 25 g/m²。表格应以印制的绿色花纹为背景，使任何通过机械或化学方式进行的伪造涂改痕迹显于易见。

2. 本协定缔约双方的政府主管机构可保留自行印制表格的权利或可让经核准的印刷商印制表格。对于后者情况，每一份表格须包括一个许可参考号。表格须注明印刷商的名称及地址或是能对印刷商进行身份识别的标记。表格要具有序列号，印制或非印制均可，凭此能进行身份识别。

在瑞士，欧洲1号流动证明样本应为：

欧洲 1 号流动证明

1. 出口商（名称、详细地址、国家）	EUR.1　　　　N°A　　　000.000		
	完成此表前请阅读背页的注意事项		
	2. .... 和 .... （填入适当的国家、国家或地区区域集团名称） **优惠贸易使用的证书**		
3. 收货人（名称、详细地址、国家）（选填）	4. 原产国		5. 目的国
6. 运输详细信息(选填)	7. 备注		

1)若货物未有包装，酌情注明货物件数或散装状态

8. 项目号；唛头及编号；包装数量及种类(1)；商品描述	9. 毛重（千克）或其他计量单位（升、立方米等）	10.发票（选填）

2)仅在出口国规定需要时填写

11.海关监管 证实出口文件正确无误的申明(2) 表..　　No............　印章 从 . . .. 海关... 签发国... .... 日期 .... (签名)	12.出口商申明 本人，下列签字人，申明上述商品符合本证明的签发要求。 地址和日期：... .... (签名)

注意事项

1. 欧洲 1 号流动证明不得涂改或叠印。

2. 流动证明项目之间不得留空，每项内容之前必须有项目编号。商品描述完毕后应加"＊"（星号）或"＼"（斜杠），或者在商品描述的下一行画横线，将剩余的空白划掉。

3. 商品须按照贸易实际进行描述且能根据描述的充分细节予以识别。

4. 尽管标注"选填"，第 3 栏和第 10 栏仍应填写。

5. 第 6 栏应就所知而言填写。

6. 欧洲 1 号流动证明应签发一份正本和两份副本。

7. 第 8 栏所列的项目数不得超过 20 个。其中所述每一货品，列明《协调制度》编码（六位数税则归类编码）且根据下表所示方式申明货物适用的原产地标准。原产地规则在第三章和附件二中予以规定。

原产地标准	填入第 9 栏
该产品是根据第三条或者附件二的产品特定规则的规定，在一方完全获得。	WO
该产品是在一方境内，完全由符合第三章规定的一方或双方的原产材料生产的。	WP
该产品是在一方或双方境内，使用符合第三章所规定的产品特定原产地规则及其他要求的非原产材料生产的。	PSR

四、 瑞士签发的原产地证书样本（英文）

MOVEMENT CERTIFICATE EUR. 1 AND APPLICATION FOR A MOVEMENT CERTIFICATE EUR. 1

Printing instructions

1. Each form shall measure 210×297 mm; a tolerance of up to minus 5 mm or plus 8 mm in the length may be allowed. The paper used must be white, sized for writing, not containing mechanical pulp and weighing not less than 25 g/m^2. It shall have a printed green guilloche pattern background making any falsification by mechanical or chemical means apparent to the eye.

2. The competent governmental authorities of the Parties to this Agreement may reserve the right to print the forms themselves or may have them printed by approved printers. In the latter case, each form must include a reference to such approval. Each form must bear the name and address of the printer or a mark by which the printer can be identified. It shall also bear a serial number, either printed or not, by which it can be identified.

In the case of Switzerland, thespecimen of Movement Certificate EUR. 1 shall be:

MOVEMENT CERTIFICATE EUR. 1

1. Exporter *(Name, full address, country)*	EUR.1 N° A 000.000
	See notes overleaf before completing this form
	2. Certificate used in preferential trade between
	....
3. Consignee *(Name, full address, country)* *(Optional)*	and
	....
	(insert appropriate countries, group of countries or territories)
	4. Country, in which the goods are considered as originating / 5. Country of destination
	6. Transport details *(Optional)* / 7. Remarks

8. Item number; marks and numbers; number and kind of packages;[1] description of goods	9. Gross weight (kg) or other measure (l, m³, etc.)	10. Invoices *(Optional)*

[1] If goods are not packed, indicate number of articles or state "in bulk" as appropriate.

11. CUSTOMS ENDORSEMENT	12. DECLARATION BY THE EXPORTER
Declaration certified	I, the undersigned, declare that the goods described above meet the conditions required for the issue of this certificate.
Export document[2] Stamp	
Form .... No................	
From	
Customs Office.......................................	
Issuing country..	
....	Place and date: ....
Date	
....	
(Signature)	....
	(Signature)

[2] Complete only where the regulations of the exporting country require.

NOTES

1. The movement certificate EUR. 1 must not contain erasures or words written over one another.

2. No spaces shall be left between the items entered on the movement certificate EUR. 1 and each item shall be preceded by an item number. If the space of the box is not completely filled, " * " (stars) or " \ " (finishing slash) should be added after the description of the goods, or a horizontal line should be drawn below the last line of the description, and the empty space crossed

through.

3. Goodsmust be described in accordance with commercial practice and with sufficient detail to enable them to be identified.

4. The boxes 3 and 10 shall be filled in despite being marked "optional".

5. The box 6 shall be filled in as far as the information requested is known.

6. This movement certificate EUR. 1 should be issued in one original and two copies.

7. The numberof items listed in box 8 should not exceed 20. For each product described therein, state the HS code (6-digit code) and the applicable origin criterion according to the following instructions. The rules of origin are contained in Chapter 3 and Annex II.

Origin Criterion	Insert inBox 8
The product is "wholly obtained" in the territoryof a Party, as referred to in Article 3. 3 of the Agreement or the product specific rules in Annex II.	WO
The product was produced in a Party exclusively from materials originating from one or both Parties conforming to the provisions of Chapter 3.	WP
The product was produced in the territoryof one or both Parties, using non-originating materials and fulfils the Product Specific Rules and other applicable provisions of Chapter 3.	PSR

五、 原产地声明样本（中英文）

原产地声明

第二十八条中的原产地声明应使用英语填具，并包含以下文字（不需要脚注）。

"序列号＿＿＿＿＿＿＿＿

本文件所载产品的出口商（注册号码＿＿＿＿＿）声明：

除非另外明确注明，本文件所载产品根据中国—瑞士自贸协定具备＿＿＿＿＿①优惠原产资格。

本出口商对以上声明内容的真实性和可靠性负法律责任。"

＿＿＿＿＿＿＿＿＿＿＿＿＿＿＿＿＿＿＿＿＿＿＿＿＿＿＿

（地点和日期）

---

① 此空白处应注明产品的原产地（中国或瑞士），允许使用国别简写（CN or CH）。对载有每项产品原产国的发票或进口方海关认可的其他商业单证上的每一栏产品都应做出指引。

REFERRED TO IN ARTICLE 3. 14 ORIGIN DECLARATION

1. The origin declaration referred to in Article 3. 14 of the Agreement shall be completed in English and have the following wording (without the footnotes) :

"Serial-No. ......

The exporter of the products covered by this document (registration No. ..) declares that, except where otherwise clearly indicated, these products are of. .. ① preferential origin according to the China-Switzerland FTA.

This exporteris legally responsible for the truthfulness and authenticity of what is declared above. "

(Place and date)

---

① The origin of the product must be indicated in this space (Chinese or Swiss) , ISO-Alpha-2 codes are permitted (CN or CH). Reference may be made to a specific column of the invoice or other commercial documents, as deemed valid by the importing customs administration, in which the country of origin of each product is referred to.

第二十章 《内地与香港关于建立更紧密经贸关系的安排》原产地规则及操作程序

> **【本章导读】** 为深化内地与香港特别行政区货物贸易自由化、便利化，进一步提高双方经贸交流与合作的水平，双方决定，就内地与香港特别行政区货物贸易签署《CEPA货物贸易协议》。《CEPA货物贸易协议》是CEPA升级的重要组成部分，是内地与香港在"一国两制"框架下按照WTO规则做出的特殊经贸安排，是对党的十九大报告提出的实行高水平贸易自由化便利化政策，全面推进内地与香港互利合作，支持香港融入国家发展大局重要精神的落实举措，充分体现了中央政府对香港长期繁荣稳定的支持。
>
> 协议的重点内容之一是对原产地规则的修订。新修订的原产地规则既符合国际规则又针对香港实际需求，采用对全税则产品统一适用的总规则与仅包含部分产品的产品特定原产地规则相结合的模式，为全税则产品制定原产地标准，增加了原产地规则透明度，提高了针对性，更能"靶向"满足业务需求，有利于维持香港产业稳定健康发展。

第一节 概 述

一、 谈判过程

2003年6月29日，内地与香港特别行政区政府签署了《关于建立更紧密经贸关系的安排》（简称内地与香港CEPA）。双方通过不断扩大相互之间的开放，逐步增加和充实了内地与香港CEPA的内容。自2004年5月起，内地与香港就货物贸易领域和服务贸易领域的进一步开放问题开始了新的磋商，2004年10月27日中央政府和香港特别行政区政府签署了《〈内地与香港关于建立更紧密经贸关系的安排〉补充协议》。自此之后，2004年至2013年，共签署了10份补充协议。

经国务院批准，2018 年 12 月 14 日上午，商务部国际贸易谈判代表兼副部长傅自应与香港财政司司长陈茂波在香港签署了《CEPA 货物贸易协议》。协议自签署之日起生效，并于 2019 年 1 月 1 日起正式实施。

二、 降税安排

内地与香港 CEPA 实施后，香港继续对内地原产产品的进口实施零关税。2004 年 1 月 1 日起，内地对 273 个税目的（按 2004 年内地税则转化成为 374 个税目）香港原产产品实行零关税，包括部分化工产品、纺织服装、首饰制品、电子及电器产品、钟表和电器等。同时，双方继续就其他产品的降税及原产地标准制定展开谈判。

截至 2010 年，内地已对原产于香港且已制定原产地标准的 1587 个税目商品实施零关税。

2018 年 12 月 14 日，内地与香港在香港签署《CEPA 货物贸易协议》，该协议优化了原产地规则的安排，原产香港的货物出口内地将全面享受零关税。

三、 原产地标准

内地与香港 CEPA 的原产地标准包括完全获得和实质性改变标准。实质性改变标准包括税则归类改变（四位税目）、区域价值成分（30%）和加工工序标准，以及三种标准的混合使用。同时，对部分产品以列表方式制定了产品特定原产地规则清单。新协定在原有产品特定原产地规则的基础上，引入了以产品在香港的附加价值为计算基础的一般性原产地规则，之前未符合产品特定原产地规则的产品，只要符合此规则，也可以零关税进入内地。

四、 签证机构

目前在我国，海关可签发内地与香港 CEPA 项下优惠原产地证书，中国际贸促会及其各地的分会也参与签发优惠原产地证书。

第二节　关于货物贸易的原产地规则

内地与香港《CEPA 货物贸易协议》第四章对优惠贸易安排下的原产地规则做了具体规定。条文如下：

第四章 原产地规则及实施程序

第一节 原产地规则

第六条 定义

就本章而言：

"到岸价格"是指包括运抵进口方进境口岸或地点的保险费和运费在内的进口货物价格。

"《海关估价协定》"是指《世界贸易组织协定》附件 1A 中《关于实施〈1994 年关税与贸易总协定〉第七条的协定》。

"离岸价格"是指包括货物运抵最终外运口岸或地点的运输费用在内的船上交货价格。

"可互换材料"是指在商业上可互换的材料，其性质实质相同，仅靠视觉观察无法加以区分。

"公认的会计原则"是指一方有关记录收入、支出、成本、资产及负债、信息披露以及编制财务报表方面所认可的会计准则。上述准则既包括普遍适用的概括性指导原则，也包括详细的标准、惯例及程序。

"货物"是指任何商品、产品、物品或材料。

"材料"是指以物理形式构成另一货物部分或已用于另一货物生产过程的组成成分、零件、部件、半组装件或货物。

"中性成分"是指在另一货物的生产、测试或检验过程中使用，本身不构成该货物组成成分的货品。

"非原产货物"或者"非原产材料"是指不符合本章规定原产资格的货物或材料，以及原产地不明的货物或材料。

"原产货物"或者"原产材料"是指根据本章规定具备原产资格的货物或材料。

"生产"是指获得货物的方法，包括货物的种植、饲养、开采、收获、捕捞、水产养殖、耕种、诱捕、狩猎、捕获、采集、收集、养殖、提取、制造、加工或装配等。

"水产养殖"是指对水生生物体的养殖，包括从卵、鱼苗、鱼虫和鱼卵等胚胎开始，养殖鱼类、软体类、甲壳类、其他水生无脊椎动物和水生植物等。养殖是指通过诸如规律的放养、喂养或防止食肉动物侵袭等方式对饲养或生长过程进行干预，以提高扩大蓄养群体的生产量。

"《协调制度》"是指作为 1983 年 6 月 14 日签署的《商品名称及编码协调制度国际公约》附件的《商品名称及编码协调制度》及其修订。

"品目"是指《协调制度》内使用的 4 位数编码。

"子目"是指《协调制度》内使用的6位数编码。

第七条 原产货物

除本章另有规定外,下列货物应当视为原产于一方:

(一)根据第八条的规定,在一方完全获得或者生产的;

(二)在一方仅由原产材料生产的;

(三)在一方使用了非原产材料进行生产的:

1. 属于附件(产品特定原产地规则)适用范围,并且符合相应税则归类改变、区域价值成分、制造加工工序或者其他规定的;

2. 不属于附件(产品特定原产地规则)适用范围,但是满足按照累加法计算的区域价值成分大于或等于30%的标准,或者按照扣减法计算的区域价值成分大于或等于40%的标准。

第八条 完全获得或生产

下列货物应当视为第七条第(一)项所述在一方完全获得或生产:

(一)在一方出生并饲养的活动物;

(二)从一方的活动物获得的货物,包括奶、蛋、天然蜂蜜、毛发、羊毛、精液或者粪便;

(三)在一方种植,并收获、采摘或者采集的植物或植物产品;

(四)在一方狩猎、诱捕、捕捞、水产养殖、采集或者捕获获得的货物;

(五)从一方相关的陆地、水域及其海床或者底土提取或者得到的,未包括在上述第(一)项至第(四)项的矿物质或者其他天然生成物质;

(六)在一方以外该方拥有开发权的水域、海床或者底土提取或者得到的货物,只要该方根据其所缔结或参加的国际条约的规定,有权开发上述水域、海床或者底土;

(七)在一方登记注册或者持一方牌照并悬挂其国旗(就内地船只而言)或中华人民共和国香港特别行政区区旗(就香港特别行政区船只而言)的船只在该方水域以外海域捕捞获得的鱼类或者其他海产品;

(八)在一方登记注册或者持一方牌照并悬挂其国旗(就内地船只而言)或中华人民共和国香港特别行政区区旗(就香港特别行政区船只而言)的加工船上,完全用上述第(七)项所述货物加工、制造的货物;

(九)在一方加工过程中产生的,仅用于回收原材料的废碎料;

(十)在一方消费并收集的仅用于回收原材料的废旧物品;

(十一)在一方完全由上述第(一)项至第(十)项所述货物生产的货物。

第九条 区域价值成分

一、第七条第(三)项及附件(产品特定原产地规则)中所规定的区域价值成分标准应当根据下列公式计算：

（一）累加法

$$区域价值成分 = \frac{原产材料价值+劳工价值+产品开发支出价值}{离岸价格} \times 100\%$$

（二）扣减法

$$区域价值成分 = \frac{离岸价格-非原产材料的价值}{离岸价格} \times 100\%$$

原产材料价值包括原产的原料和组合零件价值。

二、就本条第一款第（一）项而言，产品开发是指在一方为生产或加工有关出口制成品而实施的产品开发。产品开发支出的费用必须与该出口制成品有关，包括生产加工者自行开发、委托该方的自然人或法人开发以及购买该方的自然人或法人拥有的设计、专利权、专有技术、商标权或著作权而支付的费用。支出金额必须能够按照公认的会计原则和《海关估价协定》确定。

三、就本条第一款第（二）项而言，非原产材料的价值应当根据下列情况之一加以确定：

（一）对于进口的非原产材料，非原产材料的价值应为材料进口时的到岸价格；

（二）对于在一方获得的非原产材料，非原产材料的价值应为在该方最早所能确定的实付或应付价格。该非原产材料的价格不应包括将其从供应商仓库运抵生产商所在地的运费、保险费、包装费及任何其他费用。

四、就本条第一款而言，区域价值成分的计算应当符合公认的会计原则及《海关估价协定》。

第十条　微小含量

对于不符合附件（产品特定原产地规则）规定的税则归类改变要求的货物，只要其使用的未发生税则归类改变的非原产材料的价值不超过该货物离岸价格的10%，该货物仍应被视为原产货物。该非原产材料的价值应根据第九条第三款确定。

第十一条　累积规则

一、一方的原产货物或原产材料在另一方构成另一货物的组成部分时，该货物或材料应当视为原产于后一方。

二、就本条第一款而言，对于适用区域价值成分标准的后一方货物，在不计入前一方原产货物或原产材料价值时的区域价值成分应当按照其计算方法大于或者等于15%（累加法）或20%（扣减法）。

第十二条　微小加工或处理

一、尽管有第七条第（三）项的规定，如果产品仅经过了一项或多项下列操作，不应赋予原产资格：

（一）为确保货物在运输或储藏期间处于良好状态而进行的保存处理；

（二）把物品零部件简单装配成完整品或将产品简单拆卸成零部件；

（三）以销售或展示为目的的包装、拆包或重新打包等处理；

（四）动物屠宰；

（五）洗涤、清洁、除尘、除去氧化物、除油、去漆或者去除其他涂层；

（六）纺织品的熨烫、压平；

（七）简单的上漆、磨光；

（八）谷物及大米的去壳、部分或完全的漂白、抛光、上光；

（九）食糖上色或形成糖块的操作；

（十）水果、坚果及蔬菜的去皮、去核、去壳；

（十一）削尖、简单研磨、简单切割；

（十二）过滤、筛选、挑选、分类、分级、匹配（包括成套物品的组合）、切割、纵切、弯曲、卷绕、展开；

（十三）简单的装瓶、装罐、装袋、装箱、装盒、固定于纸板或木板及其他类似的包装工序；

（十四）在产品或其包装上粘贴或印刷标志、标签、标识及其他类似的区别标记；

（十五）同类或不同类货物的简单混合；

（十六）仅用水或其他物质稀释，未实质改变货物的性质；

（十七）仅为方便港口装卸所进行的工序；

（十八）第（一）至（十七）项中的两项或多项工序的组合。

二、在确定某项货物的生产或者加工是否属于本条第一款所述的微小加工或处理时，对该货物在一方进行的所有操作都应被考虑在内。

第十三条　可互换材料

如果在货物的生产过程中使用了可互换材料，则应当通过下述方法确定所使用的材料是否具有原产资格：

（一）材料的物理分离；

（二）出口方公认的会计原则承认的库存管理方法。该库存管理方法应当自启用之日起至少连续使用 12 个月。

第十四条　中性成分

在确定货物是否为原产货物时，下列中性成分的原产地不予考虑：

（一）燃料、能源、催化剂以及溶剂；

（二）用于测试或检验货物的设备、装置以及用品；

（三）手套、眼镜、鞋靴、衣服、安全设备以及用品；

（四）工具、模具以及型模；

（五）用于维护设备和建筑的备件以及材料；

（六）在生产中使用或用于运行设备和维护厂房建筑的润滑剂、油（滑）脂、合成材料以及其他材料；

（七）在货物生产过程中使用，虽未构成该货物组成成分，但能合理表明为该货物生产过程一部分的任何其他货物。

第十五条 包装及容器

一、在确定货物原产地时，用于货物运输的容器及包装材料不予考虑。

二、对于应当适用附件（产品特定原产地规则）所列税则归类改变标准的货物，如果零售用包装材料及容器与该货物一并归类，则在确定该货物的原产地时，零售用包装材料及容器不予考虑。但是，对于必须满足区域价值成分要求的货物，在计算该货物的区域价值成分时，零售用包装材料及容器的价值应当视情况计入原产材料或非原产材料。

第十六条 附件、备件及工具

一、与货物一同报验、一并归类的附件、备件或工具，同时符合下列条件的，应被视为货物的一部分：

（一）与货物一并开具发票的；

（二）其数量及价值是根据商业习惯为该货物正常配备的。

二、对于适用附件（产品特定原产地规则）所列税则归类改变标准的货物，在确定该货物的原产地时，本条第一款所述的附件、备件或工具应不予考虑。

三、对于适用区域价值成分标准的货物，在计算该货物的区域价值成分时，本条第一款所述的附件、备件或工具的价值应当视情况计入原产材料或非原产材料。

第十七条 成套货品

一、对于《协调制度》归类总规则三所定义的成套货品，如果各组成货品均原产于一方，则该成套货品应当视为原产于该方。

二、如果部分组成货品非原产于一方，只要按照第九条所确定的非原产货品的价格不超过该成套货品离岸价格的15%，该成套货品仍应视为原产于该方。

第十八条 直接运输

本协议的零关税待遇只应适用于在双方之间直接运输的货物。

第二节 原产地实施程序

第十九条 原产地证书

一、如货物符合本章规定可视为原产货物，应出口商或生产商申请，一方的授权发证机构可以以电子或者纸质形式签发原产地证书。原产地证书范本由双方主管机构另行商定。

二、一方应当将授权发证机构的名称和地址通知另一方。如该授权发证机构以纸质形式签发原产地证书，则应一并提供该授权发证机构使用的印章样本或其他安全特征。上述名称、地址、印章或其他安全特征的任何变更，应当及时通知另一方海关。

三、原产地证书，应符合下列要求：

（一）原产地证书上具有唯一的编号；

（二）原产地证书应当用中文填写，并且涵盖同一批次发运的一项或多项货物；

（三）注明出口人及收货人信息、离港日期、到货口岸、运输方式、货物的《协调制度》编码（至少6位）、货物描述、数量及计量单位、价格、签证机构信息等；

（四）纸质原产地证书含有样本签名或印章等安全特征，且应当与出口方通知进口方的相符。

四、原产地证书应当在货物装运前或装运时签发，并自出口方签发之日起一年内有效。

五、如果因不可抗力、非故意的错误、疏忽或其他合理原因导致原产地证书未能在货物装运前或装运时签发，原产地证书可以自货物装运之日起一年内补发。补发的原产地证书应注明"补发"字样并自装运之日起一年内有效。

六、纸质原产地证书被盗、遗失或损毁时，出口商或生产商可以向出口方授权发证机构书面申请签发经核准的原产地证书副本。经核准的原产地证书副本上应注明"原产地证书正本（编号＿＿＿＿日期＿＿＿＿）的经核准真实副本"字样。经核准的原产地证书副本有效期与原产地证书正本相同。

第二十条　原产地文件的保存

双方应当要求生产商、出口商和进口商以纸质或电子形式保存证明货物原产资格的文件至少三年，或者依据双方各自法律规定进行保存。双方应当要求其授权发证机构保留原产地证书签发电子信息至少三年。

第二十一条　与进口有关的义务

一、就申请享受零关税的货物，一方可要求符合本章规定原产资格的另一方货物进口时申报原产地信息。

二、申请享受零关税的进口商应当：

（一）根据进口方海关的规定，主动向其申明有关货物享受零关税，并申报相关原产地信息；

（二）应进口方海关要求，提交与进口货物相关的证明文件。

第二十二条　关税或保证金的退还

一、在进口报关时，因故不能联网核对原产地信息的，应进口人要求，进口方海关可按规定办理担保放行。进口方海关应自该货物放行之日起 90 天内核对其原产地证书情况，根据核对结果办理退还保证金手续或将保证金转为进口关税手续。

二、进口商可在进口方法规规定的时限内要求退还多征的关税税款或缴纳的担保。

三、进口商在进口时未向申报地海关申明所进货物享受零关税的，即使其在事后向海关申请享受零关税并申报原产地信息，已缴税款或保证金不予退还。

第二十三条　原产地电子信息交换系统

一、双方应当按照共同确定的方式建立原产地电子信息交换系统，以确保本章的有效和高效实施。

二、原产地电子信息交换系统的技术方案及执行本协议而对该系统所做的相应技术调整和时间安排应当由双方共同商定。

第二十四条　原产地核查

一、为确定原产地证书的真实性，或者货物原产资格的真实性，或者货物是否满足本章规定的其他要求，进口方海关可通过如下方式核查：

（一）要求进口商提供补充信息；

（二）通过出口方海关，要求出口商或生产商提供补充信息；

（三）要求出口方海关对货物原产地进行核查；

（四）双方海关共同商定的其他程序；

（五）必要时，依据双方海关商定的方式在出口方海关人员陪同下到出口方进行核查访问。

二、进口方海关向出口方海关提出核查请求时，应注明理由，并提供证明核查合理性的相关文件和信息。

三、本条第一款所述的进口商、出口商或生产商收到补充信息要求后，应当及时做出回应，并在收到要求提出之日起 90 天内做出答复。出口方海关在收到核查请求后，应当在 6 个月内完成核查并反馈结果。

四、如未在上述规定的期限内收到答复，或者答复结果未包含足以确定有关文件真实性或货物真实原产地的信息，进口方海关可拒绝给予货物零关税待遇。

第二十五条　拒绝给予零关税待遇

除本章另有规定外，在下列任一情况下，进口方可拒绝给予零关税待遇：

（一）货物不符合本章的规定；

（二）进口商、出口商或生产商未能遵守本章的规定；

（三）原产地证书不符合本章的规定；

（四）第二十四条第四款规定的情形。

第二十六条 原产地规则工作组

一、双方同意在《安排》联合指导委员会机制下设立原产地规则工作组。

二、原产地规则工作组应由双方原产地规则主管部门代表组成，定期就本章的有效性、一致性以及是否达成本协议的精神及目标进行探讨，按双方商定的模式交换零关税待遇货物的相关数据或信息。

三、应一方请求，原产地规则工作组根据双方原产地规则主管部门商定的机制和时间安排，就零关税货物原产地标准的修订举行磋商，完成磋商后，经修订后的原产地标准由双方对外公布实施。

四、原产地规则工作组应每年至少会晤一次或经双方协商同意后开展会晤。

五、两地海关应会同相关部门每年至少举行一次实施工作会议，回顾原产地核查情况，探讨加强双方合作的措施。

第三节　原产地证书

内地与香港 CEPA 原产地证书样本如下：

证书样本

出口商(名称及香港地址)Exporter(full name and HongKong address)		证书编号 CERTIFICATE NO. 签证日期 DATE OF ISSUE 证书有效截止日期 VALID UP TO
收货人(名称及内地地址)Consignee(full name and Mainland address)		**原 产 地 证 书** 【内 地 与 香 港 关 于 建 立 更 紧 密 经 贸 关 系 的 安 排】 **CERTIFICATE OF HONGKONG ORIGIN** **(CLOSER ECONOMIC PARTNERSHIP ARRANGEMENT)** **(CEPA)** 【原产地证书发证机构标志】
离港日期 Departure Date	工厂登记编号 Factory Number	
船只 / 飞机 / 火车 / 货车编号 Vessel/Flight/Train/Vehicle No.	装货地 Place of Loading	内部专用 For Internal Use Only
到货口岸 Port of Discharge		

包装标志，数量及货柜编号；包裹件数及种类；货物摘要及产品内地协制编号；离岸价(港元) Marks,Nos.and Container No.;No.and Kind of Packages;Description of Goods and Mainl and HS Code;FOB v alue(HK$)	数量（计量单位） Quantity(Quantity Unit)	商标名称或标签 Brand Names or La bels(if any)
[原产地证书采用浅绿色纸质文本， 纸张上已加入发证机构防伪水印。]		

本人谨证明以上描述之货物均符合《内地与香港关于建立更紧密经贸关系的安排》下货物贸易的原产地规则的要求。
I HEREBY CERTIFY THAT THE GOODS DESCRIBED ABOVE COMPLY WITH THE REQUIREMENTS OF THE RULES OF ORIGIN FOR TRADE IN GOODS UNDER CEPA.

【原产地证书发证机构印章】　　　　　　　　　　　　　　【原产地证书发证机构签署】

第二十一章 《内地与澳门关于建立更紧密经贸关系安排》原产地规则及操作程序

> **【本章导读】** 为深化内地与澳门特别行政区货物贸易自由化、便利化，进一步提高双方经贸交流与合作的水平，双方决定，就内地与澳门特别行政区货物贸易签署《CEPA 货物贸易协议》。
>
> 《CEPA 货物贸易协议》是 CEPA 升级的重要组成部分，是内地与澳门在"一国两制"框架下按照 WTO 规则做出的特殊经贸安排，是对党的十九大报告提出的实行高水平贸易自由化便利化政策。
>
> 协议的重点内容之一是对原产地规则的修订。新修订的原产地规则既符合国际规则又针对澳门实际需求，采用对全税则产品统一适用的总规则与仅包含部分产品的产品特定原产地规则相结合的模式，为全税则产品制定原产地标准，增加了原产地规则透明度，提高了针对性，更能"靶向"满足业务需求，有利于维持澳门产业稳定健康发展。

第一节 概 述

一、 谈判过程

2003 年 10 月，内地与澳门特别行政区政府签署了《关于建立更紧密经贸关系的安排》（简称内地与澳门 CEPA）。双方通过不断扩大相互之间的开放，逐步增加和充实了内地与澳门 CEPA 的内容。自 2004 年 5 月起，内地与澳门就货物贸易领域和服务贸易领域的进一步开放开始了新的磋商，并相继签署了一系列的补充协议。

2019 年 11 月 20 日上午，商务部部长王炳南与澳门经济财政司司长梁维特在澳门共同签署《关于修订〈CEPA 货物贸易协议〉的协议》。协议自签署之日起生效，并将于 2020 年 6 月 1 日起正式实施。

二、降税安排

内地与澳门 CEPA 实施后，澳门继续对内地原产产品的进口实施零关税。自 2004 年 1 月 1 日起，内地对原产澳门的 273 个税目（按内地 2004 年税则转为 311 个税目）的产品进口实行零关税。首批实行零关税的 273 个税目的产品中，123 个与对香港首批实行零关税的产品相同，另外 150 个是根据澳门制造业的特点确定的产品。这些产品，包括已经在澳门生产的和计划在澳门生产的，采用同内地与香港 CEPA 一样的降税程序和办法。同时，双方继续就其他产品的降税及原产地标准制定展开谈判。

截至 2010 年，内地已对原产于澳门且已制定原产地标准的 1209 个税目商品实施零关税。

2018 年 12 月 14 日，内地与澳门在香港签署《CEPA 货物贸易协议》，该协议优化原产地规则的安排，原产澳门的货物出口内地将全面享受零关税。

三、原产地标准

内地与澳门 CEPA 的原产地标准采用完全获得和实质性改变标准，与内地与香港 CEPA 基本一致。实质性改变标准包括税则归类改变（四位税目）、区域价值成分（30%）和加工工序标准，以及三种标准的混合使用。同时，对部分产品以列表方式制定了特殊原产地规则清单。

四、签证机构

目前在我国，海关可签发内地与澳门 CEPA 项下优惠原产地证书，中国贸促会及其各地的分会也参与签发优惠原产地证书。

第二节　关于货物贸易的原产地规则

内地与澳门《CEPA 货物贸易协议》第四章对原产地规则做出规定，具体如下：

第四章　原产地规则及实施程序

第一节　原产地规则

第六条　定义

就本章而言：

"到岸价格"是指包括运抵进口方进境口岸或地点的保险费和运费在内的

进口货物价格。

"《海关估价协定》"是指《世界贸易组织协定》附件 1A 中《关于实施〈1994 年关税与贸易总协定〉第七条的协定》。

"离岸价格"是指包括货物运抵最终外运口岸或地点的运输费用在内的船上交货价格。

"可互换材料"是指在商业上可互换的材料，其性质实质相同，仅靠视觉观察无法加以区分。

"公认的会计原则"是指一方有关记录收入、支出、成本、资产及负债、信息披露以及编制财务报表方面所认可的会计准则。上述准则既包括普遍适用的概括性指导原则，也包括详细的标准、惯例及程序。

"货物"是指任何商品、产品、物品或材料。

"材料"是指以物理形式构成另一货物部分或已用于另一货物生产过程的组成成分、零件、部件、半组装件或货物。

"中性成分"是指在另一货物的生产、测试或检验过程中使用，本身不构成该货物组成成分的货品。

"非原产货物"或者"非原产材料"是指不符合本章规定原产资格的货物或材料，以及原产地不明的货物或材料。

"原产货物"或者"原产材料"是指根据本章规定具备原产资格的货物或材料。

"生产"是指获得货物的方法，包括货物的种植、饲养、开采、收获、捕捞、水产养殖、耕种、诱捕、狩猎、捕获、采集、收集、养殖、提取、制造、加工或装配等。

"水产养殖"是指对水生生物体的养殖，包括从卵、鱼苗、鱼虫和鱼卵等胚胎开始，养殖鱼类、软体类、甲壳类、其他水生无脊椎动物和水生植物等。养殖是指通过诸如规律的放养、喂养或防止食肉动物侵袭等方式对饲养或生长过程进行干预，以提高扩大蓄养群体的生产量。

"《协调制度》"是指作为 1983 年 6 月 14 日签署的《商品名称及编码协调制度国际公约》附件的《商品名称及编码协调制度》及其修订。

"品目"是指《协调制度》内使用的 4 位数编码。

"子目"是指《协调制度》内使用的 6 位数编码。

第七条 原产货物

除本章另有规定外，下列货物应当视为原产于一方：

（一）根据第八条的规定，在一方完全获得或者生产的；

（二）在一方仅由原产材料生产的；

（三）在一方使用了非原产材料进行生产的：

1. 属于附件（产品特定原产地规则）适用范围，并且符合相应税则归类改变、区域价值成分、制造加工工序或者其他规定的；

2. 不属于附件（产品特定原产地规则）适用范围，但是满足按照累加法计算的区域价值成分大于或等于30%的标准，或者按照扣减法计算的区域价值成分大于或等于40%的标准。

第八条　完全获得或生产

下列货物应当视为第七条第（一）项所述在一方完全获得或者生产：

（一）在一方出生并饲养的活动物；

（二）从一方的活动物获得的货物，包括奶、蛋、天然蜂蜜、毛发、羊毛、精液或者粪便；

（三）在一方种植，并收获、采摘或者采集的植物或植物产品；

（四）在一方狩猎、诱捕、捕捞、水产养殖、采集或者捕获获得的货物；

（五）从一方相关的陆地、水域及其海床或者底土提取或者得到的，未包括在上述第（一）项至第（四）项的矿物质或者其他天然生成物质；

（六）在一方以外该方拥有开发权的水域、海床或者底土提取或者得到的货物，只要该方根据其所缔结或参加的国际条约的规定，有权开发上述水域、海床或者底土；

（七）在一方登记注册或者持一方牌照并悬挂其国旗（就内地船只而言）或中华人民共和国澳门特别行政区区旗（就澳门特别行政区船只而言）的船只在该方水域以外海域捕捞获得的鱼类或者其他海产品；

（八）在一方登记注册或者持一方牌照并悬挂其国旗（就内地船只而言）或中华人民共和国澳门特别行政区区旗（就澳门特别行政区船只而言）的加工船上，完全用上述第（七）项所述货物加工、制造的货物；

（九）在一方加工过程中产生的，仅用于回收原材料的废碎料；

（十）在一方消费并收集的仅用于回收原材料的废旧物品；

（十一）在一方完全由上述第（一）项至第（十）项所述货物生产的货物。

第九条　区域价值成分

一、第七条第（三）项及附件（产品特定原产地规则）中所规定的区域价值成分标准应当根据下列公式计算：

（一）累加法

$$区域价值成分 = \frac{原产材料价值 + 劳工价值 + 产品开发支出价值}{离岸价格} \times 100\%$$

（二）扣减法

$$区域价值成分 = \frac{离岸价格 - 非原产材料的价值}{离岸价格} \times 100\%$$

原产材料价值包括原产的原料和组合零件价值。

二、产品开发是指在一方为生产或加工有关出口制成品而实施的产品开发。产品开发支出的费用必须与该出口制成品有关，包括生产加工者自行开发、委托该方的自然人或法人开发以及购买该方的自然人或法人拥有的设计、专利权、专有技术、商标权或著作权而支付的费用。支出金额必须能够按照公认的会计原则和《海关估价协定》确定。

三、非原产材料的价值应当根据下列情况之一加以确定：

（一）对于进口的非原产材料，非原产材料的价值应为材料进口时的到岸价格；

（二）对于在一方获得的非原产材料，非原产材料的价值应为在该方最早所能确定的实付或应付价格。该非原产材料的价格不应包括将其从供应商仓库运抵生产商所在地的运费、保险费、包装费及任何其他费用。

四、上述区域价值成分的计算应当符合公认的会计原则及《海关估价协定》。

第十条　微小含量

一、对于不符合附件（产品特定原产地规则）规定的税则归类改变要求的货物，只要其使用的未发生税则归类改变的非原产材料的价值不超过该货物离岸价格的10%，该货物仍应被视为原产货物。

二、非原产材料的价值应根据第九条第三款确定。

第十一条　累积规则

一、一方的原产货物或原产材料在另一方构成另一货物的组成部分时，该货物或材料应当视为原产于后一方。

二、对于适用区域价值成分标准的后一方货物，在不计入前一方原产货物或原产材料价值时的区域价值成分应当按照其计算方法大于或者等于15%（累加法）或20%（扣减法）。

第十二条　微小加工或处理

一、尽管有第七条第（三）项的规定，如果产品仅经过了一项或多项下列操作，不应赋予原产资格：

（一）为确保货物在运输或储藏期间处于良好状态而进行的保存处理；

（二）把物品零部件简单装配成完整品或将产品简单拆卸成零部件；

（三）以销售或展示为目的的包装、拆包或重新打包等处理；

（四）动物屠宰；

（五）洗涤、清洁、除尘、除去氧化物、除油、去漆或者去除其他涂层；

（六）纺织品的熨烫、压平；

（七）简单的上漆、磨光；

（八）谷物及大米的去壳、部分或完全的漂白、抛光、上光；

（九）食糖上色或形成糖块的操作；

（十）水果、坚果及蔬菜的去皮、去核、去壳；

（十一）削尖、简单研磨、简单切割；

（十二）过滤、筛选、挑选、分类、分级、匹配（包括成套物品的组合）、切割、纵切、弯曲、卷绕、展开；

（十三）简单的装瓶、装罐、装袋、装箱、装盒、固定于纸板或木板及其他类似的包装工序；

（十四）在产品或其包装上粘贴或印刷标志、标签、标识及其他类似的区别标记；

（十五）同类或不同类货物的简单混合；

（十六）仅用水或其他物质稀释，未实质改变货物的性质；

（十七）仅为方便港口装卸所进行的工序；

（十八）第（一）至（十七）项中的两项或多项工序的组合。

二、在确定某项货物的生产或者加工是否是本条第一款所述的微小加工或处理时，对该货物在一方进行的所有操作都应被考虑在内。

第十三条　可互换材料

如果在货物的生产过程中使用了可互换材料，则应当通过下述方法确定所使用的材料是否具有原产资格：

（一）材料的物理分离；

（二）出口方公认的会计原则承认的库存管理方法。该库存管理方法应当自启用之日起至少连续使用 12 个月。

第十四条　中性成分

在确定货物是否为原产货物时，下列中性成分的原产地不予考虑：

（一）燃料、能源、催化剂以及溶剂；

（二）用于测试或检验货物的设备、装置以及用品；

（三）手套、眼镜、鞋靴、衣服、安全设备以及用品；

（四）工具、模具以及型模；

（五）用于维护设备和建筑的备件以及材料；

（六）在生产中使用或用于运行设备和维护厂房建筑的润滑剂、油（滑）脂、合成材料以及其他材料；

（七）在货物生产过程中使用，虽未构成该货物组成成分，但能合理表明为该货物生产过程一部分的任何其他货物。

第十五条　包装及容器

一、在确定货物原产地时，用于货物运输的容器及包装材料不予考虑。

二、对于应当适用附件（产品特定原产地规则）所列税则归类改变标准的货物，如果零售用包装材料及容器与该货物一并归类，则在确定该货物的原产地时，零售用包装材料及容器不予考虑。但是，对于必须满足区域价值成分要求的货物，在计算该货物的区域价值成分时，零售用包装材料及容器的价值应当视情况计入原产材料或非原产材料。

第十六条　附件、备件及工具

一、与货物一同报验、一并归类的附件、备件或工具，同时符合下列条件的，应被视为货物的一部分：

（一）与货物一并开具发票的；

（二）其数量及价值是根据商业习惯为该货物正常配备的。

二、对于适用附件（产品特定原产地规则）所列税则归类改变标准的货物，在确定该货物的原产地时，本条第一款所述的附件、备件或工具应不予考虑。

三、对于适用区域价值成分标准的货物，在计算该货物的区域价值成分时，本条第一款所述的附件、备件或工具的价值应当视情况计入原产材料或非原产材料。

第十七条　成套货品

一、对于《协调制度》归类总规则三所定义的成套货品，如果各组成货品均原产于一方，则该成套货品应当视为原产于该方。

二、如果部分组成货品非原产于一方，只要按照第九条所确定的非原产货品的价格不超过该成套货品离岸价格的15%，该成套货品仍应视为原产于该方。

第十八条　直接运输

本协议的零关税待遇只应适用于在双方之间直接运输的货物。

下列情况应视为符合直接运输规则：

（一）货物直接从一方运输至另一方口岸；

（二）货物经过香港运输，但：

1. 仅是由于地理原因或运输需要；

2. 未进入香港进行贸易或消费；

3. 除装卸或保持货物处于良好状态所需的工作外，在香港未进行任何其他加工。

第二节 原产地实施程序

第十九条 原产地证书

一、如货物符合本章规定可视为原产货物，应出口商或生产商申请，一方的授权发证机构可以以电子或者纸质形式签发原产地证书。原产地证书范本由双方主管机构另行商定。

二、一方应当将授权发证机构的名称和地址通知另一方。如该授权发证机构以纸质形式签发原产地证书，则应一并提供该授权发证机构使用的印章样本或其他安全特征。上述名称、地址、印章或其他安全特征的任何变更，应当及时通知另一方海关。

三、原产地证书，应符合下列要求：

（一）原产地证书上具有唯一的编号；

（二）原产地证书应当用中文填写，并且涵盖同一批次发运的一项或多项货物；

（三）注明出口人及收货人信息、离港日期、到货口岸、运输方式、货物的《协调制度》编码（至少6位）、货物描述、数量及计量单位、价格、签证机构信息等；

（四）纸质原产地证书含有样本签名或印章等安全特征，且应当与出口方通知进口方的相符。

四、原产地证书应当在货物装运前或装运时签发，并自出口方签发之日起一年内有效。

五、如果因不可抗力、非故意的错误、疏忽或其他合理原因导致原产地证书未能在货物装运前或装运时签发，原产地证书可以自货物装运之日起一年内补发。补发的原产地证书应注明"补发"字样并自装运之日起一年内有效。

六、纸质原产地证书被盗、遗失或损毁时，出口商或生产商可以向出口方授权发证机构书面申请签发经核准的原产地证书副本。经核准的原产地证书副本上应注明"原产地证书正本（编号_____日期_____）的经核准真实副本"字样。经核准的原产地证书副本有效期与原产地证书正本相同。

第二十条 原产地文件的保存

双方应当要求生产商、出口商和进口商以纸质或电子形式保存证明货物原产资格的文件至少三年，或者依据双方各自法律规定进行保存。双方应当要求其授权发证机构保留原产地证书签发电子信息至少三年。

第二十一条 与进口有关的义务

一、就申请享受零关税的货物，一方可要求符合本章规定原产资格的另一方货物进口时申报原产地信息。

二、申请享受零关税的进口商应当：

（一）根据进口方海关的规定，主动向其申明有关货物享受零关税，并申报相关原产地信息；

（二）应进口方海关要求，提交与进口货物相关的证明文件。

第二十二条　关税或保证金的退还

一、在进口报关时，因故不能联网核对原产地信息的，应进口人要求，进口方海关可按规定办理担保放行。进口方海关应自该货物放行之日起90天内核对其原产地证书情况，根据核对结果办理退还保证金手续或将保证金转为进口关税手续。

二、进口商可在进口方法规规定的时限内要求退还多征的关税税款或缴纳的担保。

三、进口商在进口时未向申报地海关申明所进货物享受零关税的，即使其在事后向海关申请享受零关税并申报原产地信息，已缴税款或保证金不予退还。

第二十三条　原产地电子信息交换系统

一、双方应当按照共同确定的方式建立原产地电子信息交换系统，以确保本章的有效和高效实施。

二、原产地电子信息交换系统的技术方案及执行本协议而对该系统所做的相应技术调整和时间安排应当由双方共同商定。

第二十四条　原产地核查

一、为确定原产地证书的真实性，或者货物原产资格的真实性，或者货物是否满足本章规定的其他要求，进口方海关可通过如下方式核查：

（一）要求进口商提供补充信息；

（二）通过出口方海关，要求出口商或生产商提供补充信息；

（三）要求出口方海关对货物原产地进行核查；

（四）双方海关共同商定的其他程序；

（五）必要时，依据双方海关商定的方式在出口方海关人员陪同下到出口方进行核查访问。

二、进口方海关向出口方海关提出核查请求时，应注明理由，并提供证明核查合理性的相关文件和信息。

三、本条第一款所述的进口商、出口商或生产商收到补充信息要求后，应当及时做出回应，并在收到要求提出之日起90天内做出答复。出口方海关在收到核查请求后，应当在6个月内完成核查并反馈结果。

四、如未在上述规定的期限内收到答复，或者答复结果未包含足以确定有关文件真实性或货物真实原产地的信息，进口方海关可拒绝给予货物零关税待遇。

第二十五条 拒绝给予零关税待遇

除本章另有规定外，在下列任一情况下，进口方可拒绝给予零关税待遇：

一、货物不符合本章的规定。

二、进口商、出口商或生产商未能遵守本章的规定。

三、原产地证书不符合本章的规定。

四、第二十四条第四款规定的情形。

第二十六条 原产地规则工作组

一、双方同意在《安排》联合指导委员会机制下设立原产地规则工作组。

二、原产地规则工作组应由双方原产地规则主管部门代表组成，定期就本章的有效性、一致性以及是否达成本协议的精神及目标进行探讨，按双方商定的模式交换零关税待遇货物的相关数据或信息。

三、应一方请求，原产地规则工作组根据双方原产地规则主管部门商定的机制和时间安排，就零关税货物原产地标准的修订举行磋商，完成磋商后，经修订后的原产地标准由双方对外公布实施。

四、原产地规则工作组应每年至少会晤一次或经双方协商同意后开展会晤。

五、两地海关应会同相关部门每年至少举行一次实施工作会议，回顾原产地核查情况，探讨加强双方合作的措施。

第三节　原产地证书

内地与澳门 CEPA 原产地证书样本如下：

澳门 CEPA 原产地证书打印版本

原 產 地 證 書 [內地與澳門關於建立更緊密經貿關係的安排]

出口商 (名稱及澳門地址) Exportador (nome completo e morada em Macau)	證書編號 Nº. DO CERTIFICADO
收貨人 (名稱及內地地址) Consignatário (nome completo e morada no continente chinês)	簽證日期 DATA DA EMISSÃO
	證書有效截止日期 VÁLIDO ATÉ

離境日期 Data de Saida	工業准照編號 Nº. de Licença Industrial	內部專用 Apenas para Uso Interno
船隻／飛機／火車／貨車編號 Nº. de Navio/Voo/Comboio/Veículo	裝貨地 Local de Carregamento	
到貨口岸 Porto de Descarga	最終目的地 (貨物須駁運者適用) Destino Final(no caso de haver Transbordo)	

商品序號	包裝標誌，數量及貨櫃編號；包裹件數及種類；貨物摘要及產品內地協制編號；離岸價(澳門幣)	數量 (計量單位)	商標名稱或標籤

本人謹證明以上描述之貨物均符合「內地與澳門關於建立更緊密經貿關係的安排」下貨物貿易的原產地規則的要求。

EU, ABAIXO ASSINADO, CERTIFICO QUE AS MERCADORIAS ACIMA MENCIONADAS OBEDECEM AS REGRAS DE ORIGEM ESPECIFICADAS NO ÂMBITO DO ACORDO DE ESTREITAMENTO DAS RELAÇÕES ECONÓMICAS E COMERCIAIS ENTRE O CONTINENTE CHINÊS E MACAU.

印章
Selo

簽署
Assinatura

第二十二章　中华人民共和国特别优惠关税待遇的原产地规则及操作程序

> **【本章导读】** 为了正确确定与我国建交的最不发达国家特别优惠关税待遇进口货物的原产地，促进我国与有关国家间的经贸往来，对于来自与我国建交的最不发达国家进口的货物，符合原产地标准的，可以向海关办理申报进口手续，申请享受特别优惠关税待遇。

第一节　特惠制概述

一、成员国

根据我国对与我国建交的最不发达国家实施免关税待遇措施第一步实施方案，共33个国家可享受特惠税率，包括：埃塞俄比亚联邦民主共和国、贝宁共和国、布隆迪共和国、赤道几内亚共和国、厄立特里亚国、吉布提共和国、刚果民主共和国、几内亚共和国、几内亚比绍共和国、科摩罗联盟、利比里亚共和国、马达加斯加共和国、马里共和国、马拉维共和国、毛里塔尼亚伊斯兰共和国、莫桑比克共和国、卢旺达共和国、塞拉利昂共和国、苏丹共和国、坦桑尼亚联合共和国、多哥共和国、乌干达共和国、赞比亚共和国、莱索托王国、乍得共和国、中非共和国、阿富汗伊斯兰共和国、孟加拉人民共和国、尼泊尔联邦民主共和国、东帝汶民主共和国、也门共和国、萨摩亚独立国、瓦努阿图共和国。其中，尼泊尔联邦民主共和国为首次享受我国给予的有关特惠措施的国家，孟加拉人民共和国在享受免关税待遇措施第一步实施方案的同时仍可以享受《亚太贸易协定》项下特惠措施，其余31个国家不再享受我国曾提供的其他特惠措施。

同时，对原产于安哥拉共和国、佛得角共和国、尼日尔共和国、塞内加尔共和国、索马里联邦共和国、马尔代夫共和国、柬埔寨王国、老挝人民民主共和国和缅甸联邦9国的有关商品暂不实施免关税待遇措施第一步实施方案，但对这 9 国既已实施的特惠措施继续有效。具体来说：对安哥拉共和国等 5 个非洲国家的有关商品继续实施原"非洲 31 国"特惠措施；对马尔代夫共和国的有关商品继续实施《中国—马尔代夫自由贸易协定》项下特惠措施；对柬埔寨王国等 3 个《中国—东盟自由贸易协定》成员国的有关商品继续实施《中国—东盟自由贸易协定》项下特惠措施；对老挝人民民主共和国的有关商品继续实施《亚太贸易协定》项下特惠措施。①

二、 实施过程

2004 年 12 月 30 日，海关总署第 123 号令公布了《中华人民共和国海关关于执行〈中华人民共和国给予非洲最不发达国家特别优惠关税待遇的货物原产地规则〉的规定》。

2006 年 5 月 30 日，海关总署公布《中华人民共和国海关特别优惠关税待遇进口货物原产地管理办法》（海关总署第 149 号令），并自 2006 年 7 月 1 日起施行。海关总署令第 123 号同时废止。

2008 年 9 月 25 日，温家宝总理在联合国千年发展目标高级别会议上宣布，为促进千年发展目标的实现，中国愿意采取 6 项行动，其中之一是：中国将免除最不发达国家 2008 年年底对华到期未还的无息贷款，给予有关最不发达国家 95%的产品零关税待遇。

2010 年 6 月 28 日，海关总署公布《中华人民共和国海关最不发达国家特别优惠关税待遇进口货物原产地管理办法》（海关总署令第 192 号），自 2010 年 7 月 1 日起施行。

从 2010 年 7 月 1 日起，对埃塞俄比亚等 33 个最不发达国家实施免关税待遇措施第一步实施方案；对安哥拉共和国、佛得角共和国、尼日尔共和国、塞内加尔共和国、索马里联邦共和国、马尔代夫共和国、柬埔寨王国、老挝人民民主共和国和缅甸联邦 9 国的商品暂不实施免关税待遇措施第一步实施方案，但对这 9 国既已实施的特惠措施继续有效。具体来说：对安哥拉共和国等 5 个非洲国家的有关商品继续实施原"非洲 31 国"特惠措施；对马尔代夫共和国的有关商品继续实施《中国—马尔代夫自由贸易协定》项下特惠措施；对柬埔寨王国等 3 个《中国—东盟自由贸易协定》成员国的有关商品继续实施《中国—东盟自由贸易协定》项下特惠措施；对老挝人民民主共和国的有关商品继续实施《亚太贸易协定》项下特惠措施。

2017 年 2 月 27 日，海关总署署务会议审议通过《中华人民共和国海关关

---

① 上述"非洲 31 国"、"也门 6 国"、《中国—东盟自由贸易协定》及《亚太贸易协定》项下特惠税率商品清单见海关总署公告 2009 年第 88 号。

于最不发达国家特别优惠关税待遇进口货物原产地管理办法》，2010 年 6 月
28 日海关总署令第 192 号公布的《中华人民共和国海关最不发达国家特别优
惠关税待遇进口货物原产地管理办法》、2013 年 7 月 1 日海关总署令第 210 号
公布的《海关总署关于修改〈中华人民共和国海关最不发达国家特别优惠关
税待遇进口货物原产地管理办法〉的决定》同时废止。

三、 原产地标准

中华人民共和国特别优惠关税待遇的原产地判定标准采用完全获得和实
质性改变标准。实质性改变标准规定，在受惠国境内使用非受惠国原产材料
进行制造或者加工，所得货物在《税则》中的四位数级税则归类发生变化的，
应当视为原产于该受惠国的货物；或者，在受惠国境内使用非受惠国原产材
料生产的货物，其区域价值成分不低于所得货物价格 40% 的，应当视为原产
于该受惠国的货物。

目前，我国尚未制定产品特定原产地标准清单。

第二节 原产地规则

海关总署令第 231 号《中华人民共和国海关关于最不发达国家特别优惠
关税待遇进口货物原产地管理办法》于 2017 年 2 月 27 日经海关总署颁布，
并自 2017 年 4 月 1 日起施行。该署令对原产地规则做出了明确规定。

第一条 为了正确确定与我国建交的最不发达国家特别优惠关税待遇进
口货物的原产地，促进我国与有关国家间的经贸往来，根据《中华人民共和
国海关法》《中华人民共和国进出口货物原产地条例》的有关规定，制定本办
法。

第二条 本办法适用于从与我国建交的最不发达国家（以下称受惠国）
进口并且享受特别优惠关税待遇货物的原产地管理。

第三条 进口货物符合下列条件之一的，其原产国为受惠国：

（一）完全在受惠国获得或者生产的；

（二）在受惠国境内全部使用符合本办法规定的原产材料生产的；

（三）在受惠国境内非完全获得或者生产，但是在该受惠国完成实质性改
变的。

本条第一款第（三）项所称"实质性改变"，按照本办法第五条、第六
条规定的标准予以确定。

原产于受惠国的货物，从受惠国直接运输至中国境内的，可以按照本办
法规定申请适用《中华人民共和国进出口税则》（以下简称《税则》）中相

应的特惠税率。

第四条 本办法第三条第一款第（一）项所称"完全在受惠国获得或者生产"的货物是指：

（一）在该受惠国出生并且饲养的活动物；

（二）在该受惠国从本条第（一）项所指的动物中获得的货物；

（三）在该受惠国收获、采摘或者采集的植物和植物产品；

（四）在该受惠国狩猎或者捕捞获得的货物；

（五）在该受惠国注册或者登记，并且合法悬挂该受惠国国旗的船只，在该受惠国根据符合其缔结的相关国际协定可以适用的国内法有权开发的境外水域得到的鱼类、甲壳类动物以及其他海洋生物；

（六）在该受惠国注册或者登记，并且合法悬挂该受惠国国旗的加工船上加工本条第（五）项所列货物获得的货物；

（七）在该受惠国开采或者提取的矿产品以及其他天然生成物质，或者从该受惠国根据符合其缔结的相关国际协定可以适用的国内法有权开采的境外水域、海床或者海床底土得到或者提取的除鱼类、甲壳类动物以及其他海洋生物以外的货物；

（八）在该受惠国消费过程中产生并且收集的仅适用于原材料回收的废旧物品；

（九）在该受惠国加工制造过程中产生的仅适用于原材料回收的废碎料；

（十）利用本条第（一）项至第（九）项所列货物在该受惠国加工所得的货物。

第五条 除《与我国建交的最不发达国家产品特定原产地规则》另有规定外，在受惠国境内使用非受惠国原产材料进行制造或者加工，所得货物在《税则》中的四位数级税则归类发生变化的，应当视为原产于该受惠国的货物。

使用非受惠国原产材料制造或者加工的货物，生产过程中所使用的非原产材料不符合本条第一款规定，但是按照《海关估价协定》确定的非原产材料成交价格不超过该货物价格的10%，并且符合本办法其他适用规定的，该货物仍然应当视为受惠国原产货物。

第六条 除《与我国建交的最不发达国家产品特定原产地规则》另有规定外，在受惠国境内使用非受惠国原产材料生产的货物，其区域价值成分不低于所得货物价格40%的，应当视为原产于该受惠国的货物。

本条第一款所称货物的区域价值成分应当按照下列方法计算比例：

$$区域价值成分 = \frac{货物价格 - 非原产材料价格}{货物价格} \times 100\%$$

其中，"货物价格"是指按照《海关估价协定》，在船上交货价格（FOB）基础上调整的货物价格。"非原产材料价格"是指按照《海关估价协定》确定的非原产材料的进口成本、运至目的港口或者地点的运费和保险费（CIF），包括不明原产地材料的价格。非原产材料由生产商在受惠国境内获得时，按照《海关估价协定》确定的成交价格，不包括将该非原产材料从供应商仓库运抵生产商所在地过程中产生的运费、保险费、包装费以及其他任何费用。

第七条 原产于中国的货物或者材料在受惠国境内被用于生产另一货物的，该货物或者材料应当视为受惠国的原产货物或者材料。

受惠国是特定区域性集团成员国的，该集团内其他受惠国的原产货物或者材料在该受惠国用于生产另一货物时，所使用的其他受惠国的原产货物或者材料可以视为该受惠国的原产货物或者材料。

第八条 下列微小加工或者处理不影响货物原产地确定：

（一）为确保货物在运输或者储藏期间处于良好状态而进行的处理。

（二）把物品零部件装配成完整品，或者将产品拆成零部件的简单装配或者拆卸。

（三）更换包装、分拆、组合包装。

（四）洗涤、清洁、除尘、除去氧化物、除油、去漆以及去除其他涂层。

（五）纺织品的熨烫或者压平。

（六）简单的上漆以及磨光工序。

（七）谷物以及大米的去壳、部分或者完全地漂白、抛光以及上光。

（八）食糖上色或者加味，或者形成糖块的操作；部分或者全部将晶糖磨粉。

（九）水果、坚果以及蔬菜的去皮、去核以及去壳。

（十）削尖、简单研磨或者简单切割。

（十一）过滤、筛选、挑选、分类、分级、匹配（包括成套物品的组合）、纵切、弯曲、卷绕、展开。

（十二）简单装瓶、装罐、装壶、装袋、装箱或者装盒、固定于纸板或者木板以及其他简单的包装工序。

（十三）在产品或者其包装上粘贴或者印刷标志、标签、标识以及其他类似的区别标记。

（十四）同类或者不同类产品的简单混合，糖与其他材料的混合。

（十五）测试或者校准。

（十六）仅仅用水或者其他物质稀释，未实质改变货物的性质。

（十七）干燥、加盐（或者盐渍）、冷藏、冷冻。

（十八）动物屠宰。

（十九）第（一）项至第（十八）项中两项或者多项工序的组合。

第九条 属于《税则》归类总规则三所规定的成套货物，其中全部货物均原产于某一受惠国的，该成套货物即为原产于该受惠国；其中部分货物非原产于该受惠国，但是按照本办法第六条确定的比例未超过该成套货物价格15%的，该成套货物仍应当视为原产于该受惠国。

第十条 在确定货物的原产地时，货物生产过程中使用，本身不构成货物物质成分，也不成为货物组成部件的下列材料或者物品，其原产地不影响货物原产地的确定：

（一）燃料、能源、催化剂以及溶剂；

（二）用于测试或者检验货物的设备、装置以及用品；

（三）手套、眼镜、鞋靴、衣服、安全设备以及用品；

（四）工具、模具以及型模；

（五）用于维护设备和厂房建筑的备件以及材料；

（六）在生产中使用或者用于运行设备和维护厂房建筑的润滑剂、油（滑）脂、合成材料以及其他材料；

（七）在货物生产过程中使用，未构成该货物组成成分，但是能够合理表明其参与了该货物生产过程的任何其他货物。

第十一条 货物适用税则归类改变标准的，在确定货物的原产地时，与货物一起申报进口并在《税则》中与该货物一并归类的包装、包装材料和容器，以及正常配备的附件、备件、工具以及介绍说明性材料，不单独开具发票的，其原产地不影响货物原产地的确定。

货物适用区域价值成分标准的，在计算货物的区域价值成分时，与货物一起申报进口并在《税则》中与该货物一并归类的包装、包装材料和容器，以及正常配备的附件、备件、工具以及介绍说明性材料的价格应当予以计算。

第十二条 本办法所称直接运输，是指受惠国原产货物从该受惠国直接运输至我国境内，途中未经过中国和该受惠国以外的其他国家或者地区（以下简称"其他国家或者地区"）。

受惠国原产货物经过其他国家或者地区运输至我国境内，不论在运输途中是否转换运输工具或者作临时储存，同时符合下列条件的，应当视为直接运输：

（一）未进入其他国家或者地区的贸易或者消费领域；

（二）该货物在经过其他国家或者地区时，未做除装卸或者其他为使货物保持良好状态所必需的处理以外的其他处理；

（三）处于该国家或者地区海关的监管之下。

本条第二款规定情形下，相关货物进入其他国家或者地区停留时间最长不得超过6个月。

第三节　原产地规则的海关程序

《中华人民共和国海关关于最不发达国家特别优惠关税待遇进口货物原产地管理办法》第十三条至第二十三条对原产地证书的签发和核查做出了具体规定。

第十三条　海关有证据证明进口货物有规避本办法嫌疑的，该进口货物不得享受特别优惠关税待遇。

第十四条　进口货物收货人或者其代理人应当在运输工具申报进境之日起 14 日内按照海关的申报规定填制《中华人民共和国海关进口货物报关单》，申明适用特惠税率，并且同时提交下列单证，海关总署另有规定的除外：

（一）符合本办法规定，并且在有效期内的原产地证书（格式见附件 1）或者原产地声明（格式见附件 2）；

（二）货物的商业发票；

（三）货物的全程运输单证。

货物经过其他国家或者地区运输至中国境内的，还应当提交其他国家或者地区海关出具的证明文件或者海关认可的其他证明文件。

海关已经通过相关信息交换系统接收受惠国原产地证书、证明文件电子数据的，对于该受惠国的原产货物，进口货物收货人或者其代理人无须提交相应的纸本单证。

进口货物收货人或者其代理人提交的本条第一款第（三）项所述运输单证可以满足直接运输相关规定的，也无须提交本条第二款所述证明文件。

第十五条　除海关总署另有规定外，原产地申报为受惠国的进口货物，其进口货物收货人或者其代理人在申报进口时未提交有效原产地证书或者原产地声明，或者海关未接收到第十四条第三款所述电子数据的，应当在货物放行前就该进口货物是否具备受惠国原产资格向海关进行补充申报（格式见附件 3）。

进口货物收货人或者其代理人依照前款规定就进口货物具备受惠国原产资格向海关进行补充申报并且依法提供相应税款担保的，海关按照规定办理进口手续，依照法律、行政法规规定不得办理担保的情形除外。由于提前放行等原因已经提交了与货物可能承担的最高税款总额相当的税款担保的，可以不再单独就货物是否具有原产资格提供担保。

进口货物收货人或者其代理人未按照有关规定向海关申报进口的，或者进口货物收货人或者其代理人在货物申报进口时未申明适用《税则》中的特惠税率，也未按照本条规定就该进口货物是否具备受惠国原产资格进行补充申报的，有关进口货物不适用《税则》中的特惠税率。

进口货物收货人或者其代理人在货物放行后向海关申请适用《税则》中特惠税率的，已征税款不予调整。

第十六条 进口货物收货人或者其代理人向海关提交的有效原产地证书应当同时符合下列条件：

（一）由受惠国政府指定的签证机构在货物不晚于出口后 5 个工作日内签发；

（二）符合本办法附件 1 所列格式，以英文填制；

（三）符合与受惠国通知中国海关的签证机构印章样本，以及海关或者口岸主管部门印章和签名相符等安全要求；

（四）所列的一项或者多项货物为同一批次的进口货物；

（五）具有不重复的有效原产地证书编号；

（六）注明确定货物具有原产资格的依据。

原产地证书自签发之日起 1 年内有效。

第十七条 海关已经应进口货物收货人或者其代理人申请依法作出原产地裁定，确认进口货物原产地为受惠国的，如果该裁定处于有效状态，据以作出该裁定的依据和事实也没有发生变化的，则该裁定项下货物进口时，进口货物收货人或者其代理人可以向海关提交原产地声明，申明适用《税则》中的特惠税率。

进口货物收货人或者其代理人向海关提交的原产地声明应当同时符合下列条件：

（一）符合本办法附件 2 所列格式，并且以中文填制；

（二）由进口货物收货人或者其代理人打印后填写并且正确署名；

（三）一份原产地声明只能对应一项裁定。

该声明自署名之日起 1 年内有效。

第十八条 海关对原产地证书的真实性、相关货物是否原产于相关受惠国或者是否符合本办法其他规定产生怀疑时，海关总署可以直接或者通过中国驻相关受惠国使领馆经济商务参赞处（室）向受惠国海关或者有效原产地证书签证机构提出核查要求，并且要求其自收到核查要求之日起 180 日内予以答复。必要时，经受惠国相关主管部门同意，海关总署可以派员访问受惠国的出口商或者生产商所在地，对受惠国主管机构的核查程序进行实地考察。

海关对进口货物收货人或者其代理人提交的原产地声明有疑问的，可以对出具该原产地声明的进口货物收货人或者其代理人开展核查，被核查的进口货物收货人或者其代理人应当自收到核查要求之日起 180 日内向海关提交书面答复。

未能在上述期限内收到答复的，该货物不得适用特惠税率。

在等待受惠国原产地证书核查结果期间，依照进口货物收货人或者其代理人的申请，海关可以依法选择按照该货物适用的最惠国税率、普通税率或者其他税率收取等值保证金后放行货物，并按规定办理进口手续、进行海关统计。核查完毕后，海关应当根据核查结果，立即办理退还保证金手续或者办理保证金转为进口税款手续，海关统计数据应当作相应修改。

对国家限制进口或者有违法嫌疑的进口货物，海关在原产地证书核查完毕前不得放行。

第十九条 有下列情形之一的，自货物进口之日起1年内，进口货物收货人或者其代理人可以在海关批准的担保期限内向海关申请解除税款担保：

（一）进口货物收货人或者其代理人已经按照本办法规定向海关进行补充申报并且提交了本办法第十四条所述有效原产地证书、原产地声明或者证明文件的；

（二）海关收到本办法第十四条第一款第（一）项、第二款所述电子数据的。

第二十条 同一批次进口的受惠国原产货物，经海关依法审定的完税价格不超过6000元人民币的，免予提交有效原产地证书或者原产地声明。

为规避本办法规定，一次或者多次进口货物的，不适用前款规定。

第二十一条 原产地证书被盗、遗失或者损毁，并且未经使用的，进口货物收货人或者其代理人可以要求该进口货物的出口人向受惠国原签证机构申请在原证书有效期内签发经核准的原产地证书真实副本。该副本应当在备注栏以英文注明"原产地证书正本（编号＿＿＿＿＿＿日期＿＿＿＿＿＿）经核准的真实副本"字样。经核准的原产地证书真实副本向海关提交后，原产地证书正本失效。原产地证书正本已经使用的，经核准的原产地证书副本无效。

第二十二条 有下列情形之一的，原产地证书可以在货物出口之日起1年内予以补发：

（一）由于不可抗力没有在货物不晚于出口后5个工作日内签发原产地证书的；

（二）授权机构确信已签发原产地证书，但由于不符合本办法第十六条规定，原产地证书未被海关接受的。

补发的原产地证书应当以英文注明"补发"字样。本条第一款第（一）项情形下，补发证书自货物实际出口之日起1年内有效；在第一款第（二）项情形下，补发证书的有效期应当与原原产地证书的有效期相一致。

第二十三条 具有下列情形之一的，进口货物不适用特惠税率：

（一）进口货物不具备受惠国原产资格；

（二）申报进口时，进口货物收货人或者其代理人没有按照本办法第十四条规定提交有效原产地证书或者原产地声明，也未就进口货物是否具备受惠

国原产资格进行补充申报的;

（三）原产地证书或者原产地声明不符合本办法规定的;

（四）原产地证书所列货物与实际进口货物不符的;

（五）自受惠国海关或者签证机构收到原产地核查请求之日起 180 日内，海关没有收到受惠国海关或者签证机构答复结果，或者该答复结果未包含足以确定有效原产地证书真实性或者货物真实原产地信息的;

（六）自进口货物收货人或者其代理人收到原产地核查请求之日起 180 日内，海关没有收到进口货物收货人或者其代理人答复结果，或者该答复结果未包含足以确定有效原产地证书真实性或者货物真实原产地信息的;

（七）进口货物收货人或者其代理人存在其他不遵守本办法有关规定行为的。

第二十四条 海关对依照本办法规定获得的商业秘密依法负有保密义务。未经进口货物收货人同意，海关不得泄露或者用于其他用途，但是法律、行政法规及相关司法解释另有规定的除外。

第二十五条 违反本办法，构成走私行为、违反海关监管规定行为或者其他违反《中华人民共和国海关法》行为的，由海关依照《中华人民共和国海关法》和《中华人民共和国海关行政处罚实施条例》的有关规定予以处理;构成犯罪的，依法追究刑事责任。

第二十六条 本办法下列用语的含义:

受惠国，是指与中国签有对最不发达国家特别优惠关税待遇换文的国家或者地区。

材料，是指以物理形式构成另一货物的组成部分或者在生产另一货物的过程中所使用的货物，包括任何组件、零件、部件、成分或者原材料。

原产材料，是指根据本办法规定具备原产资格的材料。

生产，是指货物获得的方法，包括货物的种植、饲养、提取、采摘、采集、开采、收获、捕捞、诱捕、狩猎、制造、加工或者装配。

《海关估价协定》，是指作为《马拉喀什建立世贸组织协定》一部分的《关于履行 1994 年关税与贸易总协定第 7 条的协定》。

第二十七条 本办法中《与我国建交的最不发达国家产品特定原产地规则》和区域性集团名单由海关总署另行公告。

第二十八条 本办法由海关总署负责解释。

第二十九条 本办法自 2017 年 4 月 1 日起施行。2010 年 6 月 28 日海关总署令第 192 号公布的《中华人民共和国海关最不发达国家特别优惠关税待遇进口货物原产地管理办法》、2013 年 7 月 1 日海关总署令第 210 号公布的《海关总署关于修改〈中华人民共和国海关最不发达国家特别优惠关税待遇进口货物原产地管理办法〉的决定》同时废止。

第四节　原产地证书

一、 原产地证书样本（中文）

证书样本 （中文）

1.出口商的名称、地址：	证书编号： **中国给予特别优惠关税待遇 原产地证书** （申报与证书合一） 签发国 (填制方法详见证书背页说明)	
2.生产商的名称、地址：		
3.收货人的名称、地址：	供官方使用：	
4.运输方式及路线 　离港日期 　船舶/飞机/火车/车辆编号 　装货口岸 　卸货口岸	5.备注：	

6.项目号	7.唛头及包装号；	8.包装数量及种类； 商品描述	9.HS 编码 （6 位数编码）	10.原产地标准	11.净重、数量（数量单位）或其他计量单位（升、立方米等）	12.发票号码、发票日期及发票价格

| 13.出口商声明
下列签字人声明上述资料及申报正确无讹，所有货物产自

……………………
　　　　　（国家）
且符合出口至中国的特别优惠关税待遇货物所适用的原产地要求。

……………………
地点和日期，有权签字人的签字 | 14.证明
根据所实施的监管，兹证明出口商所做申报正确无讹。

地点、日期和签证机构印章 | 15.海关或者口岸主管部门验核
兹证明申报出口的货物与此证书之描述相符。

地点、时间和出口国海关或者口岸主管部门的印章或者签名 |

第 1 页（共　　页）

背页填制说明

证书编号：授权签证机构签发原产地证书的序列号。

第1栏：填写受惠国出口商的名称、地址（包括国家）。

第2栏：填写受惠国生产商详细的依法登记的名称、地址（包括国家）。如果证书包含一家以上生产商的商品，应列出其他生产商详细的依法登记的名称、地址（包括国家）。如果出口商或生产商希望对信息予以保密，可以填写"应要求提供"。如果生产商和出口商相同，应填写"同上"。

第3栏：填写中国关境收货人的名称、地址。

第4栏：填写运输方式及路线、离港日期、运输工具编号、装货港口和卸货港口。

第5栏：可以填写顾客订货单号码、信用证号码等其他信息。

第6栏：填写货物项目号，最多不能超过50项。

第7栏：填写唛头及包装号。

第8栏：填写货品名称、包装数量及种类。如果是散装货，应注明"散装"。在商品描述末尾加上"＊＊＊"（三颗星）或"＼"（结束斜线符号）。

第9栏：填写货物对应的《协调制度》六位数编码。

第10栏：若货物符合原产地规则，出口商必须按照下表所示方式，在本证书第10栏中申明其货物享受特别优惠关税待遇所依据的原产地标准。

原产地标准	填入第10栏
该货物是根据第四条（完全获得货物）的相关规定，在受惠国境内完全获得或生产。	WO
该货物在受惠国境内完全由本规则确定的原产材料生产。	WP
货物适用区域价值成分40%或者四位数税号改变标准。	CTH or RVC 40%
货物适用产品特定原产地规则所规定的标准，应具体注明适用的标准。	Criterion as specified in PSR

第11栏：净重应填写"千克"，数量应填写数量单位，体积可填写升或立方米等。

第12栏：应填写发票号码、开发票日期以及发票价格。

第13栏：本栏目必须由出口商填写、签名并填写日期。

第14栏：本栏必须由授权签证机构的授权人员填写地点、签证日期并盖章。

第15栏：本栏必须由受惠国海关或者口岸主管部门当局的授权人员填写地点、签证日期并盖章或者签名。

当原产地证书一页填制不下多项商品时，可以附页填制。第二页应列出原产地证书第一页所列的第6至15栏内容，并标注原产地证书号码，该号码与第一页证书号码相同，同时必须有签证机构的印章和出口国海关或者口岸主管部门印章或者签名。

6.项目号	7.唛头及包装号；	8.包装数量及种类；商品描述	9.HS 编码（6 位数中国编码）	10.原产地标准	11.净重、数量（数量单位）或其他计量单位（升、立方米等）	12.发票号码、发票日期及发票价格

13.出口商声明 下列签字人声明上述资料及申报正确无讹，所有货物产自 ....（国家） 且符合出口至中国的特别优惠关税待遇货物所适用的原产地要求。 .... 地点和日期，有权签字人的签字	14.证明 根据所实施的监管，兹证明出口商所做申报正确无讹。 .... 地点、日期和签证机构印章	15.海关或者口岸主管部门验核 兹证明申报出口的货物与此证书之描述相符。 .... 地点、时间和出口国海关或者口岸主管部门的印章或者签名

第 2 页（共　　页）

421

二、 原产地证书样本（英文）

证书样本（英文）

ORIGINAL

1.Exporter's name and address :	Certificate No. :
2. Producer's name and address :	**CERTIFICATE OF ORIGIN** **Form for the Special Preference** **Treatment** **(Combination of Declaration and** **Certificate of Origin)** Issued in _____ (see Overleaf Instruction)
3.Consignee's name and address :	
	Official use only :
4.Means of transport and route Departure Date: Vessel/Flight/Train/Vehicle No.: Port of loading: Port of discharge:	
	5.Remarks :

6.Item number	7. Marks and packages NO.	8. Number and kind of packages; description of goods	9. HS code (Six-digit code)	10. Origin criterion	11. Net weight, quantity (Quantity Unit) or other measures(liters,m³ ,etc.)	12. Number, date and value of invoice

13. Declaration by the Exporter: The undersigned hereby declares that the above details and statements are correct, that all the goods were produced in	14.Certification: On the basis of control carried out, it is hereby certified that the declaration the exporter made is authentic.	15.Verification of Customs or Port Competent Department: It is certified that the goods declaring export are the same as described on the Certificate.
.... (country) and that they comply with the origin requirements specified in the Special Preference Treatment for the goods exported to China. .... Place and date, signature of authorized signatory	.... Place and date, stamp of authorized body	.... Place and date, stamp or signature of the Customs or Port Competent Department of export country

Page 1 of

Overleaf Instruction

Certificate No. ：Serial number of Certificate of Origin assigned by the authorized issuing body.

Box 1：State the full legal name and address（including country）of the exporter in a beneficiary country.

Box 2：State the full legal name and address（including country）of the producer in a beneficiary country. If goods from more than one producer are included in the certificate, list the additional producers, including their full legal name and address（including country）. If the exporter or the producer wishes to maintain this information as confidential, it is acceptable to state "AVAILABLE UPON REQUEST". If the producer and the exporter are the same, please complete field with "SAME".

Box 3：State the full legal name and address of the consignee in the customs territoryof China.

Box 4：Complete the means of transport and route and specify the departure date, transport vehicle No. , port of loading, and port of discharge.

Box 5：State the order number, number of LC or other information.

Box 6：State the item number, 50 is the maximum.

Box 7：State the shipping marks and numbers on packages.

Box 8：The name of goods and the number and kind of packages shall be specified. If the goods are not packed, state "IN BULK". In the end of the description of goods, add " * * * " or " \ " .

Box 9：Identify the HS tariff classification to six-digit corresponding to the goods.

Box 10：If the goods satisfy the requirement of the Rules of Origin, the exporter shall indicate in Box10 the origin criteria on the basis of which he claims that his goods qualify for the Special Preference Treatment , in the manner shown in the following table：

origincriteria	tobefilledinbox10
The goods are wholly obtained or produced in the territory of the beneficiary country as set out and defined in Article 4.	WO
The goods are produced used entirely by the originating materials in the territory of the beneficiary country.	WP
When the goods are subject to RVC criteria, RVC40% or CTH.	CTH or RVC40%
When the goods are subject to a requirement stipulated in PSR, the specified criteria shall be indicated.	Criterion as specified in PSR.

Box 11：Net weight shall be shown in kilograms here. Quantity shall be shown in quantity unit. Volume may be filled in the unit of liters orm^3.

Box 12：Invoice number, date of invoices and invoiced value shall be shown here.

Box 13: The field shall be completed, signed and dated by the exporter of the beneficiary country.

Box 14: The field shall be completed with place, issuing date and stamped by the officer of the issuing body.

Box 15: The field shall be completed with place, issuing date by the officer of the customs or port competent authority in the beneficiary country. Meanwhile, the field shall be stamped or signed by the officers said above.

In case where there is not enough space on the first page of a Certificate of Origin for multiple lines of goods, additional pages can be used. The Certificate number will be the same as that shown on the first page. Box6to box15shall be presented in the additional pages, together with the stamp of issuing body and the stamp or signature of the customs or the port competent authority.

Certificate NO.

6.Item number	7. Marks and packages NO.	8. Number and kind of packages; description of goods	9. HS code (Six-digit code)	10. Origin criterion	11. Net weight, quantity(Quantity Unit) or other measures(liters,m^3 ,etc.)	12. Number, date and value of invoice

13. Declaration by the Exporter:	14.Certification:	15.Verification of Customs or Port Competent Department:
The undersigned hereby declares that the above details and statements are correct, that all the goods were produced in …………………………………… (country) and that they comply with the origin requirements specified in the Special Preference Treatment for the goods exported to China. ………………………… Place and date, signature of authorized signatory	On the basis of control carried out, it is hereby certified that the declaration the exporter made is authentic. …………………………… Place and date, stamp of authorized body	It is certified that the goods declaring export are the same as described on the Certificate. …………………………… Place and date, stamp or signature of the Customs or Port Competent Department of export country

Page 2 of

第二十三章　《区域全面经济伙伴关系》协定（RCEP）原产地规则及操作程序

【本章导读】《区域全面经济伙伴关系协定》（RCEP）由东盟于2012年发起，历经8年、31轮正式谈判。2020年11月15日，东盟十国及中国、日本、韩国、澳大利亚、新西兰的贸易部长共同签署《区域全面经济伙伴关系协定》。RCEP现有15个成员国总人口、经济体量、贸易总额均占全球总量约30%，意味着全球约三分之一的经济体量形成一体化大市场。15个成员之间采用双边两两出价的方式对货物贸易自由化作出安排，协定生效后区域内90%以上的货物贸易将最终实现零关税，且主要是立刻降税到零和10年内降税到零，使RCEP自由贸易区有望在较短时间兑现所有货物贸易自由化承诺。

在原产地规则方面，RCEP在本地区使用区域累积原则，使得产品原产地价值成分可在15个成员构成的区域内进行累积，来自RCEP任何一方的价值成分都会被考虑在内，这将显著提高协定优惠税率的利用率。例如，根据此前成员间双边自由贸易协定原产地规则不能算作某国原产的某一产品，经过区域价值累积后，将可能被认定为RCEP区域原产，享受RCEP优惠关税。这将有助于跨国公司更加灵活地进行产业布局，建立更精细更完善的产业链分工体系，降低最终产品的生产成本，不仅有助于扩大RCEP成员之间的贸易，还将极大地促进区域供应链、价值链的深度融合和发展。

同时，相较于以往的"10+1"协定，RCEP进一步丰富了原产地证书的类型，在传统原产地证书之外，还将允许经核准的出口商声明及出口商的自主声明，标志着原产地声明制度将由官方授权的签证机构签发模式转变为企业信用担保的自主声明模式，大大地节省政府的行政管理成本和企业的经营成本，进一步提高货物的通关时效。

第一节　概　述

一、　成员国

成员国为中国、东盟十国、日本、韩国、澳大利亚和新西兰。《区域全面经济伙伴关系协定》（RCEP）是目前全球规模最大的自由贸易协定。

二、　谈判过程

《区域全面经济伙伴关系协定》（RCEP）谈判于 2012 年 11 月正式启动，涉及中小企业、投资、经济技术合作、货物和服务贸易等 10 多个领域。2019 年 11 月 4 日，第三次《区域全面经济伙伴关系协定》领导人会议发表联合声明，宣布 15 个成员国结束全部文本谈判及实质上所有市场准入谈判，将启动法律文本审核工作，印度因"有重要问题尚未得到解决"而暂时没有加入协定。

2020 年 11 月 15 日，第四次《区域全面经济伙伴关系协定》领导人会议举行，东盟十国及中国、日本、韩国、澳大利亚、新西兰 15 个国家正式签署《区域全面经济伙伴关系协定》（RCEP），标志着全球规模最大的自由贸易协定正式达成。

三、　降税安排

在货物贸易方面，15 个成员国之间采用双边两两出价的方式对货物贸易自由化作出安排，协定生效后区域内 90% 以上的货物贸易将最终实现零关税，且主要是立刻降税到零和 10 年内降税到零，使 RCEP 自由贸易区有望在较短时间内兑现所有货物贸易自由化承诺。

四、　原产地标准

RCEP 在确保适用实质性改变原则的同时，突出了技术可行性、贸易便利性和商业友好性，以使企业尤其是中小企业易于理解和使用该协定。协定还允许在确定货物是否适用 RCEP 关税优惠时，将来自 RCEP 任何缔约方的价值成分都考虑在内，即实行原产成分累积规则。

第二节　关于货物贸易的原产地规则

《区域全面经济伙伴关系协定》对货物贸易的原产地规则做了明确规定。
具体如下：

第一条　定义

就本章而言：

（一）水产养殖是指对水生生物的养殖，包括鱼类、软体动物、甲壳动物、其他水生无脊椎动物以及水生植物，从卵、鱼苗、鱼种和幼体等苗种开始，在饲养或培育的过程中，通过定期放养、喂食或防止捕食者侵袭等介入方式，以提高产量；

（二）CIF 价值是指包括运抵进口国进境口岸或地点的保险费和运费在内的进口货物价值；

（三）主管部门是指由一缔约方指定并通知所有其他缔约方的一个或多个政府机构；

（四）海关是指第四章第一条（定义）第（一）项中定义的海关；

（五）FOB 价值是指包括无论以何种运输方式将货物运抵最终出境口岸或地点的运输费用在内的船上交货 价值；

（六）可互换货物或材料是指出于商业目的可相互替换的，性质实质相同的货物或材料；

（七）公认会计准则是指一缔约方普遍接受或官方认可的有关记录收入、费用、成本、资产和负债、信息披露以及编制财务报表的会计准则。这些准则既包括普遍适用的广泛性指导原则，也包括详细的标准、惯例和程序；

（八）货物是指任何商品、产品、物品或材料；

（九）签证机构是指由一缔约方指定或授权签发原产地证书并依照本章通知其他缔约方的实体；

（十）材料是指用于生产另一货物的货物；

（十一）非原产货物或非原产材料是指根据本章规定不具备原产资格的货物或材料；

（十二）原产货物或原产材料是指根据本章规定具备原产资格的货物或材料；

（十三）生产商是指从事货物生产的人；以及

（十四）生产是指获得货物的方法，包括货物的种植、开采、收获、耕种、养育、繁殖、提取、收集、采集、捕获、捕捞、水产养殖、诱捕、狩猎、制造、生产、加工或装配。

第二条 原产货物

就本协定而言，符合下列条件之一并满足本章其他适用要求的货物应当视为原产货物：

（一）根据第三章第三条（完全获得或者生产的货物）在一缔约方完全获得或者生产；

（二）在一缔约方仅使用来自一个或一个以上缔约方的原产材料生产；或者

（三）在一缔约方使用非原产材料生产，并且符合第三章附件一（产品特定原产地规则）所列的适用要求。

第三条 完全获得或者生产的货物

就第三章第二条（原产货物）而言，下列货物应当视为在一缔约方完全获得或者生产：

（一）在该缔约方种植、收获、采摘或收集的植物或植物货物，包括果实、花卉、蔬菜、树木、海藻、菌类和活植物；

（二）在该缔约方出生并饲养的活动物；

（三）从该缔约方饲养的活动物中获得的货物；

（四）在该缔约方通过狩猎、诱捕、捕捞、耕种、水产养殖、收集或捕获直接获得的货物；

（五）从该缔约方土壤、水域、海床或海床底土提取或得到的未包括在上述第（一）项至第（四）项范围的矿物质或其他天然生成物质；

（六）从缔约方和非缔约方领海以外的水域、海床或海床底土，由该缔约方的船只①获得的海洋渔获产品和其他海洋生物并且由该缔约方或该缔约方的人获得的其他货物，且符合国际法规定，对于从缔约方或非缔约方的专属经济区捕捞的海洋渔获产品和其他海洋生物，该缔约方或该缔约方的人应当有权开发②该专属经济区，对于其他货物，该缔约方或该缔约方的人应当依据国际法有权开采相关海床和海床底土；

（七）该缔约方船只依照国际法在公海获得的海洋渔获产品和其他海洋生

---

① 就本条而言，"该缔约方的加工船"或"该缔约方的船只"分别指加工船或船只：在该缔约方注册，并且有权悬挂该缔约方旗帜。

尽管有前述规定，在澳大利亚专属经济区内作业的任何加工船或船只，如果符合不时修订的《1991 年渔业管理法（联邦）》或任何后续立法对"澳大利亚船"的定义，应当分别视为澳大利亚加工船或船只。为进一步明确，当此类加工船或船只在澳大利亚专属经济区以外作业时，应当适用本脚注的要求。

② 为确定海洋渔获产品和其他海洋生物的原产地，本项中的"有权开发"包括一缔约方与沿海国之间的任何协定或安排所产生的获得沿海国渔业资源的权利。

物；

（八）在该缔约方加工船上仅使用第（六）项或第（七）项所述的货物进行加工或制造的货物；

（九）满足下列条件的货物：

1. 在该缔约方生产或消费中产生的，仅适用于废弃处置、原材料回收或回收利用的废碎料；或者

2. 在该缔约方收集的仅适用于废弃处置、回收原材料或回收利用的旧货物；以及

（十）在该缔约方仅使用第（一）项至第（九）项所述的货物或其衍生物获得或生产的货物。

第四条　累积

一、除本协定另有规定外，符合第三章第二条（原产货物）规定的原产地要求且在另一缔约方用作生产另一货物或材料的材料，应当视为原产于对制成品或材料进行加工或处理的缔约方。

二、缔约方应当自本协定对所有签署国生效之日起审议本条。本项审议将考虑将第一款中累积的适用范围扩大到各缔约方内的所有生产和货物增值。除缔约方另有共识外，缔约方应当自开始之日起五年内结束审议。

第五条　区域价值成分计算

一、第三章附件一（产品特定原产地规则）规定的货物的区域价值成分，应当按下列公式之一计算：

（一）间接/扣减公式

$$RVC = \frac{FOB - VNM}{FOB} \times 100\%$$

或者

（二）直接/累加公式

$$RVC = \frac{VOM + 直接人工成本 + 直接经营费用成本 + 利润 + 其他成本}{FOB} \times 100\%$$

其中：

RVC 为货物的区域价值成分，以百分比表示；

FOB 是指第三章第一条（定义）第（五）项规定的 FOB 价值；

VOM 是指获得或自行生产并用于生产货物的原产材料、部件或产品的价值；

VNM 是指用于生产该货物的非原产材料价值；

直接人工成本包括工资、薪酬和其他员工福利；并且直接经营费用成本是指经营的总体费用。

二、本章项下货物的价值应当依照 GATT1994 第七条和《海关估价协定》经必要修正进行计算。所有成本应当依照生产货物的缔约方适用的公认会计准则进行记录和保存。

三、非原产材料价值应当为：

（一）就进口材料而言，材料进口时的 CIF 价值；并且

（二）就一缔约方内获得的材料而言，最早可确定的实付或应付的价格。

四、原产地不明的材料应当视为非原产材料。

五、下列费用可以从非原产材料价值或原产地不明的材料价值中扣除：

（一）将货物运至生产商的运费、保险费、包装费和货物运至生产商过程中产生的其他运输相关费用；

（二）未被免除、返还或以其他方式退还的关税、税收和代理报关费；并且

（三）废品和排放成本，减去回收废料或副产品的价值。如第（一）项至第（三）项所列的费用未知或证据不足，则不得扣除此类费用。

第六条 微小加工和处理

尽管有本章的任何其他规定，但使用非原产材料生产货物时，下列操作应当视为不足以赋予该货物原产资格的加工或处理：

（一）为确保货物在运输或储存期间保持良好状态而进行的保存操作；

（二）为运输或销售而对货物进行的包装或展示；

（三）简单①加工，包括过滤、筛选、挑选、分类、磨锐、切割、纵切、研磨、弯曲、卷取或开卷；

（四）在货物或其包装上粘贴或印刷标记、标签、标识或其他类似的用于区别的标志；

（五）仅用水或其他物质稀释，未实质改变货物的特性；

（六）将产品拆分成零件；

（七）屠宰②动物；

（八）简单的涂漆和抛光操作；

（九）简单的去皮、去核或去壳；

（十）同种类或不同种类货物的简单混合；或者

（十一）第（一）项至第（十）项所述的两种或两种以上操作的任意组合。

---

① 就本条而言，"简单"用来描述既不需要专门的技能也不需要专门生产或装配机械、仪器或装备的行为。

② 就本条而言，"屠宰"指仅杀死动物。

第七条 *微小含量*

一、不满足第三章附件一（产品特定原产地规则）所规定的税则归类改变要求的货物，只要该货物满足本章规定的所有其他适用要求，在下列情况下，仍为原产货物：

（一）对于协调制度编码第一章至第九十七章规定的货物，用于货物生产且未发生税则归类改变的非原产材料的价值不超过该货物 FOB 价值的百分之十。上述非原产材料的价值应当根据第三章第五条（区域价值成分计算）第三款进行计算；或者

（二）对于协调制度编码第五十章至第六十三章规定的货物，用于货物生产且未发生税则归类改变的非原产材料的重量不超过该货物总重量的百分之十。

二、但是，在适用任何区域价值成分要求时，第一款所述的非原产材料价值应当计入货物的非原产材料价值中。

第八条 *包装、包装材料和容器的处理*

一、在确定任何货物的原产资格时，运输和装运货物所使用的包装材料和容器应当不予考虑。

二、在确定货物的原产资格时，与货物一同归类的用于零售的包装材料和容器应当不予考虑，只要：

（一）该货物依照第三章第二条（原产货物）第（一）项在一缔约方完全获得或完全生产；

（二）该货物依照第三章第二条（原产货物）第（二）项在一缔约方仅使用来自一个或一个以上缔约方的原产材料生产；或者

（三）该货物遵循第三章附件一（产品特定原产地规则）中规定的税则归类改变或特定制造或加工工序要求。

三、如果货物遵循区域价值成分要求，在计算该货物的区域价值成分时，应当将该货物零售包装所使用的材料和容器的价值视具体情况作为该货物的原产材料或非原产材料予以考虑。

第九条 *附件、备件和工具*

一、为确定货物的原产资格，随货物一同报验的附件、备件、工具及说明书或其他信息材料应当视为该货物的一部分，并且在确定该原产货物生产过程中所使用的所有非原产材料是否发生第三章附件一（产品特定原产地规则）所列的适用的税则归类改变或特定制造或加工工序时，应当不予考虑，只要：

（一）与该货物一同报验的附件、备件、工具及说明书或其他信息材料未单独开具发票；并且

（二）从数量和价值看，与该货物一同报验的附件、备件、工具及说明书

或其他信息材料是为该货物定制的。

二、尽管有第一款规定，如果货物遵循区域价值成分要求，则在计算货物的区域价值成分时，应当将与该货物一同报验的附件、备件、工具及说明书或其他信息材料的价值视具体情况纳入原产材料或非原产材料的计算，只要：

（一）与该货物一同报验的附件、备件、工具及说明书或其他信息材料不与该货物分别开具发票；并且

（二）从数量和价值看，与该货物一同报验的附件、备件、工具及说明书或其他信息材料是为该货物定制的。

第十条　间接材料

一、不论在何处生产，间接材料应当视为原产材料，并且其价值应当为该货物生产商依照公认会计准则在记录中登记的成本。

二、就本条而言，"间接材料"是指在另一货物的生产、测试或检验过程中使用，但物理上未与该另一货物结合的货物，或在货物生产过程中用于维护厂房建筑或运行设备的货物，包括：

（一）燃料和能源；

（二）工具、模具和型模；

（三）用于维护设备和建筑的备件和货物；

（四）在生产中使用或用于运行设备和维护厂房建筑物的润滑剂、油（滑）脂、合成材料和其他材料；

（五）手套、眼镜、鞋靴、衣服、安全设备和用品；

（六）用于测试或检验货物的设备、装置和用品；

（七）催化剂和溶剂；并且

（八）在货物生产过程中，未构成该货物组成成分，但能够合理表明构成生产过程的任何其他货物。

第十一条　可互换货物或材料

在确定可互换货物或材料是否为原产货物或材料时，应当通过将每项材料或货物进行物理分离，或者运用出口缔约方的公认会计准则认可的库存管理方法在整个会计年度内使用加以判定。

第十二条　生产用材料

如果非原产材料经过加工后符合本章要求，则无论该材料是否为后续货物的生产商生产，在确定后续生产货物的原产资格时，该材料应当被视为原产材料。

第十三条　标准单元

一、适用本章规定的标准单元为依据协调制度确定商品归类时视为基本

单元的特定货物。

二、当同一批运输货物中包括大量的可归类在同一税号下的相同产品，应当分别确定每个产品是否具备原产资格。

第十四条　对特定货物的待遇

缔约方和签署国应当应一缔约方的请求，就本章规定的特定货物的待遇进行磋商，并在三年内完成磋商。本章规定特定货物的待遇须经所有缔约方和签署国一致同意。

第十五条　直接运输

一、满足下列条件的货物应当保持其根据第三章第二条（原产货物）确定的原产资格：

（一）货物直接从一出口缔约方运输至一进口缔约方；或者

（二）货物运输途经除该出口缔约方和进口缔约方以外的一个或多个缔约方（以下称"中间缔约方"）或非缔约方，只要该货物：

1. 除装卸，重新包装，储存并且其他为保持货物良好状态或将货物运输至进口方的必要操作等物流活动外，未在中间缔约方或非缔约方进行任何进一步加工；并且

2. 在中间缔约方或非缔约方海关监管之下。

二、应进口缔约方海关的要求，应当向进口缔约方海关提交中间缔约方或非缔约方的海关文件或其他适当文件，以证明货物满足第一款第（二）项的规定。

三、第二款所述的适当文件可以包括商业运输或货运单据，如航空运单、提单、多式联运或联合运输单据、有关货物的原始商业发票副本、财务记录、未再加工证明或进口缔约方海关可能要求的其他相关证明文件。

第三节　签证操作程序

《区域全面经济伙伴关系协定》规定了原产地签证操作程序。具体如下：

第十六条　原产地证明

一、下列任何一项均应当视为原产地证明：

（一）第三章第十七条（原产地证书）所述的签证机构所签发的原产地证书；

（二）第三章第十八条（原产地声明）第一款第（一）项所述的经核准出口商出具的原产地声明；或者

（三）按照第二款和第三款，第三章第十八条（原产地声明）第一款第（二）项所述的出口商或生产商出具的原产地声明，上述文件基于货物具有原

产资格的有效信息。

二、澳大利亚、文莱达鲁萨兰国、中国、印度尼西亚、日本、韩国、马来西亚、新西兰、菲律宾、新加坡、泰国和越南，应当在本协定对其生效之日起 10 年内实施第一款第（三）项。柬埔寨、老挝人民民主共和国和缅甸，应当应当在本协定对其生效之日起 20 年内实施第一款第（三）项。

三、尽管有第二款的规定，一缔约方可以通报货物委员会，以延长实施第一款第（三）项的期限，该期限最长不超过 10 年。

四、缔约方应当在本协定对所有签署国生效后，开展对本条的审议。该审议将考虑引入进口商出具的原产地声明作为原产地证明。除非各缔约方另有共识，各缔约方应当自审议开始之日起 5 年内结束该审议。[①]

五、原产地证明应当：

（一）采用书面形式或其他形式，包括进口缔约方通报的电子格式；

（二）明确说明货物具备原产资格，并且符合本章的要求；并且

（三）包含的信息符合第三章附件二（最低信息要求）规定。

六、每一缔约方应当规定原产地证明自签发或出具之日起一年内有效。

第十七条 原产地证书

一、原产地证书应当由出口缔约方的签证机构应出口商、生产商或其授权代表的申请签发。

二、出口商、生产商或其授权代表应当依照出口缔约方的国内法律、法规和规定向出口缔约方的签证机构提交书面或电子申请。

三、原产地证书应当符合以下条件：

（一）采用所有缔约方决定的格式；

（二）载有唯一的原产地证书编号；

（三）以英文填制；并且

（四）载有出口缔约方签证机构以人工或电子方式作出的授权签名和公章。

四、原产地证书可以：

（一）关联为同一批次货物开具的两份以上发票；或者

（二）包含多种分别具备原产资格的货物。

五、在原产地证书包含不正确信息的情况下，出口缔约方的签证机构可

---

① 尽管有本款规定，自本协定对其生效之日起，日本可以将进口商出具的原产地声明视为原产地证明，其方式与第一款下的原产地证明相同。在此种情况下，日本不得采用第三章第二十四条（核查）第一款第（二）项至第（四）项规定的方式核查进口商原产地声明。进口商应当仅在有足够的信息证明该货物符合原产货物资格的情况下出具原产地声明。

以：

（一）签发新的原产地证书，并且作废初始的原产地证书；或者

（二）以剔除错误并进行补充或更正的方式对初始原产地证书进行修改。任何变更应当载有出口缔约方签证机构的签名和盖章。

六、每一缔约方应当向其他缔约方提供其签证机构的名称、地址、签名和公章样本。此类信息应当以电子方式提交给根据第十八章第三条（RCEP联合委员会的职能）第一款第（九）项所设立的 RCEP 秘书处（以下称"RCEP 秘书处"），以分发给其他缔约方。后续的任何变更应当以同样的方式及时提交至 RCEP 秘书处以分发给其他缔约方。缔约方应当致力于建立安全网站供缔约方访问并展示近三年的上述信息。

七、尽管有第六款的规定，如果一缔约方已经建立供缔约方访问的安全网站，并且该网站包含了包括原产地证书编号、协调制度编码、货物描述、数量、签发日期和出口商名称在内的其签发的原产地证书相关信息，则该缔约方无需通过 RCEP 秘书处向其他缔约方提供其签证机构的签名样本。缔约方应当在本协定对所有签署国生效之日起三年后，对提供签证机构签名样本的要求进行审议。

八、如果由于非主观故意的差错、疏忽或其他合理原因导致原产地证书未在装运前签发，或在第五款第（一）项提及的情况下，原产地证书可以在货物装运之日起一年内补发，并应当注明"ISSUED RETROACTIVELY"（补发）字样。

九、如果原产地证书原件被盗、丢失或损毁，出口商、生产商或其授权代表可以向出口缔约方签证机构书面申请签发经认证的真实副本。该副本应当符合以下条件：

（一）在原产地证书正本签发之日起一年内签发；

（二）基于初始的申请材料；

（三）载有与原产地证书正本相同的原产地证书编号和日期；并且

（四）注明"CERTIFIED TRUE COPY"（经认证的真实副本）字样。

第十八条　原产地声明

一、下列之一可以出具第三章第十六条（原产地证明）所述的原产地声明：

（一）第三章第二十一条（经核准出口商）所述的经核准出口商；或者

（二）货物的出口商或生产商，遵循第三章第十六条（原产地证明）第二款和第三款的规定。

二、原产地声明应当：

（一）符合第三章附件二（最少信息要求）规定；

（二）以英文填制；

（三）载有签发者的姓名和签名；并且

（四）载有出具原产地声明的日期。

第十九条 背对背原产地证明

一、根据第三章第十六条（原产地证明），中间缔约方的签证机构、经核准出口商或出口商可以签发背对背原产地证明，并应符合下列条件：

（一）出示有效的初始原产地证明正本或其经认证的真实副本；

（二）背对背原产地证明的有效期不超过初始原产地证明的有效期；

（三）背对背原产地证明包含初始原产地证明的相关信息，且符合第三章附件二（最低信息要求）规定；

（四）除重新包装或装卸、仓储、拆分运输等物流操作，或仅根据进口缔约方法律、法规、程序、行政决定或政策要求贴标，或其他为保持货物的良好状态或向进口缔约方运输货物所进行的必要操作外，使用背对背原产地证明再次出口的货物在中间缔约方不得进行其他进一步的处理；

（五）对于经物流拆分部分出口的货物，背对背原产地证明应显示拆分后的出口数量，而非初始原产地证明上货物的全部数量，并且所有拆分再出口货物数量的总和不应超过初始原产地证明上货物的数量总和；并且

（六）背对背原产地证明载有初始原产地证明的签发日期和编号。

二、第三章第二十四条（核查）规定的核查程序也适用于背对背原产地证明。

第二十条 第三方发票

在满足本章要求的前提下，进口缔约方不得仅因发票不由货物的出口商或生产商开具，而拒绝给予优惠关税待遇。

第二十一条 经核准出口商

一、每一缔约方应当依照其国内法律法规向在本协定项下出口货物的出口商授予经核准出口商的资格。申请上述资格的出口商应当以书面或电子方式申请，并且满足出口缔约方主管部门核实相关货物原产资格的相关要求。出口缔约方主管部门可以制定授予经核准出口商资格的具体要求，并应当包括以下要求：

（一）出口商依照出口缔约方的法律法规注册登记；

（二）出口商了解和掌握本章所列的原产地规则；

（三）出口商具备符合出口缔约方法律法规要求的出口资质；

（四）出口商在出口缔约方主管部门的风险管理合规记录良好；

（五）在出口商为贸易商的情况下，如其要开具经核准出口商的原产地声明，必须取得生产商声明，确认货物原产资格，且生产商将配合依照第三章

第二十四条（核查）开展的相关核查并符合本章的所有要求；并且

（六）出口商根据出口缔约方的法律法规具备完善的记账和簿记制度。

二、出口缔约方主管部门应当：

（一）用易于查询的渠道公开经核准出口商批准程序和要求；

（二）以书面或电子方式给予授权；

（三）授予经核准出口商授权号码，该授权号码必须标注于原产地声明上；并且

（四）及时将授权信息录入第六款所述的经核准出口商数据库中。

三、经核准出口商应当承担以下义务：

（一）依照第三章第二十七条（文件保存要求），允许出口缔约方的主管部门出于监督授权使用情况的目的，检查文件记录和经营场所；

（二）仅对出口缔约方的主管部门所允许的货物出具原产地声明，并且在出具声明时持有证明该货物原产地位的完备文件；

（三）对其出具的原产地声明负全部责任，包括任何滥用行为；并且

（四）对本款第（二）项提及的信息的任何修改及时通知出口缔约方的主管部门。

四、每一缔约方应当及时将以下信息导入经核准出口商数据库：

（一）出口商的法定名称及地址；

（二）经核准出口商的授权号码；

（三）经核准出口商权限的授予日期和失效日期（如适用）；并且

（四）授权货物清单（协调制度章级以上）。

第（一）项至第（四）项所述项目的任何变更、授权的撤回或中止，应当以同样的方式及时导入经核准出口商数据库。

五、尽管有第四款的规定，任何缔约方如果已经建立了所有缔约方均可访问且包含上述信息的的安全网站，则无需向经核准出口商数据库提供上述信息。

六、RCEP 联合委员会可以指定经核准出口商数据库的管理人，缔约方可以在线访问该数据库。

七、出口缔约方主管部门应当监管授权使用情况，包括核查经核准出口商填制的原产地声明，以及撤销不满足第一款所列义务的经核准出口商授权。

八、应进口缔约方海关的要求，经核准出口商应当随时准备提交证明有关货物原产资格的完备文件，包括供应商或生产商依据进口缔约方国内法律法规出具的声明以及履行本章其他要求的文件。

第二十二条　申请享受优惠关税待遇

一、根据本协定，进口缔约方应当基于原产地证明对原产货物给予优惠

关税待遇。

二、除本章另有规定外，进口缔约方应当规定，为享受优惠关税待遇，进口商应当：

（一）在报关单上申明该货物具备原产资格；

（二）按第（一）项要求申明时，持有有效的原产地证明；并且

（三）应进口缔约方的要求，提交原产地证明正本或经认证的真实副本。

三、尽管有第一款和第二款的规定，在下列情况下，进口缔约方可以不要求提交原产地证明：

（一）进口货物的完税价格不超过 200 美元或与其等额的进口缔约方货币，或进口缔约方规定的其他更高金额；或者

（二）进口缔约方免除提交要求的货物。

同时，该项进口不是为规避进口缔约方关于本协定项下优惠关税待遇管理的法律法规而实施或者安排的一次或多次进口的一部分。

四、进口缔约方海关可以酌情要求进口商提交文件证明货物依照本章要求具备原产资格。

五、进口商应当证实满足第三章第十五条（直接运输）的要求，并依照进口缔约方海关的要求提供相关证明文件。

六、由于不可抗力或进出口商无法控制的其他合理原因，原产地证明无法在规定的期限内向进口缔约方海关提交的，如进口缔约方的国内法律、法规或行政惯例允许，该原产地 证明仍可以接受。

第二十三条　进口后申请享受优惠关税待遇

一、在遵循各自法律法规的前提下，每一缔约方应当规定，具备原产资格的货物进口后，进口商可以在该缔约方法律法规所规定的期限内，向海关提交下列文件申请退还该货物因未享受优惠关税待遇而多付的税款或保证金：

（一）原产地证明和其他证明该货物具备原产资格的证据；以及

（二）应海关要求，与进口相关、能充分证明优惠关税待遇申请的其他文件。

二、尽管有第一款规定，每一缔约方可以依照其国内法律法规，要求进口商在货物进口时向海关报告申请优惠关税待遇的意愿。

第二十四条　核查[①]

一、为确定一缔约方从另一缔约方进口的货物是否具备本章规定的原产资格，进口缔约方主管部门可以通过下列方式开展核查程序：

---

①　就本条而言，一缔约方可以指定其根据第三章第三十三条指定的一个联络点作为其出口货物核查的单一联络点，以便利核查。

（一）书面要求进口商提供补充信息；

（二）书面要求出口商或生产商提供补充信息；

（三）书面要求出口缔约方的签证机构或主管部门提供补充信息；

（四）对出口商或生产商在出口缔约方的经营场所开展核查访问，查看厂房设施和生产加工，并审查与原产地相关的会计档案等记录①；或者

（五）有关缔约方共同商定的其他程序。

二、进口缔约方应当：

（一）就第一款第（二）项而言，向出口商或生产商，以及出口缔约方主管部门，提出书面要求，随附原产地证明副本并说明核查原因；

（二）就第一款第（三）项而言，向出口缔约方的签证机构或主管部门提出书面要求，随附原产地证明副本并说明核查原因；并且

（三）就第一款第（四）项而言，向拥有核查访问场所的出口商或生产商，以及出口方主管部门，请求书面同意并且说明提议访问日期、地点和具体目的。

三、应进口缔约方的请求，可在出口缔约方的同意和协助下按照双方共同商议的程序开展对出口商或生产商的经营场所的核查访问。

四、对于第一款第（一）项至第（四）项的核查，进口缔约方应当：

（一）允许进口商、出口商或生产商，或出口缔约方的签证机构或主管部门自收到第一款第（一）项至第（三）项项下书面要求之日起，至少30日但不超过90日内答复；

（二）允许出口商、生产商或主管部门在收到第一款第（四）项项下的核查访问书面要求之日起30日内决定同意或拒绝该要求；并且

（三）致力于在收到必要信息之日起90日内、最长180日内作出核查决定。

五、就第一款而言，进口缔约方应当向进口商、出口商或生产商，或出口缔约方的签证机构或主管部门，书面提供核查结果并说明理由。

六、进口缔约方海关在核查期间可以暂缓给予优惠关税待遇。进口缔约方应当放行货物，但可以依照其国内法律法规对货物采取税收保全措施。

第二十五条　拒绝给予优惠关税待遇

一、在下列情况下，进口缔约方海关可以拒绝给予优惠关税待遇：

（一）货物不符合本章规定；或者

（二）货物的进口商、出口商或生产商未遵守本章关于获得优惠关税待遇的规定。

---

① 本项下的核查访问应当在完成第三项规定的核查程序后开展。

二、在拒绝给予优惠关税待遇时，进口方海关应向进出口商或生产商书面说明决定及其理由。

三、在下列情况下，进口缔约方海关可以确定货物不符合原产资格，并拒绝给予优惠关税待遇：

（一）进口缔约方海关未收到足以判定该货物具备原产资格的信息；

（二）出口缔约方的出口商、生产商或主管部门未按照第三章第二十四条（核查）规定对书面要求作出答复；

（三）进口缔约方依照第三章第二十四条（核查）提出的核查访问请求被拒绝。

第二十六条　微小差错

在对货物原产资格无存疑的情况下，进口缔约方的海关应当忽略包括文件之间的轻微差异、信息遗漏、打字错误或者特定字段的突出显示在内的微小差错。

第二十七条　文件保存要求

一、每一缔约方应当要求：

（一）其出口商、生产商、签证机构或主管部门自原产地证明签发之日起3年或其相关法律法规所规定的更长的期限内，保存充分证明货物原产资格的所有必要记录；并且

（二）其进口商自该货物进口之日起3年或其相关法律法规所规定的更长的期限内，保存充分证明享受优惠关税待遇的货物原产资格的所有必要记录。

二、第一款所述的记录可以依照缔约方法律法规，存储于任何易于检索的介质中，包括数字、电子、光学、磁性或书面形式。

第二十八条　磋商

为落实本协定的精神和目标，确保本章实施的有效性、统一性和一致性，缔约方应当在必要时开展磋商。

第二十九条　原产地电子信息交换系统

为确保本章的高效实施，缔约方可共同协商一致，开发用于原产地信息交换的电子系统，以保证本章有效且高效的实施。

第三十条　在途货物过渡性条款

一缔约方应当在本协定对该缔约方生效之日起，在进口商在180日内按照第三章第二十二条（申明享受优惠关税待遇）作出有效申请的前提下，对以下原产货物给予优惠关税待遇：

（一）处于运输至该缔约方途中的原产货物且符合第三章第十五条（直接运输）规定；或者

（二）尚未进口至该缔约方的原产货物。

第三十一条　处罚

每一缔约方应当采取或维持适当的处罚或其他措施打击违反与本章规定相关法律法规的行为。

第三十二条　交流语言

进口缔约方和出口缔约方应当使用英语开展交流。

第三十三条　联络点

每一缔约方应当在本协定对该缔约方生效之日起 30 日内，指定一个或多个联络点负责本章的实施，并且向其他缔约方通知具体联络信息。如有变动，各缔约方应当及时通知其他缔约方。

第三十四条　产品特定原产地规则的转版

一、在协调制度任何修订版本生效之前，缔约方应当开展磋商，以确定协调制度变更所引起的对本章及第三章附件一（产品特定原产地规则）的必要更新。

二、缔约方应当确保对第三章附件一（产品特定原产地规则）的转版不减损产品的特定原产地规则，并且及时完成。

三、RCEP 联合委员会应当根据货物委员会的建议，采纳以后续修订版协调制度为目录的第三章附件一（产品特定 原产地规则）的转版。各缔约方应当及时公布已采纳的以修 订版协调制度为目录的第三章附件一（产品特定原产地规则）的转版。

四、就本条而言，"转版"是指为协调制度定期更新的情况下，有效实施第三章附件一（产品特定原产地规则）所列的产品特定原产地规则需采取的必要措施。

第三十五条　附件的修正

对第三章附件一（产品特定原产地规则）和第三章附件二（最低信息要求）的修正可由 RCEP 联合委员会协商一致核准。上述修正应当依照第二十章第四条（修正）生效。[②]

---

② 对于日本，就本条而言，第二十章第四条（修正）中所述的"各自的适用法律程序的完成"，应当被理解为"日本政府内部程序的完成"。

附 录

中华人民共和国进出口货物原产地条例

（2004 年 9 月 3 日中华人民共和国国务院令第 416 号公布，根据 2019 年 3 月 2 日《国务院关于修改部分行政法规的决定》修订）

第一条　为了正确确定进出口货物的原产地，有效实施各项贸易措施，促进对外贸易发展，制定本条例。

第二条　本条例适用于实施最惠国待遇、反倾销和反补贴、保障措施、原产地标记管理、国别数量限制、关税配额等非优惠性贸易措施以及进行政府采购、贸易统计等活动对进出口货物原产地的确定。

实施优惠性贸易措施对进出口货物原产地的确定，不适用本条例。具体办法依照中华人民共和国缔结或者参加的国际条约、协定的有关规定另行制定。

第三条　完全在一个国家（地区）获得的货物，以该国（地区）为原产地；两个以上国家（地区）参与生产的货物，以最后完成实质性改变的国家（地区）为原产地。

第四条　本条例第三条所称完全在一个国家（地区）获得的货物，是指：

（一）在该国（地区）出生并饲养的活的动物；

（二）在该国（地区）野外捕捉、捕捞、搜集的动物；

（三）从该国（地区）的活的动物获得的未经加工的物品；

（四）在该国（地区）收获的植物和植物产品；

（五）在该国（地区）采掘的矿物；

（六）在该国（地区）获得的除本条第（一）项至第（五）项范围之外的其他天然生成的物品；

（七）在该国（地区）生产过程中产生的只能弃置或者回收用作材料的废碎料；

（八）在该国（地区）收集的不能修复或者修理的物品，或者从该物品中回收的零件或者材料；

（九）由合法悬挂该国旗帜的船舶从其领海以外海域获得的海洋捕捞物和其他物品；

（十）在合法悬挂该国旗帜的加工船上加工本条第（九）项所列物品获得的产品；

（十一）从该国领海以外享有专有开采权的海床或者海床底土获得的物

品；

（十二）在该国（地区）完全从本条第（一）项至第（十一）项所列物品中生产的产品。

第五条　在确定货物是否在一个国家（地区）完全获得时，不考虑下列微小加工或者处理：

（一）为运输、贮存期间保存货物而作的加工或者处理；

（二）为货物便于装卸而作的加工或者处理；

（三）为货物销售而作的包装等加工或者处理。

第六条　本条例第三条规定的实质性改变的确定标准，以税则归类改变为基本标准；税则归类改变不能反映实质性改变的，以从价百分比、制造或者加工工序等为补充标准。具体标准由海关总署会同商务部。

本条第一款所称税则归类改变，是指在某一国家（地区）对非该国（地区）原产材料进行制造、加工后，所得货物在《中华人民共和国进出口税则》中某一级的税目归类发生了变化。

本条第一款所称从价百分比，是指在某一国家（地区）对非该国（地区）原产材料进行制造、加工后的增值部分，超过所得货物价值一定的百分比。

本条第一款所称制造或者加工工序，是指在某一国家（地区）进行的赋予制造、加工后所得货物基本特征的主要工序。

世界贸易组织《协调非优惠原产地规则》实施前，确定进出口货物原产地实质性改变的具体标准，由海关总署会同商务部根据实际情况另行制定。

第七条　货物生产过程中使用的能源、厂房、设备、机器和工具的原产地，以及未构成货物物质成分或者组成部件的材料的原产地，不影响该货物原产地的确定。

第八条　随所装货物进出口的包装、包装材料和容器，在《中华人民共和国进出口税则》中与该货物一并归类的，该包装、包装材料和容器的原产地不影响所装货物原产地的确定；对该包装、包装材料和容器的原产地不再单独确定，所装货物的原产地即为该包装、包装材料和容器的原产地。

随所装货物进出口的包装、包装材料和容器，在《中华人民共和国进出口税则》中与该货物不一并归类的，依照本条例的规定确定该包装、包装材料和容器的原产地。

第九条　按正常配备的种类和数量随货物进出口的附件、备件、工具和介绍说明性资料，在《中华人民共和国进出口税则》中与该货物一并归类的，该附件、备件、工具和介绍说明性资料的原产地不影响该货物原产地的确定；对该附件、备件、工具和介绍说明性资料的原产地不再单独确定，该货物的原产地即为该附件、备件、工具和介绍说明性资料的原产地。

随货物进出口的附件、备件、工具和介绍说明性资料在《中华人民共和国进出口税则》中虽与该货物一并归类，但超出正常配备的种类和数量的，以及在《中华人民共和国进出口税则》中与该货物不一并归类的，依照本条例的规定确定该附件、备件、工具和介绍说明性资料的原产地。

第十条 对货物所进行的任何加工或者处理，是为了规避中华人民共和国关于反倾销、反补贴和保障措施等有关规定的，海关在确定该货物的原产地时可以不考虑这类加工和处理。

第十一条 进口货物的收货人按照《中华人民共和国海关法》及有关规定办理进口货物的海关申报手续时，应当依照本条例规定的原产地确定标准如实申报进口货物的原产地；同一批货物的原产地不同的，应当分别申报原产地。

第十二条 进口货物进口前，进口货物的收货人或者与进口货物直接相关的其他当事人，在有正当理由的情况下，可以书面申请海关对将要进口的货物的原产地作出预确定决定；申请人应当按照规定向海关提供作出原产地预确定决定所需的资料。

海关应当在收到原产地预确定书面申请及全部必要资料之日起 150 天内，依照本条例的规定对该进口货物作出原产地预确定决定，并对外公布。

第十三条 海关接受申报后，应当按照本条例的规定审核确定进口货物的原产地。

已作出原产地预确定决定的货物，自预确定决定作出之日起 3 年内实际进口时，经海关审核其实际进口的货物与预确定决定所述货物相符，且本条例规定的原产地确定标准未发生变化的，海关不再重新确定该进口货物的原产地；经海关审核其实际进口的货物与预确定决定所述货物不相符的，海关应当按照本条例的规定重新审核确定该进口货物的原产地。

第十四条 海关在审核确定进口货物原产地时，可以要求进口货物的收货人提交该进口货物的原产地证书，并予以审验；必要时，可以请求该货物出口国（地区）的有关机构对该货物的原产地进行核查。

第十五条 根据对外贸易经营者提出的书面申请，海关可以依照《中华人民共和国海关法》第四十三条的规定，对将要进口的货物的原产地预先作出确定原产地的行政裁定，并对外公布。

进口相同的货物，应当适用相同的行政裁定。

第十六条 国家对原产地标记实施管理。货物或者其包装上标有原产地标记的，其原产地标记所标明的原产地应当与依照本条例所确定的原产地相一致。

第十七条　出口货物发货人可以向海关、中国国际贸易促进委员会及其地方分会（以下简称签证机构），申请领取出口货物原产地证书。

第十八条　出口货物发货人申请领取出口货物原产地证书，应当在签证机构办理注册登记手续，按照规定如实申报出口货物的原产地，并向签证机构提供签发出口货物原产地证书所需的资料。

第十九条　签证机构接受出口货物发货人的申请后，应当按照规定审查确定出口货物的原产地，签发出口货物原产地证书；对不属于原产于中华人民共和国境内的出口货物，应当拒绝签发出口货物原产地证书。

出口货物原产地证书签发管理的具体办法，由海关总署会同国务院其他有关部门、机构另行制定。

第二十条　应出口货物进口国（地区）有关机构的请求，海关、签证机构可以对出口货物的原产地情况进行核查，并及时将核查情况反馈进口国（地区）有关机构。

第二十一条　用于确定货物原产地的资料和信息，除按有关规定可以提供或者经提供该资料和信息的单位、个人的允许，海关、签证机构应当对该资料和信息予以保密。

第二十二条　违反本条例规定申报进口货物原产地的，依照《中华人民共和国对外贸易法》、《中华人民共和国海关法》和《中华人民共和国海关行政处罚实施条例》的有关规定进行处罚。

第二十三条　提供虚假材料骗取出口货物原产地证书或者伪造、变造、买卖或者盗窃出口货物原产地证书的，由海关处 5000 元以上 10 万元以下的罚款；骗取、伪造、变造、买卖或者盗窃作为海关放行凭证的出口货物原产地证书的，处货值金额等值以下的罚款，但货值金额低于 5000 元的，处 5000 元罚款。有违法所得的，由海关没收违法所得。构成犯罪的，依法追究刑事责任。

第二十四条　进出口货物的原产地标记与依照本条例所确定的原产地不一致的，由海关责令改正。

第二十五条　确定进出口货物原产地的工作人员违反本条例规定的程序确定原产地的，或者泄露所知悉的商业秘密的，或者滥用职权、玩忽职守、徇私舞弊的，依法给予行政处分；有违法所得的，没收违法所得；构成犯罪的，依法追究刑事责任。

第二十六条　本条例下列用语的含义：

获得，是指捕捉、捕捞、搜集、收获、采掘、加工或者生产等。

货物原产地，是指依照本条例确定的获得某一货物的国家（地区）。

原产地证书，是指出口国（地区）根据原产地规则和有关要求签发的，明确指出该证中所列货物原产于某一特定国家（地区）的书面文件。

原产地标记，是指在货物或者包装上用来表明该货物原产地的文字和图形。

第二十七条 本条例自 2005 年 1 月 1 日起施行。1992 年 3 月 8 日国务院发布的《中华人民共和国出口货物原产地规则》、1986 年 12 月 6 日海关总署发布的《中华人民共和国海关关于进口货物原产地的暂行规定》同时废止。

附录 2

关于非优惠原产地规则中实质性改变标准的规定

（海关总署令第 122 号）

　　第一条　为正确确定进出口货物的原产地，根据《中华人民共和国进出口货物原产地条例》的有关规定，制定本规定。

　　第二条　本规定适用于非优惠性贸易措施项下确定两个以上国家（地区）参与生产货物的原产地。

　　第三条　进出口货物实质性改变的确定标准，以税则归类改变为基本标准，税则归类改变不能反映实质性改变的，以从价百分比、制造或者加工工序等为补充标准。

　　第四条　"税则归类改变"标准，是指在某一国家（地区）对非该国（地区）原产材料进行制造、加工后，所得货物在《中华人民共和国进出口税则》中的四位数级税目归类发生了变化。

　　第五条　"制造、加工工序"标准，是指在某一国家（地区）进行的赋予制造、加工后所得货物基本特征的主要工序。

　　第六条　"从价百分比"标准，是指在某一国家（地区）对非该国（地区）原产材料进行制造、加工后的增值部分超过了所得货物价值的30%。用公式表示如下：

$$\frac{\text{工厂交货价}-\text{非该国（地区）原产材料价值}}{\text{工厂交货价}} \times 100\% \geqslant 30\%$$

　　"工厂交货价"是指支付给制造厂生产的成品的价格。

　　"非该国（地区）原产材料价值"是指直接用于制造或装配最终产品而进口原料、零部件的价值（含原产地不明的原料、零配件），以其进口"成本、保险费加运费"价格（CIF）计算。

　　上述"从价百分比"的计算应当符合公认的会计原则及《中华人民共和国进出口关税条例》。

　　第七条　以制造、加工工序和从价百分比为标准判定实质性改变的货物在《适用制造或者加工工序及从价百分比标准的货物清单》（见附件）中具体列明，并按列明的标准判定是否发生实质性改变。未列入《适用制造或者加工工序及从价百分比标准的货物清单》货物的实质性改变，应当适用税则归类改变标准。

　　第八条　《适用制造或者加工工序及从价百分比标准的货物清单》由海关总署会同商务部根据实施情况修订并公告。

第九条 本规定自 2005 年 1 月 1 日起施行。

附件

适用制造或者加工工序及从价百分比标准的货物清单

说明：本《清单》是根据《中华人民共和国进出口税则》（简称《税则》）的类、章和税则号列进行编排。

"税则号列"中除具体列出四位数级税目号外，对包含《税则》中某章全部四位数级税目号的货物，只列出该章的标题；对特指四位数级税目号中的某一货物，在该税目号前加注"＊"标记。

"实质性改变标准"为其所对应的货物适用的制造或者加工工序、从价百分比的标准。

"裁剪"是指对全部衣片（或工料）的裁剪。

税则号列	货物描述	实质性改变标准
第一类　活动物；动物产品		
第 3 章		
＊03.03	冻鱼卵	取卵、分选和冷冻
03.04	鲜、冷、冻鱼片及其他鱼肉（不论是否绞碎）	清除内脏和剔骨刺
＊03.06	虾仁、蟹肉	去皮壳和冷冻
＊03.07	冷冻的或干的墨鱼、鱿鱼及章鱼	清除内脏、冷冻或干燥
第 5 章		
＊05.04	动物肠衣	清洗、分拣、盐渍或干燥
第二类　植物产品		
第 8 章		
＊08.01	腰果仁	去壳和去皮
第四类　食品；饮料、酒及醋；烟草、烟草及烟草代用品的制品		
第 17 章		
＊17.01	砂糖和绵白糖	由原糖制成
第 18 章		
18.04	可可脂、可可油	由可可豆制成；或满足从价百分比标准
18.05	未加糖或其他甜物质的可可粉	由可可豆制成；或满足从价百分比标准

续表1

税则号列	货物描述	实质性改变标准
18.06	巧克力及其他含有可可的食品	由可可豆制成；或满足从价百分比标准
第24章		
*24.02	雪茄烟及卷烟	由烟草制成
*24.03	其他烟草制品	由烟草制成
第六类　化学工业及其相关工业的产品		
第28章	无机化学品；贵金属、稀土金属、放射性元素及其同位素的有机及无机化合物	使用货物本身税目号以外的原料制成；或满足从价百分比标准
第29章	有机化学品	使用货物本身税目号以外的原料制成；或满足从价百分比标准
第30章		
30.03	两种或两种以上成分混合而成的治病或防病用药品（不包括税目30.02、30.05或30.06的货品），未配定剂量或制成零售包装	使用货物本身税目号以外的原料制成；或满足从价百分比标准
30.04	由混合或非混合产品构成的治病或防病用药品（不包括税目30.02、30.05，或30.06的货品），已配定剂量或（包括制成皮肤摄入形式的）制成零售包装	使用货物本身税目号以外的原料制成；或满足从价百分比标准
第31章	肥料	使用货物本身税目号以外的原料制成；或满足从价百分比标准
第32章	鞣料浸膏及染料浸膏；鞣酸及其衍生物；染料、颜料及其他着色料；油漆及清漆；油灰及其他类似胶粘剂；墨水、油墨	使用货物本身税目号以外的原料制成；或满足从价百分比标准
第33章	精油及香膏；芳香料制品及化妆盥洗品	使用货物本身税目号以外的原料制成；或满足从价百分比标准
第34章	肥皂、有机表面活性剂、洗涤剂、润滑剂、人造蜡、调制蜡、光洁剂、蜡烛及类似品、塑型用膏、"牙科用蜡"及牙科用熟石膏制剂	使用货物本身税目号以外的原料制成；或满足从价百分比标准
第38章	杂项化学产品	使用货物本身税目号以外的原料制成；或满足从价百分比标准
第七类　塑料及其制品；橡胶及其制品		
第39章		
39.17	塑料制的管子及其附件（例如，接头、肘管、法兰）	由39.01~39.14的原料加工成型

续表2

税则号列	货物描述	实质性改变标准
39.18	块状或成卷的塑料铺地制品，不论是否胶粘；本章注释九所规定的塑料糊墙品	由39.01~39.14的原料加工成型
39.19	自粘的塑料板、片、膜、箔、带、扁条及其他扁平形状材料，不论是否成卷	由39.01~39.14的原料加工成型
39.20	其他非泡沫塑料的板、片、膜、箔及扁条，未用其他材料强化、层压、支撑或用类似方法合制	由39.01~39.14的原料加工成型
39.21	其他塑料板、片、膜、箔、扁条	由39.01~39.14的原料加工成型
39.22	塑料浴缸、淋浴盘、洗涤槽、盥洗盆、坐浴盆、便盆、马桶坐圈及盖、抽水箱及类似卫生洁具	由39.01~39.14的原料加工成型
39.23	供运输或包装货物用的塑料制品；塑料制的塞子、盖子及类似品	由39.01~39.14的原料加工成型
39.24	塑料制的餐具、厨房用具、其他家庭用具及盥洗用具	由39.01~39.14的原料加工成型
39.25	其他税号未列名的建筑用塑料制品	由39.01~39.14的原料加工成型
39.26	其他塑料制品及税目39.01~39.14所列其他材料的制品	由39.01~39.14的原料加工成型
第40章		
40.07	硫化橡胶线及绳	由橡胶板、片、条材料制成；或满足从价百分比标准
40.08	硫化橡胶（硬质橡胶除外）制的板、片、带、杆或型材及异型材	由橡胶板、片、条材料制成；或满足从价百分比标准
40.09	硫化橡胶（硬质橡胶除外）制的管子，不论是否装有附件（例如，接头、肘管、法兰）	由橡胶板、片、条材料制成；或满足从价百分比标准
40.10	硫化橡胶制的传动带或输送带及带料	由橡胶板、片、条材料制成；或满足从价百分比标准
40.11	新的充气橡胶轮胎	由橡胶板、片、条材料制成；或满足从价百分比标准
40.12	翻新的或旧的充气橡胶轮胎；实心或半实心橡胶轮胎、橡胶胎面及橡胶轮胎衬带	由橡胶板、片、条材料制成；或满足从价百分比标准
40.13	橡胶内胎	由橡胶板、片、条材料制成；或满足从价百分比标准
40.14	硫化橡胶（硬质橡胶除外）制的卫生及医疗用品（包括奶嘴），不论是否装有硬质橡胶制的附件	由橡胶板、片、条材料制成；或满足从价百分比标准

续表3

税则号列	货物描述	实质性改变标准
40.15	硫化橡胶（硬质橡胶除外）制的衣着用品及附件（包括手套）	由橡胶板、片、条材料制成；或满足从价百分比标准
40.16	硫化橡胶（硬质橡胶除外）制的其他制品	由橡胶板、片、条材料制成；或满足从价百分比标准
40.17	各种形状的硬质橡胶（例如纯硬质胶），包括废碎料；硬质橡胶制品	由橡胶板、片、条材料制成；或满足从价百分比标准
第八类 生皮、皮革、毛皮及其制品；鞍具及挽具；旅行用品、手提包及类似容器；动物肠线（蚕胶丝除外）制品		
第 41 章		
41.04	经鞣制的不带毛牛皮（包括水牛皮）、马皮及其坯革，不论是否剖层，但未经进一步加工	鞣制或复鞣，整饰
41.05	经鞣制的不带毛绵羊或者羔羊皮及其坯革，不论是否剖层，但未经进一步加工	鞣制或复鞣，整饰
41.06	经鞣制的其他不带毛动物皮及其坯革，不论是否剖层，但未经进一步加工	鞣制或复鞣，整饰
41.07	经鞣制或半硝处理后进一步加工的不带毛的牛皮革（包括水牛皮革）及马皮革，包括羊皮纸化处理的皮革，不论是否剖层，但税目 41.14 的皮革除外	鞣制或复鞣，整饰
41.12	经鞣制或半硝处理后进一步加工的不带毛的绵羊或羔羊皮革，包括羊皮纸化处理的，不论是否剖层，但税目 41.14 的皮革除外	鞣制或复鞣，整饰
41.13	经鞣制或半硝处理后进一步加工的不带毛的其他动物皮革，包括羊皮纸化处理的，不论是否剖层，但税目 41.14 的皮革除外	鞣制或复鞣，整饰
第 42 章		
*42.02	皮革或再生皮革、塑料薄膜、纺织材料、钢纸或纸板制成或全部或主要以此材料覆盖的衣箱、提箱、小手提箱、公文包、公务包、书包、眼镜盒、望远镜盒、乐器盒、照相机盒、枪套及类似的盒套；钱夹、地图盒、烟盒、工具盒、运动袋、珠宝盒、刀叉餐具及类似盛具	裁剪、缝制、成型
42.03	皮革或再生皮革制的衣服及衣着附件	裁剪、缝制

续表4

税则号列	货物描述	实质性改变标准
第43章		
43.02	未缝制或已缝制的已鞣毛皮	鞣制
43.03	毛皮制的衣服、衣着附件及其他物品	裁剪、缝制
＊43.04	人造毛皮制品	裁剪、缝制
第十类　木浆及其他纤维状纤维素浆、回收（废碎）纸或纸板；纸、纸板及其制品		
第48章		
48.17	纸或纸板制的信封、封缄信片、素色明信片及通信卡片；纸或纸板制的盒子、袋子及夹子，内装各种纸制文具	裁切，装订或印刷
48.18	卫生纸及类似纸，家庭或卫生用纤维素絮纸及纤维素纤维网纸，成卷宽度不超过36厘米或切成一定尺寸或形状的；纸浆、纸、纤维素絮纸或纤维素纤维网纸制的手帕、面巾、台布、餐巾、尿布、止血塞、床单及类似的家庭、卫生或医院用品、衣服及衣着附件	裁切，消毒
48.19	纸、纸板、纤维素絮纸或纤维素纤维网纸制的箱、盒、匣、袋及其他包装容器；纸或纸板制的卷宗盒、信件盘及类似品，供办公室、商店及类似场所使用的	裁切，装订或印刷
48.20	纸或纸板制的登记本、账本、笔记本、订货本、收据本、信笺本、记事本、日记本及类似品、练习本、吸墨纸本、活动封面（活页及非活页）、文件夹、卷宗皮、多联商业表格纸、页间夹有复写纸的本及其他文具用品；纸或纸板制的样品簿、粘贴簿及书籍封面	裁切，装订或印刷
48.21	纸或纸板制的各种标签，不论是否印制	裁切，装订或印刷
48.22	纸浆、纸或纸板（不论是否穿孔或硬化）制的筒管、卷轴、纡子及类似品	裁切，装订或印刷
48.23	切成一定尺寸或形状的其他纸、纸板、纤维素絮纸及纤维素纤维网纸；纸浆、纸、纸板、纤维素絮纸及纤维素纤维网纸制的其他制品	裁切，装订或印刷

税则号列	货物描述	实质性改变标准
第十一类 纺织原料及纺织制品		
第 51 章		
51.06	粗梳羊毛纱线，非供零售用	由毛纤维或毛条经纺制
51.07	精梳羊毛纱线，非供零售用	由毛纤维或毛条经纺制
51.08	动物细毛（粗梳或精梳）纱线，非供零售用	由毛纤维或毛条经纺制
51.09	羊毛或动物细毛的纱线，供零售用	由毛纤维或毛条经纺制
51.10	动物粗毛或马毛的纱线（包括马毛粗松螺旋花线），不论是否供零售用	由毛纤维或毛条经纺制
51.11	粗梳羊毛或粗梳动物细毛的机织物	织造
51.12	精梳羊毛或精梳动物细毛的机织物	织造
51.13	动物粗毛或马毛的机织物	织造
第 52 章		
52.04	棉制缝纫线，不论是否供零售用	由两股或以上纱捻制
52.05	棉纱线（缝纫线除外），按重量计含棉量在 85% 及以上，非供零售用	由纤维经纺制
52.06	棉纱线（缝纫线除外），按重量计含棉量在 85% 以下，非供零售用	由纤维经纺制
52.07	棉纱线（缝纫线除外），供零售用	由纤维经纺制
52.08	棉机织物，按重量计含棉量在 85% 及以上，每平方米重量不超过 200 克	织造或印染
52.09	棉机织物，按重量计含棉量在 85% 及以上，每平方米重量超过 200 克	织造或印染
52.10	棉机织物，按重量计含棉量在 85% 以下，主要或仅与化学纤维混纺，每平方米重量不超过 200 克	织造或印染
52.11	棉机织物，按重量计含棉量在 85% 以下，主要或仅与化学纤维混纺，每平方米重量超过 200 克	织造或印染
52.12	其他棉机织物	织造或印染
第 53 章		
53.06	亚麻纱线	由纤维经纺制
53.07	黄麻纱线或税目 53.03 的其他纺织用韧皮纤维纱线	由纤维经纺制
53.08	其他植物纺织纤维纱线；纸纱线	由纤维经纺制

续表6

税则号列	货物描述	实质性改变标准
53.09	亚麻机织物	织造
53.10	黄麻或税目53.03的其他纺织用韧皮纤维机织物	织造
53.11	其他纺织用植物纤维机织物；纸纱线机织物	织造
第54章		
54.01	化学纤维长丝纺制的缝纫线，不论是否供零售用	由两股或以上长丝捻制
54.02	合成纤维长丝纱线（缝纫线除外），非供零售用，包括细度在67分特以下的合成纤维单丝	纺丝
54.03	人造纤维长丝纱线（缝纫线除外），非供零售用，包括细度在67分特以下的人造纤维单丝	纺丝
54.04	截面尺寸不超过1毫米，细度在67分特及以上的合成纤维单丝；表观宽度不超过5毫米的合成纤维纺织材料制扁条及类似品（例如人造草）	纺丝
54.05	截面尺寸不超过1毫米，细度在67分特及以上的人造纤维单丝；表观宽度不超过5毫米的人造纤维纺织材料制扁条及类似品（例如人造草）	纺丝
54.06	化学纤维长丝纱线（缝纫线除外），供零售用	纺丝
54.07	合成纤维长丝纱线的机织物，包括税目54.04所列材料的机织物	织造
54.08	人造纤维长丝纱线的机织物，包括税目54.05所列材料的机织物	织造
第55章		
55.08	化学纤维短纤纺制的缝纫线，不论是否供零售用	由两股或以上纱捻制
55.09	合成纤维短纤纺制的纱线（缝纫线除外），非供零售用	由纤维或化纤毛条经纺制
55.10	人造纤维短纤纺制的纱线（缝纫线除外），非供零售用	由纤维或化纤毛条经纺制

续表7

税则号列	货物描述	实质性改变标准
55.11	化学纤维短纤纺制的纱线（缝纫线除外），供零售用	由纤维或化纤毛条经纺制
55.12	合成纤维短纤纺制的机织物，按重量计合成纤维短纤含量在85%及以上	织造
55.13	合成纤维短纤纺制的机织物，按重量计合成纤维短纤含量在85%以下，主要或仅与棉混纺，每平方米重量不超过170克	织造
55.14	合成纤维短纤纺制的机织物，按重量计合成纤维短纤含量在85%以下，主要或仅与棉混纺，每平方米重量超过170克	织造
55.15	合成纤维短纤纺制的其他机织物	织造
55.16	人造纤维短纤纺制的机织物	织造
第56章		
56.03	无纺织物，不论是否浸渍、涂布、包覆或层压	成网至成品
*56.07	麻或合成纤维纺制的线、绳、索、缆	由两股或以上纱、线捻制或编织
56.08	线、绳或索结制的网料；纺织材料制成的鱼网及其他网	编结或织造
第57章		
57.01	结织栽绒地毯及纺织材料的其他结织栽绒铺地制品，不论是否制成的	由纤维或纱、线经织造
57.02	机织地毯及纺织材料的其他机织铺地制品，未簇绒或未植绒，不论是否制成的，包括"开来姆""苏麦克""卡拉马尼"及类似的手织地毯	由纤维或纱、线经织造
57.03	簇绒地毯及纺织材料的其他簇绒铺地制品，不论是否制成的	由纤维或纱、线经织造
57.04	毡呢地毯及纺织材料的其他毡呢铺地制品，未簇绒或未植绒，不论是否制成的	由纤维或纱、线经织造
57.05	其他地毯及纺织材料的其他铺地制品，不论是否制成的	由纤维或纱、线经织造
第58章		
58.01	起绒机织物及绳绒织物，但税目58.02或58.06的织物除外	织造或编结或黏合或簇绒

续表8

税则号列	货物描述	实质性改变标准
58.02	毛巾织物及类似的毛圈机织物,但税目58.06的狭幅织物除外;簇绒织物,但税目57.03的产品除外	织造或编结或黏合或簇绒
58.03	纱罗,但税目58.06的狭幅织物除外	织造或编结或黏合或簇绒
58.04	网眼薄纱及其他网眼织物,但不包括机织物、针织物或钩编织物;成卷、成条或成小块图案的花边,但税目60.02的织物除外	织造或编结或黏合或簇绒
58.05	"哥白林""弗朗德""奥步生""波微"及类似式样的手织装饰毯,以及手工针绣嵌花装饰毯(例如,小针脚或十字绣),不论是否制成的	织造或编结或黏合或簇绒
58.06	狭幅机织物,但税目58.07的货品除外;用黏合剂黏合制成的有经纱而无纬纱的狭幅织物(包扎匹头用带)	织造或编结或黏合或簇绒
58.07	非绣制的纺织材料制标签、徽章及类似品,成匹、成条或裁成一定形状或尺寸	织造或编结或黏合或簇绒
58.08	成匹的编带;非绣制的成匹装饰带,但针织或钩编的除外;流苏、绒球及类似品	织造或编结或黏合或簇绒
58.09	其他税号未列名的金属线机织物及税目56.05所列含金属纱线的机织物,用于衣着、装饰及类似用途	织造或编结或黏合或簇绒
58.10	成匹、成条或成小块图案的刺绣品	经刺绣,并满足从价百分比标准
*58.11	用一层或几层纺织材料与胎料经绗缝制成的被褥状纺织品	裁剪、缝纫、绗缝
第59章		
59.01	用胶或淀粉物质涂布的纺织物,作书籍封面及类似用途的;描图布;制成的油画布;作帽里的硬衬布及类似硬挺纺织物	由机织或编织物制成
59.02	尼龙或其他聚酰胺,聚酯或粘胶纤维高强力纱制的帘子布	由机织或编织物制成
59.03	用塑料浸渍、涂布、包覆或层压的纺织物,但税目59.02的货品除外	由机织或编织物制成

税则号列	货物描述	实质性改变标准
59.04	列诺伦（亚麻油地毡），不论是否剪切成形；以织物为底布经涂布或覆面的铺地制品，不论是否剪切成形	由机织或编织物制成
59.05	糊墙织物	由机织或编织物制成
59.06	用橡胶处理的纺织物，但税目 59.02 的货品除外	由机织或编织物制成
59.07	用其他材料浸渍、涂布或包覆的纺织物；作舞台、摄影布景或类似用途的已绘制画布	由机织或编织物制成
59.09	纺织材料制的水龙软管及类似的管子，不论有无其他材料作衬里、护套或附件	织造或针刺
59.10	纺织材料制的传动带或输送带及带料，不论是否用塑料浸渍、涂布、包覆或层压，也不论是否用金属或其他材料加强	织造或针刺
59.11	本章注释七所规定的作专门技术用途的纺织产品及制品	织造或针刺
第 60 章	针织物及钩编织物	针织或编结
第 61 章		
61.01	针织或钩编的男式大衣、短大衣、斗篷、短斗篷、带风帽的防寒短上衣（包括滑雪短上衣）、防风衣、防风短上衣及类似品，但税目 61.03 的货品除外	裁剪，缝纫至成衣或针织或编结
61.02	针织或钩编的女式大衣、短大衣、斗篷、短斗篷、带风帽的防寒短上衣（包括滑雪短上衣）、防风衣、防风短上衣及类似品，但税目 61.04 的货品除外	裁剪，缝纫至成衣或针织或编结
61.03	针织或钩编的男式西服套装、便服套装、上衣、长裤、护胸背带工装裤、马裤及短裤（游泳裤除外）	裁剪，缝纫至成衣或针织或编结
61.04	针织或钩编的女式西服套装、便服套装、上衣、连衣裙、裙子、裙裤、长裤、护胸背带工装裤、马裤及短裤（游泳服除外）	裁剪，缝纫至成衣或针织或编结
61.15	针织或钩编的连裤袜、紧身裤袜、长筒袜、短袜及其他袜类，包括用以治疗静脉曲张的长筒袜和无外缝鞋底的鞋类	裁剪，缝制或针织或编结

税则号列	货物描述	实质性改变标准
61.16	针织或钩编的分指手套、连指手套及露指手套	裁剪，缝制或针织或编结
61.17	其他制成的针织或钩编的衣着附件；服装或衣着附件的针织或钩编的零件	裁剪，缝制或针织或编结
第62章		
62.01	男式大衣、短大衣、斗篷、短斗篷、带风帽的防寒短上衣（包括滑雪短上衣）、防风衣、防风短上衣及类似品，但税目62.03的货品除外	裁剪，缝纫至成衣
62.02	女式大衣、短大衣、斗篷、短斗篷、带风帽的防寒短上衣（包括滑雪短上衣）、防风衣、防风短上衣及类似品，但税目62.04的货品除外	裁剪，缝纫至成衣
62.03	男式西服套装、便服套装、上衣、长裤、护胸背带工装裤、马裤及短裤（游泳裤除外）	裁剪，缝纫至成衣
62.04	女式西服套装、便服套装、上衣、连衣裙、裙子、裙裤、长裤、护胸背带工装裤、马裤及短裤（游泳服除外）	裁剪，缝纫至成衣
62.05	男衬衫	裁剪，缝纫至成衣
62.06	女衬衫	裁剪，缝纫至成衣
62.07	男式背心及其他内衣、内裤、三角裤、长睡衣、睡衣裤、浴衣、晨衣及类似品	裁剪，缝纫至成衣
62.08	女式背心及其他内衣、长衬裙、衬裙、三角裤、短衬裤、睡衣、睡衣裤、浴衣、晨衣及类似品	裁剪，缝纫至成衣
62.09	婴儿服装及衣着附件	裁剪，缝纫至成衣
62.10	用税目56.02、56.03、59.03、59.06或59.07的织物制成的服装	裁剪，缝纫至成衣
62.11	运动服、滑雪服及游泳服；其他服装	裁剪，缝纫至成衣
62.12	胸罩、束腰带、紧身胸衣、吊裤带、吊袜带、束袜带和类似品及其零件，不论是否针织或钩编的	钩编的经编结；其他的经裁剪、缝制或针织，并满足从价百分比标准
62.13	手帕	裁剪、缝制，并满足从价百分比标准

续表11

税则号列	货物描述	实质性改变标准
62.14	披巾、领巾、围巾、披纱、面纱及类似品	裁剪、缝制，并满足从价百分比标准
62.15	领带及领结	裁剪、缝制，并满足从价百分比标准
62.16	分指手套、连指手套及露指手套	裁剪、缝制
62.17	非针织或非钩编的衣着附件和零件	裁剪、缝制，并满足从价百分比标准
第63章		
63.01	毯子及旅行毯	织造
63.02	床上、餐桌、盥洗及厨房用的织物制品	裁剪、缝制或针织或编结，并满足从价百分比标准
63.03	窗帘（包括帷帘）及帐幔；帘帷或床帷	裁剪、缝制或针织或编结，并满足从价百分比标准
63.04	其他装饰用织物制品，但税目94.04的货品除外	裁剪、缝制或针织或编结，并满足从价百分比标准
63.05	货物包装用袋	编织或织造，裁剪，缝合
*63.06	天篷及遮阳篷；帐篷；风帆；充气褥垫	裁剪，缝制或黏合，装配
63.08	由机织物及纱线构成的零售包装成套物品，不论是否带有附件，用以制作小地毯、装饰毯，绣花台布、餐布或类似的纺织物	裁剪、缝制或针织或编结
第十二类　鞋、帽、伞、杖、鞭及其零件；已加工的羽毛及其制品；人造花；人发制品		
第64章		
64.01	橡胶或塑料制外底及鞋面的防水鞋靴，其鞋面不是用缝、铆、钉、旋、塞或类似方法固定在鞋底上	制鞋面或鞋底，合成
64.02	橡胶或塑料制外底及鞋面的其他鞋靴	制鞋面或鞋底，合成
64.03	橡胶、塑料、皮革或再生皮革制外底，皮革制鞋面的鞋靴	制鞋面或鞋底，合成
64.04	橡胶、塑料、皮革或再生皮革制外底，用纺织材料制鞋面的鞋靴	制鞋面或鞋底，合成
64.05	其他鞋靴	制鞋面或鞋底，合成
第65章		
65.03	用税目65.01的帽身、帽兜或圆帽片制成的毡呢帽类，不论有无衬里或装饰物	热压定型

税则号列	货物描述	实质性改变标准
65.04	编结帽或用任何材料的条带拼制而成的帽类，不论有无衬里或装饰物	裁剪，缝制或编结
*65.05	针织或钩编，或用花边或其他细片状纺织物制成的帽子	针织或钩编或缝制
*65.06	安全帽、橡胶或塑料制帽类	裁料，成型
第66章		
66.01	雨伞、阳伞（包括手杖伞、庭园伞及类似的伞）	裁切伞面，装配
第67章		
67.02	人造花、叶、果实及其零件；用人造花、叶或果实制成的物品	成型，组合
*67.04	假发	编结、缝制或粘结
第十三类 玻璃及其制品		
第70章		
*70.09	镶框的玻璃镜，包括后视镜	裁镜片，制框，装配
*70.18	玻璃珠、仿珍珠，仿宝石或仿半宝石	切割，琢磨或包镶，镶装
第十四类 天然或养殖珍珠，宝石或半宝石，贵金属，包镀贵金属及其制品；仿首饰；硬币		
第71章		
*71.13	贵金属或包贵金属制的首饰	制模或倒模，镶嵌或成型，抛光，电镀
*71.16	珍珠及宝石制品	钻孔或切割，琢磨或镶嵌或穿串
71.17	仿制首饰	倒模或切割，胶粘或包镀，抛光
第十五类 贱金属及其制品		
第73章		
*73.23	钢铁制的桌子、炊具及其他家用制品及其零件	切料、成型、表面处理
第82章	贱金属工具、器具、利口器、餐匙和餐叉及其零件	切料或铸造，机械加工，表面处理
第83章	贱金属杂项制品	切料、成型、表面处理
第十六类 机电类		
第84章		
*84.14	电风扇	经全部组装工序，并满足从价百分比标准

税则号列	货物描述	实质性改变标准
84.15	空气调节器，装有电扇及调温、调湿装置，包括不能单独调湿的空调器	制造壳体，总装，并满足从价百分比标准
*84.18	冰箱、冷藏箱及其他冷冻及冷藏设备	制造壳体，组装，并满足从价百分比标准
*84.23	衡量器（人体秤及其他秤）	制造壳体、组装，并满足从价百分比标准
84.50	家用型或洗衣房用洗衣机，包括洗涤干燥两用机	制造壳体、组装，并满足从价百分比标准
*84.52	非家用缝纫机	制造壳体、组装，并满足从价百分比标准
*84.67	自带电机的电动手工工具	经全部组装工序，并满足从价百分比标准
*84.70	计算器	焊接、装配，并满足从价百分比标准
第85章		
*85.01	输出功率37.5瓦以下的电动机	绕线、装配，并满足从价百分比标准
85.04	变压器、静止式变流器（例如整流器）及电感器	绕线、装配，并满足从价百分比标准
*85.09	自带电机的家用电动器具（吸尘器、打蜡机、搅拌机、磨碎机等）	经全部组装工序，并满足从价百分比标准
*85.10	电动剃须刀及电动毛发推	经全部组装工序，并满足从价百分比标准
*85.12	机动车辆的照明和信号装置	制外壳、装配，并满足从价百分比标准
85.13	自供能源（例如，使用干电池、蓄电池、永磁发电机）的手提式电灯，但税目85.12的照明装置除外	制外壳、组装，并满足从价百分比标准
*85.16	电热水器、电热理发用具（电吹风、电卷发器）和干手器；电熨斗；其他家用电热器具（面包炉、制咖啡器）	制外壳、组装，并满足从价百分比标准
85.17	有线电话、电报设备，包括无绳电话机、有线载波通信设备及有线数字通信设备；可视电话	插件、焊接、装配，并满足从价百分比标准

税则号列	货物描述	实质性改变标准
85.18	传声器（麦克风）及其座架；扬声器，不论是否装成音箱；耳机、耳塞机，不论是否装有传声器，由传声器及一个或多个扬声器组成的组合机；音频扩大器；电气扩音机组	经全部组装工序，并满足从价百分比标准
*85.19	唱机、盒式磁带放音机及其他声音重放设备	制外壳、装配，并满足从价百分比标准
85.20	磁带录音机及其他声音录制设备，不论是否装有声音重放装置	插件、焊接、装配，并满足从价百分比标准
*85.21	录像机和放像机	插件、焊接、装配，并满足从价百分比标准
*85.23	未录制的录音带、录像带磁盘	制外壳、裁切、绕带、装配，并满足从价百分比标准
*85.24	已录制的录音带、录像带磁盘	制外壳、裁切、绕带、装配，并满足从价百分比标准
*85.25	无线电话、对讲机	插件、焊接、装配，并满足从价百分比标准
*85.27	收音机、收录机、汽车接收机、钟控收音机	插件、焊接、装配，并满足从价百分比标准
*85.28	电视机	插件、焊接、装配，并满足从价百分比标准
85.34	印刷电路	制版、腐蚀、打孔，并满足从价百分比标准
*85.41	二极管、晶体管；光敏半导体器件；发光二极管	焊接、封装，并满足从价百分比标准
第十七类　车辆		
第87章		
87.12	自行车及其他非机动脚踏车（包括运货三轮脚踏车）	经全部组装工序，并满足从价百分比标准
*87.14	鞍座	裁切或模压，装配
第十八类　光学、照相、计量、医疗仪器及设备；钟表；乐器		
第90章		
90.04	矫正视力、保护眼睛或其他用途的眼镜、挡风镜及类似品	制镜片、制框架和装配，并满足从价百分比标准

续表15

税则号列	货物描述	实质性改变标准
90.06	照相机（电影摄像机除外）；照相闪光灯装置及闪光灯泡，但税目85.39的放电灯泡除外	经全部组装工序，并满足从价百分比标准
90.09	装有光学系统的或接触式的感光式复印设备及热敏复印设备	经全部组装工序，并满足从价百分比标准
*90.19	按摩器	经全部组装工序，并满足从价百分比标准
*90.28	工业用电量计	经全部组装工序，并满足从价百分比标准
*90.30	万用表	经全部组装工序，并满足从价百分比标准
第91章		
91.01	手表、怀表及其他表，包括秒表，表壳用贵金属或包贵金属制成的	经全部组装工序，并满足从价百分比标准
91.02	手表、怀表及其他表，包括秒表，但税目91.01的货品除外	经全部组装工序，并满足从价百分比标准
91.03	以表芯装成的钟，但不包括税目91.04的钟	制钟壳和装配
91.04	仪表板钟及车辆、航空器、航天器或船舶用的类似钟	制钟壳和装配
91.05	其他钟	制钟壳和装配
91.08	已组装的完整表芯	经全部组装工序，并满足从价百分比标准
第92章		
92.07	通过电产生或扩大声音的乐器（例如，电风琴、电吉他、电手风琴）	插件、焊接和装配，并满足从价百分比标准
第二十类　杂项制品		
第94章		
*94.04	睡袋	裁剪和缝制
*94.05	其他税号未列明的灯具及照明装置，包括探照灯、聚光灯及其零件	制灯架和装配
第95章		
95.02	玩偶	经全部组装工序，并满足从价百分比标准

续表16

税则号列	货物描述	实质性改变标准
95.03	其他玩具；缩小的（按比例缩小）的模型，及类似的娱乐用模型，无论是否活动；各种智力玩具	经全部组装工序，并满足从价百分比标准
＊95.04	室内游戏用品	经全部组装工序，并满足从价百分比标准
＊95.05	圣诞节用品	经全部组装工序，并满足从价百分比标准
＊95.06	室外运动及游戏用品	经全部组装工序，并满足从价百分比标准
＊95.07	渔具	经全部组装工序，并满足从价百分比标准
第96章		
＊96.01	动物雕刻材料制品	雕刻
＊96.02	植物或矿物质雕刻材料制品	雕刻
96.05	个人梳妆、缝纫或清洁鞋靴、衣服用的成套旅行用具	从价百分比标准
＊96.06	纽扣	由金属片、板、条或塑料颗料制成
＊96.07	拉链	制链带和装链齿
＊96.13	纸烟打火机及其他打火机，不论是否机械还是电气的	制外壳和装配
＊96.17	带壳的真空瓶和其他真空器皿	外壳由金属片、板或塑料颗粒经冲压或模塑料制成和装配

附录 3

中华人民共和国海关进出口货物优惠原产地管理规定

（海关总署令第 181 号）

第一条 为了正确确定优惠贸易协定项下进出口货物的原产地，规范海关对优惠贸易协定项下进出口货物原产地管理，根据《中华人民共和国海关法》（以下简称《海关法》）、《中华人民共和国进出口关税条例》、《中华人民共和国进出口货物原产地条例》，制定本规定。

第二条 本规定适用于海关对优惠贸易协定项下进出口货物原产地管理。

第三条 从优惠贸易协定成员国或者地区（以下简称成员国或者地区）直接运输进口的货物，符合下列情形之一的，其原产地为该成员国或者地区，适用《中华人民共和国进出口税则》中相应优惠贸易协定对应的协定税率或者特惠税率（以下简称协定税率或者特惠税率）：

（一）完全在该成员国或者地区获得或者生产的；

（二）非完全在该成员国或者地区获得或者生产，但符合本规定第五条、第六条规定的。

第四条 本规定第三条第（一）项所称的"完全在该成员国或者地区获得或者生产"的货物是指：

（一）在该成员国或者地区境内收获、采摘或者采集的植物产品；

（二）在该成员国或者地区境内出生并饲养的活动物；

（三）在该成员国或者地区领土或者领海开采、提取的矿产品；

（四）其他符合相应优惠贸易协定项下完全获得标准的货物。

第五条 本规定第三条第（二）项中，"非完全在该成员国或者地区获得或者生产"的货物，按照相应优惠贸易协定规定的税则归类改变标准、区域价值成分标准、制造加工工序标准或者其他标准确定其原产地。

（一）税则归类改变标准，是指原产于非成员国或者地区的材料在出口成员国或者地区境内进行制造、加工后，所得货物在《商品名称及编码协调制度》中税则归类发生了变化。

（二）区域价值成分标准，是指出口货物船上交货价格（FOB）扣除该货物生产过程中该成员国或者地区非原产材料价格后，所余价款在出口货物船上交货价格（FOB）中所占的百分比。

（三）制造加工工序标准，是指赋予加工后所得货物基本特征的主要工序。

（四）其他标准，是指除上述标准之外，成员国或者地区一致同意采用的确定货物原产地的其他标准。

第六条 原产于优惠贸易协定某一成员国或者地区的货物或者材料在同一优惠贸易协定另一成员国或者地区境内用于生产另一货物，并构成另一货物组成部分的，该货物或者材料应当视为原产于另一成员国或者地区境内。

第七条 为便于装载、运输、储存、销售进行的加工、包装、展示等微小加工或者处理，不影响货物原产地确定。

第八条 运输期间用于保护货物的包装材料及容器不影响货物原产地确定。

第九条 在货物生产过程中使用，本身不构成货物物质成分，也不成为货物组成部件的材料或者物品，其原产地不影响货物原产地确定。

第十条 本规定第三条所称的"直接运输"是指优惠贸易协定项下进口货物从该协定成员国或者地区直接运输至中国境内，途中未经过该协定成员国或者地区以外的其他国家或者地区（以下简称其他国家或者地区）。

原产于优惠贸易协定成员国或者地区的货物，经过其他国家或者地区运输至中国境内，不论在运输途中是否转换运输工具或者作临时储存，同时符合下列条件的，应当视为"直接运输"：

（一）该货物在经过其他国家或者地区时，未做除使货物保持良好状态所必需处理以外的其他处理；

（二）该货物在其他国家或者地区停留的时间未超过相应优惠贸易协定规定的期限；

（三）该货物在其他国家或者地区作临时储存时，处于该国家或者地区海关监管之下。

第十一条 法律、行政法规规定的有权签发出口货物原产地证书的机构（以下简称签证机构）可以签发优惠贸易协定项下出口货物原产地证书。

第十二条 签证机构应依据本规定以及相应优惠贸易协定项下所确定的原产地规则签发出口货物原产地证书。

第十三条 海关总署应当对签证机构是否依照本规定第十二条规定签发优惠贸易协定项下出口货物原产地证书进行监督和检查。

签证机构应当定期向海关总署报送依据本规定第十二条规定签发优惠贸易协定项下出口货物原产地证书的有关情况。

第十四条 货物申报进口时，进口货物收货人或者其代理人应当按照海关的申报规定填制《中华人民共和国海关进口货物报关单》，申明适用协定税率或者特惠税率，并同时提交下列单证：

（一）货物的有效原产地证书正本，或者相关优惠贸易协定规定的原产地声明文件；

（二）货物的商业发票正本、运输单证等其他商业单证。

货物经过其他国家或者地区运输至中国境内，应当提交证明符合本规定第十条第二款规定的联运提单等证明文件；在其他国家或者地区临时储存的，还应当提交该国家或者地区海关出具的证明符合本规定第十条第二款规定的其他文件。

第十五条　进口货物收货人或者其代理人向海关提交的原产地证书应当同时符合下列要求：

（一）符合相应优惠贸易协定关于证书格式、填制内容、签章、提交期限等规定；

（二）与商业发票、报关单等单证的内容相符。

第十六条　原产地申报为优惠贸易协定成员国或者地区的货物，进口货物收货人及其代理人未依照本规定第十四条规定提交原产地证书、原产地声明的，应当在申报进口时就进口货物是否具备相应优惠贸易协定成员国或者地区原产资格向海关进行补充申报（格式见附件）。

第十七条　进口货物收货人或者其代理人依照本规定第十六条规定进行补充申报的，海关可以根据进口货物收货人或者其代理人的申请，按照协定税率或者特惠税率收取等值保证金后放行货物，并按照规定办理进口手续、进行海关统计。

海关认为需要对进口货物收货人或者其代理人提交的原产地证书的真实性、货物是否原产于优惠贸易协定成员国或者地区进行核查的，应当按照该货物适用的最惠国税率、普通税率或者其他税率收取相当于应缴税款的等值保证金后放行货物，并按照规定办理进口手续、进行海关统计。

第十八条　出口货物申报时，出口货物发货人应当按照海关的申报规定填制《中华人民共和国海关出口货物报关单》，并向海关提交原产地证书电子数据或者原产地证书正本的复印件。

第十九条　为确定货物原产地是否与进出口货物收发货人提交的原产地证书及其他申报单证相符，海关可以对进出口货物进行查验，具体程序按照《中华人民共和国海关进出口货物查验管理办法》有关规定办理。

第二十条　优惠贸易协定项下进出口货物及其包装上标有原产地标记的，其原产地标记所标明的原产地应当与依照本规定确定的货物原产地一致。

第二十一条　有下列情形之一的，进口货物不适用协定税率或者特惠税率：

（一）进口货物收货人或者其代理人在货物申报进口时没有提交符合规定的原产地证书、原产地声明，也未就进口货物是否具备原产资格进行补充申报的；

（二）进口货物收货人或者其代理人未提供商业发票、运输单证等其他商业单证，也未提交其他证明符合本规定第十四条规定的文件的；

（三）经查验或者核查，确认货物原产地与申报内容不符，或者无法确定货物真实原产地的；

（四）其他不符合本规定及相应优惠贸易协定规定的情形。

第二十二条　海关认为必要时，可以请求出口成员国或者地区主管机构对优惠贸易协定项下进口货物原产地进行核查。

海关也可以依据相应优惠贸易协定的规定就货物原产地开展核查访问。

第二十三条　海关认为必要时，可以对优惠贸易协定项下出口货物原产地进行核查，以确定其原产地。

应优惠贸易协定成员国或者地区要求，海关可以对出口货物原产地证书或者原产地进行核查，并应当在相应优惠贸易协定规定的期限内反馈核查结果。

第二十四条　进出口货物收发货人可以依照《中华人民共和国海关行政裁定管理暂行办法》有关规定，向海关申请原产地行政裁定。

第二十五条　海关总署可以依据有关法律、行政法规、海关规章的规定，对进出口货物作出具有普遍约束力的原产地决定。

第二十六条　海关对依照本规定获得的商业秘密依法负有保密义务。未经进出口货物收发货人同意，海关不得泄露或者用于其他用途，但是法律、行政法规及相关司法解释另有规定的除外。

第二十七条　违反本规定，构成走私行为、违反海关监管规定行为或者其他违反《海关法》行为的，由海关依照《海关法》《中华人民共和国海关行政处罚实施条例》的有关规定予以处罚；构成犯罪的，依法追究刑事责任。

第二十八条　本规定下列用语的含义：

"生产"，是指获得货物的方法，包括货物的种植、饲养、开采、收获、捕捞、耕种、诱捕、狩猎、捕获、采集、收集、养殖、提取、制造、加工或者装配。

"非原产材料"，是指用于货物生产中的非优惠贸易协定成员国或者地区原产的材料，以及不明原产地的材料。

第二十九条　海关保税监管转内销货物享受协定税率或者特惠税率的具体实施办法由海关总署另行规定。

第三十条　本规定由海关总署负责解释。

第三十一条　本规定自 2009 年 3 月 1 日起施行。

参考文献

一、 中文文献类

［1］赵维田．世贸组织的法律制度．长春：吉林人民出版社，2000.

［2］杨丽艳．经济一体化的历史演变与理论发展．北京：法律出版社，2004.

［3］赵维田．最惠国与多边贸易体制．北京：中国社会科学出版社，1996.

［4］杨树明．非关税贸易壁垒法律规制研究．北京：中国检察出版社，2007.

［5］世界贸易组织乌拉圭回合多边贸易谈判结果法律文本．对外贸易经济合作部国际经贸关系司，译．北京：法律出版社，2000.

［6］叶全良，王世春．国际商务与原产地规则．北京：人民出版社，2005.

［7］刘耀威．普惠制的原则和应用．北京：对外经济贸易大学出版社，2001.

［8］朱榄叶．关税与贸易总协定国际贸易纠纷案例汇编．北京：法律出版社，1995.

［9］朱榄叶．世界贸易组织国际贸易纠纷案例评析（上、下）．北京：法律出版社，2004.

［10］刘丽娟，徐进亮．原产地规则——产生、运用与改革．北京：中国经济出版社，2001.

［11］王新奎．世界贸易组织与发展中国家．上海：上海远东出版社，1998.

［12］程信和．中国–东盟自由贸易区法律模式研究．北京：人民法院出版社，2006.

［13］曹建明，陈治东．国际经济法专论．北京：法律出版社，2000.

［14］高建华，康玉燕，顾仁飞．原产地标记操作实务．北京：中国商务出版社，2005.

［15］卫东亮．论欧共体的反规避措施．北京工商大学学报（社会科学版），2001（06）.

［16］康玉燕，李贞．国外对原产地规则的利用．中国检验检疫，2000（1）.

［17］沈瑶，陈静．优惠性原产地规则的效应分析——兼论世界贸易组织统一优惠性原产地规则的必要性．国际经贸探索，2002（6）．

［18］刘世元．区域经济一体化对多边贸易体制的影响及其法律调整．国际经贸探索，2004（6）．

［19］马海．对自由贸易协定中原产地规则的思考．环球经贸，2006（7）．

［20］朱颖．论"优惠原产地规则"．世界经济研究，2004（8）．

［21］顾经仪．建立亚太地区自由贸易区构想和法律框架初探．政治与法律，2005（2）．

［22］陈凌英，张军亮．WTO非优惠性原产地规则协调工作评估．国际商务研究，2002（5）．

［23］曾令良，陈卫东．从欧共体看21世纪区域一体化对多边贸易体制的影响．武汉大学学报，2000（3）．

［24］李双元，李赞．从WTO和EU法律制度谈全球经济一体化和区域经济一体化的关系．湖南师范大学社会科学学报，2005（6）．

［25］李向阳．新区域主义与大国战略．国际经济评论，2003（7-8）．

［26］孟夏．潜在的限制与扭曲——探析自由贸易安排中的原产地规则．国际贸易，2005：（1）．

［27］邱一川．中国入世与原产地规则协议的运用．国际商务研究，2001（3）．

［28］钟立国．《内地与香港关于建立更紧密经贸关系的安排》的法律评析．法学评论，2005（4）．

［29］马玉霞．原产地规则的"灰色"区域与潜在壁垒．决策参考，2004（6）．

［30］李延，刘平，徐慧筠．原产地规则的国际协调．中国海关，1998（11）．

［31］冯帆，杨力．FTA原产地规则对贸易的限制效应——来自产品层面的实证研究．现代经济探讨，2019（06）．

［32］李海莲，韦薇．中国区域自由贸易协定中原产地规则的限制指数与贸易效应研究．国际经贸探索，2016（08）．

［33］周芳文．欧盟、北美优惠性原产地规则对我国的借鉴．国际贸易问题，2011（08）．

二、外文文献类

［1］Stefano Inama，Rules of Origin in International Trade，Cambridge University Press, 2009.

［2］ Olivier Cadot , Antoni, Estevadeordal, Akiko Suwa-Eisenmannand Thierry Verdier, The Origin of Goods, Rules of Origin in Regional Trade Agreements, Oxford University Press, 2006.

［3］ Dorothea C. Lazaro and Erlinda M. Medalla, "Evolving Best Practice for RTAs/FTAs: Rules of Origin", prepared for the International Conference on Building an Asia-Pacific Economic Community, 2005 APEC Study Center Consortium Conference on May 22-25, Kerea, Session XI , 2005.

［4］ Mitsuo Matsushita, Thomas J. Schoenbaum and Petros C. Mavroidis, The World Trade Organization Law, Practice, and Policy, 1st ed, Oxford University Press, 2004.

［5］ John H. Jackson, The Jurisprudence of GATT & the WTO, Cambridge University Press, 2000.

［6］ Vermlust, E. , P. Waer and J. Bourgeois (ed.), Rules of Origin in International Trade: A Comparative Study, Studiesin International Trade Series, University of Michigan Press, 1993.

［7］ Evdokia Moise, TheRelationship between Regional Trade Agreements and Multilateral Trading System: Rules of Origin, TD/TC/WP (2002) 33/FINAL, 2002.

［8］ Kala Krishna, Understand Rules of Origin, Pennsylvania State University and NBER, 2004.

［9］ Rod Falvey and Geoff Reed, Rules of Origin as Commercial Policy Instruments, University of Nottingham, acknowledges financial support fromthe Leverhulme Trust under Progrmme Grant F114/BF, 2000.

［10］ Paul Brenton, Rules of Origin in Free Trade Agreements, the World Bank Group Trade Note 4, 2003.

［11］ Anne O. Krueger, Free Trade Agreements as Protectionist Devices: Rules of Origin, National Bureau of Economic Research, Working Paper No. 4352, April 1993.

［12］ Rupa Duttagupta and Arvind Panagariya, Free Trade Areas and Rules of Origin: Economics and Politics, IMF Working Paper, WP/03/229.

［13］ Norio Komuro, AFTA Rules of Origin, International Trade Law &. Regulation, 2005.

［14］ Isamu Wakamatsu, ASEAN's FTAs and Rules of Origin, Japan External Trade Organization Overseas Research Department, November 2004.

［15］ T. P. Hill, On Goods and Services, Review of Income and Wealth, Vol. 29 （4）, 2001.

［16］ Sherry M. Stephenson, GATS and Regional Integration, in GATS 2000： New Directions in Service Trade Liberalization （Pierre Sauve & Robert M. Stern edited）, Brookings Institution Press , Washington D. C. , 2000.

［17］ Mattoo, A. , R. Rathindran, and A. Subramanian, Measuring Services Trade Liberalization and its Impact Economic Growth： An Illustration, World Bank Policy Research Working Paper No. 2380, World Bank, Washing, D. C. , 2001.

［18］ Antoni Estevadeordal &. Kati Suominen, Rules of Origin in World TradingSystem, PAPER PREPARED FOR THE SEMINAR ON REGIONAL TRADE AGREEMENTS & THE WTO, Washing, D. C. , 2003.